本书系云南省"兴滇英才支持计划"青年人才专项（XDYC-QNRC-2023-0365）、2022年度教育部人文社会科学重点研究基地重大项目《西北地区山地生态系统的认知和保护史研究》（22JJD770053）阶段性成果。

湘鄂山地研究书系

"湑沅之间"

唐代黔中道历史、地理与文化研究

周妮 著

人民出版社

责任编辑：吴明静
封面设计：汪　阳
版式设计：东　昌

图书在版编目（CIP）数据

"涪沅之间"：唐代黔中道历史、地理与文化研究/周妮 著. —北京：
　人民出版社,2025.2
ISBN 978－7－01－026408－0

Ⅰ.①涪…　Ⅱ.①周…　Ⅲ.①中国历史-研究-唐代　Ⅳ.①K242.07

中国国家版本馆 CIP 数据核字（2024）第 054761 号

"涪沅之间"：唐代黔中道历史、地理与文化研究
FUYUAN ZHIJIAN TANGDAI QIANZHONGDAO LISHI DILI YU WENHUA YANJIU

周 妮 著

人民出版社 出版发行
（100706　北京市东城区隆福寺街 99 号）

北京汇林印务有限公司印刷　新华书店经销

2025 年 2 月第 1 版　2025 年 2 月北京第 1 次印刷
开本:710 毫米×1000 毫米 1/16　印张:23.25
字数:315 千字

ISBN 978－7－01－026408－0　定价:79.00 元

邮购地址 100706　北京市东城区隆福寺街 99 号
人民东方图书销售中心　电话 (010)65250042　65289539

序　言

2022年教师节,周妮带给我一份特别的礼物——《涪沅之间:唐代黔中道历史、地理与文化研究》初稿(当时已完成约80%),与我分享了她整本书的写作缘起与过程,并请我为此书作序。周妮硕士毕业于西南大学,博士毕业于复旦大学,主要从事西南历史地理研究。之后作为师资博士后进入云南大学,用功甚勤,短短的几年间颇有收获。作为她博士后阶段的合作导师,亲历并感受她以及学院一批师资博士后的快速成长,这些年轻人遂成学科后浪,我由衷为她取得的新成绩感到高兴。

学术研究如何切入,学术著作如何着手,都是相当棘手的问题。完成一部较高质量的学术著作,其选题的尺度把握,就是一个非常关键的问题。这考验着者的眼光、学识及魄力。我跟研究生们经常讨论这一话题。研究选题过大过泛,不利于研究与思考的深入;而选题过小过窄,又让人难以理解其意义与价值。应该说,在选题尺度上,周妮这部著作是十分成功的。作为中国历史时期的鼎盛王朝,唐代历史研究的价值不言自明。然而,唐代历史错综复杂,区域差别十分显著。如果笼统地从事研究,或选择区域过大,没有抓住一些关键性的问题,那么其研究很可能会流于肤浅。唐代黔中道,对于普通读者来说,不免生疏,而对于专业研究者而言,却是一个十分准确且值得重视的选题。这一选题基于作者对中国行政区划的发展过程及其重要性较为全面与通透的认知。黔中道,从表面看来,只是唐代一个监察区,但是,其设置却有着相当深刻的历史地理背景与政治、社会文化方面的考量。周妮选取这一问题进行深入研究,对于中国中南与西南地区的研究是一个可喜的突破。

黔中道的研究价值首先在于其区位的特殊价值与意义,其在中国地貌地理结构上的关键位置,是决定其影响的关键性因素之一。中国自古幅员辽阔,固然是值得国人特别骄傲的地方,但是,幅员辽阔,再加之山川缭绕、交通不便,也给中国历史时期行政运行带来巨大的挑战与困难。因此,中国在早期开发与建设中,存在着不同区域间的差别化演进历程。

黔中郡之名,最早出现于《史记·秦本纪》,《史记·正义》引《括地志》释云:"黔中故城,在辰州沅陵县(今沅陵县)西二十里江南,今黔府(即唐代黔州都督府)亦其地也。"通常认为,河洛中原地区(即古文献中所谓"中国")是中国早期开发过程最先繁盛的核心区域,而从河洛到南方的两湖开发过程,是秦国攻灭楚国后全面开始的。正如宋代地理学名著《方舆胜览》"常德府"下"古黔中"条所云:"古黔中地;《郡志》:在昔黔中为楚之南宇,左包洞庭之险,右控五溪之要,秦以虎狼之威,志在吞楚,而必欲得楚之黔中,故楚由是衰,武陵,实黔中郡也。"

黔中道所在核心区域,正是承继了古黔中郡的建置范围,其东面是长江中下游平原,西面是云贵高原,如何从中部长江中下游平原向西部云贵高原拓展,则是摆在后世王朝统治者面前的又一个重大问题。唐代黔中道的设置便是解决这一难题的一次重要尝试。唐代黔中道涉及的地域范围相当广袤,唐代杜佑在《通典》中称其范围包括:"黔中、卢溪、卢阳、清江、江陵、潭阳、龙标、南川、义泉、灵溪、宁夷、涪川、溱溪、播川、夜郎郡。"宋代学者王应麟《玉海》"唐十五道"又云:"开元二十一年(733年),又因十道分山南、江南为东、西道,增置黔中道及京畿、都畿,置十五采访使,检察如汉刺史之职。"又置"黔中采访使,治黔州(原注:黔州至溱州。唐代黔州治今重庆彭水苗族土家族自治县)",这一增置无疑是深谋远虑的。

黔中道地区民族成分之复杂,为其早期开发增添了复杂性与可变性,因此,黔中道所在地区在中国民族史上的影响,也早已为学术界人士所关注。关于黔中地区的民族构成之复杂,《史记正义》曾云:"今朗州,楚黔中郡,其故城在辰州(治今沅陵县)西二十里,皆盘瓠后也。"唐代学者颜师古也曾释云:"黔中,即今黔州是其地,本巴人也。"《晋书·李特载记》对此记述得十分详细:"李特,字玄休,巴西宕渠人,其先廪君之苗裔也……其后种类遂繁,秦并天下,以为黔中郡,薄赋敛之口,岁出钱四十,巴人呼赋为賨,因谓之賨人焉。"从盘瓠之后,到巴人、賨人,该地区民族成分之复杂可见一斑。唐代在民族构成复杂地区遍设羁縻府州进行管理。唐代黔州,也是黔州都督府所在地,是当时设置羁縻政区较多的区域,下辖羁縻州多达51个(见《新唐书·地理志》),这大大增加了研究的难度,在这一点上,周妮表现出奋力攻坚的学术勇气,作为一个青年学者,也是特别值得称道的。

也许正是这些历史时期曲折复杂的变迁状况,激起了后世研究者莫大的兴趣。周妮的老家在重庆市彭水苗族土家族自治县,她有着很强的家乡情结,自然对家乡的变迁极为关注。从硕士时期开始,她就开始对湘鄂渝黔交界地区进行实践调研与学术思考,并在地名、民族研究等方面发表了多篇学术论文,赢得了不少学术同行的关注与赞许,也正好与近年来兴起的"苗疆走廊"等相呼应。学术的创新,还在于研究内容的创新。周妮在研究中充分发挥历史地理学的专业优势,除《导论》外,该论著共分五章,分别从地域变迁、人口发展、治理制度、政治文化以及自然、人文景观等方面进行深入剖析与解读,提出历史时期边疆与内地之间过渡地带研究的重要性与景观视域下民族交往交流交融研究的可能性,展示了新一代青年学者对于历史地理研究的新理解与新探索。也许结论上或有可商榷之处,但是,这种探索精神是值得大力鼓励的。

唐代著名诗人孟郊在《赠黔府王中丞楚》一诗曾云:"旧说天下山,半在黔中青。又闻天下泉,半落黔中鸣,山水千万绕,中有君子行……"周妮论著的出版得到了人民出版社的大力支持,我为她感到特别高兴。更为难得的是,人民出版社对于她的研究领域——山地研究非常赞赏与支持,为此特别推出了"湘鄂山地研究书系"。周妮在博士论文基础上修改出版的《山川纵横:宋至清时期湘鄂山区政区与军事地理研究》作为"湘鄂山地研究书系"的第一部著作已经推出,本书作为该研究书系的第二部成果是基于第一部著作的推进。这不仅是周妮坚持努力的结果,也是时代进步与学术研究昌盛的具体反映。祝愿周妮今后能够充分把握难得的时机,创作出更多更好的学术成果。

是为序。

罗 群

云南大学历史与档案学院院长、教授、博士生导师

2024 年盛夏于龙泉苑

目　　录

表 目 录

前　　言

　　黔中道,唐代"十五道"之一。所辖范围纵跨今湘、鄂、渝、黔、桂5省、自治区、直辖市,是连接中东部汉族地区与西南民族地区的重要过渡地带,也是历史时期民族交往交流交融较为频繁的地带,在自然与人文方面形成了与周边相互联系又相互区别的区域特征与特色。目前,唐史研究与区域史研究对此均涉及较少,且基本未从地理学视角对其在民族交往交流交融研究与西南民族史研究中的价值与意义进行探讨。基于已有研究存在的不足,本书以唐代黔中道历史、地理与文化作为切入点,从"全域性"观察视角,运用历史学、地理学、统计学等多学科交叉研究方法,以《通典》《元和郡县图志》《旧唐书》《新唐书》《全唐诗》《全唐文》及唐代墓志铭为核心史料,在确定历史时期"黔中"区域范围的基础上,从政区建置、自然地理环境、人口构成等方面分析江南道一分为三(江南东道、江南西道、黔中道)的原因,探讨黔中道(采访使)设治黔州的影响因素及唐朝廷对于黔中地方的管理与治理。同时,呈现区域内形成的"流宦文化"与景观文化。

　　通过对历史时期黔中地域范围的梳理,一方面,明确本书所研究唐代黔中道区域范围;另一方面,确定黔中作为政区或地域名称,自战国时期出现,所指代区域从横跨多省到贵州省中部,从模糊到清晰,经历确定、被取代、重新确定、被取代、再次重新确定的漫长过程,突出黔中历史与文化在"长时段"内的延续与内涵。

发展至唐时期，为何黔中道会先后从江南道、江南西道中分离出来，单独成为一道？本书从"全域性"视角出发，对江南东道、江南西道、黔中道三个区域的自然地理环境、人口构成、经济状况进行全面分析与比较，认为三道在以上三个方面存在明显的区域差异，且黔中地区有非汉族群治理与管理（人口构成）的迫切现实需求，因此黔中道最终从江南东道、江南西道脱离出来成为独立的道。设道之后，黔州经过历史时期的治理，政治、经济、社会的发展较之所辖其他区域更为成熟，又有地利之便，是沟通南、北、东、西的重要交通枢纽，具备"天时、地利、人和"的优势，故设治于其地。

黔中道及其治所（黔州）设置与确定后，所属区域同时实行经制州县制度与羁縻州制度，一方面与唐朝"内地"一样规定官员选任与官职设置；另一方面又将大量犯罪或犯错官员流贬地方为官，对地方治理产生了不同程度的影响。本书分别考察黔中道正常选任官员与流贬官员的履历，总结与分析不同官员群体选任至黔中的制度规定、职位安排及其在黔中的地方治理行为与成效，并以官员与地方的互动往来，呈现唐代黔中民族交往交流交融过程。同时，以流贬黔中官员的诗词为中心，反映地方"流宦文化"及自然与人文环境，形成与前文的呼应。

而伴随黔中道的设置与地方治理的深入，地方景观日益为唐代黔中以外人士所熟悉，承载与反映不同时期历史的发展。因此，本书最后以唐代李吉甫与宋代王象之对景物的认知为例，深入分析与研究黔中道山水景观、物产景观与人文景观，认为不同时期黔中道印象出现"荒远的瘴疠之地"与"世外桃源"之地两种天差地别的结果在于不同时期、不同社会发展背景、不同人群、不同认知与感受存在差异。而唐朝黔中道治理，一定程度上改变了地方文化景观，一方面，为宋代及以后区域古迹文化景观的形成奠定了基础；另一方面，呈现自唐时期开始，湘、鄂、渝、黔、桂5省、自治区、直辖市交界地域各民族交往交流交融在文化景观上的融合。

唐代以后，黔中道被撤销，所辖区域虽分属多个政区，但其自历史时期形成的与中东部地区(唐江南西道、江南东道)在自然地理环境、人口构成、经济发展方面的差异仍然存在,具有明显的"过渡地带"性质,是连接长江中下游地区与西南民族地区的重要中间地带,历史时期区域内各民族在此交往交流交融十分频繁。

导　　论

　　区域研究不等同于碎片化研究，其作为整体的组成部分，是历史研究不可回避且必须研究的部分，正如历史地理学者鲁西奇所言："摆脱以'王朝更替'为中心线索的中国历史叙述与阐述体系，把目光从庙堂之上转移到山野之间，着意于追寻区域或地方历史发展的内在脉络（及其与王朝脉络之间的关联），探究其自身的历史发展模式，应当是我们重建中国历史叙述与阐释体系的努力方向。只有当我们较充分地展示出中国各地区、地方乃至村落的不同形态、不同历史进程与不同历史发展模式之后，我们才有可能对中国历史发展的总体进程有一个更为清晰、更为准确的把握。"[①]因此，在研究过程中应该"探寻不同区域自身的历史发展脉络，考察这种区域历史发展的多样性与中国历史的统一性之间的关系"[②]。黔中道作为唐"十五道"之一，其自然地理环境、人口构成等均有自己的特点，因而区域历史发展亦有着自己的脉络，只有深入了解其在唐时期的发展脉络，才能更加深刻地理解黔中道与唐朝廷之间关系的发展变化，从地方的视角，更加清晰及准确地把握与认知唐代中国历史发展的总体进程，以及唐代各民族交往交流交融进程。

　　作为唐"十五道"之一，黔中道与唐朝廷间的联系，自唐朝廷在其地设置经制州县与羁縻州始，即日益紧密。欲深入了解该区域发展历史，则首先要明

---

① 鲁西奇：《中国历史的空间结构》，广西师范大学出版社 2021 年版，第 65 页。
② 鲁西奇：《中国历史的空间结构》，第 64 页。

确该区域在行政建置、地方治理等方面的发展梗概，进而以此为主线深入对其地方文化等探讨。目前，已有部分学者进行了相关研究，以下试作简要的归纳与回顾。

一、学术史回顾

梳理已有关于黔中道的研究成果，其研究内容大致包括以下几个方面。

（一）黔中道区划研究

就黔中道区划研究而言，最为重要的问题莫过于对其设置缘起的研究。早在 20 世纪 90 年代，史念海先生研究唐代贞观十道和开元十五道时，即从"唐代道的制度的创立及其演变""因山川形便所划分的贞观十道和开元十五道""道的区划与军事上的运用""各地人口的多寡与道的区划""道的区划与经济的关系"等方面对唐代全国区划进行提纲挈领式的探讨过程中，对十五道之一的黔中道进行了探讨。① 言及人口与道的区划时，指出"诸道人口次多的为江南道。江南道的幅员也最为广大，再作划分也是势所难免的，因而在开元时就析置为江南东道、江南西道和黔中道"，道出了人口与江南道"一分为三"的关系，但具体言及三道人口时，仅言黔中道"充州（治所当在今贵州石阡和余庆两县间）以南各州，包括今贵阳市在内的今贵州省南部各处，当时皆未上报户口"，"因而不能说黔中道就是人口最少的道"，② 未对黔中道人口构成做进一步分析，没有将人口与区划的关系更详细地在小区域内展开。言及道的区划与经济的关系时，指出"经济是基础，制定各道的区域，自然也需要从经济考虑"，对于江南道所属江南东道、江南西道、黔中三道的经济发展，在考证之后言"江南东道、江南西道的经济都是相当良好的。所（较）差的就只

① 史念海：《论唐代贞观十道和开元十五道》，《唐代历史地理研究》，中国社会科学出版社 1998 年版。
② 史念海：《论唐代贞观十道和开元十五道》，《唐代历史地理研究》，第 52 页。

是黔中道了。黔中道在当时是西南一些民族杂居地区,为了治理这些杂居的民族,特设这一道"。① 突出了黔中道经济与江南东道及江南西道之间的差异,但仅从黔中道设置目的进行间接说明,未详细呈现这种差异。因此,综合史念海先生关于唐代全国区划设置的考论可以看到,他通过对整体的研究,明确指出自然地理环境(山川形便)、人口构成与区域之间经济发展差异对于黔中道从江南道中剥离出来,单独成为一道的影响,为本书黔中道区划部分研究提供了指导与借鉴。

郭声波在《中国行政区划通史(唐代卷)》中亦分别对黔中道所属正州县政区[包括黔中郡(黔州)都督府、黔中道直属地区]与黔中郡(黔州)都督府所领羁縻地区进行了探讨。从其对黔中道两种政区的描述来看,侧重于对黔中道所属各州县政区与羁縻州的建置沿革梳理与考证,未展开对其道设置的具体讨论。② 其他学者,如付艳丽、刘枫林等亦在前人基础上对黔中道的建置与设立展开了讨论。付艳丽在综合考察新出土唐代墓志铭与传世文献的基础上,对黔中道设立时间与过程进行了深入探讨。认为黔中道的设立经历了"江南道—江南西道—黔中道"的过程,而其道的性质也在这一过程中发生变化,最后成为集监察区、行政区和军事区于一体的区域。③ 既指出黔中道设置过程的曲折性与复杂性,也肯定了黔中道所具有的政区性质。同时,又对唐代黔中地区直属州县的开辟、羁縻州与黔中都督府的设置展开了较为深入的研究。④ 刘枫林则从黔中道建置时间、黔中道属州设置、设置原因呈现黔中道建置的基本情形,认为黔中道的设置与其境复杂的民族分布、重要的政治及军事地位密切相关,虽包含内容较多,但论证较为简单。⑤

①　史念海:《论唐代贞观十道和开元十五道》,《唐代历史地理研究》,第 57 页。
②　郭声波:《中国行政区划通史(唐代卷)》,复旦大学出版社 2012 年版,第 749—793、1220—1234 页。
③　付艳丽:《唐代"黔中道"设立论考》,《贵州大学学报(社会科学版)》2017 年第 5 期。
④　付艳丽:《唐代黔中道的开发与社会变迁研究》,中山大学博士学位论文,2013 年。
⑤　刘枫林:《唐代黔中道建置初探》,《长江师范学院学报》2018 年第 5 期。

而除黔中道建置研究外,部分学者还关注到黔中道所属其他政区的研究。其中,胡克敏、付艳丽、熊中凯、严奇岩、赵宜聪等对黔中地区羁縻州与属国等特殊政区展开了专门研究。胡克敏、付艳丽均在研究过程中对唐代黔中地区的地方性国邑罗殿国进行了深入考察。① 熊中凯和严奇岩则对黔州都督府所辖羁縻明州展开了翔实的考证,提出羁縻明州在唐代的置废时间及其"四至"范围,并以明州为例,反映唐代西南地区开发和管控的深入、中原和西南文化交流的加强。② 这种对于地方性国邑与羁縻州的具体考证与研究,无疑能够推动黔中道的研究深化,为我们呈现一个更为深刻与具体可见的地方。然而因历史文献及文字记载缺失等多方面因素的影响,关于这些政区的细化研究十分缺乏,有待进一步深入拓展与挖掘。而赵宜聪侧重于羁縻州制度在黔中道的实施,并未展开对具体羁縻府州的考证与研究。③

(二)黔中道社会经济研究

20 世纪 80 年代,陈天俊在对唐代黔州所领各州县范围及其民族状况进行分析的基础上,对黔州所"领"与"督"的州县生产经济与社会结构进行了论述,认为唐代黔州各民族经济、社会均有所发展,为唐代封建经济与文化的高度繁荣作出了积极贡献。④ 肯定了唐代黔中道社会经济的发展与其在唐代经济、文化发展中的作用。但是,其后鲜有学者就此进行深入讨论,一直至 21 世纪初,付艳丽才在前人研究基础上,展开了对黔中道社会、经济的深入研究。

① 胡克敏:《唐代黔中地区的罗殿国》,《贵州师范大学学报(社会科学版)》1987 年第 3 期;《唐代中后期黔中地区诞生的罗殿国》,《贵州文史丛刊》1994 年第 4 期;付艳丽:《唐代罗殿国与"鬼主"问题考释》,《纪念岑仲勉先生诞辰 130 周年国际学术研讨会论文集》,中山大学出版社 2019 年版。

② 熊中凯、严奇岩:《唐黔州都督府羁縻明州考》,《中华文化论坛》2022 年第 2 期。

③ 赵宜聪:《唐季黔中道管辖下的羁縻府州考》,《郧阳师范高等专科学校学报》2016 年第 1 期。

④ 陈天俊:《唐代黔州"领""督"州县的民族状况与唐朝廷的"羁縻"政策》,《贵州民族研究》1984 年第 4 期。

首先,从黔中道自然地理环境、具体的人口构成、户籍管理与户口数的变化、农业的发展、唐朝廷对掠卖奴婢的限制、上供中央的岁贡和土产等方面,考察唐代黔中道社会与经济的发展变化。认为唐代在黔中道所推行的"经制州、羁縻州和藩国并存的地方行政管理制度及其他一些特殊政策,对唐朝廷西南边境的安定和当地社会的发展均产生了重要影响"①。较为全面地展现了黔中道社会、经济在唐时期的发展、变迁概貌。其次,"从黔中道的设立、直属州县的开辟、羁縻州与都督府的设置、牂柯蛮与首领赵国珍、昆明蛮与罗殿国等几个方面,考察唐代黔中地区的开发、民族社会状况以及王朝国家的制度规定及其实践"。提出"唐朝根据黔中不同区域的民族社会状况,采取不同的地方行政制度和开辟方式。通过开辟直属州县将大部分地区都纳入王朝国家的直接控制之下,在无法实现完全控制的地区则推行羁縻州制度,黔中全境都有不同程度的开发"②。即在此前关于黔中道社会、经济发展研究的基础之上,更加注重黔中道行政建置与政治治理对于黔中道社会发展的影响与作用,因而分经制州县、羁縻州、地方性国邑对黔中道不同性质政区所管辖区域社会开发与发展状况进行了全面深入的研究。

(三)黔中文化研究

因历史时期黔中所指代区域发生过不同程度的变化,因而出现了夏至战国时期、秦汉时期、魏晋南北朝时期、隋唐五代宋元时期与明清时期等不同时期黔中文化的认知。那么,什么是黔中文化呢? 围绕这一问题,蔡盛炽、马强等展开了对其内涵的深入讨论。蔡盛炽从对"黔"字的解读入手,对黔中文化内涵进行探讨,认为其包括"盐丹文化、多民族多种经济形态共存的文化、流

---

①　付艳丽:《唐代黔中道的社会与经济状况及唐朝的政策》,中山大学硕士学位论文,2006年。

②　付艳丽:《唐代黔中道的开发与社会变迁研究》,中山大学博士学位论文,2013年。

官和流放文化、羁縻州文化"①。同时,从盐的读音及其开发的历史出发,对黔中盐丹文化展开深入考察,认为唐代黔中道的设置,使黔中盐丹文化的发展达到顶峰。②

马强则从对黔中地区人口构成、自然地理环境、政治制度等的把握出发,提出黔中文化"是一种以汉夷融合为主(黔中地区自古以来即为苗族、土家族、仡佬族等少数民族聚居地,汉族人口相对较少,则这一地域文化离不开民族文化)、在喀斯特地貌和华夏文化南迁背景中兼容了历史上的羁縻(土司)文化、政治贬谪文化等"③。虽未言及盐丹文化,与蔡盛炽所言黔中文化内涵稍有差异,但又与蔡盛炽一样,强调其区域的多民族文化与羁縻文化、流官(流放)文化(贬谪文化)是黔中文化的主要方面。可见,黔中文化实质上呈现出的是黔中地区政治制度与人口构成特征。而研究中虽言及黔中作为历史地名的来源,却未对"黔中"一词在不同时期的含义与所指代地理空间在不同时间的变化等进行深入分析,其"关于黔中地区历史地理研究的展望"指出黔中地区历史地理研究的可行性与重要性。本书的写作,无疑弥补了此前这方面研究的不足,是为黔中地区历史地理研究的一个重要方面。

"流官与流放文化(政治贬谪文化)"作为黔中文化的重要部分,其背后呈现的是一定时代背景下的政治治理情况。流官,即被流放的官员。其到达地方后,在地方为官或生活,甚至参与地方治理,与地方的联系日益紧密,一方面对地方文化产生了影响,另一方面又成为地方文化的一部分。黔中道作为唐代流贬主要目的地之一,自然形成相关的文化,但目前未见关于黔中"流官与流放文化"的专门研究。仅韩鹤进、梁瑞、熊昂琪、姜立刚等人在研究唐代流

---

① 蔡盛炽:《唐代黔中文化初探》,《西华大学学报(哲学社会科学版)》2010 年第 3 期。
② 蔡盛炽:《解读黔中盐丹文化》,《重庆师院学报(哲学社会科学版)》2001 年第 4 期。
③ 马强:《关于黔中文化研究的几个历史地理问题》,《蜀道文化与历史人物研究》,黑龙江人民出版社 2019 年版,第 82 页。

贬官或流人问题时,涉及黔中道流贬官吏(流人)。①

　　显然,唐代黔中地区形成的文化,构成了黔中文化的主要方面。但黔中文化又不仅仅只包含蔡盛炽与马强所言的几种文化,其在具体的研究中,又往往被泛化为黔中地区的文化,在不同时期、不同区域有着不同的指向。颜建华、石恪、杨建猛、杨友维则分别对夏至战国时期、秦汉时期、魏晋南北朝时期、隋唐五代宋元时期与明清时期的黔中文化进行了讨论。其中,颜建华以贵州为黔中地区,对其地在秦汉时期的物质文化、精神文化、制度文化进行了探讨。②石恪以今贵州中部为黔中,对魏晋南北朝时期区域内物质文化、精神文化与制度文化进行了研究,所言黔中文化是泛化的,且有一定区域限制。③杨建猛则认为隋唐五代宋元时期是黔中文化大发展时期,从物质文化、精神文化与制度文化三大方面对这一时期的黔中文化进行了阐述。提出隋唐五代宋元时期,"黔中地区已普遍进入农耕社会,酿酒、蜡染等手工业技艺精湛;佛教在黔中广为传布,儒学更为兴盛,迁谪文学别具一格,行政制度和礼法习俗也呈现出明显的地域特色和民族特点"④。但所言黔中仍主要为贵州,仅在言及制度文化时提及唐代黔中道区域,且因涉及隋、唐、五代、宋、元等多个时期,因而对于唐代黔中文化部分的描述并未深入,只从整体上为我们呈现了唐代物质文化、精神文化与制度文化的概貌,缺乏细化研究。杨友维所言黔中为明清时期的贵州,并指出诗文碑刻的儒雅文化、民族民俗文化和屯堡文化为明清时期黔中文化的主流。⑤显然,上述学者所言黔中文化,均为以贵州为中心的、泛化的

---

① 韩鹤进:《唐代流人问题研究》,陕西师范大学硕士学位论文,2004年;梁瑞:《唐代流贬官研究》,浙江大学博士学位论文,2011年;熊昂琪:《唐代流贬官吏与南方社会经济研究》,陕西师范大学硕士学位论文,2012年;姜立刚:《唐代流贬官员分布研究》,西南大学博士学位论文,2013年。

② 颜建华:《夏至战国时期的黔中文化》,《毕节学院学报》2009年第5期;《秦汉时期的黔中文化》,《贵州民族研究》2009年第5期。

③ 石恪:《魏晋南北朝时期黔中文化的发展状况》,《安顺学院学报》2009年第1期。

④ 杨建猛:《隋唐五代宋元时期的黔中文化》,《安顺学院学报》2009年第2期。

⑤ 杨友维:《明清时期的黔中文化》,《安顺学院学报》2009年第3期。

文化。可见,目前关于黔中文化的具体研究,仍然集中在以贵州为中心的研究上,存在冠之以黔中名,却仅研究黔中所属贵州区域的问题。

(四)唐代文学作品与黔中形象研究

唐代文学作品蕴含着丰富的历史信息,承载着当时文人学士对于不同区域、不同历史事件的不同认知,为后人认识与了解当时地理情况提供了更多的参考,因而成为唐代区域研究的主要文献之一。[①] 运用唐代文学作品研究黔中道历史文化亦较为常见,如张佑华以唐诗为中心探讨唐代黔中道辰州、锦州、溪州等地(今湘西地区)的形象,认为唐代诗歌中,唐人对这一区域印象的描述主要表现为"蛮荒化、神秘化和乌托邦化"。"蛮荒化"多是以唐代长安及其周边等发展较为成熟的区域为中心,形成的对于黔中东部地区地理位置与自然地理环境等的认知。"神秘化"则是对于这一地区特殊人口构成背景下所产生的异域风俗的刻画与叙述,反映出唐人对不同民族文化的好奇。"乌托邦化"则是唐朝廷"华夷如一"与唐人对于"世外桃源"的理想追求。[②]

赵仁龙虽未对黔中文学作品与形象进行专门研究,但其在研究整个唐代宦游文士的南方生态意象时,"依据唐人的南北地理观念以及对各地自然、文化区域的认识,将南方划分为淮南、江南、江西、荆襄、湘中、巴蜀、岭南、闽中、黔中等九个分区;以区域为单位,对唐代宦游文士关于各地的描述进行具体分析"。专门论及了唐代宦游文士的"黔中意象",提出"阴湿毒瘴的荒蛮异方"是唐代士人对黔中的主要意象。[③]

王娟以唐五代时期黔中道客居文人为研究对象,在对客居文人数量、客居原因及最后去向进行分析的基础上,以客居文人的"涉'黔'诗作"为核心史料,分析其所呈现的客居文人心目中的黔中形象,并将其与黔中道以外文人学

---

① 张伟然:《中古文学的地理意象》,中华书局 2014 年版。
② 张佑华:《唐诗中的湘西形象研究》,吉首大学硕士学位论文,2010 年。
③ 赵仁龙:《唐代宦游文士之南方生态意象研究》,南开大学博士学位论文,2012 年。

士的"涉'黔'诗作"进行比较研究,探究不同人群对于黔中道情感表达的差异性,以及客居文人对于黔中文化产生的影响。①

因此,研究唐代黔中历史与文化,黔中相关的唐代文学作品是我们了解当时黔中政治、经济、文化等具体情形的一扇重要窗口。已有关于唐代文学作品与黔中意象的研究,为我们呈现了黔中自然地理环境基本情况,但缺乏对文学作品中政区建置、经济发展、景观文化等的研究,还存在较大的研究空间。

总体而言,以上关于唐代黔中道的研究涉及方面较多,为本研究的展开奠定了基础、提供了参考。但成果数量仍然较为有限,内容较为分散,存在可继续深入之处:

第一,黔中地域范围研究方面。已有研究虽然以黔中为研究对象,但其所指代黔中地域存在一定的差异,如付艳丽研究唐代黔中道社会经济状况,所指黔中道为唐代所置黔中道整个区域。但颜建华、石恪、杨建猛、杨友维在研究夏至战国时期、秦汉时期、魏晋南北朝时期、隋唐五代宋元时期与明清时期黔中文化时,所言黔中却均以贵州省为中心,出现以贵州为黔中的情形,反映不同学者对于黔中认知的差异。出现这种差异的原因,无不与历史时期黔中所指代地域相关,但目前已有研究却未针对这一问题深入展开,以至于在探讨不同时期黔中文化时出现较大差异。

第二,黔中道区划建置方面。已有关于黔中道建置的研究较为简略,未见相关学者以史念海先生提出的唐代"十道"与"十五道"之形成、划分原则及影响因素为基础展开深入研究者。未系统、深入地呈现黔中道在人口构成、经济发展与自然地理环境等方面与江南东道、江南西道之间的区域差异与特殊性。

第三,黔中道(采访使)治所设置方面。黔中道所辖区域范围较大,其地方管理与治理具有一定的特殊性,因而其治所的选择与设置成为其区域治理的关键,具有重要意义。但以往学者却忽略了对此的研究,未对其治所的选择

---

① 王娟:《唐五代黔中道客居文人及其文学创作研究》,厦门大学硕士学位论文,2019 年。

及治所的具体情形展开深入探讨。

第四,黔中道官员设置、选任与地方治理方面。已有研究虽涉及黔中道治理,但主要停留在制度治理方面,没有从治理地方的主体——官员出发,缺乏对黔中道地方官员构成、基本情况等的系统梳理与研究,因而未从地方官员的视角深入地方治理研究。

第五,黔中道流贬官员与地方治理方面。已有关于黔中文化的研究,未对黔中流官(贬谪)文化进行专门的探讨,缺乏对流贬黔中官员的全面考察与梳理,也未对其与黔中地方治理与发展的关系进行研究。

第六,黔中道景观文化方面。已有研究虽利用唐代文学作品探讨黔中意象,但却未对其境内具体景观进行系统深入研究,也未涉及黔中道政区设置及管理与治理过程对其景观造成的影响,未深入景观视域下民族交往交流交融进程研究。

二、研究思路与主要观点

基于已有研究存在的问题与不足,本书探讨黔中道设治黔州的影响因素及唐朝廷对于黔中地方的管理与治理,呈现其区域内形成的"流宦文化"与景观文化。通过系统研究,考察黔中地区历史发展多样性与中国历史统一性之间的关系,为更好地把握中国历史发展的总体进程提供参考。

第一,选取"长时段"研究视角,通过全面搜集与分析历史文献所记载"黔中"相关史料,确定其在不同时期的含义及范围,为不同时期"黔中"研究提供空间范围界定的借鉴。首先,以《史记》《华阳国志》《后汉书》《宋书》《晋书》《周书》等文献为基础,分析唐代以前"黔中"作为政区与地域名称及地域范围的演变。其次,以《唐六典》《通典》《元和郡县图志》与唐诗为中心,探讨唐代官员与文人眼中的"黔中"地域。再次,以《旧唐书》《新唐书》《太平寰宇记》《元丰九域志》《舆地广记》《舆地纪胜》《方舆胜览》《明实录》《清实录》及明清地方志、民国《划一现行各省地方行政官厅组织令》与其他相关与文学作品为核心史料,对五代、宋元、明清、民国不同时期的黔中含义与范围进行考证。最后,通过确定不同时期黔中地域范围,呈现黔中作为政区或地域名称,所指代区域从横跨多省到贵州省中部、从模糊到清晰所经历的漫长过程,客观反映历史地名在"长时段"内的变化发展过程及行政区划与不同人群历史记忆认知之间的关系。

第二,在确定唐代黔中道空间范围之后,以《史记》《后汉书》《三国志》《晋书》《宋书》《南齐书》《通典》《元和郡县图志》《旧唐书》《新唐书》等为核心史料,对唐代黔中道人口构成及黔中道的设置展开深入研究。首先,对区域内唐及唐以前人口构成进行梳理与研究,反映秦汉至唐时期地方治理进一步深入、郡县设置进一步细化、汉族群人口日益增多、不同族群之间交往交流交融进程进一步加快的实际情况。其次,从人口构成、经济发展、自然地理环境三方面,探索江南道最终分为江南东道、江南西道、黔中道的原因。同时,呈现黔中道非汉族群治理与管理的现实需求,突出黔中道设置的必要性。最后,全面分析黔中道设置调整过程以及设置后地方发展状况。认为出于地方治理与管理需要,唐朝统治者将黔中道从江南道剥离设为单独一道,经历了从江南道到江南西道、江南西道到黔中道的过程。所管州县亦经历较长时间调整,地方行政区划日益合理与成熟,促进了地方人口的增长与社会经济的发展。

第三,梳理与研究唐及唐以前黔州行政建置与经济社会发展状况,从其所处地理位置,对其交通概况进行梳理研究,以深入认知黔中道治所选择的重要性及影响因素。通过系统梳理与研究,认为黔州经过历史时期的治理,政治、经济、社会发展较之所辖其他区域均更为成熟,又有地利之便,是沟通南、北、东、西的重要交通枢纽,具备"天时、地利、人和"的优势,因而最终得以成为黔中道的中心。

第四,官员选任是地方治理的重要方面,因此,以《通典》《唐会要》《唐大诏令集》《旧唐书》《新唐书》为核心,从黔中道选任官员情况、官员的地方治理情况出发,探讨黔中道官员的选任与地方治理十分必要。首先,从制度层面探讨唐代黔中道治理中"双制(经制州县制度与羁縻州制度)并行"特点,反映黔中区域社会的复杂程度及管理与治理的困难程度。其次,梳理与研究黔中道州县官员设置及选拔的制度规定,呈现其官员选任与唐朝其他区域之间的一致性与差异性。最后,在分析唐朝对黔中道官员进行管理的基础上,以"唐代墓志铭"为核心史料,对黔中道任职官员群体进行分析,从中把握唐朝黔中道治理的主要群体、过程以及成效。

第五,流贬官员作为特殊群体,对地方治理与地方文化发展作出了较大贡献,是黔中文化研究的重要部分。因而本书从制度规定、流宦聚集、流贬印象三方面展开研究。首先,以《唐律疏议》为核心史料,从制度层面分析黔中道流贬聚集的根本原因。其次,以"唐代墓志铭"为核心史料,展开对流贬黔中道各官员的全面梳理,分析其流贬原因、时空分布、任职情形及对地方治理与地方文化的影响。最后,以唐代"流贬诗"为核心,呈现唐代文人笔下黔中道"荒远的瘴疠之地"印象。

第六,在前人关于黔中意象研究基础上,唐代文人笔下"荒远的瘴疠之地"为何曾经是陶渊明笔下的"世外桃源"之地,其与唐朝黔中道的设置、治理之间又存在什么样的关系等问题不断浮现。因此,以《元和郡县图志》《舆地纪胜》及唐诗为核心史料,深入分析与研究黔中道山水景观、物产景观与人文景观。以唐代李吉甫与宋代王象之对景物的认知为例进行比较分析,认为不同时期黔中道印象出现"荒远的瘴疠之地"与"世外桃源"之地两种天差地别的结果在于不同时期、不同背景下不同人群的认知与感受存在差异。而唐朝黔中道治理,一定程度上改变了地方文化景观,呈现出非汉族群与汉族群交往交流交融在文化景观上的融合。同时,黔中道各州(郡)县的设置,为宋代及以后区域古迹文化景观的形成奠定了基础。

经过系统的研究,笔者认为:

第一,"黔中"是一个变化的区域概念,其在不同时期所指代范围不同,整体呈现由大变小、由模糊变清晰又由清晰变模糊的特征。唐代黔中道的设置,使其作为道的区划变得清晰,形成与其他区域相区别的特色文化。

第二,唐代黔中道在自然地理环境、政区设置、人口构成等方面与江南西道、江南东道截然不同,具有明显的过渡地带性质,是西南民族地区与长江中下游地区的"界域(过渡地带)"。

第三,唐朝黔中的选任官员与流贬官员均推动了地方治理的深入,促进了地方非汉族群景观与汉族景观的融合,呈现出景观视域下黔中地区民族交往交流交融进程。

第四,除山川形便与犬牙交错两大政区划分原则之外,区域人口构成、经济发展状况、自然地理环境差异等亦为影响区划建置的重要因素。

通过研究,一方面,进一步论证了历史民族地理学中"界域(过渡地带)"的存在与影响因素,推动了历史民族地理学理论研究与发展,进而丰富了历史人文地理与民族史研究;另一方面,从"长时段""全域性"理论出发,全面梳理、分析与探讨不同历史时期、不同人群眼中的黔中地域,为后续研究不同时期黔中历史与文化提供了地理空间界定的借鉴。同时,通过在地化的景观,呈现民族交往交流交融的具体过程,提出景观视域下民族交往交流交融研究的可行性。

第一章 何处是黔中:历史时期的"黔中"

"黔中"作为区域名称,伴随历代政权的更替与发展,其所指代地域发生着较为明显的变化。首先,在有限的历史文献记载中,呈现给我们的是不确定的"黔中"地域范围,如战国时期黔中郡的地理范围因缺乏具体、详细的文献记载,长期以来为学术界争论焦点。其次,随着唐代黔中道的设置,其所指代地域范围因境内经制州县与羁縻州的设置变得明晰,且达到最大。然而,宋朝取消黔中道的设置,仅保留唐代黔中道治黔州及部分羁縻州,以为黔中郡,属夔州路管辖,"黔中"范围在唐代基础上大为缩小。元朝在黔州地域设绍庆路,唐宋时期属"黔中"与"黔州"的羁縻州多改设为宣慰司、宣抚司、安抚司等进行管理,"黔中""黔州"作为地域名称从政区名称转变为记忆中的地域名称,不再作为区划名称出现于中央王朝的地方治理之中,但却存活于人们的记忆之中,仍作为地域名称在其他场合使用,其所指代地域范围虽根据使用背景的不同而有所不同,但总体在唐宋时期"黔中"地域范围内。然而,至明清时期,随着贵州省的设置,"黔中"所指代地域又一次发生较大变化,从明初指代云南,逐渐成为贵州的区域代称。至民国初年,因地方行政组织采取三级制,在省与县之间设立道一级行政机构,贵州设黔中道、黔东道、黔西道,黔中道又一次成为政区名称。但是,此黔中道非彼黔中道,两者所指代地域范围虽然存在明显的交集,彼此含义却发生了巨大变化,所辖各级政区的性质亦存在本质区别。因此,在深入研究和探讨黔中历史、地理与文化之前,必须明确"黔中"

作为地域名称在不同历史时期所指代的具体范围，以避免在具体书写时出现指代不明或指代错误的情况。

第一节　唐以前"黔中"的由来与地域演变

"黔中"作为地域名称具有两层含义，一是作为泛称，指代某一个不确定的地域；二是作为行政区划名称，即管辖一定地域的具有政治含义的名称。唐代以前，作为泛称的"黔中"与作为政区名称的"黔中"均有出现。《华阳国志·巴志》言及巴国地理范围时，曰：巴国"东至鱼复，西至僰道，北接汉中，南极黔涪"[①]，所言"黔"即"黔中"。但因缺乏早期历史文献的详细记载，仅能推断"黔中"作为一个地域泛称，可能在巴国甚至更早时期即已出现。其时，黔中位于巴国南部，辖域涉及今重庆市彭水苗族土家族自治县（以下简称"彭水县"）、黔江区所在乌江中游及其支流郁江、唐崖河流域在内的大片区域，具体范围无从考证。后战国争霸，秦灭巴国，设置巴郡之后，楚国设黔中郡，"黔中"作为行政区划名称出现并使用。

一、楚黔中郡

据历史文献记载，"黔中"作为行政区划名称，最早见于《史记》。据《史记·秦本纪》载：秦孝公元年（公元前361年），"楚自汉中，南有巴、黔中"[②]。可见，黔中作为区划名称，最迟在公元前361年即已出现，是楚国下辖的一个政区，距今已有两千三百多年历史。

作为楚国下辖政区，因受早期历史文献记载较为缺乏的影响，其所管辖具体区域并不明确，因而形成诸多关于其辖域范围认识的不同观点。清代蒋骥

[①] （晋）常璩撰，任乃强点校：《华阳国志》卷一《巴志》，上海古籍出版社1987年版，第25页。

[②] （西汉）司马迁：《史记》卷五《秦本纪第五》，中华书局1959年点校本，第202页。

在为《楚辞》作注的过程中,根据《楚辞》的记载,绘制了"楚辞地理总图"。从所绘"楚辞地理总图"①,我们可以看到,他所绘制的黔中郡位于长江以南的湖北西南一带。目前较为常见的观点与之相似,认为楚国所置黔中郡即秦代黔中郡与汉代武陵郡,其治所在今湖南省常德市,其辖域相当于今天湖南沅水、澧水流域、湖北清江流域、重庆黔江流域和贵州东北乌江流域。② 周宏伟、徐少华等历史地理学者与此观点不同,周宏伟认为楚黔中郡位于今湖北省西北汉江支流诸河流域,徐少华认为楚黔中郡范围在长江以北今鄂西、渝东地区。显然,两位学者对于楚黔中郡辖域范围的考证结果存在较大的相似性,即都认为楚黔中郡位于长江以北③,与前所言长江以南的观点存在明显差异。那么,楚黔中郡到底在今天哪里呢?

据《史记·秦本纪》的记载可以看到,巴、黔中在汉中以南,是与汉中接壤的区域,而汉中即今汉江中上游地区,是先秦时期巴人活动之地,巴地与其相邻,具有明显的合理性。同时,《战国策·楚策》记载苏秦、张仪在合纵、连横游说楚威王的过程中均反复提到了楚国黔中郡,言:

> 楚,天下之强国也。大王,天下之贤王也。楚地西有黔中、巫郡,东有夏州、海阳,南有洞庭、苍梧,北有汾陉之塞。郇阳地方五千里,带甲百万,车千乘,骑万匹,粟支十年,此霸王之资也。夫以楚之强,与大王之贤,天下莫能当也。今乃欲西面而事秦,则诸侯莫不南面而朝于章台之下矣。秦之所害于天下莫如楚,楚强则秦弱,楚弱则秦强,此其势不两立,故为王至计,莫如从亲以孤秦,大王不从亲,秦必起两军,一军出武关,一军下黔中。若此,则鄢郢动矣。

---

① (周)屈原撰,(清)蒋骥注:《山带阁注楚辞》卷首,清雍正五年蒋氏山带阁刻本。
② 韩凤冉:《黔中地及楚秦黔中郡地望考》,《九州学林》2006年第4期,复旦大学出版社2007年版,第198—215页。
③ 周宏伟:《楚秦黔中郡新考》,郑培凯主编:《九州学林》2005年第1期,复旦大学出版社2005年版,第99—114页;徐少华:《关于楚、秦黔中郡地望的思考》,《简帛文献与早期儒家学说探论》,商务印书馆2015年版,第248—252页。

　　……秦西有巴蜀，方船积粟，起于汶山，循江而下，至郢三千余里。舫船载卒，一舫载五十人，与三月之粮下水而浮，一日行三百余里，里数虽多，不费马汗之劳，不至十日而距扞关。扞关惊，则从竟陵巳东，尽城守矣。黔中、巫郡非王之有已，秦举甲出之武关，南面而攻，则北地绝秦兵之攻楚也。危难在三月之内，而楚恃诸侯之救在半岁之外，此其势不相及也。夫恃弱国之救而忘强秦之祸，此臣之所以为大王之患也。①

　　从苏秦游说楚威王时所陈述的理由中可以看到，苏秦认为黔中郡在秦楚关系的发展中具有非常重要的军事战略地位，一方面是秦国攻打楚国的主要进军路线；另一方面，如果楚国在秦楚争斗中失去了黔中郡，那么楚国将处于非常不利的位置，失去与秦国对抗的前期屏障。这一时期（楚威王时期，公元前 339 至 329 年），楚国统治中心在今江汉平原，因此，苏秦所言洞庭郡与苍梧郡均在江汉平原长江以南区域，夏州、海阳在江汉平原东部（今湖北武汉），与黔中郡共同位于江汉平原西部的巫郡在今重庆市东北、长江以北的巫山、巫溪地区。由此推断，楚黔中郡位于江汉平原以西，与今重庆市巫山、巫溪地区相邻。

　　又当时秦国已占领巴蜀地区，并设置巴郡与蜀郡，秦国军队用船舶装载士兵与粮食，沿长江顺流而下，日行 300 余里，最多 10 天则可到达距离楚国都城郢都较近的扞关，一旦如此，楚国所属黔中、巫郡之地将失守，楚国将面临灭国险境。因此，"楚自巫山起方城，属巫、黔中，设扞关以拒秦"②。可见，张仪所言扞关在巫郡、黔中郡西部，是当时抵御秦国进攻的一个重要关隘。若如张仪所言，秦国一旦通过这个关隘，巫郡与黔中郡即面临失守风险，那么巫郡、黔中郡在当时的地理位置应为并列关系，即两郡同时位于楚国的西部，巫郡为紧邻巴郡的区域，黔中郡则又为紧邻巫郡的区域，且位于汉中郡以南，与汉中郡邻

---

　　①　（西汉）刘向撰，何建章注释：《战国策》卷一四《楚策》，中华书局 1990 年版，第 508 页。
　　②　（汉）桓宽撰，王利器校注：《盐铁论校注》卷九《险固第五十》，中华书局 1992 年版，第 526 页。

近,应为连接巫郡与楚国郢都(江汉平原中心地带)的重要区域。如此,则与苏秦、张仪所言楚国整体形势与具体形势相符。

因此,楚国虽设黔中郡,使黔中郡成为行政区划名称,但其所管辖地域并未有明确记载。根据现有的文献记载,仅可推断其大致区域在巴郡、扞关以东、汉中郡以南、洞庭郡以西的区域(即今重庆市奉节县以东、陕西汉中地区以南、湖南常德以西区域)。结合前文分析,则黔中郡可能涉及的范围包括今湖北省西部、湖南省西部乃至重庆市东部部分区域在内的大片区域。其可能涉及的区域范围广大,以至于学界出现了关于其具体范围的不同观点,而目前几种观点所提出的具体范围基本均包含于以上所言可能的范围之内。① 然而,楚国黔中郡地域虽涉及以上所言的大片区域,但是其能够直接管理的区域,可能并没有那么大,甚至多集中于当时所置黔中郡治所所在地域。因历史文献的记载有限,无法对其作过多的推断。

二、秦黔中郡

伴随秦国势力的壮大,秦国开始对外扩张,兼并周边势力较弱的政权,先后吞并其南面的巴国与蜀国,并在其地设立巴郡与蜀郡。设立巴郡与蜀郡之后,又将目标放到楚属黔中郡,与楚国展开对黔中郡的争夺。

---

① 蒙文通提出巴黔中的范围在长江以南,今重庆市长寿区、奉节县至贵州遵义市之间的乌江流域(参见蒙文通:《巴蜀史的问题》,《四川大学学报(哲学社会科学版)》1959 年第 5 期);徐中舒认为楚黔中之地涉及今陕西省南部、四川省、重庆市与贵州省东部及河南、湖北与湖南的西部,地域范围十分广泛(参见徐中舒:《巴蜀文化续论》,《四川大学学报(哲学社会科学版)》1960 年第 1 期);石泉认为楚黔中在今湖北、河南、陕西三省交界地带(石泉:《古代荆楚地理新探·续集》,武汉大学出版社 2013 年版);桑秀云、田敏、韩凤冉等则认为楚黔中在以今重庆市彭水县为中心的乌江流域(参见桑秀云:《黔中、黔中郡和武陵郡的关系》,中国台湾《"中央研究院"历史语言研究所集刊》第五十二本第三分册(上),1981 年;田敏:《"楚子灭巴,巴子五人流入黔中"考——楚巴关系及廪君巴迁徙走向新认识》,《湖北民族学院学报(社会科学版)》1997 年第 1 期;韩凤冉:《黔中地及楚秦黔中郡地望考》,《九州学林》2006 年第 4 期,复旦大学出版社 2007 年版,第 198—215 页等);贺刚等则认为楚黔中范围与汉代武陵郡范围一致,包括今湖南西部、西北部及湖北西南部(参见贺刚:《战国黔中三论》,《湖南考古辑刊》1994 年第 1 期,岳麓书社 1994 年版,第 207—217 页)。

从前文对楚黔中郡的分析可以看到，苏秦与张仪在合纵连横过程中均言及黔中郡对于楚国的重要性，认为黔中郡与巫郡均位于楚国郢都的西面，是拱卫楚国郢都的西大门，一旦秦国进入扞关，进而攻破巫郡、黔中郡，楚国将处于极端危难之中。因此，对于秦国而言，攻下黔中郡，是其能否顺利吞并楚国的关键，意义重大；对于楚国而言，能否守住黔中郡，是其能否继续维持政权的关键，意义也十分重大。因而秦、楚两国围绕黔中郡展开了较长时间的斗争，这中间，黔中郡几度为秦国占领，因而成为秦黔中郡，而最终的秦黔中郡成为秦统一六国后所设三十六郡之一，地域范围进一步明确。

首先，周慎王五年（公元前316年）秦惠王派遣司马错等人"伐蜀"，建立巴郡、蜀郡，并攻占楚国所属汉中郡之后[1]，司马错即"取楚商於地为黔中郡"[2]，可见自司马错侵占楚国所属商於之地后即出现了秦黔中郡。而此时，秦黔中郡与楚黔中郡同时存在，是两个不同政权统治下的独立政区。据裴骃《史记·集解》载："商於之地"在"顺阳郡南乡、丹水二县，有商城在於中，故谓之商於"。[3] 考所言顺阳郡南乡县在今丹江与淅江交汇处的丹水南岸，因而其所言"商於之地"应即今陕西、河南、湖北三省交界的丹江流域一带。因此，秦黔中郡最早治理的区域应为湖北省西北与陕西、河北两省交界区域。

其次，据《史记·楚世家》记载，秦国先后在楚怀王二十八年（公元前301年）、二十九年攻打楚国，楚国伤亡较大，怀王由此感到担忧，提出派遣太子作为质子的方式求和。三十年（公元前299年），秦国再次攻打楚国，并占据楚国所属八城，于是秦昭王向楚王发出邀请，希望与楚王在武关相会结盟：

> 楚怀王见秦王书，患之，欲往，恐见欺；无往，恐秦怒。昭雎曰：王毋行而发兵自守耳，秦虎狼不可信，有并诸侯之心。怀王子子兰劝王行曰：奈

---

① （西汉）司马迁：《史记》卷五《秦本纪第五》记载秦孝公元年时"楚自汉中，南有巴、黔中"。

② （晋）常璩撰，任乃强点校：《华阳国志》卷一《巴志》，第83页。

③ （西汉）司马迁：《史记》卷四〇《楚世家第十》，第1723页。

何绝秦之驩心。于是往会秦昭王,昭王诈令一将军伏兵武关,号为秦王。楚王至,则闭武关,遂与西至咸阳。朝章台如蕃臣,不与亢礼,楚怀王大怒,悔不用昭子言。秦因留楚王,要以割巫、黔中之郡,楚王欲盟,秦欲先得地。楚王怒曰:秦诈我,而又强要我以地,不复许秦,秦因留之。①

楚怀王在收到秦昭王发出的邀请后,仍然十分担忧,如果去,恐怕被秦王欺骗,如果不去,又害怕秦王生气。对此,其大臣昭雎提出秦国有吞并诸国的想法,是虎狼之国,不能相信,必须发兵防守。而其儿子子兰认为不应该拒绝秦国和睦相处的心意,劝其前往与秦王相会。于是楚王前往武关与秦王相会。秦昭王派属下将军伪装自己,在楚王到达后即关闭武关,将楚王送到咸阳。秦王不以礼相待,使楚王大怒,楚王后悔没有听从昭雎的建议。而秦王提出楚国与秦国要达成结盟,则必须先割让楚国所属巫郡与黔中郡。

可见,至迟在秦昭王时期秦国已有争夺楚国黔中郡之心,但这次秦国的愿望并没有达成,最终楚国以另立新王的方式应对秦国。后楚王逃亡,最终病死于秦国,秦楚两国关系进一步恶化。

伴随秦国势力的进一步扩张,秦国在楚顷襄王(秦昭襄王)时期又一次展开对楚国的进攻。楚顷襄王十九年(公元前280年),秦国攻打楚国,楚国战败,割其所属上庸、汉北之地给秦国;二十年,秦国将军白起又攻下楚国西陵;二十一年,白起又攻入楚国都城郢都。楚顷襄王兵败,不再对战。二十二年(公元前277年),秦国"蜀守若伐楚,取巫郡,及江南为黔中郡"②,秦国又攻占楚国巫郡、黔中郡。至此,秦国在攻占楚国所属汉中郡后,向南进一步攻占了楚国所属巫郡及黔中郡,将巫郡及长江以南大片区域与楚黔中郡合并为秦黔中郡。原秦所置黔中郡与巫郡、江南及楚黔中郡连成一片,地域范围明显扩大。

然而,楚王在将都城从郢都迁至其东北部陈城(今河南淮阳)之后,在其

① (西汉)司马迁:《史记》卷四〇《楚世家第十》,第1728页。
② (西汉)司马迁:《史记》卷五《秦本纪第五》,第213页。

东部地域招兵买马,在秦国侵占楚属黔中郡仅一年后,即召集十余万士兵聚集于其西部,收复公元前 277 年被秦国所攻占的"江旁十五邑"①,将其作为抵抗秦国进一步东进、南下的前沿阵地。《史记》将"江旁"亦写作"江南",按此,则秦黔中郡失去了江南之地,在公元前 276 年时的范围较之公元前 277 年时有所缩小,《史记·正义》言"黔中郡反归楚"②即此。但此处所言黔中郡归楚,并非原来楚国黔中郡全部回归楚国管辖,而仅仅只是秦国黔中郡的江南部分。按蒋骥的考证,楚国当时在收复"江南之地"后,另设新郡(洞庭郡)进行管理,不再以黔中郡为名。因此,至公元前 276 年时,仅存秦黔中郡。

可见秦黔中郡地域范围存在一个变化的过程,在秦国侵占楚国黔中郡之前,侵占楚国所属"商於之地",设为黔中郡,地处当时汉中郡东部,今陕西、河南、湖北三省交界地域的丹江流域,范围相对较小。后进一步东进、南下,侵占楚国郢都、巫郡、江南(长江以南)等地之后,又将巫郡及长江以南的大片区域纳入黔中郡,其黔中郡所指地域范围进一步扩大。然而,伴随楚国收复"江旁十五邑",秦黔中郡的地域范围又有所缩小。较之楚黔中郡,秦国黔中郡地域范围发生的最大变化应为巫郡的纳入。

三、秦汉时期黔中郡

秦统一六国之后,着手建立统治天下的制度。当秦朝官员讨论如何管理所收复之地时,丞相王绾等主张将秦始皇的儿子、宗族还有功臣们分封到燕、齐、荆楚等国的偏远地方,让他们镇守各地,以保持国家的稳定。秦始皇与其他大臣商讨,大臣们均认为王绾的建议合理,有利于统治。但是,廷尉李斯却不赞同这一主张,言周文王与周武王时期分封了众多同姓子弟,但未实现有效治理,最后各属地与周朝之间仍然疏远,且相互攻击与仇杀,各诸侯之间更是相互征伐与诛杀,面对这些征伐与仇杀周王却无法平息与制止。因此,从天下

---

① (周)屈原撰,(清)蒋骥注:《山带阁注楚辞》卷首,清雍正五年蒋氏山带阁刻本。
② (西汉)司马迁:《史记》卷五《秦本纪第五》,第 216 页。

统一的现实需要出发,认为延续周朝设诸侯治理地方的策略不适用于秦朝。设立郡县,对立功的子孙、大臣进行重赏,才能更好地约束子孙、大臣,进行地方治理,使天下安宁。秦始皇对李斯的看法十分认同,言"廷尉议是",认为天下均受战乱影响,深陷于苦难之中,而其刚刚建立了统一王朝,仍然容易引起新的战乱,因而想要社会安定,实在是一件难事。于是采纳李斯的建议,将六国之地与原来的秦国之地合为一体,"分天下以为三十六郡",并在每郡设郡守、郡尉、郡监,管理郡属民政与军政等事务。①

《史记·集解》言:"三十六郡者,三川、河东、南阳、南郡、九江、鄣郡、会稽、颍川、砀郡、泗水、薛郡、东郡、琅邪、齐郡、上谷、渔阳、右北平、辽西、辽东、代郡、巨鹿、邯郸、上党、太原、云中、九原、雁门、上郡、陇西、北地、汉中、巴郡、蜀郡、黔中、长沙凡三十五,与内史为三十六郡。"②可见,黔中郡在秦始皇统一六国之后,仍然为郡。

其中同为秦三十六郡的长沙郡,据古代史家考证亦曾为黔中郡地,如北宋乐史曾引甄烈《湘州记》言"秦始皇二十五年(前222年)并天下,分黔中以南之沙乡为长沙郡,以统湘川"③,清代史家延续其说法,曰"春秋战国楚黔中地,秦汉曰长沙"④。此说应与战国末期,秦国统一六国有关。根据前文对秦国黔中郡的考证,可知楚国在收复"江旁十五邑"另立新郡之后,秦国黔中郡范围有所缩小,而秦国灭楚国之后,"江旁十五邑"很可能再次被秦纳入黔中郡管辖。

因此,秦朝统一六国之后,其黔中郡辖域又经历了由大到小的变化,从一个包括长沙郡的"大郡",变成与长沙郡同级的"小郡"。⑤ 其郡治,据唐宋时

---

① (西汉)司马迁:《史记》卷六《秦本纪第六》,第239页。
② (西汉)司马迁:《史记》卷六《秦本纪第六》,第239—240页。
③ (宋)乐史:《太平寰宇记》卷一一四《江南西道十二》,中华书局2007年点校本,第2315页。
④ (蜀)韦縠辑,殷元勋注,宋邦绥补注:《才调集补注》卷九,清乾隆五十八年宋思仁刻本。
⑤ 此处的"大郡"与"小郡"均是相对于两者地域范围而言,无其他特殊含义。

期史家考证,在唐宋辰州有"黔中故郡城"[①],说明至晚在秦始皇统一六国之后,黔中郡的中心即已转移到长江以南的湘西地区,而其所辖地域范围在这一时期虽有所缩小,但又不限于其郡治所在的辰州地区。如据谭其骧先生考证,一分为二之后的黔中郡,北与汉中郡接壤,有长江三峡两岸及清江流域之地;西北与巴郡接壤,有黔江(今乌江)流域之地;东与长沙郡接壤,西界不可考。[②]而据北魏史学家郦道元考证,秦统一六国前,纳入秦国黔中郡范围内的巫郡则改设为县,"以隶南郡"[③],所以秦朝所置黔中郡较之其统一六国前的黔中郡辖域范围大大地缩小了。

至汉时期,黔中郡"改为武陵"[④],《后汉书·郡国志》亦言"武陵郡,秦昭王置,名黔中,高帝五年(前202年)更名"[⑤]。据辛德勇考证,武陵郡应为汉高祖五年封受长沙国时,由长沙郡中割除原黔中郡辖界而设。[⑥] 说明黔中郡在汉高祖时期即更名为武陵郡,因此,黔中郡作为行政区划名称在两汉时期暂时退出历史舞台,以至于《汉书》《后汉书》正文中谈及"黔中"之处很少,通览两书全文,仅有7处与之相关,且基本出现于唐代颜师古与李贤为《汉书》《后汉书》所作的注解之中。而"武陵"作为原属黔中的地域,在《汉书》《后汉书》中有100余处相关记载,且一半以上为正文关于武陵郡相关历史、文化、地理等的记载。说明在两汉时期,中央王朝已经完全用"武陵"取代"黔中","黔中郡"不再作为政区名称使用。而其是否作为地域名称继续在地方民众之中使用,因缺乏文献记载,无法判断。

---

① (唐)李吉甫:《元和郡县志》卷三〇《江南道六》,中华书局1983年点校本,第735页;(宋)乐史:《太平寰宇记》卷一二〇《江南西道十八》,第2390页。

② 参见谭其骧:《秦郡界址考》,《长水集(上)》,人民出版社2009年版,第20—21页。

③ (北魏)郦道元撰,陈桥驿校证:《水经注》卷三四《江水》,中华书局2007年版,第789页。

④ (南朝宋)范晔:《后汉书》卷八六《南蛮西南夷列传第七十六》,中华书局1965年点校本,第2831页。

⑤ (南朝宋)范晔:《后汉书》志第二二《郡国四》,第3484页。

⑥ 辛德勇:《秦始皇三十六郡新考(上)》,《文史》2006年第1辑,第55页。

四、三国两晋南北朝时期的黔中地域

三国两晋时期，受汉高祖改黔中郡为武陵郡的影响，各政权基本延续汉代对黔中地域的称谓，以武陵代替黔中。在《晋书·地理志》言及荆州沿革地理时，即讲道：

> 及秦，取楚鄢郢为南郡，又取巫中地为黔中郡，以楚之汉北立南阳郡，灭楚之后，分黔中为长沙郡。汉高祖分长沙为桂阳郡，改黔中为武陵郡，分南郡为江夏郡。武帝又分长沙为零陵郡。及置十三州，因旧名为荆州，统南郡、南阳、零陵、桂阳、武陵、长沙、江夏七郡。后汉献帝建安十三年（208 年），魏武尽得荆州之地，分南郡以北立襄阳郡，又分南阳西界立南乡郡，分枝江以西立临江郡。及败于赤壁，南郡以南属吴，吴后遂与蜀分荆州。于是南郡、零陵、武陵以西为蜀，江夏、桂阳、长沙三郡为吴，南阳、襄阳、南乡三郡为魏。而荆州之名，南北双立。蜀分南郡，立宜都郡，刘备没后，宜都、武陵、零陵、南郡四郡之地悉复属吴。魏文帝以汉中遗黎立魏兴、新城二郡，明帝分新城立上庸郡。孙权分江夏立武昌郡，又分苍梧立临贺郡，分长沙立衡阳、湘东二郡。孙休分武陵立天门郡，分宜都立建平郡。孙晧分零陵立始安郡，分桂阳立始兴郡，又分零陵立邵陵郡，分长沙立安成郡。荆州统南郡、武昌、武陵、宜都、建平、天门、长沙、零陵、桂阳、衡阳、湘东、邵陵、临贺、始兴、始安十五郡，其南阳、江夏、襄阳、南乡、魏兴、新城、上庸七郡属魏之荆州。及武帝平吴，分南郡为南平郡，分南阳立义阳郡，改南乡为顺阳郡，又以始兴、始安、临贺三郡属广州，以扬州之安成郡来属。①

从上述记载可以看到，唐代房玄龄在对两晋时期荆州沿革进行追溯时，清晰地呈现了黔中郡作为政区名称从"黔中"转变为武陵的基本过程。而在"改

---

① （唐）房玄龄等：《晋书》卷一五《地理志五》，中华书局 1974 年点校本，第 453—454 页。

黔中为武陵郡"之后，后世行政区划基本沿用武陵之名，设置武陵郡。三国之初，南郡、零陵郡、武陵郡以西为蜀国，武陵郡属刘备辖域。后因刘备逝世，蜀国势力衰弱，原属蜀国的南郡、武陵郡、零陵郡及从南郡分立的宜都郡均改属吴国。因此，战国与秦时期的黔中郡在三国时期以武陵郡存在，分属于不同政权。黔中郡也成为历史记忆中的政区名称，在回溯其区域内历史的过程中，得以存在。如《华阳国志》"巴志""蜀志""南中志"均对秦、楚黔中郡做了较多的叙述，《水经注》叙及原黔中地域河流时亦多有叙述，但均言过去，未有关于当时仍称黔中的记载。因而所言黔中郡均是作为政区名称的历史记忆，后之史籍亦多延续这一历史记忆的方式，将原属黔中郡管辖区域的政区沿革追溯至秦楚时期黔中郡的设置。

而从流传至今的三国两晋时期诗词中，亦可以看到当时武陵作为地域名称的广泛使用，如曹植《离缴雁赋》曰：

（序）余游于武陵中，有雁离缴，不能复飞，顾命舟人追而得之，故怜而赋焉。

怜孤雁之偏特，情恫焉而内伤。

含中和之绝气，赴四节而征行。

远玄冬于南裔，避炎夏于朔方。

挂微躯之轻翼，忽颓落而离群。

旅暗惊而鸣远，徒矫首而莫闻。

甘充君之下厨，膏函牛之鼎镬。

蒙生全之顾覆，何恩施之隆博。

于是纵躯归命，无虑无求。

饥食稻粱，渴饮清流。①

即以武陵对其所在地域进行称呼，我们所熟悉的《桃花源记》亦以武陵称

---

① （魏）曹植：《曹子建集》卷四，民国八年上海商务印书馆四部丛刊景明活字本。

之,并将生活在其地域的人群称为"武陵人":

> 晋太元中,武陵人捕鱼为业。缘溪行,忘路之远近。忽逢桃花林,夹岸数百步,中无杂树,芳草鲜美,落英缤纷。渔人甚异之,复前行,欲穷其林。

> 林尽水源,便得一山,山有小口,仿佛若有光。便舍船,从口入。初极狭,才通人。复行数十步,豁然开朗。土地平旷,屋舍俨然,有良田、美池、桑竹之属。阡陌交通,鸡犬相闻。其中往来种作,男女衣着,悉如外人。黄发垂髫,并怡然自乐。

> 见渔人,乃大惊,问所从来。具答之。便要还家,设酒杀鸡作食。村中闻有此人,咸来问讯。自云先世避秦时乱,率妻子邑人来此绝境,不复出焉,遂与外人间隔。问今是何世,乃不知有汉,无论魏晋。此人一一为具言所闻,皆叹惋。余人各复延至其家,皆出酒食。停数日,辞去。此中人语云:"不足为外人道也。"

> 既出,得其船,便扶向路,处处志之。及郡下,诣太守,说如此。太守即遣人随其往,寻向所志,遂迷,不复得路。

> 南阳刘子骥,高尚士也,闻之,欣然规往。未果,寻病终,后遂无问津者。①

南北朝时期,黔中作为行政区划名称,仍然以历史记忆存在。如《宋书·州郡志》在追溯"武陵太守"时引"《续汉·郡国志》(即《后汉书》)云:秦昭王立,名黔中郡,高帝五年(前202年)更名"②。《魏书·賨李雄列传》在言及"賨"的来源时,言"秦并天下,为黔中郡,薄赋其(巴西宕渠)民,口出钱三十,巴人谓赋为'賨',因为名焉"。均在叙及历史沿革时谈及战国、秦时期黔中郡的设置。

---

① (东晋)陶渊明著,逯钦立校注:《桃花源记》,《陶渊明集》卷六《记传赞述》,中华书局1979年版,第165页。

② (南朝梁)沈约:《宋书》卷三七《州郡三》,中华书局1974年点校本,第1125页。

然而，值得注意的是，这一时期黔中作为地域名称，开始在文学作品中出现。南朝陶弘景《古今刀剑录》曰：

> 诸葛亮定黔中，从青石祠过，遂抽刀刺山，投刀不拔而去，行人莫测。①

即言及黔中，但因历史文献关于诸葛亮南征平定地方的事迹记载较多，所涉及地域范围十分宽广，既涉及战国、秦时期的黔中郡地域，又涉及"南中"（包括今云南、四川南部、贵州西部地区），因此其所言黔中具体所指无法判定，只能推测其是包括秦时期黔中郡在内的一个地域名称。②

同时，北周庾信在撰写北周大将慕容宁的墓志《周柱国楚国公岐州刺史慕容公神道碑》中亦言及黔中，曰：

> 公禀气中和，降祥川岳，岐嶷表羁贯之年，通礼称绮纨之岁，凤着奇节，幼表大成。兄弟分果，备知推让；宾客解铃，曾无吝色。永安元年（304 年），太宰尔朱天光，魏室元辅，握兵淮右，抗权江南。公时任别将，便从征伐。自是长城峡石，必先行阵；秦南陇西，每当矢石。摧坚乘胜，莫不前驱；策勋行赏，常居第一。永熙元年（532 年），补子都督，并加鼓节军仪，除桑干太守，转补都督。其年，以魏皇西幸，奉迎大驾，赐封河阳县开国伯，增邑三百户。俄迁大中大夫，改伯为侯，增邑合九百户。仍授使持节、都督显州诸军事、显州刺史。四年，迁镇东将军、金紫光禄大夫。其年秋，河桥之役，先登破阵，迁为车骑大将军、仪同三司。五年，沙苑之功，加封，合前二千户。俄授敷州刺史，加散骑常侍。外深推毂，内侍集书。十五年（536 年），授右卫将军。十六年，授大将军。后魏元年，重授敷州刺史。公以先经刺举，固辞不就。三年，改封武阳郡开国公，除尚书仆射，职惟赞奏，任居封掌，分左右之侍，兼典举之选。属以江南阻兵，诸宫边敌，

---

① （南朝梁）陶弘景：《古今刀剑录》，民国十六年至十九年武进陶氏景宋咸淳百川学海本。
② 参见方国瑜主编，徐文德、木芹纂录校订：《云南史料丛刊》第 1 卷，云南人民出版社 1990 年版，第 188—190 页。

军机警急,锋镝纵横。公奉命星言,元戎启路,总秦人之锐士,兼荆户之广卒。水龙竞双刀之势,步骑陈四分之威,夷陵既烧,黔中方定,旋军反旆,解甲休兵。其后凤州内叛,成都外绝,公又总督众军,搜乘即道,兵不血刃,并皆擒获,迁其酋豪,纳其降附。①

从庾信所撰碑刻的前后文,可见其所言黔中地域与夷陵相近。即庾信所言黔中地域在夷陵及其周边区域,为战国、秦时期黔中郡所在地域。这与清代史家吴兆宜在注解中提出所言黔中即秦楚黔中郡一致,可见,黔中郡作为政区名称在南北朝时期已经明确转换为地域名称,而其所指代地域为原黔中郡辖域范围。

或许受南北朝时期"黔中"一词在文学作品中较为广泛使用的影响,唐代令狐德棻编纂《周书》时,亦将黔中作为地域名称使用。如《周书·杜杲列传》记载:

初,陈文帝弟安成王顼为质于梁,及江陵平,顼随例迁长安。陈人请之,太祖许而未遣。至是,帝欲归之,命杲使焉。陈文帝大悦,即遣使报聘,并赂黔中数州之地。仍请画野分疆,永敦邻好。以杲奉使称旨,进授都督,治小御伯,更往分界焉。陈人于是以鲁山归我。帝乃拜顼柱国大将军,诏杲送之还国。②

所言黔中虽与作为行政区划的州连用,但可以看到其实质仍是指代一个地域,指黔中地域范围内的几个州。不过因具体州名缺乏记载,不能确定所言黔中具体区域。根据文学作品所言黔中地域推断,《周书》所言黔中应仍在战国、秦时期黔中郡辖域范围内。

可见,黔中作为地域名称从秦楚以前的可能存在,在战国(秦、楚)、秦时期成为行政区划名称,历经政权的更迭,作为行政区划的黔中郡被武陵郡取

---

① (北周)庾信撰,(清)倪璠注,许逸民点校:《庾子山集注》卷一四《周柱国楚国公岐州刺史慕容公神道碑》,中华书局1980年版,第899页。

② (唐)令狐德棻:《周书》卷三九《杜杲列传》,中华书局1974年点校本,第702页。

代，无论正史还是其他历史文献均在较长时间内用武陵作为行政区划名称与地域名称代替黔中，指代原黔中郡所辖地域，使黔中郡成为一个仅出现于历史沿革中的名称。一直到南北朝时期，黔中作为地域名称再次出现于人们的视野之中，在《古今刀剑录》《周柱国楚国公岐州刺史慕容公神道碑》等中使用，这无疑为唐代黔中作为区划名称再一次出现埋下了伏笔。

第二节　唐代"黔中"地域

黔中作为地域名称在唐以前经历了从可能的地域名称到确定的行政区划名称，到被新的地域名称（武陵）代替，再到作为历史记忆存在，又重新作为地域名称出现的曲折过程。在经历如此曲折的发展过程之后，伴随其作为地域名称的重新出现，至唐时期，其又一次登上历史的政治舞台，成为"道"的区划名称，较之战国、秦时期有了更加明确的地理范围。

据《资治通鉴·唐纪》记载，唐代"黔中"一词最早出现于唐高宗总章元年（668 年）司马光记述的泉男建被贬事件中。因司马光为北宋时期史学家，其在写作《资治通鉴》时，黔中道已在唐代设置，"黔中"一词较为普遍地使用过，因而有可能"黔中"一词在总章元年时并未出现，而因所言区域属于黔中，故将其纳入黔中，用黔中进行表述的情况。因此，本节尽可能使用完成于唐时期的历史典籍与诗词歌赋等对黔中地域进行梳理，以尽可能恢复唐时期人们对于黔中地域的认识，较为真实地展现唐朝廷及唐代文人学士眼中的黔中地域。

一、官员视角下的黔中地域

唐朝官方及所属官员修撰的史籍主要有《唐六典》《通典》《元和郡县图志》三部，其中《唐六典》为唐玄宗下旨组织撰修，《通典》为唐朝官员杜佑撰写，《元和郡县图志》为唐朝官员李吉甫撰写。

《唐六典》成书于开元二十六年（738 年），共三十卷，为唐玄宗"题名御撰"①，经十余年修撰而完成，包括理、教、礼、政、刑、事六典。其中有关黔中的记载仅存于"尚书吏部"卷。

"尚书吏部"卷谈及黔中地区选拔制度时，言"岭南、黔中三年一置选补使，号为'南选'"②。"尚书户部"卷言唐代"天下十道"时，岭南在当时为"十道"之一。编纂者在此将两地置于一处，所言黔中应与岭南的层级相同，已设置为道。

但"尚书户部"卷又记载："江南道，古杨（扬）州之南境，今润、常、苏、湖、杭、歙、睦、衢、越、婺、台、温、明、括、建、福、泉、汀、宣、饶、抚、处、洪、吉、郴、袁、江、鄂、岳、潭、衡、永、道、邵、澧、朗、辰、叙、锦、施、南、溪、思、黔、费、业、巫、夷、播、溱、珍，凡五十有一州焉。"③可见，当时黔州仍属于江南道管辖，黔中并未单独设置为道。

又言："凡天下之州、府三百一十有五，而羁縻之州盖八百焉。……夏、原、庆、丰、胜、营、松、鄀、西、雅、泸、茂、巂、姚、夔、黔、辰、容、邕为下都督府。"④指出当时黔州已设置为都督府，且曰"安东、平、营、檀、妫、蔚、朔、忻、安北、单于、代、岚、云、胜、丰、盐、灵、会、凉、肃、甘、瓜、沙、伊、西、北庭、安西、河、兰、鄀、廓、叠、洮、岷、扶、柘、维、静、悉、翼、松、当、戎、茂、巂、姚、播、黔、驩、容为边州"⑤，被认定为边州。

综合两处记载，不仅无法判断当时官方眼中的黔中具体地域，反而看到两卷记载的前后矛盾与差异，笔者认为这与《唐六典》为开元十年（722 年）下旨撰修，开元二十六年（738 年）撰修完成存在密切关系。正是在这段时间内，黔州等地从江南道分离出来，成为"十五道"之一黔中道辖域。此处前后存在差

---

① （唐）官修：《唐六典》卷首，中华书局 1992 年版，第 1 页。
② （唐）官修：《唐六典》卷二《尚书吏部》，第 34 页。
③ （唐）官修：《唐六典》卷三《尚书户部》，第 69—70 页。
④ （唐）官修：《唐六典》卷三《尚书户部》，第 72 页。
⑤ （唐）官修：《唐六典》卷三《尚书户部》，第 73 页。

异，应即为不同卷撰写时间、作者不同所造成。

《通典》成书于贞元十七年（801 年）。其作者杜佑，生活于 735 年至 812 年，京兆万年（今陕西西安）人，历任剡县县丞，后投奔润州刺史韦元甫，并随韦元甫赴浙西、淮南任职。大历六年（771 年），入为工部郎中，出任抚州刺史、御史中丞、容管经略使。唐德宗即位，入为户部郎中、江淮水陆转运使，迁户部侍郎。因得罪权相卢杞，被外放为苏、饶二州刺史。兴元元年（784 年），迁岭南节度使、御史大夫。贞元初年，历任尚书右丞、陕虢观察使，迁检校右仆射、淮南节度使。贞元十九年（803 年），拜检校司空、同平章事，成为宰相。唐顺宗即位，迁检校司徒、度支盐铁使。唐宪宗即位，进拜司徒，封岐国公。元和七年（812 年），以光禄大夫、太保之职致仕。据《旧唐书·杜佑列传》记载：

> 佑性敦厚强力，尤精吏职，虽外示宽和，而持身有术。为政弘易，不尚
> 骤察，掌计治民，物便而济，驭戎应变，即非所长。性嗜学，该涉古今，以富
> 国安人之术为己任。初开元末，刘秩采经史百家之言，取周礼六官所职，
> 撰分门书三十五卷，号曰《政典》，大为时贤称赏，房琯以为才过刘更生。
> 佑得其书，寻味厥旨，以为条目未尽，因而广之，加以开元礼、乐，书成二百
> 卷，号曰《通典》。[①]

从《旧唐书》对杜佑的描述可见，杜佑为人谦和，作为朝廷官员，能够很好地约束自己，很好地处理其所负责的政事，对于百姓亦十分宽容、友好，在允许的情况下时常接济百姓。除作为官员，认真履行自己的义务外，杜佑本人以王朝的发展与社会安定、百姓安居乐业为己任。他十分喜欢阅读历史典籍，在其获得开元末期刘秩根据史书所载周礼六官制度而分门类撰写，同时得到当时文人贤士大为称赏的《政典》之后，认为刘秩所记录的条目并不全面，因而在《政典》的基础上进行扩充，将开元时期礼乐相关内容均纳入其中，最后完成二百卷的《通典》。贞元十七年（801 年）完成之后，派人将完成的《通典》送至

---

① （后晋）刘昫等：《旧唐书》卷一四七《杜佑列传》，中华书局 1975 年点校本，第 3982 页。

朝廷,向唐德宗详细阐述了其写作《通典》的初衷、资料来源及过程与不足等。唐德宗在收到杜佑上呈的《通典》后下令:"优诏嘉之,命藏书府",足见唐德宗对于《通典》的高度认可。除唐德宗为代表的统治集团对其认可外,"其书大传于时,礼乐刑政之源,千载如指诸掌,大为士君子所称"①,也得到了当时大批文人贤士的认可。

杜佑作为唐朝官员,其所撰《通典》虽不是皇帝下旨编撰的官方典籍,但从刘秩根据周礼六官制度编撰《政典》可见,《政典》应是在《唐六典》基础上编撰完成的,一定程度上代表着官方。杜佑所编撰《通典》又在《政典》基础上进行补充完善,并在完善后第一时间上呈朝廷,且得到唐德宗的认可,可见此书是唐朝官员撰写并得到朝廷认可的一部史籍。

关于黔中地域,"州郡"门明确记载,开元二十一年(733 年),唐朝分天下为"十五道",黔中道为其中之一,治所设于黔中郡。② 下辖"黔中、卢溪、卢阳、清江、江陵、潭阳、龙标、南川、义泉、灵溪、宁夷、涪川、溱溪、播川、夜郎"等郡。③ 关于各郡地理范围,杜佑在"州郡"门做了详细的叙述:

黔中郡,"东至澧阳郡(治今湖南澧县)二千里,南至义泉郡(治今贵州省湄潭县)六百里,西至涪陵郡(治今重庆市涪陵区)三百六十里,北至南宾郡(治今重庆市石柱县)六百五十里"④。在今湖南省澧县、贵州省湄潭县、重庆市涪陵区与石柱县之间。治所设于黔州彭水县(治今重庆市彭水县),下辖彭水、黔江(治今重庆市黔江区)、洪杜(治今贵州省沿河县洪渡镇)、洋水(治今重庆市彭水县龙洋乡)、信宁(治今重庆市武隆区江口镇)、都濡(治今贵州省务川县濡水乡)6 县。

宁夷郡,"东至灵溪郡(治今湖南省永顺县老司城)三百里,南至涪川郡

① (后晋)刘昫等:《旧唐书》卷一四七《杜佑列传》,第 3983 页。
② (唐)杜佑:《通典》卷一七二《州郡二》,中华书局 1988 年点校本,第 4479 页。
③ (唐)杜佑:《通典》卷一七二《州郡二》,第 4495 页。
④ (唐)杜佑:《通典》卷一八三《州郡十三》,第 4883 页。

32

(治今贵州省思南县)五百里,西至义泉郡六百里,北至黔中郡(治今重庆市彭水县)二百八十七里"①。在今湖南省永顺县、贵州省思南县、湄潭县与重庆市彭水县之间。治所设在思州务川县(治今贵州省沿河县),下辖务川(治今贵州省沿河县)、宁夷(治今贵州省务川县南)、思邛(治今贵州省印江县印江镇)、思王(治今印江县朗溪镇)4县。

卢溪郡,"东至武陵郡(治今湖南省常德市)四百六十五里,南至潭阳郡(治今湖南省怀化市)五百四十八里,西至卢阳郡(治今湖南省麻阳苗族自治县卢水口)六百七十里,北至灵溪郡(治今湖南省永顺县老司城)三百六十八里"②。在今湖南省常德市、怀化市麻阳县与湘西州永顺县之间。治所设于辰州沅陵县(治今湖南省沅陵县),下辖沅陵、溆浦(治今湖南省溆浦县)、辰溪(治今湖南省辰溪县)、卢溪(治今湖南省泸溪县西南)、麻阳(治今湖南省麻阳县西)5县。

卢阳郡,"东至卢溪郡(治今湖南省沅陵县)六百七十里,南至龙标郡渭溪县(治今湖南省新晃县)界一百五十里,西至渭阳县(治今湖南省凤凰县西南)界百五十里,北至当郡招喻县(治今湖南省麻阳县北)界五十里"③。在今湖南省沅陵县、新晃县、凤凰县、麻阳县之间。治所设于锦州卢阳县,下辖卢阳(治今湖南省麻阳县西南)、洛浦(治今湖南省保靖县碗米坡镇)、招谕(治今湖南省麻阳县北)、常丰(治今贵州省铜仁市)、渭阳(治今湖南省凤凰县西南)5县。

灵溪郡,"东至卢溪郡(治今湖南省沅陵县)三百六十八里,南至卢阳郡(治今湖南省麻阳县)五百六十里,西至宁夷郡(治今贵州省沿河县)三百里,北至澧阳郡(治今湖南省澧县)二百五十里"④。在今湖南省沅陵县、麻阳县、

---

① (唐)杜佑:《通典》卷一八三《州郡十三》,第4884页。
② (唐)杜佑:《通典》卷一八三《州郡十三》,第4885页。
③ (唐)杜佑:《通典》卷一八三《州郡十三》,第4886页。
④ (唐)杜佑:《通典》卷一八三《州郡十三》,第4886页。

澧县及贵州省沿河县之间。治所设于溪州大乡县(治今湖南省永顺县东南),下辖大乡、三亭(治今湖南省保靖县)2县。

潭阳郡,"东至卢溪郡(治今湖南省沅陵县)五百三十八里,南至邵阳郡(治今湖南省邵阳市)一千一百四十四里,西至乐古郡(治今贵州省黎平县)二千一百一十七里,北至卢溪郡九百里"①。在今湖南省沅陵县、邵阳市与贵州省黎平县之间。治所设于巫州龙标县(治今湖南省怀化市洪江市黔城镇),下辖龙标、朗溪(治今湖南省怀化市洪江市托口镇)、潭阳(治今芷江县)3县。

清江郡,"东至夷陵郡(治今湖北省宜昌市)九百里,南至黔中郡(治今重庆市彭水县)七百里,西至南浦郡(治今重庆市万州区)六百八十里,北至云安郡(治今重庆市云阳县)五百里"②。在今湖北省宜昌市与重庆市彭水县、万州区、云阳县之间。治所设于施州清江县(治今湖北省恩施市),下辖清江、建始(治今湖北省建始县东)2县。

涪川郡,"东至安南僚界二百三十五里,南至宁夷郡思王县(治今贵州省印江县朗溪镇)界二十七里,西至当郡城乐县(治今贵州省德江县南)界二百四十里,北至宁夷郡(治今贵州省沿河县)五百里"③。紧邻今贵州省印江县、德江县、沿河县。治所设于费州涪川县(治今贵州省思南县),下辖涪川、多田(治今思南县西北)、扶阳(治今德江县西南)、城乐4县。

夜郎郡,四至里程缺失。治于珍州营德县,下辖营德、夜郎、丽皋(以上均治今贵州省正安县西北)、乐源(治今贵州省正安县东北)4县。

播川郡,目前仅见"东至义泉郡(治今贵州省湄潭县)三百里"④的记载,治于播州播川县(治今贵州省桐梓县南),下辖播川、遵义(治今贵州省遵义

---

① (唐)杜佑:《通典》卷一八三《州郡十三》,第4887页。
② (唐)杜佑:《通典》卷一八三《州郡十三》,第4888页。
③ (唐)杜佑:《通典》卷一八三《州郡十三》,第4888页。"安南僚界"具体治于今之何地,无从考证。从杜佑言涪川郡所在之费州"山川险阻,为俚僚所居"可见其境内生活的人群与所言安南一样,由此推断此处所言安南是一个广义的概念,并非仅指今天的越南。
④ (唐)杜佑:《通典》卷一八三《州郡十三》,第4889页。

市)、芙蓉(治今遵义市东北)、珧川(治今遵义市凤冈县珧川镇)4县。

义泉郡,"东至宁夷郡(治今贵州省沿河县)六百里,南至涪川郡(治今贵州省思南县)五百二十三里,西至播川郡(治今贵州省桐梓县南)三百里,北至黔中郡(治今重庆市彭水县)六百里"①。在今贵州省沿河县、思南县、桐梓县与彭水县之间。治所设于夷州绥阳县(治今遵义市凤冈县),下辖绥阳、义泉(治今贵州省湄潭县)、都上(治今凤冈县东南)、洋川(治今凤冈县东北)、宜林(治今贵州省绥阳县)5县。

龙标郡,"东至潭阳郡(治今湖南省怀化市洪江市黔城镇)七百里,南至羁縻充州梓疆县(治今贵州省镇远县东北)界四百里,西至涪川郡(治今贵州省思南县)五百里,北至卢阳郡(治今湖南省麻阳县西南)二百八十里"②。在今湖南省洪江市、麻阳县与贵州省镇远县、思南县之间。治所设于业州峨山县(治今湖南省新晃县东),下辖峨山、渭溪(治今新晃县东北)2县。

溱溪,四至里程缺失,下辖荣懿(治今重庆市綦江区青年镇)、扶欢(治今重庆市綦江区扶欢镇)2县。

江陵郡,"东至竟陵郡(治今湖北省仙桃市)四百八十里,南至澧阳郡(治今湖南省澧县)三百里,西至夷陵郡(治今湖北省宜昌市)三百四十里,北至襄阳郡(治今湖北省襄阳市)四百五十里"③。在今湖北省仙桃市、宜昌市、襄阳市与湖南澧县之间,设治于荆州江陵县,下辖江陵(治今湖北省江陵县)、枝江(治今湖北省枝江市南)、松滋(治今湖北省松滋市西北)、当阳(治今湖北省当阳市)、公安(治今湖北省公安县西北)、长林(治今湖北省荆门市)、石首(治今湖北省石首市)7县。

南川郡,"东至南平郡(治今重庆市渝中区)界一十里,南至溱溪郡(治今重庆市綦江区青年镇)界五十里,西至南平界三百六十里,北至南平郡二百

---

① (唐)杜佑:《通典》卷一八三《州郡十三》,第4890页。
② (唐)杜佑:《通典》卷一八三《州郡十三》,第4891页。
③ (唐)杜佑:《通典》卷一八三《州郡十三》,第4863页。

六十里"①。在今重庆市主城区与綦江区之间。设治于南州南川县,下辖南川(治今重庆市綦江区)、三溪(治今綦江区东溪镇)2 县。

根据以上杜佑对黔中道的有限记载可以看到,其所认为的黔中道地域范围,东北以江陵郡(治今湖北省江陵县)为限,东以卢溪郡(治今湖南省沅陵县)为限,东南以潭阳郡(治今湖南省怀化市洪江市黔城镇)为限;西北以南川郡(治今重庆市綦江区)为限,西以播川郡(治今贵州省桐梓县南)为限;南以龙标郡(治今湖南省新晃侗族自治县东)为限。在今湖北省仙桃市、湖南省常德市、怀化洪江市以西,贵州省镇远县以北,贵州省遵义市(因《通典》关于夜郎郡与播川郡"四至"的记载缺失,无法判断两郡"西至"情况,因而以两郡所属今地进行补充说明)及其以东,重庆市綦江区东南,重庆市石柱县、云阳县以南区域。

显然,杜佑作为唐朝廷的重要官员,其通过《通典》所呈现的黔中地域以黔中道所辖各郡为主,未包括当时所管羁縻州地区。

李吉甫《元和郡县图志》成书于元和八年(813 年),较《通典》成书时间晚 12 年。李吉甫,字弘宪,唐赵州赞皇县(今河北省赞皇县)人,生于唐肃宗乾元元年(758 年),死于唐宪宗元和九年(814 年)。好学能文,知识渊博,曾任忠州、郴州和饶州刺史。宪宗元和二年(807 年)任宰相,三年九月出为淮南节度使,六年(811 年)正月再入为相。② 显然,《元和郡县图志》完成于李吉甫担任宰相期间。而其写作此书最初是受到"楚汉之争"中汉最终取得胜利的影响,他认为汉之所以取得胜利,是因为其军将在攻下咸阳之后,收取了秦丞相御史的图籍,进而得知了山川、关隘、险要、户口、物资等详情,使刘邦在"楚汉之争"中取得了最终胜利,获得天下。因此,李吉甫认为弄清整个王朝辖域的山川、关隘、险要、户口等详情,有利于王朝的统治与治理,因而根据古籍记载与

---

① (唐)杜佑:《通典》卷一七五《州郡五》,第 4585 页。
② (唐)李吉甫:《元和郡县图志》,中华书局 1983 年点校本,"前言"第 2 页。

所了解的具体情况对其所处时代地理等情况进行了全面书写。

从目前所流传版本的目录可见，李吉甫在书写全国山川、户口等地理概貌时，仍然按照唐初所置"十道"（关内道、河南道、河东道、河北道、山南道、淮南道、江南道、江南道、岭南道、陇右道）展开叙述。因此，黔中道作为从"十道"所属江南道分置出的一道，并没有在该书中单独列出。根据其书写的具体情况可见，其关于黔中地域的记载，集中于卷三〇"江南道六"中"黔州观察使"部分。在对黔州进行书写时，首先追述了其历史沿革，认为北周、隋朝设置黔州，并改名为黔安郡，与秦汉时期所置黔中郡犬牙交错，难以分辨。提出唐代黔中"管州十五：黔州，涪州，夷州，思州，费州，南州，珍州，溱州，播州，辰州，锦州，叙州，溪州，施州，奖州。县五十二"①。所辖辰州、锦州、叙州、奖州、溪州、施州等均为秦汉时期黔中郡所辖地域，唐代黔中地域又在此基础上有所扩大，还包括了夷州、费州、思州、播州及务州、业州、智州、牂州、充州、应州、庄州等州，东包括沅江流域，西包括延江（又名涪陵江，即今乌江）流域。

较之杜佑所描述的黔中地域有所不同。李吉甫所记录的黔中地域增加了涪州及业州（奖州）、应州、智州、牂州、充州、庄州，但少了荆州江陵郡，将杜佑所言巫州潭阳郡称为"五溪诸州"，提出五溪诸州是黔中道设置之后，开元二十六年（738 年）改隶黔中道管辖的区域。

涪州，杜佑《通典》记为涪陵郡，属山南西道，"东至南宾郡（治今重庆市石柱县）三百五十里，南至黔中郡（治今重庆市彭水县）三百六十里，西至南平郡（治今重庆市渝中区）四百六十里，北至南宾郡三百九十六里"②。下辖涪陵（治今重庆市涪陵区）、武龙（治今重庆市武隆区西北）、乐温（治今重庆市长寿区东北）、宾化（治今重庆市南川区）4 县。元和三年（808 年），李吉甫在担任中书侍郎平章事时上奏唐宪宗言："涪州去黔府三百里，输纳往返，不踰（同"逾"）一旬。去江陵一千七百余里，途经三峡，风波没溺，颇极艰危。自隶江

---

① （唐）李吉甫：《元和郡县图志》卷三〇《江南道六》，第 735 页。
② （唐）杜佑：《通典》卷一七五《州郡五》，第 4584 页。

陵近四十年,众知非便,疆理之制,远近未均,望依旧属黔府。"①从其上奏可见,涪州至少在元和三年(808 年)时属于江陵郡管辖,其赋税等的输纳均为江陵郡负责,但道路遥远,在当时往返于两地之间甚为艰难,而涪州距离黔州较近,且曾经在一段时间内属于黔州都督府管辖,因而有"依旧属黔府"的说法。

业州即奖州,唐初属巫州,"开元十三年(725 年)改为鹤州,二十年(732 年)又改为业州,大历五年(770 年)又改为奖州"②。辖域"北至上都(今陕西省西安市)三千八百四十八里,东北至东都(今河南省洛阳市)三千五百八十八里。西南泝流沿溪至费州(治今贵州省德江县)五百七十里,西南泝流至牂柯充州(治今贵州省石阡县西南)七百里。东沿流至叙州(治今湖南省新晃县东)八百里,南至牂柯羁縻应州(治今贵州省三都县西)三百里"③。下辖峨山、渭溪、梓姜(治今贵州省镇远县东北)三县。峨山、渭溪,杜佑《通典》记载为龙标郡属县,其时未有关于梓姜县的记载。李吉甫言梓姜为建中四年(783 年)"自牂柯洞外充州割属奖州"之地。④ 可见,李吉甫所描述奖州范围较之杜佑时期所认识龙标郡范围有所扩大,即李吉甫所描绘黔中地域的经制州县范围有所扩大。所言奖州"八到"之牂柯充州与应州均为羁縻州,李吉甫在行文中未对此作过多描述。

因此,李吉甫《元和郡县图志》与杜佑《通典》所描绘的黔中地域范围存在较为明显的差异。首先,在对整个黔中地域的认识方面,李吉甫不仅描绘了黔中道所属经制州县,还提及部分羁縻州;其次,在"四至八到"的认识上,李吉甫眼中的黔中地域在西北与西偏南方向有了向外的拓展,包括了黔州西北的涪州(治今重庆市涪陵区)地域与南部梓姜及应州等羁縻州地域。而同时,在东北少了江陵郡。

---

① (唐)李吉甫:《元和郡县图志》卷三〇《江南道六》,第 736 页。
② (唐)李吉甫:《元和郡县图志》卷三〇《江南道六》,第 753 页。
③ (唐)李吉甫:《元和郡县图志》卷三〇《江南道六》,第 753—754 页。
④ (唐)李吉甫:《元和郡县图志》卷三〇《江南道六》,第 754 页。

综上所述,唐朝官员眼中的黔中地域以唐代地方行政区划为基础,且以朝廷直接管辖的经制州县为中心,对下辖各羁縻州的记述极少。而伴随统治者的更替与地方社会的发展,经制州县的设置与归属随之进行调整,他们眼中的黔中地域随之发生变化,虽然这种变化与调整相对较小,却反映出黔中作为一个区划的相对稳定性与不确定性。

二、文人学士视角下的黔中地域

唐时期文学作品以诗词最为丰富,黔中道作为"十五道"之一,又是"流宦"聚集之地,自然成为文人学士书写的对象之一。唐代著名诗人杜甫、白居易等均留有不少与黔中相关的诗词,或与当时"流宦"相关,或与地方自然与人文景观相关,或与各自友人、友情相关,为唐代黔中道研究提供了丰富的资料,形象地呈现出当时黔中道的各番景象。而作为地域名称的黔中在诗词中的不断出现,无疑反映出不同文人学士对黔中所指具体地域的认识,让我们看到文人学士所关注的黔中地域范围。

唐代宗广德元年(763 年),杜甫(712—770 年)客居梓州时,为送还母亲回黔中的王十五判官送行,作《送王十五判官扶侍还黔中·得开字》诗曰:

大家东征逐子回,风生洲渚锦帆开。

青青竹笋迎船出,日日江鱼入馔来。

离别不堪无限意,艰危深仗济时才。

黔阳信使应稀少,莫怪频频劝酒杯。①

诗中提到黔中地域所属地名黔阳。从杜甫的描述可见,当时黔中所属黔阳一带"信使"稀少,是一个交通不便的偏远之地。据《宋书》记载,西晋末年平定吴国后,西晋在峡中地区设置武陵郡时,即在黔中郡下设绳阳、黔阳二县,

---

① （唐）杜甫:《送王十五判官扶侍还黔中》,(清)仇兆鳌注:《杜诗详注》卷一二,中华书局 1979 年版,第 1018 页。

但两县存续时间不长,咸宁元年(275 年)即被废置。① 但黔阳作为地域名称被保留下来,生活于其境的人群被称为"黔阳蛮"②。杜甫除在《送王十五判官扶侍还黔中·得开字》一诗中提到黔阳外,在《赠李十五丈别》《覆舟二首》诗中亦提及黔阳。如《赠李十五丈别》曰:

> 峡人鸟兽居,其室附层颠。
>
> 下临不测江,中有万里船。
>
> 多病纷倚薄,少留改岁年。
>
> 绝域谁慰怀,开颜喜名贤。
>
> 孤陋忝末亲,等级敢比肩。
>
> 人生意颇合,相与襟袂连。
>
> 一日两遣仆,三日一共筵。
>
> 扬论展寸心,壮笔过飞泉。
>
> 玄成美价存,子山旧业传。
>
> 不闻八尺躯,常受众目怜。
>
> 且为辛苦行,盖被生事牵。
>
> 北回白帝棹,南入黔阳天。
>
> 汧公制方隅,迥出诸侯先。
>
> 封内如太古,时危独萧然。
>
> 清高金茎露,正直朱丝弦。
>
> 昔在尧四岳,今之黄颍川。
>
> 于迈恨不同,所思无由宣。
>
> 山深水增波,解榻秋露悬。
>
> 客游虽云久,主要月再圆。

---

① (南朝梁)沈约:《宋书》卷三七《州郡志三》,第 1125 页。

② (南朝梁)萧子显:《南齐书》卷五八《蛮东南夷列传》,中华书局 1972 年点校本,第 1008 页。

　　　　晨集风渚亭，醉操云峤篇。

　　　　丈夫贵知己，欢罢念归旋。①

《覆舟二首》之一曰：

　　　　巫峡盘涡晓，黔阳贡物秋。

　　　　丹砂同陨石，翠羽共沈舟。

　　　　羁使空斜影，龙居閟积流。

　　　　篙工幸不溺，俄顷逐轻鸥。②

　　然而，黔阳在唐时期并未作为正式行政区划出现。据《元和郡县图志》记载，唐代黔州观察使所管黔州彭水县（治今重庆市彭水县）与思州务川县（治今贵州省沿河县）在三国吴至南朝梁、陈时期均为黔阳县地。③ 由此推断，在杜甫诗词中所出现的黔中之地，并非唐代整个黔中道区域，而是三国吴至南朝梁、陈时期的黔阳县地，即唐代黔中道所辖黔州、思州地域。而杜甫诗词多以黔阳代替黔中或黔州、思州等具体行政区划名称的原因，应与诗词原本所具有的朦胧、写意特征密切相关，黔阳作为唐以前所存在过的历史地名代替当时的行政区划名称出现在诗词中不仅显得委婉，且反映出浓厚的历史底蕴。

　　比杜甫稍晚的白居易（772—846 年）亦在所作诗词中较多谈及黔中地域，其中比较有代表性，明确提到黔中与黔中所属地域的诗有两首，一为《送萧处士游黔南》，一为《寄黔州马常侍》。《送萧处士游黔南》曰：

　　　　能文好饮老萧郎，身似浮云鬓似霜。

　　　　生计抛来诗是业，家园忘却酒为乡。

　　　　江从巴峡初成字，猿过巫阳始断肠。

---

① （唐）杜甫：《赠李十五丈别》，（清）彭定求等编：《全唐诗》卷二二一，中华书局 1960 年版，第 2340 页。

② （唐）杜甫：《覆舟二首》，（清）彭定求等编：《全唐诗》卷二三〇，第 2522 页。

③ 参见（唐）李吉甫：《元和郡县图志》卷三〇《江南道六》，中华书局 1983 年点校本。

不醉黔中争去得,磨(摩)围山月正苍苍。①

从此诗可以看到,白居易在诗中共提及黔南、巴峡(今石洞峡、铜锣峡、明月峡)、巫阳(今巫峡)、黔中、摩围山5个地名,其中巴峡、巫阳、摩围山均为自然地理实体名称,黔南与黔中则为地域名称。黔南在诗名中出现,黔中在正文中出现,说明在白居易的认知中,两者是存在密切联系的。《元和郡县图志》《旧唐书》《新唐书》均记载唐朝有黔南观察使、节度使之设置,但并未见黔南政区的设置。据《旧唐书》转引元和三年(808年)五月敕:"自今以后,委黔南观察使差本道军将充押领牂牁、昆明等使。"②可推断,黔南观察使所管地域应在当时牂牁、昆明以东的邻近地区。

刘禹锡(772—842年)《送义舟师却还黔南》诗与白居易《送萧处士游黔南》诗相同,均以黔南为名。不同的是刘禹锡《送义舟师却还黔南》有诗序言:

> 黔之乡,在秦楚为争地,近世人多过言其幽荒以谈笑,闻者又从而张皇之,犹夫束蕴逐原燎,或近乎语妖。适有沙门义舟,道黔江而来,能画地为山川,及条其风俗,纤悉可信,且曰贫道以一锡游他方众矣,至黔而不知其远。始遇前节使,而闻今节使益贤而文,故其佐多才士。摩围之下,曳裾秉笔,彬然与兔园同风。蕃僧以外学嗜篇章,时或摄衣为末坐客,其来也,约主人乘秋风而还,今乞词以赆之,如捧意珠,行住坐卧,知相好耳,余曰唯,命笔为七言以应之。③

结合前文关于秦国、楚国时期黔中郡的分析,很明显,刘禹锡诗序开篇所言"黔之乡"即为战国时期秦楚两国所争夺黔中郡地域。所言黔江,因唐及唐以前并未有河流名黔江,据清代史学家赵一清考证,黔江是因流经黔江县(今

---

① (唐)白居易:《送萧处士游黔南》,顾学颉校点:《白居易集》卷一八《律诗》,中华书局1979年版,第387页。

② (后晋)刘昫等:《旧唐书》卷一九七《南蛮西南蛮列传》,第5276页。

③ (唐)刘禹锡:《送义舟师却还黔南》,《刘禹锡集》整理组点校,卞孝萱校订:《刘禹锡集》卷二九,中华书局1990年点校本,第401页。

重庆市黔江区)界而得名,是今乌江(唐代时称为涪陵江)的支流,作为河流名称的出现时间晚于其作为政区名称的出现时间。① 至宋代《舆地纪胜》方才有关于黔江的记载。② 因此认为此处所言黔江,应为唐代黔中道所属黔州管辖的黔江县。同时与白居易一样均叙及了所言地域内的摩围山,考摩围山在今彭水县境,即当时黔中道治所黔州。③

综合白居易与刘禹锡对黔南的描述可见,两位诗人所言黔南地域均为摩围山所在的黔州地区,并将黔南与黔中混用,认为两者所指均为一个区域。

又白居易《寄黔州马常侍》一诗曰:

闲看双节信为贵,乐饮一杯谁与同。

可惜风情与心力,五年抛掷在黔中。④

诗名与正文分别言及黔州与黔中,存在将黔州与黔中两地理名称混用情形。考白居易所言马常侍应为唐代马植。马植因能力突出,在唐文宗开成三年(838 年)曾"加检校左散骑常侍,加中散大夫,转黔中观察使"⑤。由此推断,白居易此诗应为开成三年马植前往黔中任观察使之后所作。可见,因黔中观察使所驻之地为黔州,因而出现以黔州指代黔中的情形,而其所指黔中地域仅为包含于黔中道的黔州地域,并非当时整个黔中道地域范围。

此外,以黔中为诗词名的唐代诗人还有戎昱、綦毋潜、李嘉祐、武元衡等人。其中,戎昱、綦毋潜、李嘉祐在诗词正文中均言及夜郎。

綦毋潜(692—749 年),虔州(治今江西省赣州市)人,"字孝通。开元中,繇宜寿尉入集贤院待制,迁右拾遗,终著作郎"⑥。《全唐诗》收录其诗 1 卷 26

---

① (北魏)郦道元撰,(清)赵一清注:《水经注释》卷三七《夷水》,清乾隆五十九年刻本。
② (南宋)王象之:《舆地纪胜》卷一七四,浙江古籍出版社 2013 年版,第 3582 页。
③ (南宋)祝穆撰,施和金点校:《方舆胜览》卷六〇《夔州路》,中华书局 2003 年版,第 1055 页。
④ (唐)白居易:《寄黔州马常侍》,顾学颉校点:《白居易集》卷三七《律诗》,第 853 页。
⑤ (后晋)刘昫等:《旧唐书》卷一七六《马植列传》,第 4565 页。
⑥ (宋)欧阳修、宋祁:《新唐书》卷六〇《艺文四》,中华书局 1975 年点校本,第 1609 页。

首,其中《送崔员外黔中监选》一诗以黔中作为题名,曰:

> 持衡出帝畿,星指夜郎飞。
>
> 神女云迎马,荆门雨湿衣。
>
> 听猿收泪罢,系雁待书稀。
>
> 蛮貊虽殊俗,知君肝胆微。①

借对崔员外的离别之情描述了其关于黔中地域的印象与认识。检索《旧唐书》《新唐书》等历史文献,綦毋潜所生活的武则天、唐中宗、唐睿宗、唐玄宗等唐朝皇帝统治期间,未见有关崔氏在黔中地区任职的记载,因而此处所言崔员外具体姓名无从考证。从诗名与诗人的为官履历可以推断,此诗写作时间应为其担任右拾遗期间,所言崔员外是其为朝廷举荐的人才。其将黔中与选官置之一处,说明当时黔中已不再是一个地域泛称,而是一个区划,因此本诗的完成时间应在开元中晚期。虽题为黔中,但诗中地名并未再出现黔中,代之出现的是与"帝畿"(即唐朝都城长安)相对应的夜郎,而"星指夜郎飞"的表述,又说明其所言夜郎指代的是从星野大视角下所看到的一个方向性名词,可见綦毋潜认为夜郎所在区域与方向在某种程度上代表了他心目中的黔中。

无独有偶,约生于 740 年前后,卒于 800 年的荆州(治今湖北省江陵县)人戎昱,所流传的 125 首诗中,《哭黔中薛大夫》亦以黔中为诗名,曰:

> 亚相何年镇百蛮,生涯万事瘴云间。
>
> 夜郎城外谁人哭,昨日空余旌节还。②

在诗中提及夜郎,通过直接与间接的方式反映当时他所认为的黔中地域范围所在。根据历史文献的记载,认为戎昱所言薛大夫,为唐代薛舒,因"溪洞杂类,蛮夷徼外,绥有素服,小有底宁,言语之所不通,抚柔之化风靡","皇上以四郊多垒,五溪未安",因而"拜(薛舒为)黔州刺史、黔中经略招讨官、观察处置盐铁选补等大理卿兼御史中丞",后以其治理地方有功,"加金紫光禄

---

① (唐)綦毋潜:《送崔员外黔中监选》,(清)彭定求等编:《全唐诗》卷一三五,第 1369 页。

② (唐)戎昱:《哭黔中薛大夫》,(清)彭定求等编:《全唐诗》卷二七〇,第 3023 页。

大夫、御史大夫"。所以,戎昱在诗中将其称为薛大夫。薛舒作为黔州刺史、黔中经略招讨官,所管黔中为"禹贡荆州之域,秦开武陵郡,其启土也大,其货殖也殷,有廪君之土舟,擅寡妇之丹穴,惠化所感,无思不服"。① 即薛舒所管理的是一个包括原武陵郡在内的、资源丰富的较大区域,因此戎昱题目所言黔中是一个涵括范围较广的区域。而其在正文中言及夜郎,是否又认为黔中地域是指夜郎所在地呢?

夜郎,春秋战国时期为古国名,所辖区域广泛,包括唐时所置播州、珍州、犍为等地。唐贞观时期,置珍州夜郎郡,夜郎由原来的"国"变为郡一级政区,下辖营德、夜郎、丽皋、乐源四县。② 在此就出现了两种可能的含义,一方面可能指当时的夜郎郡地,另一方面又可能有引用古夜郎国之意泛指整个黔中。而"夜郎城外谁人哭"所反映出的情感,应与薛舒大历十年(775年)去世后,黔中地方民众所表现出的"百蛮感恸,三军雨泣"③相关,突出薛舒治理黔中所取得的成绩。因此,戎昱借古夜郎国来指代黔中地域的可能性更大。

与綦毋潜、戎昱一样,唐代诗人李嘉祐[生卒年不详,天宝七年(748年)进士],亦在其所作《送上官侍御赴黔中》诗中曰:

> 莫向黔中路,令人到欲迷。
>
> 水声巫峡里,山色夜郎西。
>
> 树隔朝云合,猿窥晓月啼。
>
> 南方饶翠羽,知尔饮清溪。④

同时提及黔中与夜郎。检索《旧唐书》《新唐书》等历史文献,诗名中所言上官侍御具体为何人未见记载。宋代王象之在考证黔州官吏时,将上官侍御

---

① (唐)韦建:《黔州刺史薛舒神道碑》,(清)董诰等编:《全唐文》卷三七五,中华书局1983年版,第3814页。
② (唐)杜佑:《通典》卷一八三《州郡十三》,中华书局1988年点校本。
③ (唐)韦建:《黔州刺史薛舒神道碑》,(清)董诰等编:《全唐文》卷三七五,第3814页。
④ (唐)李嘉祐:《送上官侍御赴黔中》,(清)彭定求等编:《全唐诗》卷二○六,第2157页。

直接作为官名记载。① 从李嘉祐的描述可见,其借与上官侍御的离别之情,描绘了当时他心目中的黔中印象。夜郎与巫峡相对应,反映出当时诗人心目中夜郎景观的突出及古夜郎在唐代诗人心目中的美好印象。不同的是,李嘉祐在诗文中先提到"黔中路",再提到夜郎,说明李嘉祐对于黔中和夜郎的关系有明确的认识,认为黔中是包括夜郎在内的一个大区域,而夜郎是黔中区域内最让他印象深刻之地。分析其原因,应与春秋、战国以来夜郎的历史流传相关。

与戎昱、李嘉祐大约生活在同一时期的诗人武元衡却描绘了其心目中的另一幅黔中景象。武元衡(758—815 年),字伯苍,河南缑氏(今河南省偃师县)人,官至唐朝宰相,亦为诗人,著有《临淮集》十卷。《同苗郎中送严侍御赴黔中因访仙源之事》为其中一诗,曰:

> 武陵源在朗江东,流水飞花仙洞中。
>
> 莫问阮郎千古事,绿杨深处翠霞空。②

从诗名与诗文可见,武元衡在本诗中提及的地名主要为黔中、武陵源(即诗名中所谓"仙源")与朗江,其引用东晋陶渊明《桃花源记》所言地方道出其对于黔中的印象,认为武陵源所在地区是唐代黔中的一部分。

综上可见,唐代文人学士眼中的黔中地域大体相似,但又各不相同。一方面,文人学士均认为黔中是一个包含不同区域在内的较大地域名称;另一方面,文人学士对于黔中所包含的各个地域又有不同的认识,不可统而概之。总体而言,唐代诗人在描述黔中地域时,多引经据典,习惯使用唐以前即存在的政区地名、典故地名对黔中所属地域进行描绘,如黔阳、夜郎、仙源即是。同时,又存在以具体地名代替黔中的现象,如黔州、黔南与黔中的混用即是。

---

① (南宋)王象之:《舆地纪胜》卷一七六《夔州路》,第 3627 页。

② (唐)武元衡:《同苗郎中送严侍御赴黔中因访仙源之事》,(清)彭定求等编:《全唐诗》卷三一七,第 3575 页。

对比唐朝官方所划定的黔中道,唐代诗人所言黔中地域无不包含于其中,说明唐代诗人文学作品的创作实际上源于唐代区划的确定。只是不同个体对于黔中道的认知不同,因而通过诗词的形式,为世人呈现出不同断面的黔中;也以诗词的形式,更加生动形象地呈现了黔中地域的位置、范围与特征。

第三节　唐以后"黔中"地域的演变

唐代以后,黔中道作为历史区划名称,在叙及相关地域历史沿革时,均被写入史书。以官修史书为例,《旧唐书》《新唐书》成为系统记录唐代历史的两部最为重要的史籍。在文学作品中亦多有出现,但所指地域呈现出较为明显的不同。发展至民国时期,又成为行政区划名称,但所指代区域较之唐时期黔中道范围已大大缩小。

一、五代时期的黔中地域

五代时期记载黔中的主要史籍为后晋时期官修史书《旧唐书》,原称《唐书》,后为与北宋欧阳修、宋祁等人编撰的《新唐书》相区别,因而称作《旧唐书》。

自后唐时期(923—936 年)开始,统治者即开始了《旧唐书》编撰的准备工作。后晋高祖天福六年(941 年)正式编修,出帝开运二年(945 年)修成。其内容多来源于唐代的史料,对唐初至唐代宗时期的历史事件叙述均比较完整。因此,《旧唐书》关于黔中地域的认识多源于唐代。

从《旧唐书》关于黔中道的记载,我们可以看到,其与唐代杜佑、李吉甫一样,并未将黔中道作为专门的区划进行描述,有关黔中地域认知的记载仍然集中于"黔州都督府"的记述中。言:

> 武德元年(618 年)改为黔州,领彭水、都上、石城三县。二年,又分置盈隆、洪杜、相永、万资四县。四年,置都督府,督务、施、业、辰、智、牂、充、

应、庄等州，其年以相永、万资二县置费州，以都上分置夷州。十年，以思州高富来属。十一年，又以高富属夷州，以智州信宁来属，(令)督思、辰、施、牢、费、夷、巫、应、播、充、庄、样、琰、池、矩十五州。其年，罢都督府，置庄州都督。景龙四年(710年)废，以播州为都督。先天二年(713年)废，复以黔州为都督。天宝元年(742年)，改黔州为黔中郡，依旧都督施、夷、播、思、费、珍、溱、商九州。

又领充、明、劳、羲、福、犍、邦、琰、清、庄、戈、蛮、峨、鼓、儒、琳、鸾、令、那、晖、郝、总、敦、侯、晃、柯、樊、稜、添、普宁、功、亮、茂龙、延、训、卿、双、整、悬、抚水、矩、思源、逸、般、南平、勋、姜、袭等五十州。皆羁縻，寄治山谷。①

较之唐代官员所完成《唐六典》《通典》《元和郡县图志》，《旧唐书》关于黔中地域范围的描述更加详细。特别是关于黔中道所属羁縻州的记载，更加清晰与全面(见表1-1)。

表1-1　《旧唐书》所载黔中羁縻州表②

羁縻州名称	治地今址
充州	贵州省石阡县与余庆县交界地域
明州	贵州省黔西南州望谟县东北
劳州	贵州省荔波县南
羲州	贵州省黔西县东北
福州	广西壮族自治区河池市南丹县西
犍州	贵州省麻江县
邦州	贵州省都匀市西北
琰州	贵州省镇宁县南
清州	贵州省贵阳清镇市
庄州	贵州省贵阳市南青岩镇附近

---

① (后晋)刘昫等:《旧唐书》卷四〇《地理三》，第1620页。武德年号只有九年，此处所言"十年""十一年"应有误。"九州"实际上为"八州"。

② 因部分州址不可考，本表仅列举可考的部分羁縻州以供参考。

续表

羁縻州名称	治地今址
峨州	贵州省荔波县东北
蛮州	贵州省开阳县
牂牁州	贵州省瓮安县东北
鼓州	广西壮族自治区田林县北旧州镇
鸾州	广西壮族自治区南丹县西北
令州	贵州省长顺县西北
那州	广西壮族自治区河池市东兰县东北
晖州	贵州省织金县北
郝州	贵州省大方县南
侯州	贵州省福泉市与贵定县交界地域
晃州	湖南省新晃侗族自治县晃州镇
稜州	广西壮族自治区乐业县同乐镇
添州	广西壮族自治区田林县潞城瑶族乡
普宁州	贵州省安顺市东
延州	广西壮族自治区南丹县六寨镇
逸州	广西壮族自治区天峨县北坡结乡
功州	贵州省开阳县、修文县、息烽县交界区域
亮州	贵州省锦屏县东南
茂龙州	广西壮族自治区隆林县
训州	贵州省安龙县
卿州	贵州省紫云县东
双(城)州	广西壮族自治区凌云县
整州	贵州省册亨县者楼镇
抚水州	广西壮族自治区环江县
矩州	贵州省贵阳市
南平州	贵州省平塘县
勋州	贵州省平塘县西南
姜州	贵州省凯里市
儒州、琳州、总州、敦州、樊州、悬州、思源州、殷州、袭州	今地不详

虽《旧唐书》未展开对以上各羁縻州所属县与山川、人口等的叙述,但是较为完整地描述了当时整个黔中道的地域范围。较之唐代杜佑、李吉甫对黔中地域的描述,《旧唐书》所描述的黔中地域向南有了更大的扩展,辖域涉及今广西壮族自治区北部田林、乐业、凌云、东兰、天峨、南丹、环江等县。

分析出现上述差异的原因,与《旧唐书》为官修,《通典》《元和郡县图志》为唐朝官员自主撰修有关。《旧唐书》撰修时,因距离唐朝时间较近,因而参考了大量的实录进行修撰,记录较为详细;而杜佑编纂《通典》、李吉甫编撰《元和郡县图志》时,因所处时代存有实录及其他记载更为详细的官方文献,所以略于羁縻州等的记载。然而,文献传承过程中,除《(唐)顺宗实录》外,其余均无传本留世。

除《旧唐书》外,这一时期文学作品《录异记》《金华子杂编》亦叙及黔中。如《录异记》"异人"部分在描绘李特时,言李特为廪君的后代,言及廪君所生活地域时,曰:

> 廪君叹曰:我新从穴中出,今又入此,奈何。岸即为崩,广三丈余,而阶阶相承。廪君登之。岸上有平石,长五尺,方一丈。廪君休其上,投策计算,皆著石焉。因立城其旁而居之,其后种类遂繁。秦并天下以为黔中郡,薄赋敛之,岁出钱四十万,巴人呼赋为賨,因谓之賨人焉。[1]

显然,其所言黔中地域范围为秦朝所置黔中郡辖域,大致在唐代黔中道所属施州地区。

《金华子杂编》在叙及《柳氏旧闻》时,言:

> 《柳氏旧闻》,唐宰相李德裕所著也。德裕以上元中史臣柳芳得罪黔中,时高力士亦徙巫州,因相与周旋。力士以芳尝司史,为芳言先时禁中事,皆所不能知,而芳亦以质疑者。默识之,次其事。号问高力士,上令采访故史,氏取其书。今按其书已失不获。德裕之父与芳子吏部郎中冕,贞

---

① (前蜀)杜光庭撰,罗争鸣辑校:《录异记》卷二《异人》,中华书局2013年版,第28页。

元初俱为尚书郎,后谪官,俱车出道,相与语,遂及高力士之说,乃编此为《次柳氏旧闻》,以备史官之说也。①

其中既言及黔中,又言及黔中所辖巫州(治今湖南省怀化市洪江市黔城镇),说明在南唐时期,刘崇远对于黔中与黔中所辖地域的地理概念有明确的区分。如《旧唐书·宦官列传》在言及高力士被贬事件时,言"上元元年(674年)八月,上皇移居西内甘露殿,力士与内官王承恩、魏悦等,因侍上皇登长庆楼,为李辅国所构,配流黔中道"②。说明《旧唐书》写作过程中,已明确巫州为黔中道所属地域。刘崇远在此未言黔中道,而言巫州,应是为了与柳芳被贬黔中相区别。而所指柳芳被贬的黔中,应为当时黔中道治所黔州,均在唐代黔中道地域范围内。

因此,五代时期对于黔中地域的认识,包含两个方面,一是作为官修史书对于黔中地域的认识,将杜佑、李吉甫在《通典》与《元和郡县图志》中所记载黔中地域往南扩展至今广西壮族自治区北部,包括当时整个黔中道(黔州都督府)所辖府、州、郡、县以及羁縻州;二是作为文人学士的杜光庭与刘崇远,在叙及过往历史人物与事件时,基于不同时段的政区建置沿革,表现出对黔中区划的清晰认识,所言黔中均为区划名称,与唐代诗人在诗词中将黔中进行模糊化、诗意化的处理存在明显不同。

二、宋元时期的黔中地域

进入宋代以后,宋廷对地方行政区划作了重新调整,保留黔中道治所黔州作为二级政区,划属夔州路管辖。唐代黔中道辖域被划分为几个部分,大部分属夔州路(治今重庆市奉节县)管辖,小部分分属荆湖北路(治今湖北省荆州市荆州区)、潼川府路(治今四川省三台县)、广南西路(治今广西壮族自治区桂林市)。因此,宋时期关于黔中地域的认识存在两个面向,一是宋朝官方基

---

① (南唐)刘崇远撰,夏婧点校:《金华子杂编》卷上,中华书局2014年版,第262页。
② (后晋)刘昫等:《旧唐书》卷一八四《宦官列传》,第4759页。

于历史认知对黔中地域的认识，二是宋代官员及文人学士基于当时新的行政区划对黔中地域的认识。两者之间既存在一定联系，又存在着一定区别。

（一）对唐代黔中地域的认知：以《新唐书》为中心

北宋在《旧唐书》的基础上，又组织欧阳修、宋祁、范镇、吕夏卿等官员撰修《新唐书》。关于黔中地域，其先是总述到"开元二十一年(733 年)，又因十道分山南、江南为东、西道，增置黔中道及京畿、都畿，置十五采访使，检察如汉刺史之职"①。黔中采访使治黔州，下辖郡县如表 1-2 所示。

表 1-2 《新唐书》"黔中"郡县表

州郡名称	属 县
黔州黔中郡	黔江、洪杜、洋水、信宁、都濡
辰州卢溪郡	沅陵、卢溪、溆浦、麻阳、辰溪
锦州卢阳郡	卢阳、招谕、渭阳、常丰、洛浦
施州清化郡	清江、建始
叙州潭阳郡	龙标、朗溪、潭阳
奖州龙溪郡	峨山、渭溪、梓姜
夷州义泉郡	绥阳、都上、义泉、洋川、宁夷
播州播川郡	遵义、芙蓉、带水
思州宁夷郡	务川、思王、思邛
费州涪川郡	涪川、扶阳、多田、城乐
南州南川郡	南川、三溪
溪州灵溪郡	大乡、三亭
溱州溱溪郡	荣懿、扶欢、夜郎、丽皋、乐源

资料来源：《新唐书》卷四一《地理五》。

---

① （宋）欧阳修、宋祁：《新唐书》卷三七《地理一》，第 960 页。

对比唐代杜佑《通典》、李吉甫《元和郡县图志》及五代官修《旧唐书》关于黔中道地域的描述可见，北宋官修《新唐书》所呈现的黔中地域范围与杜佑、李吉甫一样均以黔中各州、郡、县为中心，仅详细展开了对州、郡、县政区沿革、土贡、户口等的记录，对于黔中所属羁縻州较少涉及。

因此，从官修《新唐书》可以窥见，北宋官方对唐代黔中地域的认识以黔中所属各州、郡、县为中心，这在一定程度上影响了宋人对黔中地域的认识与书写。

（二）宋代的黔中地域

然而，与两汉时期武陵直接取代黔中不同，这一时期黔中作为地域名称并没有完全消失于历史典籍之中。首先，宋代所修《太平寰宇记》《元丰九域志》《舆地广纪》《舆地纪胜》《方舆胜览》等地理总志均可见对宋代黔中的记载。

1.《太平寰宇记》所见北宋初期的黔中地域

《太平寰宇记》源于其作者乐史有感于宋太祖平定荆南、后蜀、南汉、南唐，宋太宗又平定漳泉、吴越、北汉，统一天下，认为历经五代十国的动乱，政区屡经变迁，原有《元和郡县图志》等地理著作已不再适用，因而在"治国致用"思想的引导之下，以其渊博精湛的历史地理知识，倾注全部心力，编纂完成。[1]

在编纂过程中，《太平寰宇记》继承了唐李吉甫《元和郡县图志》的体裁，记述宋初十三道范围的全国政区建置，言及北宋黔中地域时，既言及了作为历史区划的黔中郡与黔中道，又言及了宋代黔中郡的设置情形。其中，作为历史区划的黔中郡与黔中道主要出现在对原属黔中郡与黔中道区域内政区历史沿革的追溯之中，如涪州、朗州、澧州等州，均曾为宋以前黔中郡或黔中道所管辖区域。

---

[1] （宋）乐史：《太平寰宇记》，"前言"第 2 页。根据书序签署官职，推断其书完成于雍熙末至端拱初（987—988 年）。

而宋所置黔州亦曾为黔中郡及黔中道所属区域，至北宋仍为黔中郡，属江南西道管辖。但其治所、辖域与唐代相比发生了较大变化，"天复三年（903年）之后，伪蜀割据，移黔南就涪州为行府，以道路僻远就便近也。皇朝因之不改。至太平兴国三年（978年），因延火烧爇公署；五年，却归黔州置理所，仍辖黔内思、南、费、溱、夷、播六州，只从黔州差衙前职员权知"①。即从黔州理所（治所）的迁移来看，乐史认为黔中又可以称作"黔南"，其治所在伪蜀割据时，因道路、距离等因素，将治所移至涪州（治今重庆市涪陵区），宋初未更改。978年时，因火灾焚毁公署，于980年又移回至黔州（治今重庆市彭水县），下辖仍包括思州（治今贵州省沿河县）、南州（治今重庆市綦江区）、费州（治今贵州省思南县）、溱州（治今贵州省正安县）、夷州（治今遵义市凤冈县）、播州（治今贵州省桐梓县南）六个州。

同时，仍管南宁州、充州、琰州、犍州、庄州、明州、牂州、矩州、清州、柯州、袭州、峨州、蛮州、邦州、鹤州、劳州、羲州、福州、鼓州、儒州、鸾州、令州、郝州、普宁州、总州、郧州、勋州、功州、敦州、候州、晃州、茂龙州、整州、悬州、乐善州、樊州、添州、延州、双城州、训州、卿州、抚水州、思源州、逸州、殷州、南平州、卢州、姜州、稜州、鸿州、和武州、晖州、亮州等"五十三番州"②。

对比唐代黔中地域，乐史所描述的黔中经制州地域较之唐代黔中道所辖经制州地域已经大大缩小。具体表现在所管辖经制州数量的减少，最晚在太平兴国年间，以黔州为治所的黔中下辖仅思州、南州、费州、溱州、夷州、播州6州，较之《新唐书》所载黔中道所辖经制州少了7州，原属施州、溪州、锦州、奖州等均因自然地理等因素的影响而分离出去。即黔中道经制州地域范围，由东北以施州郡（治今湖北省恩施市）为限，东以卢溪郡（今湖南省沅陵县）为限，东南以潭阳郡（治今湖南省怀化市洪江市黔城镇）为限；西北以南川郡（治今重庆市綦江区）为限，西以播川郡（治今贵

---

① （宋）乐史：《太平寰宇记》卷一二〇《江南西道十八》，第2395页。
② （宋）乐史：《太平寰宇记》卷一二〇《江南西道十八》，第2398—2399页。

州省桐梓县南）为限。缩小至北以黔州（治今重庆市彭水县）为限，南以播州、夷州、费州为限，东南以思州为限的区域，较之此前经制州范围缩小一半以上。

然而，其所管羁縻州数量较之唐时期又有所增加，由之前的 50 个增至 53 个，多了南宁州（治今贵州省惠水县东南）、鹤州（治今湖南省怀化市）与鸿州（今址不详）。南宁州与鹤州均在唐代黔中道所辖区域内，鸿州应亦在此范围内。

因此，北宋太平兴国年间黔中地域范围较之唐代黔中道范围，所管经制州县减少了约一半，羁縻州增加 3 处。此外，除有羁縻州名称更改外，几乎没有变化。

2.《元丰九域志》所见北宋中期的黔中地域

《元丰九域志》原为《九域图》，源于《唐十道图》，是考定北宋官吏俸给、赋役和刑法的依据。熙宁八年（1075 年），因政区变迁，出现"州县有废置，名号有改易，等第有升降"的情况，《九域图》已不再适用。因此，宋神宗命王存等主持重修删定。元丰三年（1080 年）修订完成，以原书虽然称为图，但是只有文字，于是改名为《元丰九域志》，与《九域图》相区分。经点校者对所记载州县设置具体时间的考证，认为元丰三年之后，此书又经过陆续修订，所载政区实为元丰八年（1085 年）的情况，正式刊行应在元祐元年（1086 年）以后。①

关于黔中地域，《元丰九域志》卷八记载"黔州，黔中郡，武泰军节度，治彭水县"②，属夔州路。下辖仅彭水、黔江两县。原为黔州属县的洪杜、洋水两县改为寨，信宁、都濡两县改为镇。北宋初期仍属黔中郡（黔州）管辖的思州、费州、播州、夷州、牂州、西高州（唐代黔中道所属珍州）、业州、充州、庄州、琰州

---

① （北宋）王存：《元丰九域志》，中华书局 1984 年点校本，"前言"第 1 页。
② （北宋）王存：《元丰九域志》卷八《夔州路》，第 364 页。

成为"化外州"①,脱离与黔中郡之间的政治联系,直接归属夔州路。② 但黔州(黔中郡)仍管辖南宁州、琬州、犍州、清州、蒋州、矩州、蛮州、袭州、峨州、邦州、鹤州、劳州、义州、福州、儒州、令州、郝州、普宁州、缘州、那州、鸾州、丝州、功州、敷州、晃州、侯州、樊州、添州、珫州、双城州、训州、卿州、茂龙州、整州、悬州、乐善州、抚水州、思元州、逸州、恩州、南平州、勋州、姜州、稜州、鸿州、和武州、晖州、亮州、鼓州等 49 个羁縻州。③

显然,《元丰九域志》所描述的黔中地域较之北宋太平兴国时期又一次发生了变化。首先,黔中地域本身的行政归属从江南西道改为夔州路。其次,原为正州并属于黔中郡管辖的思州、费州、播州、夷州、祥州、西高州(唐代黔中道所属珍州)、业州、充州、庄州、琰州在这一时期均变为"化外州",直接归属夔州路管辖,仅余原治所黔州一个经制州。最后,黔州(黔中郡)又跨过"化外州"区域,管辖 49 个羁縻州。所言黔中地域较之北宋太平兴国时期明显缩小,缺少了思州、南州、费州、溱州、夷州、播州等 6 个经制州。

3.《舆地广记》所见北宋末期的黔中地域

《舆地广记》为北宋欧阳忞于政和年间(1111—1118 年)撰写。欧阳忞在"自序"中明确提出其书写内容包括尧舜至政和之间的历代地理沿革,④因此卷一至卷三主要描述五代及以前的政区沿革,卷四至卷三八则对北宋政和年间所属各路进行了详细记述。关于北宋以前黔中地域,首先在卷一、卷三分别对秦代黔中郡与唐代黔中采访使(黔中道)进行了简单的回顾与追溯。卷四开始,对北宋政区展开叙述。

---

① 化外州指唐代中后期至五代时期,从中原王朝化内(正州,又称经制州)演变为化外(正州以外)的地区,既可以涵盖被辽、西夏、吐蕃、交趾等政权占领的正州,也可以指称虽处于羁縻统治,但曾为正州的地区,与其他从未直接统治的羁縻地区区别开来(参见李伟:《披图则思祖宗疆土:北宋的化外州与历史中国》,《中国边疆史地研究》2021 年第 2 期)。

② (北宋)王存:《元丰九域志》卷一〇《羁縻州》,第 482—483 页。

③ (北宋)王存:《元丰九域志》卷一〇《羁縻州》,第 499—502 页。

④ (北宋)欧阳忞:《舆地广记》"序",士礼居丛书景宋本。

卷四"皇朝郡国"部分，呈现出当时北宋辖域内行政区划设置的整体情况，言及夔州路时，记载"夔、黔、达、施、忠、万、开、涪、恭、珍、承、溱、梁山、南平、遵义、大宁"均属夔州路，而"费、西高"为夔州路化外州。①

后在卷三十三展开了对夔州路所属黔州的叙述，但是并未言黔州为黔中郡，仅言：

> 下，黔州。春秋为巴地，战国楚威王使庄蹻将兵徇江上，略巴、黔中以西属楚。秦昭王伐楚，取黔中以属黔中郡，二汉属武陵郡。晋宋齐皆因之，后不宾服。后周武帝时，蛮帅以其地归附，初立奉州，后改曰黔州，不带县。隋为黔安郡，唐武德元年（618 年）曰黔州，天宝元年（742 年）曰黔中郡，蜀王氏升武泰军节度，今县二。②

显然，欧阳忞仅对黔州地域的历史沿革与北宋政和时期黔州的政区设置情况进行全面的描述，认为黔州在秦楚时期为黔中郡地域，至两汉及晋宋齐时期均为武陵郡地域，后周及隋时期未言归属，其间先后设置为奉州、黔州、黔安郡，至唐武德年间仍称为黔州，天宝元年又改为黔中郡，为黔中地域。伪蜀时升为武泰军节度使，至北宋管辖两县，但未言其所处政和时期黔中郡之称是否仍然存在，未明言北宋政和时期黔中地域。因此，欧阳忞《舆地广记》并未如王存等所撰《元丰九域志》一样明确北宋政和时期的黔中地域。

4.《舆地纪胜》《方舆胜览》所见南宋后期的黔中地域

《舆地纪胜》，南宋王象之撰。王象之年轻时曾跟随其父亲宦游四方，足迹遍及江、淮、荆、闽，但当时并未将所见所闻记录下来。至其仲兄行甫、叔兄中甫从外归家，叙及梁、益之事时，想要找寻图记进行佐证，无可依凭，才开始广泛搜括当时所能见到的地理志书及州郡图经，并对各郡沿革、风俗、山川、人物等进行分别收录。以其于宋宁宗嘉定十四年（1221 年）写下自序，推断其工作在 1221 年前即已开始。又根据眉山李慧为其书所写之序的完成时间，推断

---

① （北宋）欧阳忞：《舆地广记》卷四《皇朝郡国》，士礼居丛书景宋本。
② （北宋）欧阳忞：《舆地广记》卷三三《夔州路》，士礼居丛书景宋本。

此书完成于宋理宗宝庆三年（1227 年）。因此，其所记载各州县政区建置一般以宋宁宗嘉定为止，所描绘的是南宋后期的情形。关于黔中地域，其不仅谈及了宋以前黔中郡、黔中道，还谈及了当时的黔中郡。其中，宋以前的黔中地域，是在叙及澧州、涪州等曾经属于战国、秦及唐黔中道的政区沿革时，进行了简单的描述；南宋黔中地域，仍然是在夔州路部分进行专门描述。

《舆地纪胜》卷一七六"黔州"部分标题即为"黔州，黔中、黔南郡、彭水、黔江"①，可见南宋时期，黔中作为地域名称仍然存在且使用。同时，在叙及黔州沿革时，王象之与欧阳忞一样对黔州与宋以前各时期黔中的关系进行了详细的梳理，认为黔州在战国、秦、唐等时期均曾为黔中地域，根据《元和郡县图志》《太平寰宇记》《元丰九域志》等对此进行了更为详细的梳理。而从标题亦可见，其对《太平寰宇记》所提出黔南即黔中的观点表示认可。叙及其所处时代黔州政区时，仅言其领彭水、黔江两县，其他关于羁縻州的言论均参考《太平寰宇记》，并未对当时黔中所辖羁縻州状况进行描述。

《方舆胜览》，南宋祝穆撰。原刻本成于宋理宗嘉熙年间，稍晚于《舆地纪胜》。后祝穆之子祝洙对其进行增订，于宋度宗咸淳三年（1267 年）刻印。因此，其所描绘的南宋政区仍为后期的情形。与《太平寰宇记》《元丰九域志》《舆地广记》等一样，均在叙及曾属黔中地域的政区时对其进行了追溯。而关于当时黔中地域的情况，其言当时黔州已改为绍庆府，下领彭水、黔江两县，治所仍设于彭水。并言绍庆府郡名有"黔中、黔安、黔南"②，仍属夔州路管辖，说明在祝穆及其子祝洙笔下，绍庆府即南宋末期的黔中，且又可以称之为黔安、黔南。

5. 黔州、黔南、黔安与黔中

虽然前所言各个时期对黔中郡的行政区划均有着清晰的认识，但是却出现了将黔中、黔南与黔州混用的情形。乾封二年（667 年），高句丽泉男建以唐

① （南宋）王象之：《舆地纪胜》卷一七六《夔州路》，第 3615 页。
② （南宋）祝穆：《方舆胜览》卷六〇《夔州路》，第 1054 页。

军在前期对战中出现不利状况,认为有机可乘,派兵袭击唐军,被唐军击败。唐军于总章元年(668 年)进军平壤,高句丽王派泉男建之弟泉男产带兵投降,泉男建却闭门据守,并遣兵出战,最终均以失败告终。唐军进入平壤以后,因泉男建兄长泉男生为之求情,免其死刑。唐高宗减轻对其处罚,将其流放。①对于其流放之地,宋人在追溯历史时,即出现将黔州与黔中混用的情形。如北宋史学家司马光在《资治通鉴》中言总章元年十二月,"泉男建流黔中"②,清代史学家丁立均在《东藩事略》中、王之枢在《历代纪事年表》中亦言为"泉男建流黔中"③。而南宋史学家袁枢在审读《资治通鉴》,对《资治通鉴》所记之事进行分门别类,以"纪事本末体"重新记述历史时,却对泉男建流放地名称进行了更改,言为"泉男建流黔州"④。说明宋代黔中与黔州出现了混用,认为两者所指为一地。按此,则黔中在这一时期所指代地域范围明显缩小,从唐代所置包括黔州在内的一大片区域,缩小至黔州所在地域。

同时,至宋时期,黔中作为地域名称更加广泛地出现于文人学士所作诗词等文学作品之中。以黄庭坚为例,一方面,他本人的作品均将黔州写作黔中;另一方面,其他与黄庭坚被贬黔州⑤有关的文学作品,也几乎均将黔州言作"黔中"。

首先,据《山谷老人刀笔》卷八、卷九"黔州"记载,黄庭坚被贬黔州期间所作《与秦世章文思》《答京南君瑞运句》《与张叔和通判》《答唐彦道》《与程德孺金部》《答王太虚》《答李林》《答泸州安抚王补之》等均将黔州记作"黔中"。

---

① (宋)司马光编著,(元)胡三省音注:《资治通鉴》卷二○一《唐纪十七》,中华书局 1956 年点校本,第 6354—6356 页。

② (宋)司马光编著,(元)胡三省音注:《资治通鉴》卷二○一《唐纪十七》,第 6356 页。

③ (清)丁立钧:《东藩事略》卷上,清光绪内府钞本;(清)王之枢:《历代纪事年表》卷六三《起庚戌唐高宗永徽元年,止癸未唐高宗弘道元年》,清康熙五十四年内府刻后印本。

④ (宋)袁枢:《通鉴纪事本末》卷二九《贞观君臣论治》,中华书局 2015 年点校本,第 2696 页。

⑤ (宋)李焘:《续资治通鉴长编》卷四九三,哲宗绍圣四年十二月,中华书局 2004 年版,第 11721 页。

如《与秦世章文思》之三曰：

> 令嗣云到涪数日，即治装向侍傍，适有宾客会食，作书草草，幸照察。舍弟在涪州已数月，此欲归，适秋雨江涨，未能来，计十月可到此。小儿稍能诵书，性质颇朴憨。亦买得园地，它（他）日令就黔州应举，为乡人矣。承垂意翰墨，已新法帖后记，摹刻甚不，但不知法帖石几时得到黔中耳。《华严合论》承已干置，此非小缘，印成，请三两看经僧遍读，点捡得业无重复脱漏，则方为成器。若早得来尤幸，不肖与范上人若为公看数遍，可不孤法施之心也。所助修华严阁五十千则未须，且留与黔中诸人结缘也。向解元还盐井已数月，亦以渠老亲多服药。然数通书，每承问遗之勤，顾未有佳物为报，所谓"子女玉帛，则君有之"，"其波及晋国者，君之余也"。①

显然，黄庭坚在回给秦世章的书信中，讲述了其到涪州之后的生活场景及对于地方的印象，言其在黔州已买下园地，等他日到黔州之后，就要和乡人一样耕种，所以希望法帖能够早日送到黔中，以多读几遍，并将其留予黔中文人学士作为读物，与地方结缘。此间，既言及黔中，又谈及黔州，说明其认为黔州即为黔中。

其次，其他与黄庭坚被贬黔州相关的文学作品亦将黔州记作黔中。如陈师道《宿深明阁二首》之一曰：

> 窈窕深明阁，晴寒是去年。
>
> 老将灾疾至，人与岁时迁。
>
> 默坐元如在，孤灯共不眠。
>
> 暮年身万里，赖有故人怜。②

---

① （宋）黄庭坚：《与秦世章文思（三）》，载曾枣庄、刘琳主编：《全宋文》卷二二九二《黄庭坚》，第105册，上海辞书出版社、安徽教育出版社2006年版，第206页。

② （宋）陈师道撰，任渊注，冒广生补笺，冒怀辛整理：《后山诗注补笺》卷五《宿深明阁二首》，中华书局1995年版，第202页。

根据杜甫以及黄庭坚本人关于被贬黔州后的诗词,有感而发写下此诗。此诗虽未直接出现黔中地名,却与黄庭坚被贬黔州密切相关——深明阁,为黄庭坚被贬前居住在陈留(治今安徽省寿县)的佛寺,后即被贬黔中。

又《题胡逸老致虚庵》曰:

> 蜀人石翼,与黄鲁直在黔中时游从最久,尝言见鲁直《自矜》诗一联云:"人得交游是风月,天开图画即江山"。以为晚年最得意,每举以教人,而终不能成篇。盖不欲以常语杂之,然鲁直自有"山围宴坐画图出,水作夜窗风雨来",余以谓气格当胜前联也。[①]

《与鲁直书》曰:

> 师道启:往岁刘壮舆在济阴,尝遣人至黔中,附书必达。尔后无便,而仕者畏慎,不许附递,用是不果为问,必蒙深察。比日伏维尊候万福,未缘瞻近,临书悯悯。万冀以时为道自重。[②]

又《答魏衍黄预勉予作诗》中"三年不见万里外,安得奋身置汝傍"亦源于当时"鲁直在黔中,退之诗三年不见兮,使我心苦,老杜诗安得送我置汝傍"。[③]这些文学作品的产生均与黄庭坚被贬黔州相关,且均将黄庭坚被贬生活的黔州直接称为黔中,说明当时文人学士与黄庭坚一样,认为黔州即为当时黔中。

同时,亦将黔安与黔中混用,如北宋诗人冯山《黔江》一诗曰:

> 黔江远从思播来,黔中五溪此其一。
>
> 东出涪陵与涪会,日抱岚光照城壁。
>
> 去年黔安方解缆,久倦崎岖喜飞疾。
>
> 惊湍骇浪或当道,万马奔驰两锋镝。
>
> 偶然划过脱重险,千悔中流无路出。

---

① (宋)黄庭坚:《题胡逸老致虚庵》,(宋)任渊、史容、史季温注,刘尚荣点校:《黄庭坚诗集注》卷一六,中华书局 2003 年版,第 588 页。

② (宋)陈师道:《与鲁直书(一)》,曾枣庄、刘琳主编:《全宋文》卷二六六五《陈师道二》,第 123 册,第 296 页。

③ (宋)陈师道撰,任渊注,冒广生补笺,冒怀辛整理:《后山诗注》卷六,第 218 页。

> 瞿塘乘涨秋下峡,猿啸穿流夜投驿。
>
> 鱼腹未葬身尚在,虎牙屡磨魂已失。
>
> 巫阳一岁却归来,还向江前酒重沥。①

即同时提及黔中、黔安,言及黔江时,认为其为黔中五溪之一。从前后诗句看,其所言黔中应为包含涪陵、黔安在内的大片区域。

然而,从《冷斋夜话》云"鲁直自黔安出峡,登荆州江亭,柱间有词"②,以及黄庭坚《书自作草后》:

> 余往在江南,绝不为人作草。今来宜州,求者无不可。或问其故,告之曰:往在黔安园,野人以病来告,皆与万金良药。有刘荐者谏曰:良药可惜,以啖庸人。笑而应曰:有不庸者引一个来。闻者莫不绝倒。③

可见黄庭坚将其被贬黔州所居之地,称为"黔安园",根据前文黄庭坚及其被贬黔州相关的文学作品,均将黔州称作黔中,则可知此处所言黔安又等同于黔中。

此外,又有将黔中称为黔南者,这应与当时黔中所处地理位置有关。如宋代诗人高斯得在其《送刘养源游吴中》诗中有"杜陵送李君,南入黔中天"④之句,"南入"即动态呈现了黔中地处南部的地理位置,因而,自北宋初期开始,即有将黔中称为黔南者。

如陆游《筹边楼记》曰:

> 淳熙三年(1176 年)八月既望,成都子城之西南新作筹边楼,四川制置使知府事范公举酒属其客山阴陆游曰:君为我记。按《史记》及《地志》,唐李卫公节度剑南,实始作筹边楼,楼废,久无能识其处者。今此楼

---

① (宋)冯山:《黔江》,载李德辉编著:《唐宋馆驿与文学资料汇编》第一一《行客在馆驿的住宿和活动》,凤凰出版社 2014 年版,第 340 页。

② (宋)惠洪撰,陈新点校:《冷斋夜话·辑佚》,中华书局 1988 年版,第 94 页。

③ (宋)黄庭坚:《书自作草后》,曾枣庄、刘琳主编:《全宋文》卷二三一五《黄庭坚三八》,第 106 册,第 332 页。

④ (宋)高斯得:《送刘养源游吴中》,《耻堂存稿》卷六,清武英殿聚珍版丛书本。

望犍为、僰道、黔中、越巂（嶲）诸郡，山川方域皆略可指，意者卫公故址，其果在是乎？楼既成，公复按卫公之旧图，边城地势险要，与蛮夷相入者，皆可考信不疑。①

言新筹边楼在成都西南，可望犍为、僰道、黔中、越巂诸郡，亦反映出黔中为其中一个南部的"边地"。

黄庭坚之兄长黄大临《元明题哥罗驿竹枝词》曰：

尺五攀天天惨颜，盐烟溪瘴锁诸蛮。

平生梦亦未尝处，闻有鸦飞不到山。

风黑马嘶驴瘦岭，日黄人度鬼门关。

黔南此去无多远，想在夕阳猿啸间。②

亦将黄庭坚所前往之黔中（黔州）称为黔南。同时，黄庭坚《送曹黔南口号》一诗曰：

摩围山色醉今朝，试问归程指斗杓。

荔子阴成棠棣爱，竹枝歌是去思谣。

阳关一曲悲红袖，巫峡千波怨画桡。

归去天心承雨露，双鱼来报旧宾僚。③

亦将黔州（治今重庆市彭水县）直称为黔南。据前文研究，诗中所言曹黔南，应为其在《与张叔和书》中所言及的、对他颇有照顾的黔中守臣曹谱（字伯达）。而所言摩围山，据祝穆《方舆胜览》考证，"在彭水县西，隔江四里与（黔州）州城对岸"④。因此，所言黔南即为黔中，且以其治所彭水为中心。

---

① （宋）陆游：《筹边楼记》，（宋）袁说友等编，赵晓兰整理：《成都文类》卷二七《官宇二》，中华书局 2011 年版，第 542 页。

② （宋）黄庭坚：《元明题哥罗驿竹枝词》，（清）吴之振等选，管庭芬、蒋光煦补：《宋诗钞·宋诗钞初集·山谷诗钞》，中华书局 1986 年版，第 956 页。

③ （宋）黄庭坚：《送曹黔南口号》，（宋）任渊、史容、史季温注，刘尚荣点校：《黄庭坚诗集注》，第 1387 页。

④ （南宋）祝穆：《方舆胜览》卷六〇《夔州路》，第 1055 页。

综上，从宋代各时期地理总志我们可以得知，自北宋初期至南宋末期，黔中地域发生了比较大的变化。首先，北宋太平兴国年间，黔中地域从作为独立的道，又变为江南西道辖地，管辖范围较唐代有所缩小。其次，至北宋中期，作为道的建制被取消，黔中地域划归夔州路管辖，且仅有黔州一个正州，不再涉及对思州（治今贵州省沿河县）、南州（治今重庆市綦江区）、费州（治今贵州省思南县）、溱州（治今贵州省正安县）、夷州（治今贵州省遵义市凤冈县）、播州（治今贵州省桐梓县南）等六州的管理，所辖正州范围明显缩小。最后，至南宋末期，黔中地域基本缩小至原黔州地域，且更名为绍庆府，又称"黔中""黔安""黔南"。

同时，从被贬黔州官员的文学作品及与其相关的文学作品，我们亦可以看到当时对黔州、黔安、黔南与黔中的混用，即在很多时候，文人学者将黔州、黔安与黔南等同于黔中。而出现频率最多的为黔中与黔南，与唐代文学作品存在相似情形。不同的是，这一时期文学作品很少以黔阳、夜郎等历史地名来指代黔中。

（三）元代的黔中地域

元代延续宋末的政区设置，在黔州设绍庆路，辖黔江、彭水二县，但不再属夔州路管辖，而与夔州路同级，同属四川行省管辖。黔中作为地域名称仍然被广泛使用。

一是作为历史政区地名，在相关政区沿革中出现。如元刘实《敏求机要》卷五追溯秦三十六郡时即言及黔中郡。① 马端临《文献通考》对唐宋黔中道、黔中郡也多有涉及。《湖广等处行中书省平章政事赠推恩效力定远功臣光禄大夫大司徒柱国追封齐国公谥武宣刘公神道碑》在叙及辰州时，亦言"辰州，古之黔中②。

---

① （元）刘实：《敏求机要》卷一一《地理·华夷山泽》，清乾隆知不足斋钞本。

② （元）黄溍著，王颋点校：《黄溍集》卷三〇《湖广等处行中书省平章政事赠推恩效力定远功臣光禄大夫大司徒柱国追封齐国公谥武宣刘公神道碑》，浙江古籍出版社 2013 年版，第1106 页。

二是作为地域名称，仍在散文、诗词、碑刻等文学作品中广泛出现。首先，元初黔中仍作为具体地名存在，如阳恪《平蛮记》曰：

> 大元受天明命，抚有万方，自北而南，无思不服。至元十三年（1276年），岁在丙子，先皇帝以神武不杀，混一江南。继而湖广寇盗，啸聚蜂起。今平章政事、行枢密院刘公奉旨徂征，削平僭叛，所至帖息，功绩显著，简记御屏。

> 黔中郡辰、澧二州之界，有洞曰泊崖……辰州路主者命仆记其事，将勒诸坚珉，以垂久远。谨承命拜手而献文曰：大哉乾元，至哉坤元；圣朝则之，建国纪年。天无私覆，地无私载。继统体元，万世永赖。黔中之北，有州施溶。既降又叛，昏迷不恭。帝命刘公，声罪致讨。奸厥渠魁，执讯获丑。辰山苍苍，江流汤汤；勒勋彝鼎，千载有光。我思古人，谁可为比。伏波之后，一人而已。①

记载至元十三年（1276年），湖广黔中郡所属辰州、澧州、施溶州等地民众联合起来叛乱，造成地方混乱。因而元统治者派遣刘公前往平定叛乱，并于元贞二年（1296年）彻底平定地方。显然，生活于宋末元初的阳恪，在使用"黔中"一词时，并未将黔中局限于宋末各地理总志所言黔州，而是以唐代黔中道辖域作为基础，认为黔中是包括辰州、澧州、施溶州在内的地名。而所言施溶州在元以前并未设置，为元成宗时期，平定地方叛乱之后，升"泊崖寨"所置。②所以，阳恪沿用了唐黔中道的地域概念。

又许有壬《刘平章神道碑》曰：

> ……公以雄毅之姿，奋身戎行，其树立亦茂矣哉！天下甫定，如大病始愈，必有余疾，此才已而彼又见，人或易之，亦有能毙其身者。江南之既

---

① （元）阳恪：《平蛮记》，李修生主编：《全元文》卷一一四五，凤凰出版社1998年版，第226页。

② （元）黄溍著，王颋点校：《黄溍集》卷三〇《湖广等处行中书省平章政事赠推恩效力定远功臣光禄大夫大司徒柱国追封齐国公谥武宣刘公神道碑》，第1106页。

平也，闽中、江西、湖南、黔中之诸盗，广东、西之诸僚，足以鼓动一时，鱼肉吾民。是虽余疾，非良医未易治也。公乃独任其责，或狝薙，或招徕，而威名所及，莫不敛迹。南北万里，始终百战，可谓多矣。①

言黔中时，将黔中与闽中、江西、湖南、广东、广西置于一处，说明许有壬认为黔中与闽中、江西、湖南、广东、广西一样是一个广义的地域名称。而其与湖南一起出现，根据前文对唐代黔中道地域的考证，此处所言黔中是排除了原属黔中的湖南地域。

至治二年（1322年）二月，宋裹"洞庭舟中赋"《竹枝歌三首》之一曰：

菜花一尺篱门开，栗留声断斑鸠来。

舍南青苗没人插，郎在黔中何日回。②

亦言及黔中，认为黔中在比洞庭湖更远的地方，将其作为地域泛称，指代偏远之地。

同时又有延续唐宋时期观念，将黔南等同于黔中者，如元代宋无《送母丘秀才自黔中归益川》一诗曰：

黔南万里地，剑外去宁亲。

蜀魄花成血，山魈树隐身。

竹枝歌峡夜，椰子醉蛮春。

归访王孙宅，弹琴有故人。③

在诗名中言为黔中，在正文中又写为黔南，显然未对两者进行区分。即元代已无黔中、黔州等正式政区的设置，但作为历史政区，在叙及相关区域沿革时均有追溯。而文学作品仍然延续唐宋时期对黔中地域的认识，广泛地使用黔中一词，但所指区域与宋时期主要指代黔州（治今重庆市彭水县）不同，并

---

① （元）许有壬：《刘平章神道碑》，李修生主编：《全元文》卷一一九六，第351页。

② （元）宋裹：《竹枝歌三首》，杨镰主编：《全元诗》第37册，中华书局2013年版，第221页。

③ （元）宋无：《送母丘秀才自黔中归益川》，杨镰主编：《全元诗》第19册，第379页。

没有非常明确的指向,更多指代与湖南、江西等同级的大片区域。

三、明清时期的黔中地域

明清时期,官修实录、奏折档案、全国总志、地方志、私人文集等传世历史文献增多,有关黔中的文献记载十分繁富,为避免陷入浩瀚的史料,本部分主要以官修实录、地方志及私人文集为中心探讨明清朝廷、地方官员、文人学士等不同人群心目中的黔中地域,进而分析明清时期黔中地域认知与之前时期黔中地域认知间的联系与差异。同时,作为历史时期政区名称的黔中仍然在各相关政区的历史沿革中出现,反映各政区在历史时期的归属变化,本部分不再赘述。

(一)明代黔中地域

1.《明实录》所见黔中地域

以"黔中"作为关键词检索,可得《明实录》关于"黔中"记载共60条,不均衡地分布于《明太祖实录》《明神宗实录》《明熹宗实录》(见表1-3①),其中以《明神宗实录》与《明熹宗实录》记载最多,说明万历与天启时期,是"黔中"一词在明代官方出现最多、使用最为频繁的时期。

表1-3 《明实录》所载黔中概况表

《明实录》所载黔中地域名称	文献原文	今地	资料来源
武定军民府	诏授武定军民府女知府胜诰曰:朝廷政治,远迩弗殊,德在安民,宜从旧俗。惟尔黔中之地,官皆世袭,间有妇承夫位者,民亦信服焉……	云南省楚雄彝族自治州武定县	《明太祖实录》卷一五七,洪武十六年十月一日

---

① 因以"贵州"为黔中的记载较多,本表仅节选部分。

续表

《明实录》所载黔中地域名称	文献原文	今地	资料来源
贵州	丁卯,贵州巡按应朝卿奏:夷酋杨应龙稔恶不悛,蓄谋日久,招九股生苗张其爪牙,复诱五司夷目自相鱼肉。……黔中饷微兵寡……	贵州省	《明神宗实录》卷三二九,万历二十六年十二月十六日
	贵州巡抚郭子章以巡按毕三才言其同总督王象乾因勘处播州水西地界各差官责令宣慰使安疆臣退地为袭体上疏自劾曰:水西固臣属地,遵义亦臣兼制之地,臣原不敢有成心主于胸中。惟播州故民与水西夷人自分畛域则有之,此督臣所以有勘处之议也。然经年不决,田土失耕,议论烦兴,夷情骚动,按臣西巡耳而目之,其责备,臣何说之辞,顾臣待罪黔中三年……		《明神宗实录》卷三七四,万历三十年七月四日
	巡抚贵州郭子章言:贵州一省苗仲杂居……以拯此一方生灵,况今年黔中颇稔,田禾被野……		《明神宗实录》卷四一四,万历三十三年十月十三日
	……诬学茂盗骗官买大木五千两,乞追赃抵官。贵州按臣金忠士信之,奏请械解学茂还黔。得旨,象乾以为不然,疏言:疆臣侵占播界六百里,听奸营谋,捕讯得实,学茂以播人归播土,安顺臣自来避死,非其勾引疆臣,以学茂习知播事,恐其证已而借口木价解还黔中,将甘心焉。		《明神宗实录》卷四二〇,万历三十四年四月七日
	巡按云南御史毛堪言:臣于役云南,取道贵州,目击苗夷杀官殒命,伤心惨目。因沿途咨访,有谓川湖之协济宜议者,黔最瘠薄,兵既不可撤,饷又无所出。协济本自额派,奈何秦越相视貌催,檄为具文,以遍负为得策,独令黔中为无米之炊。		《明神宗实录》卷五三一,万历四十三年四月一日
	贵州巡按史永安疏言:黔中土司莫大于水西……		《明熹宗实录》卷一六,天启元年十一月二十日
	兵科左给事中朱童蒙疏陈兵务六款:……一黔中塘报宜议。黔省远在天末,通消息于京师,全藉塘报,宜沿途添设塘马,不时奏报。		《明熹宗实录》卷二二,天启二年五月五日
思南	但思南为黔中首郡,文风渐盛,华民日繁,以夷官治华民,体统实不相称……	贵州省铜仁市思南县	《明神宗实录》卷四一三,万历三十三年九月二十一日

从表1-3可见,明洪武时期关于黔中地域的认知与明代以前及明代万

历、天启时期的认知存在明显差异，即洪武时期朝廷认为武定军民府（治今云南省楚雄州武定县）为黔中之地，而其他时期从未有过将楚雄所属滇中地区纳入黔中地域范围的认知出现。

洪武之后，明永乐至隆庆时期《实录》均无关于"黔中"一词的使用，至万历时期，"黔中"一词又广泛出现于《明实录》中。据《明实录》记载（见表1-3），黔中作为地域名称再次出现，其所指代地域基本为明代贵州，且认为明代思南府为黔中（贵州）首郡。

言及自明洪武时期开始即属四川管辖的乌撒（治今贵州省威宁县）时，认为乌撒亦应为黔中属地。如巡按贵州御史杨鹤言：

> 乌撒道里，本在黔中。去川南叙州府一千一百五十里而遥，所设同知一员，既无一事管理，亦无官舍可栖。土官更无一人为之弹压，自土知府安云龙物故后，安咀旧与安效良争官夺印，日相仇杀者二十年。夷人无主，盗贼蜂起者二十年，绑掳军丁、烧毁屯堡者二十年，劫掠行商、西路道梗者二十年。是争官夺印者，蜀之土夷也。而蹂躏糜烂者，黔之地方、黔之赤子也。蜀既久不能定，黔亦忍不敢言。若改隶黔中，则黔中之地，黔中便于控制，一便也。黔中之官有军节道，有府厅，有递西守备，有卫有所，弹压不患无人，二便也。黔中驿递，黔中自任调停，三便也。钱粮马馆，责之安效良，不敢不如期办纳，四便也。禁仇杀则仇杀可禁，禁盗贼则盗贼可禁，军屯免于涂炭，道路可使廓清，无所不便也。又天桥哨两山之间，间产银气，汉人不得采，而夷反窃之，失策甚矣。曷若取充兵饷，不费帑金而坐收天地自然之利，此天以之赐黔也。……蜀中有遥制之名而无其实，黔中有可制之势而无其权，臣以为不如改隶黔中便。[①]

对此，"上命所司速议之"。从杨鹤的上奏可以看到，其反复提及"黔中"一词。根据其身份及反复提到的滇（云南）、蜀（四川）可见，其所谓黔中即当

---

① 《明神宗实录》卷五五六，万历四十五年四月五日，上海书店出版社2015年版，第10482页。

时与云南、四川相邻之贵州,认为乌撒应该划属黔中管辖。但终明一代,并未实现对乌撒行政归属的改变。一直到清康熙初年,改乌撒土府为威宁府后,才改隶贵州省。

而唐宋时期作为黔中代名词的黔安、黔州在《明实录》中均未再出现。唐诗中用以指代黔中的黔阳在这一时期设为经制县,属湖南管辖,未将其纳入黔中地域。但"黔南"一词在洪武、宣德、万历、天启四个时期使用均较多。

首先,从洪武时期的记载而言,《明实录》所言为云南属地。如《明太祖实录》载:

> (洪武二十年三月)甲戌,云南左布政使张紞秩满来朝,上以紞在云南能抚绥夷人,俾复职,赐玺书劳之。曰:唐虞之制,外树州牧侯伯,式莫民居,以宁方域,人乐雍熙,载诸方册。虽不备述,而纪纲见焉。当是时,贤良并出,所用皆仁,是以世代相承而法令不更,诸侯列土,千载不异,以其诚信相孚,上下无间也。今之人不然,导善弗从,纵欲如流。朕竭气力,疲精神,谆谆谕之,从者罕焉,何其难治也。曩者讨平西南诸夷,命官抚守,尔紞实先授任,今五年矣。言出则诸蛮听服,令布则四野欢欣,皆由诚信,相孚克共,乃职奠安黔南,人获其所。今年来朝,不待考,而朕知其功,出乎天下十二牧之首。故嘉汝绩,复命仍治黔南,汝往钦哉。[①]

可见,张紞作为云南左布政使在云南任职期满后,向明朝廷复命,明太祖朱元璋及朝廷大臣详述了明朝廷云南治理的处境与发展过程,认为明朝廷西南治理付出了很多努力,张紞作为较早到云南地区的官员,在第一个考核期内,很好地治理了地方,让地方"诸蛮""夷人"皆顺服于他,建立了彼此的信任。因此,朱元璋认为其功劳可见,予其褒奖,"复命仍治黔南"。开篇言其在云南"抚绥夷人",最后又言仍治理黔南,说明当时将云南又记作黔南。

洪武二十九年(1396年)讨论"改置天下按察分司为四十一道"时又有:

---

① 《明太祖实录》卷一八一,洪武二十年三月二十四日,第2732—2733页。

太子少保兼兵部尚书茹瑺等议改置为四十一道……四川三道,曰川东道,治重庆、夔州、保宁、顺庆、潼川五府州及贵州都司所属卫分;曰川西道,治成都、叙州、马湖三府,嘉定、泸、眉、雅、龙五州及建昌等卫、松潘军民司;曰黔南道,治云南大理等府州县并各卫分。①

从茹瑺对更设四十一道的具体建议可见,他认为当时四川、云南、贵州所属府州县及卫所可分为三道,均属四川。按照地理方位,分为川东、川西、黔南。所言黔南是与川东、川西相对应的、以地理方位命名的地理名称,应为四川以南的意思。又言改设之后的黔南道治理云南大理等府州县及卫所,可见洪武年间所言黔南确指云南。②

这与洪武十六年(1383 年)言武定军民府(治今云南省楚雄州武定县)为"黔中之地"相同,反映了明初洪武时期,有将云南称为"黔"的观念存在,以至于在言及云南属地时,频繁出现"黔中""黔南"一类的地理名词。

至万历时期,黔南与黔中均不再指代云南,而指代贵州。如《明神宗实录》卷三六三记载:

癸丑,巡抚贵州右副都御史郭子章言:"六月十八日,贵阳府定番州地震,自酉至戌有声如雷。黔东诸府卫及黄平五司,自正月不雨至于六月。思南府大雨,务川县大雨,至冰雹交作,城内水深数尺。去年苦兵,今年苦饥,黔东忧旱,黔南忧水,斗米四钱,军民重困,议将湖广、四川二省协济拖欠钱粮如数征解,以赈全黔。"户部如议请,报可。③

郭子章作为明朝巡抚贵州的官员,在言及万历二十九年(1601 年)贵州境内各府情况时,一方面明确指出贵阳府定番州、思南府、务川县、黄平五司等具体地方所遭遇的地震、大雨与干旱灾害;另一方面又以黔东、黔南泛指一个较大区域

① 《明太祖实录》卷二四七,洪武二十九年十月三十日,第 3592—3593 页。
② 张轲风:《从此滇波不倒流》,《读书》2022 年第 4 期,即提到"古代常用'滇南''黔南'等地域概念,其中'南'实指南边之滇黔,描述的是区域整体方位。"
③ 《明神宗实录》卷三六三,万历二十九年九月十九日,第 6772—6773 页。

所遭遇的灾害。将其所言"黔东忧旱,黔南忧水"与具体府州县的灾害情形进行对比,明显可见其黔东是指黔东诸府及黄平五司,黔南所指为思南府(所言务川县当时亦属思南府)。然而,就思南府在当时贵州所处方位而言,其位于贵阳府之东北,实为贵州之最北端,若以黔为贵州,则"黔南"一词似乎与思南府所处方位存在矛盾。若与洪武时期将四川以南的云南称作黔南的事实相联系,则此处可以理解为思南府亦因当时地处四川以南,因而被称为黔南。可见,黔南作为地理名词,在洪武、万历时期的明朝统治者心中,从广义而言有四川之南的含义,从狭义而言,根据具体情形不同,洪武时期指云南,万历时期指贵州所属思南府。

因此,《明实录》关于明代"黔南"一词的使用与"黔中"一词的使用有着相互对应关系,洪武时期,黔中、黔南均用以指代云南属地,而万历、天启时期,黔中、黔南均用以指代贵州属地。与唐宋时期诗人将黔南等同于黔中不同,至此时,黔中与黔南之间不再对等,而是相互包含。具体而言,明洪武时期黔中与黔南之间的关系,因记载不明,并不明确;万历、天启时期,黔南明显被认为是黔中属地,包含于黔中。

2. 明代地方志所见黔中地域

目前所见明代方志中,洪武《苏州府志》,成化《山西通志》《中都志》《重修毗陵志》,弘治《八闽通志》《贵州图经新志》《徽州府志》《永州府志》《兴化府志》,正德《姑苏志》《江宁县志》,嘉靖《贵州通志》《广东通志初稿》《广西通志》《江西通志》《浙江通志》《山东通志》《四川总志》《常德府志》《普安州志》《思南府志》《慈利县志》《徽州府志》《兴宁县志》《汉阳府志》《寿州志》《徐州志》《渭南县志》《洪雅县志》,隆庆《岳州府志》《华州志》《宝庆府志》《永州府志》《巴东县志》《邵武府志》,万历《贵州通志》《湖广总志》《四川总志》《广东通志》《慈利县志》《秀水县志》《续修严州府志》《新宁县志》《承天府志》《泉州府志》《福宁州志》《桃源县志》《兖州府志》《新修南昌府志》,天启《滇志》《慈溪县志》《新修成都府志》,崇祯《闽书》《吴县志》《宁海县志》《廉州府志》等50余部地方志均不同程度地言及历史时期的黔中与明代黔中。但更多是在言及建置沿革时提及战国、秦及唐宋时期黔中，反映各府州县均曾为黔中地域的历史事实，较少涉及明代黔中的书写。

那么，除对历史时期作为政区的黔中进行追溯外，明代地方志对黔中地域的书写如何呢？笔者通过检索，对所见明代地方志中涉及黔中的史料进行搜集与分析，整理出"明代地方志所载黔中概况表"（见表 1-4）。

表 1-4　明代地方志所载黔中概况表

明代地方志所载黔中地域名称	文献原文	今地	资料来源
贵州特么道	广西，荒裔也……西北居牂牁、夜郎之上游，山石险屹，水复湍急，控扼洞落，接乎黔中（今贵州特么道）。	贵州省南部	嘉靖《广西通志》卷一，明嘉靖十年刻本
贵州	宋诚，钦之子，洪武十年（1377 年），嗣（贵州）宣慰使，赐三品冠服。十五年（1382 年）入朝，太祖嘉其忠诚谨慎，授亚中大夫。亲御宸翰制诰交予之，曰：黔中之地诸夷杂处，汉姓同居，御其方者非德足以化顽，勇足以捍侮，则官守不宜，况历代命世守者，必初从之。	贵州省	嘉靖《贵州通志》卷九，明嘉靖刻本
	余以丁酉夏，奉命按黔中，初入界，见层岗叠嶂，丛棘栈栈，泉流碨磈，间作悲峻，卫所城堞与夷落相错。		万历《贵州通志》"重修贵州通志序"，明万历二十五年刻本
	艺文首取有关于风化，次则足为黔中纪胜者录之。		万历《贵州通志》"凡例"
	蒋廷瓒，滑县人，美丰资，有大度。永乐初，以行人讨平思南叛夷，升工部左侍郎。十一年（1413 年），开设贵州布政使司，上难其人，以廷瓒素有威望于黔，转本司左布政使。甫下车，宣德意，与民正始，黔中颂之。		万历《贵州通志》卷二
	（永宁州白水河）自高崖下注，长数十丈，飞沫如雨，凡二三里，盖黔中瀑布第一奇观。		万历《贵州通志》卷八
	或曰黔之天时繁阴雨，山溜洒泉可资灌溉，不若中原赤地千里，兹田也。……或曰黔中山多田少，舟楫不通，谷廉价踊，岁之通患……		万历《贵州通志》卷一九
	一议委文职。昔日之黔未有文也……则黔中之习必有改观者，此兴起学校之大机也……		万历《贵州通志》卷一九
	盖先生旧有祠院二所，自贵阳迁入，一为郡治，一为庠故，废堕至此，余复为怃然茫然，即檄有司为更新之计。既而得地于督抚之南，风气明秀，冠于黔中，若天故作之以待今日者。		万历《贵州通志》卷二一

续表

明代地方志所载黔中地域名称	文献原文	今地	资料来源
云南以东	滇在天末，东有黔中诸夷间之，北有蜀之裔土，南有粤之羁縻蜀（属）县间之。	贵州省	天启《滇志》卷四，清抄本
古牂牁郡	大抵黔中为古牂牁郡。	贵州省大部分区域	天启《滇志》卷四
黎平	庚子秋，黔中大比，黎平守所拔多奇士。	贵州省黔东南州黎平县	天启《滇志》卷一四
安庄卫	黔中安庄卫亦有关索岭。	贵州省镇宁布依族苗族自治县	天启《滇志》卷一七
黔（贵州）	黔者，滇之门户。黔有梗，则入滇者无涂之从矣。据臣连日咨询，黔中情景稍得梗概。	贵州省	天启《滇志》卷二三
黔中	谢三秀，字君采，黔中人（乾隆《贵州通志》记载为贵阳人）。	贵州省贵阳市	崇祯《宁海县志》卷一一，明崇祯五年刻本

据表1-4可见，50余部明代地方志中，提及明代黔中地域的方志不过十分之一，而言及黔中最多的志书为万历《贵州通志》。从为数不多的记载明代黔中的地方志，我们可以看到，嘉靖《贵州通志》《广西通志》与万历《贵州通志》、天启《滇志》、崇祯《宁海县志》所言黔中均为明代贵州及贵州所辖府、州、县与卫所。值得注意的是，与《明实录》记载相符，"黔中"一词作为明代贵州区域代词，集中出现于明中后期（嘉靖、万历、天启三个时期）。

黔安、黔州作为政区名称，也仅在追溯历史沿革或历史人物、历史事件时作为历史地名被提及，在明代话语中基本未再出现。但黔南成为具体地名，如嘉靖《思南府志》言"黔南"为嘉靖时期思南别名之一，①又引郡人《田秋记》言思南为"黔地"②。

---

① （明）洪价修，钟添纂，田秋删补：嘉靖《思南府志》卷一《地理志》，载黄家服、段志洪：《中国地方志集成·贵州府县志辑》第43册，巴蜀书社2006年版，第489页。

② （明）洪价修，钟添纂，田秋删补：嘉靖《思南府志》卷二《建置志》，载黄家服、段志洪：《中国地方志集成·贵州府县志辑》第43册，第505页。

3.私人文集所见黔中地域

从《明实录》与明代各地方志的记载可以看到,明洪武年间,有以云南为黔中、黔南者,但是至晚自嘉靖时期开始,"黔中"一词即广泛地用于指代明代贵州,而唐宋时期等同于黔中的黔安、黔州未再作为明代地理名称出现,黔南成为包含于黔中的一个具体地理名称。那么,明代文人学士眼中的黔中地域是否与《明实录》及各地方志一致呢。笔者梳理现存有关明代黔中的文学作品,将所见记录黔中的部分作品摘录整理如下(见表1-5①)。

表1-5　明代文学作品中的黔中地域概况表

明代文学作品中的黔中地域名称	文献原文	今地	资料来源
都匀	适得黔中都匀正在老年翁辖属之内,斯真见素,九死一生之会也。	贵州省都匀市	《石隐园藏稿》卷八
沅州	自昔黔中风土恶,远游那得易为情。	湖南省芷江县	薛瑄:《沅州杂咏》,《文清公薛先生文集》卷八
牂牁	牂牁万里越王台,北眺中原秋色来。	贵州省大部分区域	李攀龙:《送刘员外使黔中》,天启《滇志》卷二八《艺文志》
	一别金陵三十春,牂牁万里隔风尘。		《喜黔中蒋美若年兄已到难兄宁洋县署兼订枉驾》,《清白堂稿》卷一二下
黔阳	驻节黔中改岁华,四山重叠绕天涯。空庭独坐听鸣鸟,拂面春风吹柳花。	湖南省洪江市	薛瑄:《黔阳春日》,《文清公薛先生文集》卷八
	足下再莅黔阳,岂西南远徼重镇,必须出群才耶。往黔患贫,而今苦兵。往忧在一隅,而今连三省。……而黔中土梗阴,怀计亦不在杨酉之下也。用其力而服其心,非老成周悉处得宜。黔阳,楚蜀之间,即欲高枕未便矣。		《薛荔山房藏稿》卷一〇

① 因相关记载较多,笔者在此仅择取具有不同观点的文献为证。

续表

明代文学作品中的黔中地域名称	文献原文	今地	资料来源
夜郎	东曹暂辍度支章,五月驱车过夜郎。只为抡才劳使者,不妨览胜入蛮荒。地兼夷僚风烟异,天尽西南驿路长。莫道罗施原鬼国,圣朝文教遍殊方。	贵州省	《送苏弘家校士黔中》,《西楼全集》卷六
	黔中,古夜郎地。僻处西南间,其民既与僮瑶杂处,以故多鄙朴少文。而杨子龙友独掘起荒徼,飞英腾声,纵横艺林,标建隽目,此固人伦之特立,不可以山川之气论也。		《杨龙友四十寿序》,《安雅堂稿》卷六
黔(贵州)	诏公仍督贵、湖、云、川、广五省军务,巡抚贵州。公抵黔,周观形势,即上状曰:窃见黔中山林深阻。苗夷错处……	贵州省	《特进柱国少师兵部尚书恒岳朱公传》,《安雅堂稿》卷一二
贵州	乃黔中自播平后,伏奸犹炽,疆界未定,议论纷纭……	贵州省	《送参戎李将军之清浪序》,《西楼全集》卷一二

从表1-5可见,明代文人学士关于黔中地域的认知是复杂多样的,一方面,与《明实录》及地方志一样,更多地表达出明代黔中指代贵州的观点;另一方面,又有将作为历史地名的黔中与黔阳混用,用于诗词写作之中者,也有引用黔中指代历史时期曾属黔中的地域(沅州)者。同时,虽表达出明代黔中即为贵州的观点,但更偏向于使用"牂牁""夜郎"等历史政区名称代替黔中在诗词正文中出现,表现出了与唐宋时期诗词书写的相似情形。①

(二)清代黔中地域

1.《清实录》所见黔中地域

以"黔中"作为关键词检索,可得《清实录》关于"黔中"记录30余条,不均衡地分布于《圣祖仁皇帝实录》《高宗纯皇帝实录》《文宗显皇帝实录》《德宗

---

① 清代文人学士与黔中相关作品与明代相似,描述清代的黔中多指贵州,但叙及以往时,多以引经据典手法书写曾属黔中的其他区域,因此,后文清代黔中地域的探讨不再对文学作品中的清代黔中地域进行讨论。

景皇帝实录》之中，其中又以《圣祖仁皇帝实录》《高宗纯皇帝实录》《文宗显皇帝实录》《穆宗毅皇帝实录》记载最多，说明康熙、乾隆、咸丰、同治四个时期，是"黔中"一词在清朝廷出现最多、使用较为频繁的时期。

首先，康熙十八年（1679 年）九月，学士佛伦等上疏言：

> 镇远至黔中，不通水道，大兵粮饷，皆资陆运。今臣等酌量安塘数处，豫集人夫，联续起运抵黔，豫为之备。其大兵到滇支给事宜，令黔抚杨雍建同滇中督抚等公同料理。但黔民稀少，遭乱流亡者多，请敕将军督抚，招徕土民，互相贸易，庶于粮饷有裨。①

镇远"在（贵州）省城东三百八十里"②，被视为"黔省之门户"③。佛伦在此叙及镇远到黔中的交通时，先言镇远，再言黔中，明显表现出两者在空间上的递进关系。又以其言及云南，可见其所言黔中（即其眼中的黔中）在镇远与云南之间，不再如明朝一样泛指整个贵州省。

又康熙十九年十二月丁亥，清廷：

> 谕议政王大臣等，今贵州底定，大兵宜速取云南。况大将军赖塔兵，已抵南宁。大将军固山贝子章泰，毋分兵向遵义，即速行进定云南。章泰军中，统领绿旗兵将军、总督、提督、随征总兵官甚多，兵数亦众。章泰等进兵时，可于诸大臣内酌留贵阳，厚其兵力，俾守黔中。至固原总兵官王用予前曾请取遵义，今宜令王用予速取遵义，即镇守之。④

在言及进军云南的策略时，下令让大将军章泰在进军云南的同时，要酌量选择一些大臣留在贵阳，守住已有的战果，同时又派王用予进攻遵义，并取得

---

① 《圣祖仁皇帝实录》卷八四，康熙十八年九月壬寅，《清实录》第 4 册，中华书局 1985 年影印本，第 1072 页。

② （清）鄂尔泰等修，靖道谟、杜诠纂：乾隆《贵州通志》卷四《地理》，载黄家服、段志洪：《中国地方志集成·贵州府县志辑》第 4 册，巴蜀书社 2006 年版，第 66 页。

③ （清）鄂尔泰等修，靖道谟、杜诠纂：乾隆《贵州通志》卷二《舆图》，载黄家服、段志洪：《中国地方志集成·贵州府县志辑》第 4 册，第 29 页。

④ 《圣祖仁皇帝实录》卷九三，康熙十九年十二月丁亥，《清实录》第 4 册，第 1178—1179 页。

对遵义的控制，镇守遵义。谈及贵阳时言为黔中，又将遵义单独作为区划进行说明，反映出清康熙时期对于黔中的认识，已经由明时期泛指整个贵州缩小到了以贵阳为中心的黔省（贵州）中部区域。

然而，康熙时期作为贵州中部区域的黔中，至乾隆、咸丰时期，又成为泛指贵州全省的区域名词。

如乾隆六年（1741年）七月丁亥：

> 遵旨议准云南巡抚署贵州总督张广泗奏称，黔省开垦田土、饲蚕纺织、栽植树木一折：
>
> 一、黔中山稠岭复，绝少平原，凡有水道，亦皆涧泉山溪，并无广川巨浸可以灌溉。故各属田亩，导泉引水，备极人劳。其未开之田，多因泉源远隔，无力疏引之故。自官为督劝后，各属请借工本开修水田者，如贵筑、施秉、余庆、仁怀、丹江厅等处。或现在开修，或已经工竣。凡有宜用龙骨车，工匠多能制造，毋庸赴江楚雇募。
>
> 二、开山垦土，乃黔民资生长策。凡陂头岭侧，有可播种杂粮者，无不刀耕火种，然不过就近增开。其离村稍远之官山，则不敢过问。应劝谕农民，尽力播种。
>
> 三、黔中无地非山，尽可储种材木。乃愚苗知伐而不知种，以致树木稀少。应劝谕民苗，广行种植。
>
> 四、黔省自劝民养蚕以来，已经试有成效。应饬各府州厅县，酌量地方气候，从容劝导，不愿者不必勉强督责。
>
> 五、黔省惟思南府属皆种棉花，其余地方，或种而不生，或花而不实，皆因黔地昼热夜凉，与棉性不宜之故。未可以一二处相宜，概之全省。
>
> 六、种植既广，劝民以时保护，并借给工本、考课劝惩等事。所当从容不迫，不得抑勒粉饰扰累。
>
> 从之。①

---

① 《高宗纯皇帝实录》卷一四七，乾隆六年七月丁亥，《清实录》第10册，第1118—1119页。

　　显然，贵州总督张广泗的奏折与清廷的回复均将"黔省"与"黔中"混用，在一、三条言为黔中，在奏折标题与二、四、五条均言为黔省。且在第一条建议中，施秉县为镇远府属县，按照康熙十八年（1679 年）佛伦的说法，镇远代表的是黔东，与黔中在地理位置上为相对关系。而此处明显将施秉所属镇远纳入黔中地域，使黔中又成了包含黔东在内的、泛指整个贵州的地域名称。

　　乾隆四十一年（1776 年），清廷在回复贵州巡抚裴宗锡上奏请求在贵州添加腰站的奏折时，则更为明确地将镇远纳入黔中地域，言：

　　　　原为驰递滇省边防文报，今军务已竣，自当全裁。惟黔中山高站远，马力难胜，酌将玉屏、青溪、镇远、施秉、清平、贵定、龙里、贵筑、安平、普定、郎岱、阿都田、白沙关、刘官屯等十四腰站，于本驿马五十匹内，酌拨六匹，设站接递。下部知之。①

　　但乾隆十三年（1748 年）三月癸丑，地方上奏汇报地方米贵的缘由时，亦将黔省与黔中混用，言：

　　　　黔省崇山峻岭，不通舟车，土瘠民贫，夷多汉少。既无搬运商贩，亦未接济邻封。本地小贩，不过肩挑背负，并无囤积垄断诸弊。丰则米贱，歉则米贵，自必然之理。而黔省山田，处处皆是，向来不至大荒。如水潦，则低洼淹没，而高阜悉得沾足，常有七八分收成。岁旱，则高阜干枯，而低洼反获倍收，秋成亦三四五分。所以黔中民苗，从无逃散之事。②

　　咸丰时期，延续乾隆时期对"黔中"一词的使用，将黔中等同于黔省，如咸丰九年（1840 年）十二月，在言及地方治理时：

　　　　谕令骆秉章等，酌留萧启江在粤追剿，毋任贼踪他窜。本日据蒋霨远奏，探闻首逆石达开，现已窜入庆远，裹胁不下十余万。自罗城至藩墨渡，连营二百余里。十月二十六日，分股由六合墟渡河，窜踞德胜，逼近南丹，意欲由黔入蜀。请饬田兴恕，速行回黔，由都匀一带迎剿等语。田兴恕一

────────────

① 《高宗纯皇帝实录》卷一〇一五，乾隆四十一年八月戊辰，《清实录》第 21 册，第 628 页。
② 《高宗纯皇帝实录》卷三一一，乾隆十三年三月癸丑，《清实录》第 13 册，第 105 页。

军,前据骆秉章奏明,俟探明黔中消息,再行前进,现在贼匪欲由黔入川,独山、荔波,均形危急。①

显然,最后所言"探明黔中消息"的"黔中"与前所言"黔"具有同样的含义。

因此,《清实录》所言黔中地域,在清前期康熙年间指代的是贵州中部区域,较之明代所指范围要小,但并未具体到州县,是一个指代相对地理区域的名词。而至乾隆时期开始,又广泛地将其作为指代贵州全省的地理名词。

2. 清代方志中的黔中地域

清代地方志数量庞大,以"黔中"为关键词,在爱如生方志库中检索,可得100余条与黔中相关的记载,其中所言为清代语境下的黔中相关记载,可整理如表1-6所示。②

表1-6　清代地方志所载黔中概况表

清代地方志所载黔中地域名称	文献原文	资料来源
黔	康熙丁酉,粤东乱初定,尝在兵间出入,矢石无所怖。丙寅,游黔中,传客诸生,间或劝以黔籍应学使者,试拔第一。	康熙《漳浦县志》卷二二
大定	马叶如……凡政之不便于彼者悉奏去之,黔中大定后制使抵黔,拊其背曰:公一人贤干十万师矣。	康熙《永昌府志》卷一七
黔省(贵州)	黔中四塞皆山,鸟道盘旋,马莫骋也。为开马路二千余里,滨水则大修桥梁,行人利赖,至今犹尸祝之,黔省人文蔚起。	乾隆《韩城县志》卷六
安顺、黄平	(安顺)为黔中之奥区……(黄平)州东有飞云岩,玲珑诡异,为黔中第一奇境……	乾隆《贵州通志》卷二
黔	己丑督学黔中,滇、黔接壤……	乾隆《石屏州志》卷六
南笼	南笼为黔中远服,苗域要区。	乾隆《南笼府志》卷四

① 《文宗显皇帝实录》卷三〇二,咸丰九年十二月丙申,《清实录》第44册,第407页。

② 表格仅收录明确提到黔中与其他相应地名的文献,即对于仅言黔中,而未言其他具体地名,无法判断其所言黔中为何地的文献不予收录,同一文献记载多条,但所指为一地者,仅摘录其中一条为证。

清代地方志所载黔中地域名称	文献原文	资料来源
黄平	乾隆丙子年孟冬,黔中黄平州董天祥谨跋。	乾隆《来凤县志》序
清平	李思议,字含虚,由岁贡任清平县。抚辑苗民,接济兵饷,为黔中要区,道路崎险,往来病之,为捐俸修治计二百余里,至今颂功德不衰。	乾隆《缙云县志》卷六
独山州	(独山州)雍正五年(1727年),开辟新疆于古州,为近固黔中一岩邑也。	乾隆《独山州志》序
镇远	王师征镇黔(贵州边界,镇远黔中)	乾隆《宁德县志》卷七
贵州	(金德,康熙)丁卯典试贵州,称得人黔中,文风自是不变。	乾隆《广济县志》卷九
	(卜明凡)屡著绩,荐授贵州平越府推官,时黔中初定,遗氛未靖……	嘉庆《扬州府志》卷四九
	(李之诚)任黔中,劝农课士,苗顽悉化为善良,黔民立生祠祀之。升思南府同知(从贵州进士段宫锦先生传补)。	嘉庆《宜章县志》卷一七
	《毕节志》曰:毕节东连赤水,西接乌撒,落折带其南,镇山把其北,扼滇蜀之咽喉,掣夷裸之肘腋,为黔中冲要之区。	道光《大定府志》卷一四
	(张大受)奉命视学贵州,黔中荒陋,大受教诸生以读书之法,设书院、义学,为置田资膏火,拔士之尤者给之,风气为之一变。	同治《苏州府志》卷八八
	光绪元年(1875年),擢贵州按察使,黔中当军务之后,积案甚多,思枢逐一查办。	光绪《续修庐州府志》卷三四
遵义	以遵义号黔中名郡,自创志于前明万历壬子(1612年),入本朝仅一修于康熙乙丑(1685年),嗣失修者,百六十年。	道光《遵义府志》序
黔	一黔中跬步尽山,不可悉数。惟水道在两山之间,千古不可改移,是《志》据《南中志》,以犍山本在鳖县,在黔而不在蜀。	道光《仁怀直隶厅志》凡例
镇远、思南、铜仁、台拱、清江、古州、贞丰、罗斛	黔中镇远临无水,思南临廷水,铜仁临辰水,台拱、清江临沅水,古州临豚水,贞丰、罗斛临盘水。	道光《仁怀直隶厅志》卷一
都匀、荔波	(王椿)仕黔中,官按察司、照磨,历宰都匀、荔波,地荒僻,罕弦诵,捐建书院,鼓舞人文,驯格苗性。	同治《鄱阳县志》卷一〇
石阡	初得黔中之石阡……	同治《南安府志》卷二五

清代地方志所载黔中地域名称	文献原文	资料来源
遵义	唐维明,贵州遵义人,举人。 唐维明,黔中人,邑侯。	光绪《新修菏泽县志》卷九、卷一七
镇宁州	黄果树瀑布,黔中壮观也。	光绪《镇宁州志》卷八
黔（贵州）	张树葵……咸丰己卯举人,胞伯瀚中,以黔中知府殉难,时黔、楚遍地皆贼。	光绪《同州府续志》卷一二

显然,无论是《贵州通志》、贵州所属各府、州、县志,还是清代其他省通志与府、州、县志,所言黔中均与贵州相关,以黔中指代整个贵州,并作为修饰,与贵州所属各府、州、县共同出现。

与《清实录》所言黔中地域相较,两者之间存在一定的差异。《清实录》所呈现的黔中地域在康熙时期是比较具体的,位于镇远以西,贵阳所在的贵州中部区域。而康熙《漳浦县志》《永昌府志》所言及黔中又是一个泛指贵州全省的黔中,且其中所言属于黔中的大定府(治今贵州省大方县)位于贵州西部,并非中部。因此,《清实录》与地方志的书写者因所处位置不同、经历不同,对黔中地域的认知存在着一定差异。但是,所言黔中均与清代贵州相关,是不可置疑的。那么,为什么至清代黔中成为贵州的专有名词了呢? 靖道谟、谢庭薰曾先后根据黔中的历史沿革,对此进行较为深入的考证,并作出了不同程度的解释。

靖道谟《黔中考》曰:

> 黔中之名,始于秦,唐宋皆以为郡。然其地,今湖南、四川皆有之,不知何以独属贵州也。

> 秦分天下为三十六郡,以所取楚巫、黔中之地为黔中郡。汉高帝四年改为武陵郡,是自秦以前,今湖南之常、辰、宝、靖诸府州皆黔中也,自汉以后今贵州之思、石、铜、黎诸府皆武陵也。黔中之名,贵州不得而专有也。自高帝改黔中郡后,凡两汉州县无有以黔名者。《太康志》:武陵郡所领

始有黚阳县,然其字从黚,不从黔,义同而形异。宋齐皆因之。黔安郡之名,始见自《隋志》注云:后周置黔州,不带郡。盖自周以前,皆以州统郡,唐宋亦然。惟隋之州,尽改为郡,故《隋志》独有郡而无州。唐天宝中,改黔安为黔中,领县六,郡治彭水,郡复秦之旧名,地已不仍秦之旧地矣。宋初因之,止存彭水、黔江二县,省洪杜、洋水、信宁、都濡入于彭水,是唐宋黔中郡,乃今重庆府之彭水诸县,岂能及贵州哉?惟唐设黔中采访使,凡在今贵州境内之思、播、珍、费诸州皆隶焉,以是贵州为黔中,可也。若即以唐宋之黔中为贵州,不可也。①

从靖道谟的考述可以看到,其开篇提出黔中作为地名使用,始于秦时期,唐宋时期为黔中郡,湖南、四川均有部分区域曾属于黔中郡管辖,为什么最后成为专指贵州的地名问题。然后,以此为中心,展开对黔中郡历史沿革的追溯,在梳理四川、湖南辖地与历史时期黔中郡之间的关系后,认为不同时期黔中郡所辖范围不同,不能以笼统的概念去认知黔中。明确提出,宋代黔中所指应为当时重庆府所辖彭水等县(治今重庆市彭水县),地域未包含清代贵州辖域,因此,不能以唐宋黔中为贵州。但唐代所置黔中采访使管辖贵州所属思州、播州、珍州、费州等地域,因此,将贵州作为黔中又是可以的,只是要进行适当的区分。

就靖道谟的考述而言,其只是提供了一种思考并深入认识贵州与黔中关系的方法与建议,最后并没有明确回答其开篇提出的问题。谢庭薰在此基础上,又重新对黔中地域进行考述,对靖道谟所提出问题,作出了更为明确的回答。言:

> ……湖广之常、辰、宝、靖诸府,四川之酉阳、石砫(柱)、平茶诸司,皆秦黔中郡,四川重庆府之彭水诸县皆唐宋黔中郡,其地则古黔中之地,其今名则不兴。贵州同居黔中之名,是何也?常、辰、宝、靖诸府,酉阳、石

---

① （清)靖道谟:《黔中考》,鄂尔泰等修,靖道谟、杜诠纂:乾隆《贵州通志》卷三七《艺文》,载黄家服、段志洪:《中国地方志集成·贵州府县志辑》第5册,第159—160页。

硅、平茶诸司,彭水诸县,各在湖广、四川全境中犹未有三之一耳,小不能以胜大,少不能以胜多,湖广、四川不以其古属黔中而曰黔,殆亦犹贵州不以黎平古属于楚而曰楚,遵义古属于蜀而曰蜀乎。贵州自贵阳平越以上,若安顺、大定、南笼诸府,其地原非楚、秦、唐、宋黔中之地,其今名则兴、思、石、铜、黎、镇远同居黔之名,是何也? 毕节七星桥西南有黑章水,一名墨特川,其下流为乌江,贵州诸水中,惟此水源流乌黑,贯乎上下游。然则贵州虽只半有古黔中之地,偏长沿黔中之名,而独不改。虽半非古黔中之地,亦并得黔中之名,而若无别者,以水之乌黑而名黔省,殆亦犹云南以昆明池水之倒流而名滇省乎。①

谢庭薰在对黔中历史沿革进行考述之后,也提出湖南、四川均有府、州、县为秦黔中郡管辖,且重庆府所属彭水等县既为秦黔中地,又为唐宋时期黔中地,为什么不和贵州一样称为黔中的问题。随后对所提出问题进行解答,认为出现这一结果的原因是湖广属于黔中地的仅有常德府、辰州府、宝庆府与靖州,而四川属于黔中的仅有酉阳、石硅(柱)、平茶(今属重庆市秀山县)诸土司与彭水、黔江两县,所涉面积不足湖广、四川的三分之一。而小不能胜大,少不能胜多,不能以不足三分之一的辖域曾属黔中就将其称为黔中,就像湖广、四川曾有小部分区域属于黔而不称为黔,贵州黎平曾属于楚,就称贵州为楚,贵州遵义曾属于蜀(四川),就称为蜀一样。

而贵州自贵阳、平越以西之安顺府、大定府、南笼府,虽然并非历史时期黔中之地②,为何又与思州、石阡、铜仁、黎平、镇远等府共同称为黔中呢? 谢庭薰认为这与乌江上游黑章水源流乌黑有关,认为黔正代表了乌黑之色,且贯穿全省,因而沿用黔中之名一直不改,并以云南另称滇省进行补充说明。

① (清)谢庭薰:《黔中考》,黄培杰纂修:道光《永宁州志》卷一一《艺文志》,载黄家服、段志洪:《中国地方志集成·贵州府县志辑》第40册,第566—567页。
② 根据笔者对唐宋时期黔中地域的考证,所言安顺府、大定府大部分区域为黔中采访使所管羁縻州地,因此,清代贵州辖域曾属于历史时期黔中地者应为大半,而非其所言一半。

值得注意的是,这一时期黔南又成为与黔中具有相同含义的词,即黔南可以指代黔中,黔中可以指代黔南,但与唐宋时期不同,此时所言黔南与黔中均指代贵州,与唐宋黔中道治所黔州(治今重庆市彭水县)、明初云南均不再存在关系。如道光时期任贵州布政使的官员罗绕典撰写的《黔南职方纪略》所言黔南,即指当时整个贵州,并分别对贵州所辖贵阳府、安顺府、兴义府、大定府、遵义府、都匀府、黎平府、镇远府、思州府、石阡府、思南府、铜仁府、普安直隶厅、仁怀直隶厅、松桃直隶厅、平越直隶州等府、厅、州历史沿革及其他方面进行了辑录。因此,《中国地方志集成·贵州府县志辑》亦将其作为地方志纳入。

四、民国时期的黔中地域

民国时期,黔中又一次作为行政区划地名使用。民国二年(1913 年),北洋政府颁布《划一现行各省地方行政官厅组织令》规定新的官制,[1]贵州省因此根据要求变更原来的行政区划制度,改府、厅、州为县,并在各县设置公署。改设之后,加之原来即为县的政区,贵州共有 80 县。而"府撤销后,地方行政组织采取三级制,在省与县之间恢复道的设置,道官称观察使"[2]。按照地理方位将贵州全省分为黔中、黔东、黔西 3 个道,黔中道治所设于贵阳,所辖地域大致为清末贵阳府、遵义府、都匀府和平越直隶州,辖县 29 个(见表 1-7)。

表 1-7　民国时期黔中道辖域表

黔中道属县	今地	黔中道属县	今地
贵阳县	贵阳市	广顺县	长顺县广顺镇
贵筑县	贵阳市	龙里县	龙里县
贵定县	贵定县	修文县	修文县

① 参见《北洋军阀史料》编委会:《北洋军阀史料·袁世凯》卷 2,天津古籍出版社 1996 年版,第 462—470 页。

② 贵州省地方志编纂委员会编:《贵州省志·地理志》(上),贵州人民出版社 1985 年版,第 84 页。

黔中道属县	今地	黔中道属县	今地
紫江县	开阳县	长寨县	长顺县
定番县	惠水县	罗斛县	罗甸县
以上均属清末贵阳府			
遵义县	遵义市	正安县	正安县
桐梓县	桐梓县	绥阳县	绥阳县
仁怀县	仁怀县	赤水县	赤水市
以上均属清末遵义府			
都匀县	都匀市	丹江县	雷山县
麻哈县	麻江县	八寨县	丹寨县
独山县	独山县	都江县	三都县都江镇
炉山县	凯里市炉山镇	荔波县	荔波县
以上均属清末都匀府			
平越县	福泉市	湄潭县	湄潭县
黄平县	黄平县	余庆县	余庆县
瓮安县	瓮安县		
以上均属清末平越直隶州			

从表1-7可见,各县名称基本沿用至今。除今丹寨、凯里属黔东南苗族侗族自治州管辖外,其余各县自北而南基本属于遵义市、贵阳市、黔南布依族苗族自治州辖域。由以上"两市一州"的地理位置可知,民国黔中、黔东、黔西的划分以东西方位为标准,未将南北纳入,因而没有黔南、黔北与之对应。

至此,黔中作为地域名称,所涉地域从模糊到清晰,从横跨多省到贵州一省中部,经历了较为漫长的过程。这一过程,既呈现出历史地名在长时期内的变化发展过程,也反映出历史时期行政区划与不同人群历史记忆及认知的变化,客观呈现出地名视域下湖南、湖北、贵州、重庆"三省一市"交界地带各民族交往交流交融的过程。

第二章　治理所需："黔中"的人口
构成与唐代黔中道的设置

　　唐太宗时期,以山川形便原则,将唐朝疆域划分为关内、河南、河东、河北、山南、陇右、淮南、江南、剑南、岭南十道进行管理。伴随治理的深入与疆域的扩大,置24都督府对郡县进行管理。但都督府在管理过程中,出现"权重不便",不适于地方治理,因而罢免。至开元二十一年(733年),根据地方治理全局的需要,将原来所设十道中的山南道分为山南东道、山南西道,江南道分为江南东道、江南西道,同时,增置黔中道、京畿道、都畿道,在各道设采访使监察管理地方。①

　　黔中道作为开元二十一年新增的道,其设置必然与唐朝地方治理存在密切关系,即黔中道所在及所辖区域存在治理需求,而原来所设江南道不能满足地方治理需求,不能很好地治理地方,促进地方社会的稳定与发展。

　　那么,是什么样的需求,使得黔中道从江南道脱离出来成为一个独立的道呢?根据周振鹤先生关于行政区划的研究,政治主导原则、自然环境的基础、经济因素的影响、文化因素的作用等均为影响行政区划变迁的主要因素。黔中道在唐代的设置亦为以上诸方面因素影响的结果。首先,经历了唐以前不同族群人口之间的交往交流交融,原江南道辖域内族群人口分布已呈现出明

---

① 参见(宋)欧阳修、宋祁:《新唐书》卷三七《地理一》,第960页。

显的区分,黔中道作为地处江南道西部的地区,其辖域内族群人口与江南道中东部地区已表现出明显的区分,对其进行统一治理,并不能取得有效的结果;其次,江南道辖域范围较大,横跨长江中下游平原区与云贵高原东部边缘地带,地理形势与自然环境的差异,使江南道区域内的往来存在不便,增加了治理难度,不利于地方治理;最后,江南道西部地区与剑南道所辖昆明等地接壤,具有一定的军事战略价值,在一定程度上提高了唐朝对江南道西部地区的重视。

第一节　多元融合:"黔中"的人口构成

人是社会活动的主体,没有人,就没有历史,就没有历代政权的地方治理。因此,历代政权的地方治理必然与地方人口紧密相连。要探讨黔中道设置的原因,必然要了解黔中道设置以前其地域的人口构成情况。而这种人口构成情况包括两个方面,一是黔中道设置以前的情况,二是黔中道设置时期乃至设置以后的情况。

一、唐代以前黔中地域的人口构成

(一)秦汉及以前时期

秦汉时期,黔中地域人口多被纳入"西南夷",司马迁在《史记·西南夷列传》中言"西南夷君长,以什数,夜郎最大;其西靡莫之属,以什数,滇最大"①。后又"平南夷为牂柯郡"②,夜郎、靡莫、牂柯辖域至唐时期多为黔中道辖域。可见,至晚在西汉时期,作为史家的司马迁即认为夜郎、牂柯所在区域人口构成与秦、西汉所管辖的内地人口之间存在较大差别,但其

---

① (西汉)司马迁:《史记》卷一一六《西南夷列传》,第 2991 页。
② (西汉)司马迁:《史记》卷一一六《西南夷列传》,第 2996 页。

时还未出现对区域内人口构成的具体划分与认知,因而将其统称为"西南夷"。

班固《汉书》仍统称为"西南夷",在对当时历史进行记述时,亦未出现对于人口构成的具体认知。至南朝范晔撰写《后汉书》时,这一情形才发生变化。出现这一变化的原因是多方面的,既受范晔所处时代的影响,又受当时范晔所依据文献的影响。无论出于何种原因,在有关秦汉历史文献流传较少的情况下,《后汉书》作为研究东汉历史最重要的文献,其必然在一定程度上反映了东汉时期的客观历史。因此,此处探讨秦汉时期黔中的人口构成,仍然以《后汉书》作为参考。

据《后汉书·南蛮西南夷列传》记载,东汉时期黔中的主要人口不再统称为"西南夷",与西南夷同时存在的还有"南蛮",且无论"西南夷"还是"南蛮"都不再是一个笼统的概称,均由不同族类的人口构成。

"南蛮"即"长沙武陵蛮",为槃瓠之后,"在唐虞,与之要质,故曰要服。夏商之时,渐为边患。逮于周世,党众弥盛。宣王中兴,乃命方叔南伐蛮方,诗人所谓'蛮荆来威'者也。又曰:'蠢尔蛮荆,大邦为仇。'明其党众繁多,是以抗敌诸夏也"[1]。可见其在夏商时期处于"王朝边缘",为王朝讨伐主要对象,而"蛮荆"之称始于周,亦称"荆蛮"。楚庄王时,服于楚,简称"蛮";秦昭王时使白起伐楚,取其地,始置黔中郡,至汉时改为武陵,于是出现了"武陵蛮"。所言"武陵蛮"即为汉代生活于秦汉黔中地域的主要人口之一。

此外,与"武陵蛮"同时生活于这一区域的还有"澧中蛮""零阳蛮""溇中蛮""五里蛮""零陵蛮""江夏蛮""南郡蛮""漊山蛮""巫蛮""沔中蛮"等[2]。即最晚自东汉时期开始,黔中地域已生活着不同类别的人群,已呈现出多元化的人口构成态势。

---

[1] (南朝宋)范晔:《后汉书》卷八六《南蛮西南夷列传》,第2830—2831页。
[2] (南朝宋)范晔:《后汉书》卷八六《南蛮西南夷列传》,第2830—2831页。

(二)三国两晋南北朝时期

三国时期,魏国"荆州残荒,外接蛮夷,而与吴阻汉水为境,旧民多居江南。尚自上庸通道,西行七百余里,山民蛮夷多服从者。五六年间,降附数千家"①。即魏国荆州之南——吴国荆州为"蛮夷"地,魏国时多有归附者,转而为"民"。同时又有"南郡诸县山谷蛮夷诣进降"②,反映三国时期,长江以北区域内"蛮夷"转化为"民"较多。而吴国荆州与南郡均为紧邻黔中的地域,其境内之人口,从以"蛮夷"为主转变为以"民"为主,反映出当时魏国南部与吴国交界地域民族交往交流交融的加强。

但与荆州、南郡不同的是,黔中地域在此时并未出现如此明显的民族交往交流与交融,仍然为"蛮夷"聚居之地。在吴、蜀,则因"武陵蛮""五溪夷"位于两国交界地域,成为《三国志》记载最多之"蛮"。东汉时期的"零阳蛮""澧中蛮""溇中蛮""零陵蛮""江夏蛮""沔中蛮"等均未见载于《三国志》,侧面说明吴蜀时期对黔中地域人群的认识,以"武陵蛮""五溪夷"为中心。

西晋时期,黔中地域有"天门、武陵溪蛮"③;南朝宋时期统称为"荆州蛮",言其"所在多深险,居武陵者有雄溪、栅溪、辰溪、酉溪、舞溪,谓之五溪蛮。而宜都、天门、巴东、建平、江北诸郡蛮,所居皆深山重阻,人迹罕至焉"④。南齐时期,"蛮""咸依山谷,布荆、湘、雍、郢、司等五州界"⑤,具体有"巴建蛮""建平夷""武陵酉溪蛮""黔阳蛮"等。

---

① (晋)陈寿:《三国志》卷九《诸夏侯曹传》,中华书局 1982 年点校本,第 294 页。
② (晋)陈寿:《三国志》卷一七《张乐于张徐传》,第 521 页。
③ (唐)房玄龄等:《晋书》卷七〇《应詹列传》,第 1858 页。
④ (南朝梁)沈约:《宋书》卷九七《夷蛮列传》,第 2396 页。
⑤ (南朝梁)萧子显:《南齐书》卷五八《蛮、东南夷列传》,中华书局 1972 年点校本,第 1007 页。据卷一五《州郡志》记载,荆州所领南郡、南平郡、天门郡、宜都郡在汉代所置荆州境内;郢州辖有江夏郡、竟陵郡、武陵郡、巴陵郡、武昌郡、西阳郡、齐兴郡等;司州辖有南义阳郡、北义阳郡、安陆郡、汝南郡、淮南郡等;雍州领有襄阳郡、南阳郡、新野郡、始平郡、广平郡等;湘州领有长沙郡、桂阳郡、零陵郡、衡阳郡、营阳郡、湘东郡、邵陵郡、始兴郡、临贺郡、始安郡等。

显然，三国两晋南北朝时期，黔中地域的人口构成仍以"蛮夷"为主。但受时局影响，政区归属发生变化的同时，其人口的流动性也日益增强，如魏时将"江南之民"北迁，蜀汉时迁涪陵郡民入武陵等，均一定程度上改变了区域内原有人口结构。而南齐时，"蛮"主要分布于南郡、宜都郡、建平郡、武陵郡、天门郡、南平郡、江夏郡、邵陵郡、零陵郡等地（今湖南省及其与湖北省交界区域之长江南北地带）。

（三）隋时期

《隋书·蛮夷列传》记载，隋代有"南蛮""东夷""西域""北狄"，秦汉所言"长沙武陵蛮"即"南蛮"，但其言"南蛮杂类，与华人错居，曰蜒，曰獽，曰俚，曰僚，曰㐻，俱无君长，随山洞而居，古先所谓百越是也。其俗断发文身，好相攻讨，浸以微弱，稍属于中国，皆列为郡县，同之齐人，不复详载"①。并未在列传中专门叙述。仅可从各人物列传中见其时有"由沔蛮""荆蛮""黔安蛮""飞山蛮"，并称"蛮酋向天王"等向氏为"江外生蛮"②，与之相对，长江以北原有"诸蛮"或为"熟蛮"，或为民，说明这一时期，"蛮"之分布区有由北向南退缩现象，开始聚居长江以南地区。

因此，隋时期黔中地域的人口构成与此前时期基本一致，主要有"荆蛮""黔安蛮""飞山蛮"。但与此前不同的是，这一时期开始，黔中地域"蛮"人内部有了"生""熟"之分。

二、唐代黔中地域的人口构成

唐代，历史文献记载有"荆蛮""牂柯蛮""黎州蛮""南诏蛮""昆明蛮"

---

①　（唐）魏徵、令狐德棻等：《隋书》卷八二《南蛮列传》，中华书局1975年点校本，第1831页。

②　（唐）魏徵、令狐德棻等：《隋书》卷四六《赵煚列传》，第1250页。按"江外生蛮"，江外指长江以南，今湖南省慈利县所在区域。

"乌蛮""西赵蛮""洱河蛮""凌蛮""西原蛮""桂州蛮""溪洞诸蛮""朗州蛮""武陵溪洞夷""播州蛮""邵州蛮""东谢蛮""南平僚"等"蛮夷"，广泛分布于今贵州、四川、云南、广西等省、自治区。《旧唐书》《新唐书》"蛮夷"列传所载多为这一时期新出现的"牂柯蛮""南诏蛮"，对于原处长江以南之"武陵蛮"等的记述零星散布于其他列传或本纪之中。"牂柯蛮""南诏蛮"包含了部分黔中地域的人口，其出现应是王朝西南地区开拓与认知加深的结果，如《旧唐书》本纪记载，唐初期，"南蛮"及"南诏蛮"多寇蜀，曾派荆南、鄂岳等道兵前往援助蜀川，①即随着中原王朝对西南的开拓，黔中地域的人口不再局限于原有地域，伴随军事活动往更西之地迁徙，反映出不同地域、不同人群之间交往交流交融的发展。

黔中地域人口构成亦在这种交往交流交融过程中发生变化，如伴随中原王朝的西拓及"牂柯蛮""南诏蛮"等的加入，出现"辰、锦生蛮"②的记载。辰即唐所设辰州，锦即锦州，二者皆属黔中道管辖。辰州治沅陵，辖有沅陵、卢溪、辰溪、溆浦、麻阳五县；锦州治卢阳，辖有卢阳、渭阳、招谕、洛浦四县。与隋代相比，"辰、锦生蛮"较之"江外生蛮"在空间上出现了向西南移动，即对"生蛮"聚居地的空间认知向西南大幅移动。其所属黔中道在原黔中郡与武陵郡的基础上设置，较原设政区范围，亦向西、向南大幅扩展。

这一时期，黔中地域重新出现"苗"。樊绰《蛮书》有言"黔、泾、巴、夏四苗邑众"③。"百姓立边城，自为一国之由，祖乃槃瓠之后"④，于是樊绰受命考察四邑"蛮夷"根源，并得出黔为黔中（唐设黔中道，辖今重庆市东南、湖北西南、

----

① 参见（后晋）刘昫等：《旧唐书》卷一七上《敬宗本纪》。

② （后晋）刘昫等：《旧唐书》卷一五五《窦群列传》，第4121页。

③ （唐）樊绰：《蛮书》卷一〇《南蛮界接连诸蕃夷国名》，中华书局1985年点校本，第50页。尤中考证此处所言"'黔、泾、巴、夏'为'黔、涪、巴、夔'之误"，参见尤中：《中国西南的古代民族》，云南人民出版社1980年版，第190页。另，作者认为黔为黔州（治今重庆市彭水县），涪为涪州（治今重庆市涪陵），巴为巴州（治今四川巴中），夔为夔州（治今重庆市奉节）。

④ （唐）樊绰：《蛮书》卷一〇《南蛮界接连诸蕃夷国名》，第50页。

湖南西部、贵州中东部、广西北部等区域),为槃瓠之后,且有从黔南逾昆湘、高丽之地自为一国者,反映了苗之迁徙;巴为巴中,为廪君之后;夔即夔城(在今重庆市奉节县),既有槃瓠之后,又有廪君之后;泾是否为涪,涪是否为涪州,原文未考。苗为槃瓠之后,说明唐代黔中地域人口构成较之前的认识发生了较大变化,除有"牂牁蛮""辰、锦生蛮"外,还有大量的苗民。

而《通典》在记载黔中道所属各郡人口时,亦明确了各郡在唐以前及唐时期人口构成的基本情况,如其言:

黔中郡,为"古蛮夷之国"。经过历史时期的开发与发展,至晚在贞元时期,其境已有"户四万一百八十五,口二十万三千三百五十七"。① 较之天宝时期的"户四千二百七十,口二万四千二百四"②,见于户籍记载的人口明显增多,说明唐代黔中道设置以后,黔中地域人口数量与构成在不断发生变化。而作为黔中道治所,黔中郡(黔州)见于户籍记载的人口数量明显多于黔中道其他各郡。

卢溪郡,为"古蛮夷之地","后汉发南郡人入武溪,击诸蛮,不克。后马援至临沅而击破诸蛮,此其地也。后亦属武陵郡"。说明卢溪郡原本为"诸蛮"所居,未见关于人口的具体记载。伴随东汉治理的深入与人口的迁入,人口构成逐渐发生变化,见于户籍的人口,至晚在贞元时期有"户四千一百五十,口二万七千二百七十"。③

潭阳郡,为"古蛮夷之境"。其地自秦时即属黔中郡,两汉时属武陵郡,纳入郡县时间较早,至晚在唐贞元时已有"户五千三百六十一,口二万一千八百二十六"。④

涪川郡,为"古蛮夷之国","山川险阻,为俚僚所居"。相对其他区域而

---

① (唐)杜佑:《通典》卷一八三《州郡十三》,第4883页。

② (后晋)刘昫等:《旧唐书》卷四〇《地理三》,第1620页。

③ (唐)杜佑:《通典》卷一八三《州郡十三》,第4885页。

④ (唐)杜佑:《通典》卷一八三《州郡十三》,第4887页。

言,开发较慢、较晚,因此见于记载的人口相对较少,在唐贞元时有"户二千,口一万一千"。①

夜郎郡,为"古蛮夷之地",曾为夜郎国,秦汉时期即已置郡,因此,境内亦有见于户籍记载的人口,至晚在唐贞元时有"户二千六百,口一万二千"。②

播川郡,为"古蛮夷之域"③,原为郎州,"贞观九年(635年),以隋牂柯郡之牂柯县置"④。至晚在唐贞元时已有"户四千七百,口二万三千"⑤。

义泉郡,为"徼外蛮夷之地","历代恃险,不闻臣附",隋炀帝时纳入明阳郡管辖。至晚在唐贞元时已有"户千二百二十七,口六千三百五十二"。⑥

龙标郡,为"古蛮夷之地",唐代纳入州县管理,至晚在唐贞元时已有"户一千四百二十三,口七千三百"。⑦

溱溪郡,"古蛮夷之地",至晚在唐贞元时已有"户二千一百,口九千二百"。⑧

可见,唐代黔中道所属郡县,在历史时期即多为"蛮夷"聚居之地,且除治所黔中郡外,其余各郡见于记载的户籍人口数量在唐时期亦较少,最多者也仅为黔中郡(黔州)户籍人口总数八分之一左右,且多不及十分之一。按此推断,至黔中道设置以后,各郡县内见于户籍人口的数量虽有所增加,但总体较少,说明其人口构成在逐渐变化,但大多仍以"蛮夷"为主。而据《旧唐书·南蛮西南蛮列传》记载,唐代黔中道所辖羁縻州地域内还有"东谢蛮""西赵蛮""南谢蛮""牂柯蛮""南平僚"等人群聚居。

> 东谢蛮,其地在黔州之西数百里,南接守宫僚,西连夷子,北至白蛮。
> 土宜五谷,不以牛耕,但为畲田,每岁易。俗无文字,刻木为契。散在山洞

---

① (唐)杜佑:《通典》卷一八三《州郡十三》,第4888页。
② (唐)杜佑:《通典》卷一八三《州郡十三》,第4889页。
③ (唐)杜佑:《通典》卷一八三《州郡十三》,第4890页。
④ (后晋)刘昫等:《旧唐书》卷四〇《地理三》,第1625页。
⑤ (唐)杜佑:《通典》卷一八三《州郡十三》,第4890页。
⑥ (唐)杜佑:《通典》卷一八三《州郡十三》,第4890页。
⑦ (唐)杜佑:《通典》卷一八三《州郡十三》,第4891页。
⑧ (唐)杜佑:《通典》卷一八三《州郡十三》,第4892、4891页。

间,依树为层巢而居,汲流以饮。皆自营生业,无赋税之事。……(贞观三年)以其地为应州,仍拜元深为刺史,隶黔州都督府。又有南谢首领谢强,与西谢邻,共元深俱来朝见,为南寿州刺史,后改为庄州。①

西赵蛮,在东谢之南,其界东至夷子,西至昆明,南至西洱河。山洞阻深,莫知道里。南北十八日行,东西二十三日行。其风俗物产与东谢同。首领赵氏,世为酋长。有户万余。贞观三年(629年),遣使入朝。二十一年(647年),以其地置明州,以首领赵磨为刺史。②

牂柯蛮,首领亦姓谢氏。其地北去充州一百五十里,东至辰州二千四百里,南至交州一千五百里,西至昆明九百里。无城壁,散为部落而居。土气郁热,多霖雨。稻粟再熟。无徭役,唯征战之时,乃相屯聚。刻木为契。其法:劫盗者二倍还赃;杀人者出牛马三十头,乃得赎死,以纳死家。风俗物产,略与东谢同。其首领谢龙羽,大业末据其地,胜兵数万人。③

南平僚者,东与智州,南与渝州,西与南州,北与涪州接。部落四千余户。土气多瘴疠,山有毒草及沙虱、蝮蛇。④

显然,"东谢蛮""西赵蛮""南谢蛮""牂柯蛮""南平僚"均在唐初归附,归附之后与唐朝廷之间保持着较为稳定的朝贡关系,唐朝廷在其地设置羁縻州,以各部族原首领为刺史,沿用部族既有管理条例,继续管辖地方,且不在其地征收赋税,因而未如其他郡县一样记载户口数量。

但是,从"西赵蛮""有户万余"的记载可以推断,黔中道所辖地域"蛮""僚"人口数量较多。以"西赵蛮"为例,其所在地明州,为当时所置羁縻州之一。其所辖户数多达一万,较前所言黔中道各郡户口数量,有过之而无不及,甚至远远超过了除黔中郡(黔州)以外的各郡。因此,黔中道所辖各羁縻州的

① (后晋)刘昫等:《旧唐书》卷一九七《南蛮西南蛮列传》,第5274—5275页。
② (后晋)刘昫等:《旧唐书》卷一九七《南蛮西南蛮列传》,第5275页。
③ (后晋)刘昫等:《旧唐书》卷一九七《南蛮西南蛮列传》,第5276页。
④ (后晋)刘昫等:《旧唐书》卷一九七《南蛮西南蛮列传》,第5277页。

户口总数量应多于各郡见于户籍的总数量,而各郡还存在未见于户籍记载的户口。

综上,黔中在杜佑等人的眼中,自古即多为"蛮夷"聚居之地。但是伴随秦汉、三国两晋南北朝及隋时期地方治理的深入与郡县的设置,外来人口逐渐进入黔中地域,不同人群之间交往交流交融日益密切。发展至唐时期,通过《通典》《元和郡县图志》《旧唐书》《新唐书》对不同时期黔中道辖域内不同区域见于户籍记载的人口数量变化与州县的增置与细化,可见黔中地域内不同族群之间交往交流交融进程进一步加快。而伴随交往交流交融进程的发展,不同族群之间因为资源、生活等多方面的不同,难免出现矛盾与斗争,增加地方治理的难度,使统治者不得不重新调整策略进行地方治理。

第二节 治理所需:黔中道的设置缘起

一、江南道人口构成与经济发展的区域分化

唐初设置关内、河南、河东、河北、山南、陇右、淮南、江南、剑南、岭南十道进行地方管理,后根据治理需要,将山南道分为山南东道、山南西道,江南道分为江南东道、江南西道,同时,增置黔中道、京畿道、都畿道,在各道设采访使监察管理地方。其中,黔中亦曾属江南道管辖。即江南道最终划分为江南东道、江南西道与黔中道,较之其他各道,可谓变化最大。为什么江南道会出现如此大的变化? 笔者认为,与区域内人口构成存在较大的关系。梳理《旧唐书·地理志》所载户口数量,可见唐贞观年间江南道所辖各州户口数量如表 2-1 所示。①

① 据文媛媛《新旧〈唐书地理志〉各州领县户口系年考》[《中南大学学报(社会科学版)》2014 年第 3 期]考证,《旧唐书·地理志》中"旧领"为贞观十三年户口数,为江南道分置成三道之前的数据,因此,表 2-1 仅统计《旧唐书·地理志》所载江南道所辖各州旧领户口数据。

表 2-1 唐初江南道各州户口数量表

政区名称	治所今地	户口数量
润州	江苏镇江	户二万五千三百六十一,口十二万七千一百四
常州	江苏常州	户二万一千一百八十二,口十一万一千六百六
苏州	江苏苏州	户一万一千八百五十九,口五万四千四百七十一
湖州	浙江湖州	户一万四千一百三十五,口七万六千四百三十
杭州	浙江杭州	户三万五百七十一,口十五万三千七百二十
越州	浙江绍兴	户二万五千八百九十,口十二万四千一十
台州	浙江台州	户六千五百八十三,口三万五千三百八十三
婺州	浙江金华	户三万七千八百一十九,口二十二万八千九百九十
睦州	浙江建德	户一万二千六十四,口五万九千六十八
歙州	安徽歙县	户六千二十一,口二万六千六百一十七
处州	浙江丽水	户一万二千八百九十九,口十万一千六百六
建州	福建建瓯市	户一万五千三百三十六,口二万二千八百二十
以上各州在开元时期均划属江南东道		
宣州	安徽宣城	户二万二千五百三十七,口九万五千七百五十三
饶州	江西鄱阳	户一万一千四百,口五万九千八百一十七
洪州	江西南昌	户一万五千四百五十六,口七万四千四十四
虔州	江西赣州	户八千九百九十四,口三万九千九百一
抚州	江西抚州	户七千三百五十四,口四万六百八十五
吉州	江西吉安	户一万五千四十,口五万三千二百八十五
江州	江西九江	户六千三百六十,口二万五千五百九十九
袁州	江西宜春	户四千六百三十六,口二万五千七百一十六
鄂州	湖北武汉	户三千七百五十四,口一万四千六百一十五
岳州	湖南岳阳	户四千二,口一万七千五百五十六
潭州	湖南长沙	户九千三十一,口四万四百四十九
衡州	湖南衡阳	户七千三百三十,口三万四千四百八十一
澧州	湖南澧县	户三千四百七十四,口二万五千八百二十六
朗州	湖南常德	户二千一百十九,口一万九百一十三
永州	湖南零陵	户六千三百四十八,口二万七千五百八十三
道州	湖南道县	户六千六百一十三,口三万一千八百八十
郴州	湖南郴州	户八千六百四十六,口四万九千三百五十五
邵州	湖南邵阳	户二千八百五十六,口一万三千五百八十三
连州	广西连州市	户五千五百六十三,口三万一千九十四

续表

政区名称	治所今地	户口数量
以上各州在开元时期均划属江南西道		
黔州	重庆彭水	户五千九百一十三，口二万七千四百三十三
辰州	湖南沅陵	户九千二百八十三，口三万九千二百二十五
施州	湖北恩施	户二千三百一十二，口一万八百二十五
巫州	湖南洪江	户四千三十二，口一万一千四百九十五
夷州	贵州凤冈	户二千二百十一，口八千六百五十七
思州	贵州沿河	户二千六百三，口七千五百九十九
费州	贵州思南	户二千七百九，口六千九百五十
南州	重庆綦江	户三千五百八十三，口一万三百六十六
以上各州在开元时期均划属黔中道		

资料来源：《旧唐书》卷四〇《地理三》。

据表 2-1 可见，唐初江南道所辖各州户口数量存在较为明显的差异：

首先，各区域在唐初的政区设置存在一定的差别①，江南道东部与中部所置经制州数量明显多于西部。且其西部自唐高祖武德、唐太宗贞观时期开始，即设牂州、琰州、庄州、应州、矩州、明州等"诸蛮州"治理地方②。这些"诸蛮州"虽均属江南道管辖，但均位于其西部，可见江南道内部各区域之间存在政区性质的差异。

其次，从江南道东部、中部、西部所属各州户口数量而言，东部 12 州中，总户数在 30000 以上者有两个州，占 16.7%；在 20000 以上者有三个州，占 25%；在 10000 以上者有五个州，占 41.7%；在 5000—10000 之间者有两个州，占 16.7%。中部 19 州中，总户数在 30000 以上者为零；在 20000 以上者有一个州，占 5.3%；在 10000 以上者有三个州，占 15.8%；在 5000—10000 之间者有九个州，占 47.4%；在 5000 以下者有六个州，占 31.6%。西部八个州中，总户数在 30000、20000、10000 以上者为零；在 5000—10000 之间者有两个州，占

---

① 此处以《旧唐书·地理志》是否记载贞观时期户口数量为判断标准。
② （宋）欧阳修、宋祁：《新唐书》卷四三《地理七》，第 1143 页。

25%;在 5000 以下者有六个州,占 75%。

不难看出,唐初江南道内部东、中、西各区域之间的户口数量存在明显差异,东部户口总量明显多于中部及西部,西部较之尤少。结合前文对黔中历史时期人口构成的研究,说明这种人口数量的差异还受地方"蛮夷"是否纳入户籍管理影响。以唐初江南道西部地区为例,其境内自唐武德时期开始即设有较多的"诸蛮州",这些"诸蛮州"的人口明显未纳入户籍管理,因此所统计户口数量未包括这些区域的人口,而各州在历史时期又基本都为"蛮夷之地",区域内可能存在众多未纳入户籍管理的"蛮夷"人口,导致见于记载的户口总数明显少于东部、中部区域。

可见,唐初江南道内部各区域之间人口构成无论在数量还是类别上均存在明显差异,随着治理的深入,州郡的增置,"诸蛮州"(羁縻州)的增置,"蛮夷"人口纳入地方管理的增多,唐初所置江南道及官员,必然面临着不能划一管理的问题与困境,因地制宜、区别治理是解决问题的最佳方案。

同时,东部与中部的人口密度明显大于西部,表面上反映的是三个区域在人口分布上的差异,实质上反映的还有三个地区经济社会发展的差异。以《通典》所载江南道各州郡赋税缴纳情况为例,可得各州郡赋税缴纳概况如表2-2 所示。①

表 2-2 《通典》所载江南道各州郡赋税缴纳概况表

政区名称	赋税缴纳概况
润州	贡方文绫七匹,水文绫八匹
常州	贡细青纻布十匹
苏州	贡丝葛十匹,白石脂三十斤,蛇床子仁三升,鰡鱼皮三十头,鮻鱼鰡五十头,鸭胞七升,肚鱼五十头,春子五升,嫩藕三百段
湖州	贡纻布三十端
杭州	贡白编绫十匹,橘子两千颗,蜜姜二石

---

① 为与户口数据相联系,仅摘录与前文户口记载相对应的州郡赋税数据,其中赋税种类及单位均遵照原文,未作更改。

续表

政区名称	赋税缴纳概况
越州	贡朱砂十两,白编绫十匹,交梭十匹,轻调十匹
台州	贡鲛鱼皮百张,干姜百斤,乳柑六千颗,金漆五升三合
婺州	贡纸六千张,绵六百两,葛粉二十石
睦州	贡交梭二十匹,竹簟一合
歙州	贡纻布十五端,竹簟一合
建州	贡蕉二十匹,练十匹
以上各州在开元时期均划属江南东道	
宣州	贡白纻布十匹
饶州	贡麸金十两,簟一合
洪州	贡葛五十匹,柑子六千颗
虔州	贡竹布二十匹
抚州	贡葛布十匹,箭簳百万茎
吉州	贡白纻布二十端,陟厘十斤
江州	贡葛十匹,生石斛十斤
袁州	贡白纻布十匹
鄂州	贡银五十两
岳州	贡白纻布十匹
潭州	贡葛十五匹
衡州	贡麸金十四两
永州	贡葛十匹,石鷰二百颗
道州	贡零陵香百斤,白布十端
郴州	贡白纻布十匹
邵州	贡银二十两
以上各州在开元时期均划属江南西道	
黔州	贡蜡五十斤
辰州	贡光明砂四斤
施州	贡黄连一斤,蜡十斤,黄子二百颗
巫州	贡麸金八两
夷州	贡蜡烛十条
思州	贡蜡五十斤
以上各州在开元时期均划属黔中道	

资料来源:《通典》卷六《食货六》。

就《通典》记载而言,各州虽以各自区域所产之物作为赋税进行缴纳,种类不同,难以进行数量的换算与比较。但从缴纳赋税种类与数量的多少,我们或多或少仍可看到江南道东、中、西不同区域之间赋税缴纳的差异——江南道东部区域各州所缴纳赋税种类与数量均较为丰富,中部次之,西部则最少,且东、中部各州基本均有赋税缴纳名目,而西部部分州郡未见赋税缴纳的记载。可见彼此之间存在着经济发展的分化,这与隋唐时期江南道东部区域的经济开发存在不可分割的联系。

这一时期,江南道东部区域成为"江南"的核心区域,经济呈现出前所未有的繁荣景象,社会发展较之中部与西部区域更为发达,既吸引了外来人口的定居与开发,又促进了自身人口的增长。如牟发松研究指出,在隋唐时期,江南地区农业发展迎来了一个高峰期。① 而唐代官员李袭誉在就任江南道大使期间,大力鼓励水利建设:"……后历光禄卿、蒲州刺史,转扬州大都督府长史,为江南道巡察大使,多所黜陟。江都俗好商贾,不事农桑,袭誉乃引雷陂水,又筑勾城塘,溉田八百余顷,百姓获其利。"②且"从数量而言,唐代近300年中所兴建与修复的灌溉工程大大超越以前四个世纪的总和。如果加上尚在使用的前代工程,数量还有更大"。③ 同时,大兴屯田,解决粮食供给问题。

著名学者范成大曾言:"在唐时,苏之繁雄,固为浙右第一矣。"④可见,唐代江南雄厚的经济基础已成为人们赞美的根源,成为唐代诗人笔下最常歌颂的地方之一。

比较而言,江南道西部地域却仍是一个交通不便的落后之地,如唐代诗人刘长卿在《送侯御赴黔中充判官》一诗中写道:

① 参见牟发松:《从"火耕水耨"到"以沟为天"——汉唐间江南的稻作农业与水利工程考论》,《中华文史论丛》2014年第1期。
② (后晋)刘昫等:《旧唐书》卷五九《李袭志传》,第2332页。李袭誉为李袭志之弟。
③ 李伯重:《唐代江南农业的发展》,农业出版社1990年版,第76页。
④ (宋)范成大纂、汪泰亨续纂:绍定《吴郡志》卷五〇《杂志》,守山阁丛书本。

> 不识黔中路，今看遣使臣。
>
> 猿啼万里客，鸟似五湖人。
>
> 地远官无法，山深俗岂淳。
>
> 须令荒徼外，亦解惧埋轮。①

因此，无论从人口构成还是区域经济社会的发展而言，唐初江南道东、中、西三个区域之间均存在着明显的区域分化，其中东部和西部之间的差异尤为明显，中部成为东部与西部之间的过渡地带。随着江南道东部经济的进一步发展，唐朝廷对于其区域管理与治理的要求进一步加强，派遣到地方进行经济开发与管理的官员日益增多，将其从原来的政区设置中脱离出来成为适应并更进一步促进地方发展的重要方面。最终使江南道分为江南东道、江南西道，将西部划出单独设置黔中道成为可能，并提供了一定的依据。

二、江南道自然地理环境的区域分化

唐初所置江南道虽根据山川形便原则划分，但从其内部自然地理环境而言，东部、中部与西部之间仍然存在"山川不便"的情形。根据《元和郡县图志》"江南道"部分对其境山川的记载可得各区域山川概况，如表2-3所示。

表 2-3 《元和郡县图志》所载江南道山川概况表

政区名称	山体名称	水体名称（括弧内数字为出现次数）
润州	北固山、蒜山、氏父山、兽窟山、茅山、钟山、覆舟山、牛头山、方山、三山、四望山、茅山、竹里山、铜冶山	东浦、练湖、新丰湖、淮水、玄武湖、娄湖、赤山湖
常州	梅里山	荆溪
苏州	虎丘山	太湖、松江、柘湖、当湖
湖州	顾山、封山	苕溪水、吴兴塘、若溪水

---

① （唐）刘长卿：《送侯御赴黔中充判官》，（清）彭定求等编：《全唐诗》卷一四七，第1496页。

政区名称	山体名称	水体名称（括弧内数字为出现次数）
杭州	灵隐山、界石山、由拳山、湖洑山、天目山	浙江、海水、临平湖
越州	重山、会稽山、兰亭山、乌带山、四明山、天姥山	大海(2)、镜湖、浙江、浦阳江、上虞江、剡溪
台州	天台山、赤城山、黄岩山	临海江、大海(2)、乐安溪
婺州	金华山	东阳江、兰溪、浦阳江
睦州	白石山	七里濑、浙江、桐庐江、新安江
衢州	常山、龙丘山	须江、谷水江
明州	赤菟山	大海(2)、慈溪
歙州	北黟山、布射山、乌聊山、林历山、横郭山、善山	浙江(渐江)、婺水
处州	缙云山	丽水、青田溪
温州	华盖山、安固山、横阳山	永嘉江、安固江、横阳江、大海
福州	海澶山	（大）海(4)、东湖、西湖、连江、长溪
建州	梨岭、飞猿岭	建阳溪、邵武溪水、将乐溪水、建阳溪水
泉州	仙游山	（大）海
漳州	不详	大海
汀州	玄武山	溪水
以上各州在开元时期均划属江南东道		
宣州	敬亭山、利国山、铜井山、战乌山、陵阳山、徽领山、盖山、牛渚山、博望山、赤金山、九井山、龙山、平陵山、中山、黄山	青弋水、丹阳湖、芜湖水、姑熟水、慈湖、溧水、丹阳湖、固城湖、五湖水、桐汭水
池州	乌石山、陵阳山	大江水、贵池水、秋浦水
饶州	银山	鄱水
虔州	不详	赣水、雩都水、安远水
吉州	不详	庐水、淦水
江州	庐山、马当山、钓矶山	江水、彭蠡湖
袁州	袁山	渝水
信州	不详	贵溪
鄂州	黄鹤山、石鼓山、樊山、西塞山、葛仙山、壶头山、赤壁山	江水、大江水、㵲水、大嶓水、蒲圻湖

续表

政区 名称	山体名称	水体名称 (括弧内数字为出现次数)
沔州	鲁山、临嶂山、内方山、小别山	大江水、汉水、汉川水
安州	陪尾山、石龙山	涢水、云梦泽
黄州	龟头山	大江水(2)、武湖、龙骧水
蕲州	积布山	蕲水、大江水、江水
岳州	君山、方台山、玉笥山、	大江、洞庭湖、巴丘湖、澧湖、赤亭湖、湘水、汨水(2)、沅江水
潭州	岳麓山、云母山、铜山、昭山、石鱼山、龙山	湘水、益水、涟水、涓湖、湘水
衡州	岣嵝山、衡山	湘水(3)、蒸水、鄮湖
永州	石室山、石燕山	湘水(3)、灌水
道州	九嶷山	营水(2)、泠水
郴州	马岭山、石井山、桐柏山、九嶷山	渌水、横溪水、郴水、温水、章水、鸡水
邵州	都梁山	邵水
连州	黄连岭	滑水(黄连水)
以上各州在开元时期均划属江南西道		
黔州	伏牛山、洪杜山、盈川山	洋水、涪陵江水、都濡水
涪州	鸡鸣峡山、永隆山	涪江水
辰州	壶头山、明月山、辰山、苞茅山、五城山、晃山、洛浦山、磨匿山、龙标山	庐水、南溪、沅江水、沅溪水、潕水
溪州	黔山、龙标山	酉水
施州	不详	清江
叙州	龙标山	朗溪、潕水、沅溪水
夷州	绥阳山	不详
思州	不详	内江水(涪陵水)
奖州	不详	渭溪水
珍州	扶欢山	溱溪水、夷牢水、带水
费州	不详	内江水(涪陵江水)
南州	萝缘山	蛮溪水、东溪、葛溪
以上各州在开元时期均划属黔中道		

资料来源:《元和郡县图志》卷二五至卷三〇。

从表2-3对唐代江南道所辖各州山川的统计与《元和郡县图志》关于各山体、水体的描述①,可以看到:

第一,李吉甫在对江南道所辖各州山川进行记载与书写时,整体较为简单,基本未对山体的高低、水体的大小做具体、详细的描述。但是,从其对各州山川的具体记载可以看出,李吉甫对江南道东部山川的记载明显多于中部与西部地区,尤略于西部地区。从一定程度上反映出唐及唐以前各政权及其地方官员对江南道西部区域地理认知的有限性,也反映出此前古籍记载在此方面的缺陷。② 从侧面反映出江南道西部区域的地理复杂性。

第二,虽然李吉甫没有详细描述所载山体的高低,数量也存在较大差别,使得时人与后人无法通过山体的情况来描述江南道内部地理形势的差异。但是,通过对其所载水体通名的分析,仍可见区域之间所存在的自然地理环境差异。一是关于平面水体大海的记载仅存于江南道东部区域,所属杭州、岳州、台州、明州、温州、福州、泉州、漳州均紧邻大海,为距离海平面最近之地,海拔较低,地势平坦。二是关于平面水体湖的记载仅存于江南道东部与中部区域,东部润州、苏州、杭州、越州、福州共有以"湖"为通名的水体12个,中部宣州、江州、鄂州、安州、黄州、岳州、潭州、衡州共有以"湖"为通名的水体14个,江南道西部区域没有任何以"湖"为通名的平面水体。三是江南道东部、中部、西部均存在大量的线性水体,但又形成了各自的主体。东部形成以浙江为核心的水体系统,中部形成以江水、湘水为核心的水体系统,西部形成以涪陵江、沅江为核心的水体系统。

因此,从江南道东、中、西三部所呈现出的水体景观差异可以推断,三个区域之间的自然地理形势与环境存在着较为明显的差异。一方面,紧邻大海的

---

① 因原始文献只有关于山川方位的描述,未有关于山体高低、水体大小等的记载,所以此处表格未单独列出。

② 《元和郡县图志》为李吉甫根据古籍记载与其所处时代情况对当时全国地理等情形进行书写的古籍,详见本书第一章第二节。

东部区域，靠近大海，与海平面接近，总体地势必然较低；另一方面，中部区域与东部区域一样有大量湖泊的存在，亦从侧面反映出地势的相对平坦，而西部区域无湖泊等平面水体，某种程度上反映出其地自然地理环境的破碎，说明山体较多，此起彼伏，以至于不能形成面积较大的平面水体。

而这种地理形势与自然环境的差异在现代地理学中表现得尤为明显，按照现代地理学对唐初江南道所辖各区域的划分，其东部与中部均纵跨长江中下游平原与东南丘陵，为中国地势第三阶梯，海拔多在 500 米以下；而西部地处云贵高原东缘，为第二阶梯与第三阶梯的过渡地带，且大部分位于第二阶梯，海拔多在 500—2000 米之间，具有明显的山区特征。区域内交通阻隔，成为历代治理难度较大的区域，也成为唐及唐以前时期认识较为有限的区域。

因此，面对区域之间人口构成差异、自然地理环境差异与地方治理的急迫性，唐朝廷在现实需要之下，将黔中道从江南道中剥离出来，不仅有利于地方治理，更有利于加深朝廷对于地方的认识。

三、黔中地域非汉族群的治理与管理

如前文所言，江南道西部是江南道"诸蛮州"的集中区域，其境至晚自秦汉开始即为"诸蛮"聚居之地，人口构成相对于江南道东部与中部而言，更为多元。然而，伴随历朝疆域的开拓与治理的深入，地方"诸蛮"在与地域其他人群、新进入人口的交往交流与交融过程中，难以避免地产生矛盾，导致地方社会较为长期地处于动乱之中。

自秦汉时期开始，生活于江南道西部区域的"武陵蛮夷特盛"[1]，曾多次扰乱地方。肃宗时，有"武陵澧中蛮陈从等反叛，入零阳蛮界……溇中蛮覃儿健等复反，攻烧零阳、作唐、屡陵界中"[2]。和帝时，"溇中、澧中蛮"又一次反叛；永寿时，"零陵蛮"入长沙，寇江陵；灵帝时，"武陵蛮"又叛，各"蛮"反叛无常。

---

① （南朝宋）范晔：《后汉书》卷七六《循吏列传》，第 2831 页。
② （南朝宋）范晔：《后汉书》卷八六《南蛮西南夷列传》，第 2832 页。

如《后汉书》"冯绲列传"记载:

> 长沙蛮寇益阳,屯聚积久,至延熹五年(162年),众转盛,而零陵蛮贼复反应之,合二万余人,攻烧城郭,杀伤长吏。又武陵蛮夷悉反,寇掠江陵间,荆州刺史刘度、南郡太守李肃并奔走,荆南皆没。于是拜绲为车骑将军,将兵十余万讨之,诏策绲曰:"蛮夷猾夏,久不讨摄,各焚都城,蹈籍官人。州郡将吏,死职之臣,相逐奔窜,曾不反顾,可愧言也。将军素有威猛,是以擢授六师。"……绲军至长沙,贼闻,悉诣营道乞降。进击武陵蛮夷,斩首四千余级,受降十余万人,荆州平定。①

可见,至晚自东汉时期开始,中央王朝即开始了对江南道西部(唐黔中道)"蛮夷"的治理。当时,武陵地区(秦时属黔中郡,唐时先属江南道西部,后属黔中道)"蛮夷"较多,不仅活动于其所在区域,还活动于江陵地区,进入荆州、南郡地区,杀伤地方官员、焚毁城郭,使被侵占地方陷入混乱。对此,东汉派遣素有威信的冯绲将军前往治理,成功恢复了荆州地区的社会秩序。

三国两晋南北朝时期,这一地区仍多动乱。首先,在东汉末年三国纷争的整体背景下,地方在不同政权之间生存,多处于动乱不安之中。如黄初二年(221年),"刘备帅军来伐,至巫山、秭归,使使诱导武陵蛮夷,假与印传,许之封赏。于是诸县及五溪民皆反为蜀"②。其次,地方民众参与动乱,成为统治政权治理的主要方面。如东汉末年建安时期即有"武陵蛮夷反乱,攻守城邑"③。黄龙三年(231年),又有"武陵蛮夷蠢动"。对此,吴国根据地方治理实际情形回击,最终"斩首数百,余皆奔走,尽归邑落。诛讨魁帅,从附从者赦之。自春讫夏,寇乱尽平"④。第二次,又派"岱与太常潘浚,共讨定之"⑤。

因此,永安六年(263年)魏国吞并蜀国后,在吴国即出现了"武陵五溪夷,

---

① (南朝宋)范晔:《后汉书》卷三八《冯绲列传》,第1281—1283页。
② (晋)陈寿:《三国志》卷四七《吴书二》,第1122页。
③ (晋)陈寿:《三国志》卷五五《吴书十》,第1285页。
④ (晋)陈寿:《三国志》卷五五《吴书十》,第1285页。
⑤ (晋)陈寿:《三国志》卷六〇《吴书十五》,第1385页。

与蜀接界,时论惧其叛乱"的担忧,且面临魏国"诱致诸夷邑君","进攻酉阳县"等问题。为解决这一担忧与问题,魏国以实战经验丰富,才能显著的钟离牧为"平魏将军,领武陵太守",前往武陵郡进行治理。钟离牧采取果断的行军策略,"率所领,晨夜进道,缘山险行,垂二千里,从塞上。斩恶民怀异心者魁帅百余人,及其支党凡千余级,(郭)纯等散,五溪平"①。可见,三国时期,魏、蜀、吴均十分注重武陵地区"诸夷"的治理问题,认为这一地区稳定与否,关系各自政权的发展。

两晋时期,因当时"政令不一,诸蛮怨望,并谋背叛","天门、武陵溪蛮并反",②地方陷入动乱不安之中。作为当时负责南平、天门、武陵三郡军事的官员,应詹召集各地方首领,与其结盟,稳定地方民众动摇之心,为地方非汉族群所信服,使地方重新出现安稳局面。

南北朝时期,因武陵地方民众"顺附者,一户输谷数斛,其余无杂调,而宋民赋役严苦,贫者不复堪命",使得南朝宋民为逃避严重的赋役,向武陵地区移民。同时,又因武陵地方民众"无徭役,强者又不供官税,结党连群,动有数百千人,州郡力弱,则起为盗贼,种类稍多,户口不可知也"。且"所在多深险,居武陵者有雄溪、栅溪、辰溪、酉溪、舞溪,谓之五溪蛮。而宜都、天门、巴东、建平、江北诸郡蛮,所居皆深山重阻,人迹罕至焉"。在人口构成变化、自然环境恶劣等多种因素影响之下,地方仍多处于动乱不安之中,因而有言"前世以来,屡为民患"。③

元嘉十八年(441年),因赋役过重,难以承受,"蛮田向求等为寇,破溇中,虏略(掠)百姓"。二十四年(447年),又有"南郡临沮当阳蛮反"。④ 世祖大明时期,又有"巴东、建平、宜都、天门四郡蛮为寇,诸郡民户流散,百不存一,

---

① (晋)陈寿:《三国志》卷六〇《吴书十五》,第1394页。
② (唐)房玄龄等:《晋书》卷七〇《应詹列传》,第1858页。
③ (南朝梁)沈约:《宋书》卷九七《夷蛮列传》,第2396页。
④ (南朝梁)沈约:《宋书》卷九七《夷蛮列传》,第2396页。

太宗、顺帝世尤甚,虽遣攻伐,终不能禁"①。显然,南朝宋统治时期,因赋役过重等因素影响,黔中东北及其邻近地区"蛮"族长期得不到有效控制,导致地方处于动乱不安之中,郡县民户(汉民)四处流散,数量也随之减少。以至于《南齐书》回顾这一段历史时,仍有言"宋泰始以来,巴建蛮向宗头反,刺史沈攸之断其盐米,连讨不克"②。

至南齐初年,"武陵西溪蛮田思飘寇抄,内史王文和讨之,引军深入,蛮自后断其粮。豫章王遣中兵参军庄明五百人将湘州镇兵合千人救之,思飘与文和拒战,中弩矢死,蛮众以城降"。说明南齐初年,南齐通过武力征讨的方式暂时稳定了地方。但是这种稳定是相对,持续时间也是相对的。至永明初,地方首领向宗头又"与黔阳蛮田豆渠等五千人为寇"③。

西魏恭帝三年(557年),又有"黔阳蛮田乌度、田都唐等每抄掠江中,为百姓患"④。北周闵帝时期,又有"蛮酋向天王聚众作乱,以兵攻信陵、秭归"⑤。隋文帝时,仍有"黔安蛮叛"⑥。

可见,黔中地域在唐以前各个时期均有不同程度动乱,是历代政权治理的主要区域。面对这些动乱,历代政权均进行了不同程度的治理,但最终均未取得良好的效果。以至于在同一个时期重复发生多起动乱,并延续至其他政权的统治当中。

唐高宗时期,羁縻琰州亦出现"僚叛"⑦。但较之往代,唐朝黔中地区已相对稳定。这与唐朝建立以后,唐朝廷通过武力与招抚的方式,将原属地方首领管辖的区域纳入郡县范畴,进行一体化管理密切相关。如最初属江南道,后属

---

① (南朝梁)沈约:《宋书》卷九七《夷蛮列传》,第2397页。
② (南朝梁)萧子显:《南齐书》卷五八《蛮、东南夷列传》,第1008页。
③ (南朝梁)萧子显:《南齐书》卷五八《蛮、东南夷列传》,第1008页。
④ (唐)令狐德棻:《周书》卷四四《列传四》,第791—792页。
⑤ (唐)魏徵、令狐德棻等:《隋书》卷四六《赵煚列传》,第1249页。
⑥ (唐)魏徵、令狐德棻等:《隋书》卷五五《尔朱敞列传》,第1375页。
⑦ (宋)欧阳修、宋祁:《新唐书》卷二二二《南蛮列传》,第6327页。

黔中道管辖的锦州卢阳郡(治今湖南省麻阳县西南)、夷州义泉郡(治今贵州省遵义市凤冈县)、费州涪川郡(治今贵州省思南县)、南州南川郡(治今重庆市綦江区)、溱州溱溪郡(治今贵州省正安县)、思州思邛县(治今贵州省印江县)等均为唐初"开山洞"或"开南蛮"而设置:

锦州卢阳郡,"垂拱二年(686年),以辰州麻阳县地及开山洞置"。①

夷州义泉郡,"本隋明阳郡地,武德四年(621年),以思州之宁夷县置。贞观元年(627年),州废。四年(630年),复以黔州之都上县开南蛮置。十一年(637年),徙治绥阳"。②

费州涪川郡,"贞观四年,析思州之涪川、扶阳,开南蛮置"。③

南州南川郡,"武德二年(619年),开南蛮置。三年更名僰州,四年复故名"。④

溱州溱溪郡,"贞观十六年(642年),开山洞置"。⑤

思州思邛县,"开元四年(716年),召辑生夷所置"。⑥

除此之外,还在"南谢蛮""东谢蛮""西赵蛮""牂柯蛮"等聚居地区设置诸羁縻州。包括:

牂州,"武德三年(620年),以牂柯首领谢龙羽地置,四年更名牁州,后复故名"。

琰州,贞观四年(630年)置。

庄州,"本南寿州,贞观三年(629年),以南谢蛮首领谢强地置,四年更名"。

充州,"武德三年,以牂柯蛮别部置。县七:平蛮、东停、韶明、牂柯、东陵、

① (宋)欧阳修、宋祁:《新唐书》卷四一《地理五》,第1073页。
② (宋)欧阳修、宋祁:《新唐书》卷四一《地理五》,第1074页。
③ (宋)欧阳修、宋祁:《新唐书》卷四一《地理五》,第1075页。
④ (宋)欧阳修、宋祁:《新唐书》卷四一《地理五》,第1076页。
⑤ (宋)欧阳修、宋祁:《新唐书》卷四一《地理五》,第1076页。
⑥ (唐)李吉甫:《元和郡县图志》卷三〇《江南道六》,第741页。

辰水、思王"。

应州,"贞观三年,以东谢首领谢元深地置。县五:都尚、婆览、应江、陀隆、罗恭"。

矩州,武德四年置。

明州,"贞观中,以西赵首领赵磨酋地置"。

总州,"咸亨三年(672 年),昆明十四姓率户二万内属分置"。

敦州,"咸亨三年,析内属昆明部置,县六:武宁、沟水、古质、昆川、丛燕、孤云"。

殷州,"咸亨三年,析昆明部置,后废。开元十五年(727 年),分戎州复置"。

宝州,"万岁通天二年(697 年),以昆明夷内附置"。①

从唐朝廷在以上地域设置正州、羁縻州进行管理可见,唐朝初年,统治者对于疆域的开拓与开拓后的管理十分重视。因而最初根据山川形便将全国划分为十道进行管理,伴随管理的深入,又设置 24 都督府进行管理。然而,都督府的管理,陷入"权重不便"的困境,不利于地方治理的深入,最终罢免。在总结以往经验的基础上,提出并施行将全国划分为十五道的想法。

如前所言,江南道东部、中部、西部之间在人口构成、经济社会发展与自然地理环境方面均存在明显的区域分化,又西部区域与东部、中部区域相比,治理难度更大。自历史时期以来,即为"蛮夷"聚居地域,社会长期处于动荡不安之中,是历代政权治理的重点区域。经过唐初统治者的努力,恢复了地方的安定,将地方"蛮夷"群体纳入统治,使与其相邻的、更远地区的"蛮夷"主动与唐朝廷取得联系,臣服于唐朝,与唐朝廷保持纳贡等联系。如唐高宗初年,"琰州僚叛,梓州都督谢万岁、充州刺史谢法兴、黔州都督李孟尝讨之"②,取得胜利,最终将琰州设为羁縻州,与之建立朝贡关系即此。促进了这一地区不同

---

① 以上均引自(宋)欧阳修、宋祁:《新唐书》卷四三下《地理七下》,第 1143—1144 页。
② (宋)欧阳修、宋祁:《新唐书》卷二二二《南蛮列传》,第 6327 页。

人群之间的交流交往交融，促进了地方社会的发展，使这一区域在唐初保持了相对的稳定，地方得到较为有效的控制。

然而，随着唐朝治理的深入，受地方人口数量增多、人口构成发生变化、唐朝综合实力变化、周边南诏政权的兴起等多方面因素影响，地方民众与唐朝廷之间的矛盾与问题难以避免。在开元十二年（724 年）即发生了"五溪首领覃行章乱"，对此，唐朝廷"诏（杨）思勖为黔中招讨使，率兵六万往，执行章，斩首三万级"①，有力地打击了地方首领所制造的动乱。

据表 2-1 所统计各道在贞观时期的人口数量可见，唐初江南道西部各州人口合计有 12 万余。按此计算，则唐朝廷所派遣军队，约占江南道西部各州人口的一半。即使算上贞观十三年以后至开元十二年间地方增加的人口，所派遣军队数量仍不算少。而平定动乱后，斩首覃行章所领叛变的士兵 3 万，亦反映出当时覃行章所制造动乱涉及人数之多，对地方必然造成较为严重的影响。笔者推断，当时这一事件大概是唐朝建立后，在江南道西部发生的规模较大的动乱事件。

这无疑敲响了唐朝廷地方治理的警钟，引起了唐朝统治者对江南道西部区域治理的重视。恰如杜佑《通典》认为，黔中道所属各郡除江陵、南川两郡外，均属古荆州地域，区域风俗略同扬州，杂以蛮僚，率多劲悍。南朝鼎立，皆为重镇。然兵强财富，地逼势危，称兵跋扈，无代不有。②

因此，唐代诗人戎昱、李频均在所作与黔中相关的诗词中反映出黔中道及其地方官员在地方的主要任务。如戎昱《哭黔中薛大夫》言：

> 亚相何年镇百蛮，生涯万事瘴云间。
>
> 夜郎城外谁人哭，昨日空余旌节还。③

李频《黔中酬同院韦判官》言：

---

① （宋）欧阳修、宋祁：《新唐书》卷二〇七《杨思勖列传》，第 5857 页。

② （唐）杜佑：《通典》卷一八三《州郡十三》，第 4892 页。

③ （唐）戎昱：《哭黔中薛大夫》，（清）彭定求等编：《全唐诗》卷二七〇，第 3023 页。

> 平生同所为,相遇偶然迟。
>
> 各著青袍后,无归白社期。
>
> 江流来绝域,府地管诸夷。
>
> 圣代都无事,从公且赋诗。①

无论是戎昱所言"镇百蛮",还是李频所言"管诸夷",都反映了黔中道、黔中都督府及其官员在黔中地域的主要任务为管理地方"蛮夷"。因此,黔中道设置的缘起必然与唐朝整体治理策略及黔中地区"蛮夷"治理密切相关,是王朝治理与地方治理的需要。而李频"圣代都无事",更是反映出唐朝黔中治理的成效。

黔中道设置后,地方官员在未能有效管控地方"蛮夷"之时,通常会因此受到相应的惩罚,亦突出反映出唐朝对于黔中地域"蛮夷"深入治理与管理的需要。如元和三年(1808 年),窦群在担任黔州刺史、黔州观察使期间,"属大水坏其城郭,复筑其城,征督溪洞诸蛮,程作颇急,于是,辰、锦生蛮乘险作乱,群讨之不能定。六年九月,贬开州刺史"②。即窦群在黔中道为官期间,因受水灾影响,城池遭到破坏,征集地方"诸蛮"进行城池的修复、修筑工作,但因工程较为紧急,使得地方"诸蛮"趁机作乱,窦群征讨失败,未能及时处理好这一问题,于是被贬为"开州刺史"。对此,《宪宗本纪》言为"贬黔中观察使窦群为开州刺史,以为政烦苛,辰、锦二州蛮叛故也"③。显然,无论是因为修缮城池,还是苛政,最终导致窦群被贬为"开州刺史"的原因均是其未能处理好地方"蛮"人叛乱问题,未能完成唐朝廷派遣其到黔中进行治理的任务。

与窦群相似,元和六年,崔能做黔中观察使期间,地方"坐为南蛮所攻,陷郡邑,贬永州刺史"④。亦因未能妥善治理地方"蛮"人,导致所属郡县为"南

①　(唐)李频:《黔中酬同院韦判官》,(清)彭定求等编:《全唐诗》卷五八八,第 6821 页。
②　(后晋)刘昫等:《旧唐书》卷一五五《窦群列传》,第 4121 页。
③　(后晋)刘昫等:《旧唐书》卷一五《宪宗本纪》,第 437 页。
④　(后晋)刘昫等:《旧唐书》卷一七七《崔能列传》,第 4581 页。

蛮"所攻陷,最终与窦群一样被贬官,成为"永州刺史"。可见,黔中道的设置
与区域内"蛮夷"治理与管理存在密切关系,是现实所需。

综上可见,将黔中道从江南道中剥离出来单独设道,主要包括三个方面的
原因:一是受人口、经济社会区域分化的影响;二是受区域地理环境存在明显
差异的影响,需要"因地制宜",深入地方,进一步认识地方;三是江南道西部
地方治理有迫切的现实需要。

第三节 "分道而置":黔中道的设置与发展

一、黔中道的设置

关于黔中道的设置,《旧唐书·地理志》有较为全面的回顾与记载,曰:

自隋季丧乱,群盗初附,权置州郡,倍于开皇、大业之间。贞观元年
(627 年),悉令并省。始于山河形便,分为十道:一曰关内道,二曰河南
道,三曰河东道,四曰河北道,五曰山南道,六曰陇右道,七曰淮南道,八曰
江南道,九曰剑南道,十曰岭南道。至十三年(639 年)定簿,凡州府三百
五十八,县一千五百五十一。至十四年平高昌,又增二州六县。自北殄突
厥颉利,西平高昌,北踰(同"逾")阴山,西抵大漠。其地东极海,西至焉
耆,南尽林州南境,北接薛延陀界。凡东西九千五百一十里,南北万六千
九百一十八里。高宗时,平高丽、百济,辽海巳(以)东,皆为州,俄而复
叛,不入提封。景云二年(711 年),分天下郡县,置二十四都督府以统之。
议者以权重不便,寻亦罢之。

开元二十一年(733 年),分天下为十五道,每道置采访使,检察非法,
如汉刺史之职:京畿采访使(理京师城内)、都畿(理东都城内)、关内(以
京官遥领)、河南(理汴州)、河东(理蒲州)、河北(理魏州)、陇右(理鄯
州)、山南东道(理襄州)、山南西道(理梁州)、剑南(理益州)、淮南(理扬

州)、江南东道(理苏州)、江南西道(理洪州)、黔中(理黔州)、岭南(理广

州)。又于边境置节度、经略使,式遏四夷。(凡节度使十,经略守捉使

三。)大凡镇兵四十九万人,戎马八万余匹。每岁经费:衣赐则千二十万

匹段,军食则百九十万石,大凡千二百一十万。[开元已(以)前,每年边

用不过二百万,天宝中至于是数。]①

　　从以上记载可以看到,自隋朝末年开始,社会处于动乱之中。为缓和当时

的一些社会矛盾,根据具体需要增设州郡,使当时全国州郡总数量远远超过隋

开皇与大业时期的州郡数量。至唐朝政权确立后,唐太宗贞观元年(627 年),

开始对这一问题进行整顿,下令对数量众多的州县进行合并调整。因此,有了

最初十道的设置。将全国按照"山河形便"原则,分为关内道、河南道、河东

道、河北道、山南道、陇右道、淮南道、江南道、剑南道、岭南道。至贞观十三年

(639 年),对全国府州县进行重新划分,确定将府州合为 358 个,县 1551 个。

后伴随对其他地域的征服又有所变化,其疆土"东极海,西至焉耆,南尽林州

南境,北接薛延陀界。凡东西九千五百一十里,南北万六千九百一十八里",

十分广阔,但十道的设置并未因此发生改变。

　　唐睿宗景云二年(711 年),又因朝廷治理需要,增设 24 都督府,对全国郡

县进行分区治理。但实际运行中出现"权重不便"问题,最终难以持续实施。

　　唐玄宗即位后,反思前代治理中出现的问题,吸取经验教训,又一次对区

划设置进行调整。于开元二十一年(733 年),在唐太宗设置十道的基础上,将

全国分为十五道,并学习汉代刺史之法,在每道中心地域置采访使进行监管。

如京畿道采访使分别在当时京师城内都畿(治今陕西省西安市)、东都城内关

内(治今河南省洛阳市),河南道在汴州(治今河南省开封市),河东道在蒲州

(治今山西省永济市),河北道在魏州(治今河北省邯郸市大名县),陇右道在

鄯州(治今青海省乐都区),山南东道在襄州(治今湖北省襄阳市),山南西道

---

① 　(后晋)刘昫等:《旧唐书》卷三八《地理志一》,第 1384—1385 页。

在梁州(治今陕西省汉中市),剑南道在益州(治今四川省成都市),淮南道在扬州(治今江苏省扬州市),江南东道在苏州(治今江苏省苏州市),江南西道在洪州(治今江西省南昌市),黔中道在黔州(治今重庆市彭水县),岭南道在广州(治今广东省广州市),各道采访使由在京师的官员进行遥领。同时,又在唐朝边境地区置节度使、经略使,以治理地方。处于当时边境地区的道亦设节度使、经略使,使地处边境的道成为唐朝廷重点治理与管理的区域。

黔中道不仅设置黔中经略使,①所辖辰州、锦州、溪州、奖州、叙州均曾置经略使,②说明黔中道及所辖辰州、锦州、溪州、奖州、叙州均曾被认为是"边境"之地,而其西部及南部羁縻州所在区域,更是边境之地,均为治理的重要区域。因此,最终将其从江南道中剥离出来,单独设为一道。

又据《唐六典》"尚书户部"记载:

> 江南道,古杨(扬)州之南境,今润、常、苏、湖、杭、歙、睦、衢、越、婺、台、温、明、括、建、福、泉、汀(已上东道)、宣、饶、抚、虔、洪、吉、郴、袁、江、鄂、岳、潭、衡、永、道、邵、澧、朗、辰、叙、锦、施、南、溪、思、黔、费、业、巫、夷、播、溱、珍(已上西道)。③

说明黔中道设置以前,江南道已经分为江南东道与江南西道,而后属黔中道各州在江南道初分之后,被划属江南西道管辖。可见,从江南道到黔中道的过程经历了两次比较大的变化,首先是因为江南道地域广阔,将其分为江南东道与江南西道进行管理。其次又根据具体治理需要,将江南西道的西部地域划分出来,重新设置黔中道进行单独管理。

对比《唐六典》与《元和郡县图志》关于黔中道所辖各州的记载,可见《唐六典》所载江南西道各州中,辰、叙、锦、施、南、溪、思、黔、费、业、巫、夷、播、溱、珍等州后均划属黔中道管辖。然而,黔中道虽为唐宪宗时新增的一个监察

---

① (后晋)刘昫等:《旧唐书》卷一二《德宗本纪上》,第330页。
② (后晋)刘昫等:《旧唐书》卷一一《代宗本纪下》,第306页。
③ (唐)官修:《唐六典》卷三《尚书户部》,第69—70页。

区,但其所管理州郡的归属与范围受地方形势变化影响而不断地进行着调整。

如武德五年(622年),"荆州置大总管,管荆、辰、朗、澧、东松、沈、基、复、巴、睦、崇、硖、平等十三州,统潭、桂、交、循、夔、高、康、钦、尹九州"。贞观十年,"辰州改隶黔州,都督硖、澧、朗、岳四州,都督从三品"。"上元元年(674年)九月,置南都,以荆州为江陵府,长史为尹,观察、制置,一准两京。以旧相吕諲为尹,充荆南节度使,领澧、朗、硖、夔、忠、归、万等八州,又割黔中之涪,湖南之岳、潭、衡、郴、邵、永、道、连八州,增置万人军,以永平为名"。① 可见黔州、黔中所辖各州郡受不同时期具体形势影响,其归属在不断地变化。

涪州为其中比较典型的例子,从《旧唐书》的记载可见,涪州最初属于黔中管辖,上元二年(675年)时,"因黄莘硖(黄草峡)有僚贼结聚,江陵节度吕諲请隶于江陵,置兵镇守"②。使涪州归属于江陵郡管辖,赋税等亦由江陵郡进行征收与管理。然而,江陵郡在今湖北省江陵县一带,距离涪州(治今重庆市涪陵区)甚远,且古代又交通不便,因此增加了管理与治理难度。至元和三年(808年)时,李吉甫又以"涪州去黔府三百里,输纳往返,不蹦(同"逾")一旬。去江陵一千七百余里,途经三峡,风波没溺,颇极艰危。自隶江陵近四十年,众知非便,疆理之制,远近未均,望依旧属黔府"③。将涪州由江陵郡改属黔中郡,使涪州归属黔中道管辖。因而《元和郡县图志》在记载黔中观察使所管辖各州、郡、县时,将涪州纳入其中。

因此,黔中道的设置经历了一定的过程,与所属各州郡关系的确立也经历了一定的过程。那么,其道设置之后,区域是否因此发生变化、得到发展呢?

二、黔中道设置后的地方发展

黔中道设置之后,黔中地域得到了相应的发展。一方面,唐朝对于地方的

---

① (后晋)刘昫等:《旧唐书》卷三九《地理志二》,第1552页。
② (唐)李吉甫:《元和郡县图志》卷三〇《江南道六》,第738页。
③ (唐)李吉甫:《元和郡县图志》卷三〇《江南道六》,第736页。

治理有了进一步深入,在区域内所置经制州县较之前增多即为其中最突出的表现之一。据《通典》记载,黔中道业州所属梓姜县即为黔中道设置后,在地方新开辟设置。如前所言,业州下辖峨山、渭溪、梓姜(治今贵州省镇远县东北)三县,峨山、渭溪,杜佑《通典》记载为龙标郡属县,其时未见关于梓姜县的记载。李吉甫言梓姜为建中四年(783 年)"自牂柯洞外充州割属奖州"①之地。所言洞外,为此前未纳入直接管理区域。

另一方面,县级政区的设置进行了相应的调整,但总体趋于稳定,更加合理化。各州郡见于户籍的人口也有所增多(见表 2-4),社会经济得到不同程度的发展(见表 2-5)。

表 2-4　唐贞观与天宝时期黔中道各州领县与户口数量表

政区名称	贞观时期	天宝时期
黔州	旧领县五,户五千九百一十三,口二万七千四百三十三	天宝县六,户四千二百七十,口二万四千二百四
辰州	旧领县七,户九千二百八十三,口三万九千二百二十五	天宝领县五,户四千二百四十一,口二万八千五百五十四
锦州	不详	天宝领县五,户二千八百七十二,口一万四千三百七十四
施州	旧领县三,户二千三百一十二,口一万八百二十五	天宝领县二,户三千七百二,口一万六千四百四十
巫州	旧领县三,户四千三十二,口一万四千四百九十五	天宝户五千三百六十八,口一万二千七百三十八
业州	不详	天宝领县三,户一千六百七十二,口七千二百八十四
夷州	旧领县四,户二千二百四十一,口八千六百五十七	天宝县五,户一千二百八十四,口七千一十三
播州	不详	天宝领县三,户四百九十,口二千一百六十八
思州	旧领县三,户二千六百三,口七千五百九十九	天宝户一千五百九十九,口一万二千二十一

---

① (唐)李吉甫:《元和郡县图志》卷三〇《江南道六》,第 754 页。

续表

政区名称	贞观时期	天宝时期
费州	旧领县四,户二千七百九,口六千九百五十	天宝户四百二十九,口二千六百九
南州	不详	天宝领县二,户四百四十三,口二千四十三
溪州	不详	天宝领县二,户二千一百八十四,口一万五千二百八十二
溱州	不详	天宝领县二,户八百七十九,口五千四十五
珍州	不详	天宝领县三,户二百六十三,口一千三十四

资料来源:《旧唐书》卷四〇《地理志三》。

表 2-5　唐开元与元和时期黔中道各州贡赋种类与数量表

政区名称	开元时期	元和时期
黔州	黄蜡、纻、布	蜡五十斤、纻布、纻麻布
辰州	犀角、水银、光明砂四斤	光明砂、药砂
锦州	光明砂、水银	不详
施州	清油、蜜、黄连、蜡	黄连十斤、药子二百颗
巫州	不详	不详
业州(奖州)	不详	熟腊三十斤
夷州	斑布、蠹布	葛粉三十斤
播州	不详	蜡二十斤
思州	葛、朱砂	蜡十五斤
费州	不详	蜡四十斤
南州	斑布	不详
溪州	朱砂、黄连	朱砂一十斤、黄蜡二百斤
溱州	茄子、楮皮布、纻布、黄蜡	蜡四十斤
珍州	蜡	不详

资料来源:《元和郡县图志》卷三〇《江南道六》。

从《旧唐书·地理志》关于黔中道所辖各州在贞观、天宝两个不同时期的领县数量与户口数量可见,黔中道设置之前与之后,各州领县数量存在较为明显的差异:

第一,黔中道设置以后,新增设了部分经制州,对原来各州属县进行了微小的调整,使得原来部分经制州辖县数量减少。一方面,唐初属于黔中管辖的涪州,因后来改隶的江陵府距离甚远,往来多有不便,管理困难,在元和三年(808 年)时,又重新划归黔中管辖。① 另一方面,辰州、施州出现了辖县减少的现象。笔者认为,辖县数量之所以会出现减少的现象,与区域治理及管理的深入与细化存在密切联系。以辰州为例,其在唐初所辖地域广泛,属县相对较多,随着治理的深入,其部分辖域被分离出来成为新的州或县,以新的州或县进行管理。据《旧唐书·地理志》记载:

> 辰州下,隋沅陵县。武德四年(621 年),平萧铣,置辰州,领沅陵等五县。九年(626 年),分大乡置大乡五县。(贞观)五年(631 年),分辰溪置溆浦县。贞观九年(635 年),分大乡置三亭县。天授二年(691 年),分大乡、三亭两县置溪州。景云二年(711 年),置都督府,督巫、业、锦三州。②

> 锦州下,垂拱二年(686 年),分辰州麻阳县地并开山洞置锦州及四县。……洛浦,天授二年,分辰州之大乡置,属溪州。长安四年(704 年),改属锦州。③

> 巫州下,贞观八年(635 年),分辰州龙标县置巫州。其年,置夜郎、朗溪、思征三县。九年,废思征县。天授二年,改为沅州,分夜郎渭溪县。长安三年(703 年),割夜郎、渭溪二县置舞州。先天二年,又置潭阳县。开元十三年(725 年),改沅州为巫州。④

> 溪州下,旧辰州之大乡。天授二年,分置溪州。旧领县二,又分置洛浦县。长安四年,以洛浦属锦州。天宝元年(742 年),改溪州为灵溪郡。乾元元年(758 年),复为溪州。领县二……大乡,汉沅陵、迁陵二县地,属

---

① (唐)李吉甫:《元和郡县图志》卷三〇《江南道六》,第 738 页。
② (后晋)刘昫等:《旧唐书》卷四〇《地理三》,第 1621 页。
③ (后晋)刘昫等:《旧唐书》卷四〇《地理三》,第 1622 页。
④ (后晋)刘昫等:《旧唐书》卷四〇《地理三》,第 1623 页。

武陵郡。梁分置大乡县。旧属辰州,天授二年来属,州所理也。三亭,贞观九年,分大乡置,属辰州。天授二年,改属溪州。县界有黔山、大酉、小酉二山。①

据以上记载可以看到,辰州为唐高祖武德四年所置,最早下辖 5 县。随着治理的深入与地方认知的加强,所辖 5 县中大乡、辰溪、龙标、麻阳 4 县均分置为其他州县,与原来州、县同级。说明唐初辰州辖域范围过大,存在管理不便或管理未到达之区域,以至于在发展过程中,出现设置新州、县的需要。先后将唐初辰州大乡县进行重新划分,将大乡县原来的辖域分为两个部分,分别设置大乡县、三亭县与洛浦县,并以大乡、三亭二县为基础,单独设置与辰州同级的溪州进行管理。又分龙标县地,设置与辰州同级的州级政区巫州。从辰溪县分离出部分区域设置与其同级的溆浦县,从麻阳县分离部分区域与新开辟区域组成新的州级政区锦州。因此,自唐贞观以后,伴随唐朝廷对江南道中西部区域治理的深入与认知的加强,不断对其原有政区设置进行细化管理成为当时地方治理的主要方面,使原来仅设一州进行管理的区域,逐渐分化为 4 州 10余县。最终使得各州所领县级政区趋于稳定,数量亦相应调整,在辰州即表现为减少。

第二,出于管理与治理需要,黔州、夷州等部分经制州辖县有少量的增加。其中夷州自唐初设置以后,辖县数量发生过较大的变化,至贞观时期才逐步稳定,未再出现较大的调整。具体而言,其设置过程如《旧唐书》所言:

武德四年(621 年),置夷州于思州宁夷县,领夜郎、神泉、丰乐、绥养、鸡翁、伏远、明阳、高富、宁夷、思义、丹川、宣慈、慈岳等十三县。六年,废鸡翁县。贞观元年(627 年),废夷州,省夜郎、神泉、丰乐三县,以伏远、明阳、高富、宁夷、思义、丹川六县隶务州,宣慈、慈岳二县隶溪州,以绥养隶智州。四年(630 年),复置夷州于黔州都上县。六年,又置鸡翁县。十一

---

①　(后晋)刘昫等:《旧唐书》卷四〇《地理三》,第 1628 页。

年(637年)，又以义州之绥阳、黔州之高富来属。其年，又自都上移于今所。①

显然，唐高祖时期的夷州属于初建阶段，仍受隋末乱置州县的影响，以一州领13个县，地域较为广阔，增加了治理难度。因此，自贞观元年开始，即对所置州县进行调整，一方面废除夷州及夜郎、神泉、丰乐三县；另一方面又将其他属县划归巫州、溪州、智州等州进行管理，限定每州领县数量，增强地方管理与治理的有效性。至贞观四年，恢复夷州的设置。贞观十一年，将义州所属绥阳、黔州所属高富、都上划归夷州进行管理。贞观十七年(643年)，又将原牢州所属义泉、洋川划归夷州。后高富县被废除，夷州长期管辖绥阳、都上、义泉、洋川四县。至黔中道设置后，开元二十五年(737年)，又将思州所属宁夷县划归夷州进行管理。

而锦州、业州、播州、南州、溪州、溱州、珍州等原来未见具体领县与户口数量记载的经制州，在黔中道设置后均有了明确记载，笔者认为这与各州所辖政区的稳定存在密切关系。以播州为例：

> 贞观九年(635年)，分置郎州，领恭水、高山、贡山、柯盈、邪施、释鹭六县。十一年(637年)，省郎州，并六县。十三年(639年)，又于其地置播州及恭水等六县。十四年，改恭水等六县名。二十年(646年)，以夷州之芙蓉、瑯川来属。显庆五年(660年)，废舍月、胡江、罗为三县。景龙四年(710年)，废庄州都督府，以播州为都督府。先天二年(713年)，罢都督。开元二十六年(738年)，又废胡刀、瑯川两县。天宝元年(742年)，改为播川郡。乾元元年(758年)，复为播州。②

可见播州自唐贞观时期开始，即时常处于变动之中。先是贞观九年置为朗州，仅时隔两年，就废除朗州，合并其所辖6县。时隔两年之后，又设置播

---

① （后晋）刘昫等：《旧唐书》卷四〇《地理三》，第1624页。
② （后晋）刘昫等：《旧唐书》卷四〇《地理三》，第1625页。

州,恢复6县的设置,并很快更改县名。后又历经废除、恢复等过程。说明播州作为地方行政区划,在设置之初存在明显的不稳定性,属县在不断发生变化,部分经历了废除、合并、恢复又废除的过程,最终至天宝时期,所管县级政区基本均纳入遵义、芙蓉、带水3县。

因此,无论是各州名称的最终确定,还是各属县的最终确定,均从侧面反映出黔中道设置之后,所属各州县设置与发展的日益合理化,以及唐朝统治者对于黔中地域的认知深入及管理的加强。

而伴随州县的调整与管理的加强,唐朝廷对于地方户籍的统计也更加明晰,部分州县户口数量有了明显的增加,如施州与巫州天宝时期的户口数量明显多于贞观时期。贞观时期未见户籍记载的部分州级政区(其中包括部分贞观之后新设置的各州),锦州、业州、播州、南州、溪州、溱州、珍州等州也在天宝时期有了明确的户口记载。同时,也有部分州级政区户口数量因属县辖域与数量的变化,而出现户口数量减少的情况。

但是,从不同时期每户平均人口数量可以看到,虽然天宝时期部分州的户口总数有所下降,每户的平均人口数量却多呈现出上升趋势。如黔州贞观时期平均每户为4.6人,天宝时期平均每户却有5.7人;辰州贞观时期平均每户为4.2人,天宝时期平均每户却有6.7人;夷州贞观时期平均每户为3.8人,天宝时期平均每户却有5.4人;思州贞观时期平均每户为2.9人,天宝时期平均每户却有7.5人;费州贞观时期平均每户为2.5人,天宝时期平均每户却有6人。

可见黔中道设置后,虽然存在州县辖域的调整,各州户口数量表面上出现了减少的现象,但总体而言,各州县人口数量呈现明显的增加趋势,平均每户人口数量从唐初贞观年间的2—5人,增加到天宝年间的4—8人,几乎增加一倍。这应与黔中道设置以后地方治理与管理的深入、地方社会经济等的发展存在着不可分割的关系。关于前者,从州县的细化与增置即可窥见。

然而,有关黔中道设置之后地方社会经济发展的文献记载并不多见,甚至基本未见对其直接的描述。因此,此处以《元和郡县图志》所载黔中道各州在开元与元和两个时期的贡赋作为比较(见表2-5),从侧面窥探黔中道设置后区域经济的发展变化。

从表2-5可见,唐代黔中道贡赋以蜡、朱砂、黄连、斑布、麻布为主,在设置黔中道的开元时期,各州贡赋数量未见明确记载,且部分州未见关于缴纳贡赋的记载。而至元和时期,大部分州的贡赋数量具体化,此前未缴纳贡赋的业州、播州、费州均不同程度地缴纳贡赋,反映出这些地区与唐朝廷之间的联系及地方经济的开发。

综上所述,出于地方治理与管理的需要,唐朝统治者将黔中道从江南道剥离出来,另设为单独一道,经历了从江南道到江南西道、江南西道到黔中道的过程。所管州县亦经历较长时间的调整治理日益合理与成熟,并进一步促进了地方人口的增长与社会经济的发展。

第四节 设治黔州:黔州的政治、经济与交通

根据前文对历史时期黔中地域的梳理可以看到,就"长时段"(春秋战国时期至唐时期)而言,黔州作为确定的地域名称与区划(包括行政区划)名称,较之黔中的出现要晚。但是,就唐代(相对于前所言"长时段",唐代可称之为"短时段")黔州与黔中而言,黔州作为区划与地域名称的时间要早于黔中作为区划名称的恢复与使用。

据《资治通鉴》记载,武德四年(621年)时,黔州即已作为行政区划名称存在,且设有黔州刺史一职。① 又《初学记·州郡部》记载,唐贞观十三年(639年),唐朝廷将所统辖各区域划分为358个州府,其中有府40个,包括鄜州都督府、灵州都督府、夏都督府、胜州都督府、潞州都督府、并州都督府、相州都督府、岱州都督府、营州都督府、徐州都督府、齐州都督府、洛州都督府、襄州

---

① (宋)司马光:《资治通鉴》卷一八八《唐纪四》,武德四年正月丙戌,第5901页。

都督府、荆州都督府、梁州都督府、遂州都督府、益州都督府、茂州都督府、戎都
督府、泸州都督府、巂州都督府、扬州都督府、安州都督府、秦州都督、兰州都督
府、梁州都督府、松州都督府、轨州都督府、叠州都督府、潭州都督府、黔州都督
府、越州都督府、洪州都督府、高州都督府、广州都督府、崖州都督府、桂州都督
府、交州都督府、龚州都督府、巂州都督府。黔州为其中 1 府,下管费州、江州、
涪州、鄂州、郧州、润州、施州、郎州、岳州等 9 个州。①

然而,《资治通鉴》记载黔中作为地域名称在唐时期第一次出现是在总章
元年(668 年),较之黔州的出现要晚 47 年。因此,黔州在唐代的设置早于黔
中道的设置。唐朝设置黔中道后,于"每道置采访使"②,"右黔中采访使,治
黔州"③,必然是深思熟虑的结果。那么黔州为何在唐时期成为黔中道采访使
的治所,使其在唐宋时期成为附近区域乃至更大区域的中心呢? 这应与黔州
自历史时期以来所形成的自然与人文环境存在密切联系。

一、成熟之地:唐及唐以前黔州的行政建置

唐时期,在黔中道设置之前,已于贞观四年(630 年)设置黔州都督府。据
《旧唐书·地理志》记载,黔州为隋代所置黔安郡彭水县,周时置为奉州,后又
改为黔州,唐政权建立以后,仍称黔州,并在其地设置都督府。但作为都督府
治地的黔州,其辖域并不仅限于所在之彭水县,还包括黔江、洪杜、洋水、信宁、
都濡等县。关于其在历史时期与唐代的具体情况,《通典》言:

> 黔州(今理彭水县),古蛮夷之国,春秋、战国皆楚地。秦惠王欲楚黔
> 中地,以武关外易之,即此是也,通谓之五溪。五溪谓酉、辰、巫、武、沅等
> 五溪也。古老相传云,楚子灭巴,巴子兄弟五人流入黔中,各为一溪之长。
> 一说云,五溪蛮皆槃瓠子孙,自为统长,非巴子也。秦属黔中郡,汉属武陵

---

① 参见(唐)徐坚:《初学记》卷八《州郡部》,中华书局 1962 年点校本,第 166 页。

② (后晋)刘昫等:《旧唐书》卷三八《地理志一》,第 1385 页。

③ (宋)欧阳修、宋祁:《新唐书》卷四一《地理志五》,第 1076 页。

郡,后汉因之,晋、宋、齐亦然。后周武帝时,蛮帅以其地归附,遂置奉州,复改为黔州。隋初亦置黔州,炀帝初为黔安郡。大唐复为黔州,或为黔中郡。领县六:彭水(汉酉阳县)、黔江、洪杜、洋水、信宁、都濡。①

从以上杜佑关于黔州历史沿革的描述可以看到,其认为黔州在春秋、战国之前皆为"蛮夷"聚居之地,至春秋、战国时期属楚国,是秦、楚两国所争之地。至秦统一六国后,属黔中郡管辖,两汉时期属武陵郡管辖,晋、宋、齐时期均属武陵郡。至后周武帝时,在其地设置奉州,后改为黔州,中有废置,至唐代又复设为黔州,又称黔中郡,下辖6县。仅就杜佑对黔州的认识而言,我们难以看到黔州最终发展成为黔中道治所,成为区域中心的原因。因此,有必要全面分析黔中道所属其他各州历史沿革(见表2-6),并将之与黔州进行比较,以探讨唐朝廷将黔中采访史治设于黔州可能存在的行政基础。

表2-6　黔中道各州建置沿革概况表

政区名称	建置沿革概况
黔州	治于彭水县。春秋、战国为楚地,秦属黔中郡,两汉及晋、宋、齐时期属武陵郡,后周置奉州,后改为黔州。隋初亦为黔州,隋炀帝时改为黔安郡。唐代复设为黔州,又称黔中郡,下辖彭水、黔江、洪杜、洋水、信宁、都濡6县。
思州	治于务川县。隋代以前土地与黔州同。隋代属清江郡,唐武德元年(618年),置务州。贞观八年(634年),改为思州,又称宁夷郡。下辖务川、宁夷、思邛、思王4县。
辰州	治于沅陵县。春秋楚国属地,秦属黔中郡,西汉属长沙、武陵二郡,东汉及晋、宋、齐时期均属武陵郡。隋分置辰州,隋炀帝初为沅陵郡。唐仍置辰州,又称卢溪郡,下辖沅陵、溆浦、辰溪、卢溪、麻阳5县。
锦州	治于卢阳县。唐代以前土地与辰州同,唐代设锦州,又称卢阳郡,下辖卢阳、洛浦、招喻、常丰、渭阳5县。
溪州	治于大乡县。唐代以前土地与辰州同,唐代设溪州,又称灵溪郡,下辖大乡、三亭2县。
施州	治于清江县。春秋为巴国属地,战国时属楚国巫郡。秦汉时期均属南郡,后周时置亭州及业州。隋炀帝初,并置为庸州,后废,设清江郡。唐代设为施州,又称清江郡,下辖清江、建始2县。

① (唐)杜佑:《通典》卷一八三《州郡十三》,第4883—4884页。

续表

政区名称	建置沿革概况
巫州	治于龙标县。楚国时为黔中之地,秦属黔中郡,两汉时期属武陵郡,隋属沅陵郡。唐时设为巫州,天授中改名沅州,开元十二年(724年)又复为巫州,又称潭阳郡,下辖龙标、朗溪、潭阳3县。
业州(奖州)	治于峨山县。唐以前建置不详,唐置业州,又称龙标郡,下辖峨山、渭溪2县。
夷州	治于绥阳县。汉属牂柯,其后未见行政建置。隋炀帝时,属明阳郡。唐武德中,属义州。贞观中,置为夷州,又称义泉郡。下辖绥阳、义泉、都上、洋川、宜林5县。
播州	治于播川县。汉属牂柯,其后建置不详。唐代置播州,又称播川郡。下辖播川、遵义、芙蓉、琊川4县。
费州	治于涪川县。汉属牂柯郡,为"蛮夷"聚居地域,都不宾附。至后周,始置为费州。唐初属务州,贞观初复置费州,又称涪川郡,下辖涪川、多田、扶阳、城乐4县。
溱州	治于荣懿县。唐以前未见建置,唐设溱州,又称溱溪郡,下辖荣懿、扶欢2县。
珍州	治于营德县。唐以前建置不详,唐贞观七年(633年)置珍州,又称夜郎郡。下辖营德、夜郎、丽皋、乐源4县。

资料来源:《通典》卷一八三《州郡十三》。

从杜佑对黔中道所辖各州建置沿革的描述(见表2-6)可以看到,黔中道所辖各州纳入历代政权直接管辖的时间均较晚。黔州、思州、辰州、锦州、溪州、施州、巫州均为较早纳入经制州郡管理的地域。除施州外,黔州、思州、辰州、锦州、溪州、巫州均自春秋战国时期即为楚国属地,秦时属黔中郡,两汉及晋、宋、齐时期属武陵郡,反映出这一区域自春秋战国至南北朝时期行政归属的一致性。

其余如业州、溱州、珍州唐以前建置沿革均不详,多为唐代新开拓之地。夷州、播州、费州均为汉代牂柯郡属地,为"蛮夷"聚居地,汉以后很长时间未见行政建置。可见,业州、溱州、珍州、夷州、播州、费州等6州在隋唐以前基本未纳入历代政权直接管理。

因此,唐朝统治者在设置黔中道时,必然不会考虑将治所设在唐以前未见行政建置的业州、溱州、珍州、夷州、播州与费州。若设在以上几州,则唐朝面临的是几乎没有统治基础的区域,极有可能出现政权不稳定情形。所以只能在黔州、思州、辰州、锦州、溪州、施州与巫州等 7 州进行选择。而 7 州在历史时期的建置大致相同,均自秦汉时期纳入经制州县直接管理。从各州独立设置经制州县的时间而言,黔州与施州是较早单独设立经制州县的政区。黔州在后周时即设置为奉州,后改名为黔州,成为独立州;施州在后周时置亭州及业州,亦为单独一州。而辰州为隋代设置,锦州、溪州、巫州均为辰州所管辖区域,思州在后周时曾属黔州,在隋时期又属清江郡,至唐朝时才设务州。

从黔州、思州、辰州、锦州、溪州、施州与巫州等 7 州作为独立政区的建置时间可以看到,黔州与施州是单独设置州级政区最早的两个州,说明后周政权对于这两个地域的管理较为深入与成熟,且较之辰州(唐以前,辖域包括后分设之锦州、溪州、巫州等州),辖域也相对较小。如此,则黔州与施州相对其他 5 州而言,具有更好的行政基础,也具有更好的统治基础,较之其他各州有更适宜作为中心的条件。

综合各州在唐以前的政区建置沿革,一方面,可以看到黔中道所属各州在唐代以前时期与历代政权之间的关系多较为疏远,以至于极少有经制州县的设置,且有接近一半的区域被视为"化外之地",在相当长的时间内未曾纳入中央政权的直接管理。这些区域无论从政治、经济,还是文化、人口而言,都存在不成熟、不稳定情形,均不具备成为黔中采访使治所(黔中道区域治理中心)的条件。另一方面,黔州、思州、辰州、锦州、溪州、施州与巫州等 7 州在唐以前时期虽多未单独设置州郡,但均纳入经制州郡的管辖,在政治、经济、文化、人口等方面较之业州、夷州、播州、费州、溱州、珍州等新设州均更为成熟与稳定,具备更加适合的条件。而黔州与施州又早于其他各州成为单独的州郡政区,说明中央政权对其地的治理更加深入,管理更加规范,具备比其他各州更好的政治基础。那么,为什么最终唐朝廷没有将黔中采访使治所设于施州,而选择设于黔州呢?这必然与黔州各属县行政建置及唐初黔州都督府的设置存在密切关系,特别是黔州都督府的设置,已使黔州成为周边地区的一个中心,使地方在长期的发展中逐渐成熟,具备成为更大区域治所的政治基础。

唐时期,黔州下辖6县,分别为彭水、黔江、洪杜、洋水、信宁、都濡。除彭水县外,其余几县政区设置均较晚,如黔江,为隋时期分黔阳县所置石城县;洪杜县,为武德二年(619年)分置;信宁县为隋时期所置信安县;洋水、都濡均曾为彭水县地,唐武德二年分置盈隆县,贞观二十年(646年),又从盈隆县分置都濡县。①

彭水县,欧阳修、宋祁在《旧唐书》中记载为黔州最早建置的县,认为彭水在汉时期已设置西阳县,属武陵郡管辖,至三国吴时期又分西阳属地设置了黔阳郡。杜佑在《通典》中亦言彭水为"汉西阳县"②,是唐代黔州所属6县中最早设县、最早发展、深受汉文化影响的县。

李吉甫在《元和郡县图志》中言及黔州建置沿革时与其不同,认为彭水在汉时期为涪陵县治所,至三国蜀时又设为郡,后因两晋南北朝时期无暇顾及,州郡荒废,未见具体郡县设置。③

尽管《旧唐书》《通典》《元和郡县图志》关于彭水最早所置县名的观点有所不同,但均认为彭水自汉时期即已置县,且为县的治所所在。可见彭水是黔州所辖6县中发展最早的区域,因此,至唐代设置黔州时,仍将治所设于彭水,并将其划分为三县,进一步细化对地方的管理。

唐初延续北周及隋时期的政区建置,仍设黔州管辖地方。但与此前单独设置的黔州有所不同,至晚自贞观三年(629年)开始,已设置黔州都督府管辖地方。据《唐会要》记载:

> 东谢蛮在黔州之西数百里,南接守宫僚,西连夷子,北至白蛮。土宜五谷,无文字,刻木为契,散在山谷,依树为居,无税赋之事,皆自为生业。刀剑不离身,男女椎髻,以绯束之,后垂向下。其首领谢元深,世为酋长。

---

① (后晋)刘昫等:《旧唐书》卷四〇《地理三》,第1620—1621页。

② (唐)杜佑:《通典》卷一八三《州郡十三》,第4884页。

③ 参见(唐)李吉甫:《元和郡县图志》卷三〇《黔州观察使》。

谢氏一族，法不育女，自云高姓，不可下嫁也。

贞观三年，元深入朝。冠乌熊皮冠，若今之旄头，以金络额，身披毛帔，韦皮行縢而着履。中书侍郎颜师古奏言：昔武王时，天下太平，远国归款，《周史》书其事为《王会篇》。今万国来朝，至如此辈章服，实可图写，今请撰为《王会图》。从之，以其地为应州，拜元深刺史，隶黔州都督府。又有南谢首领谢强，与西谢蛮连接，共元深俱来朝，拜为南寿州刺史，后改为庄州。①

即至晚在贞观三年时，生活于黔州之西的"东谢蛮"首领谢元深进入唐朝廷，向唐朝廷表示臣服之后，唐朝廷在其地设置应州前即已设置黔州都督府，让黔州都督府担任管辖新设各州之责。东谢首领谢元深所在应州是如此，南谢首领谢强所在南寿州（后改名庄州）亦是如此。因此，黔州都督府所领之州不仅包含《初学记·州郡部》所言费州、江州、涪州、鄂州、郧州、润州、施州、郎州、岳州等9州，②还包括应州、庄州等"蛮"族聚居区域。

如《新唐书·地理志》记载：

唐兴，初未暇于四夷。自太宗平突厥，西北诸蕃及蛮夷稍稍内属，即其部落列置州县。其大者为都督府，以其首领为都督、刺史，皆得世袭。虽贡赋版籍，多不上户部，然声教所暨，皆边州都督、都护所领，著于令式。今录招降开置之目，以见其盛。其后或臣或叛，经制不一，不能详见。突厥、回纥、党项、吐谷浑隶关内道者，为府二十九，州九十。突厥之别部及奚、契丹、靺鞨、降胡、高丽隶河北者，为府十四，州四十六。突厥、回纥、党项、吐谷浑之别部及龟兹、于阗、焉耆、疏勒、河西内属诸胡、西域十六国隶陇右者，为府五十一，州百九十八。羌、蛮隶剑南者，为州二百六十一。蛮隶江南者，为州五十一；隶岭南者，为州九十二。又有党项州二十四，不知

① （宋）王溥：《唐会要》卷九九《东谢蛮》，中华书局1960年点校本，第1761页。
② （唐）徐坚：《初学记》卷八《州郡部》，第166页。

其隶属大凡府州八百五十六,号为羁縻云。①

可知,唐初设置都督府最为主要的目的是管理与治理"蛮夷"聚居区域,在较大的区域设置都督府,以各地"蛮夷"首领为都督、刺史。不同地区之间存在着不一样的治理方式,但总体而言,以羁縻为主。黔州都督府为其中之一,唐初属江南道管辖。所言"蛮隶江南者,为州五十一",均属黔州都督府管辖。其中,牂州、琰州、庄州、充州、应州、矩州、明州、鸾州、令州、那州、晖州、都州、总州、殷州、敦州、候州、晃州、樊州、棱州、添州、普宁州、功州、亮州、茂龙州、延州、训州、卿州、双城州、整州、悬州、抚水州、思源州、逸州、南平州、勋州、袭州、宝州、姜州、鸿州等均在黔中道设置之前即已设置,可见黔州都督府管辖区域较为广大。

其虽作为都督府,所管辖区域以羁縻州为主,但却成为唐朝廷借以治理以上各羁縻州的中心区域,也成为唐朝廷派遣官员的重要驻地之一,加强了唐朝廷对黔州地域的了解,促进了地方的发展,为其地最终发展成为黔中道中心提供了良好、稳定的政治环境。

又据蒲孝荣《四川政区沿革与治地今释》统计,黔州治所彭水县曾在三国蜀汉与南齐时期成为独立政区,在东汉、三国蜀汉、西晋、成汉、北周、隋代五个时期均为郡治(见表2-7),说明彭水县在唐以前即已形成较为成熟的政治环境。

表 2-7　唐代以前彭水郡县设置概况表

朝代	所属政区	归属关系
战国	黔中郡	未知
西汉	巴郡	一般属县
东汉	涪陵郡	郡治(今彭水县郁山镇)
三国蜀汉	涪陵郡	郡治(今彭水县汉葭镇)
西晋	涪陵郡	郡治(今彭水县郁山镇)

---

① (宋)欧阳修、宋祁:《新唐书》卷四三下《地理七下》,第1119—1120页。

续表

朝代	所属政区	归属关系
成汉	涪陵郡	郡治(今彭水县郁山镇)
南齐	涪陵郡	一般属县
北周	黔州	州治(今彭水县郁山镇)
隋	黔安郡	郡治(今彭水县郁山镇)

然而,其政区的建置与政治的发展,亦离不开其地自然环境、交通条件及社会、经济等的发展,几者相互促进,形成一个较为完整地整体,共同促进地方的发展,使黔州最终在唐宪宗时期发展成为黔中道的核心区域。

二、便利之地:唐代黔州的交通

黔州治所彭水县能够自秦汉时期即纳入中央政权的直接管理,一方面反映的是地方与中央之间联系的加深,与地方经济社会的发展;另一方面,间接地反映出黔州所在区域与其他区域之间具有的自然交通条件。黔州地处山区,与历代政权统治腹地之间有着重重阻隔,因此黔州以西南的大部分区域均曾长期处于"化外",至黔州及与其相近各州管理制度确定以后,才开始对这些区域进行较为全面的治理与管理。

黔州设置以后,唐代诗人仍对黔州的交通表现出担忧,认为从唐朝腹地去往黔州的道路难行。如权德兴在送别前往黔中(郡)的朋友时,作《献岁送李十兄赴黔中酒后绝句》曰:

> 一樽岁酒且留欢,三峡黔江去路难。
>
> 志士感恩无远近,异时应戴惠文冠。①

权德兴(759—818 年),天水略阳(今陕西省略阳县)人,唐德宗贞元时期,任江西观察使兼判官、监察御史、太常博士、左补阙、中书舍人、礼部侍郎、

---

① (唐)权德兴:《献岁送李十兄赴黔中酒后绝句》,(清)彭定求等编:《全唐诗》卷三二三,第 3632 页。

三知贡举、兵部、吏部侍郎、太子宾客、太常卿、礼部尚书。唐宪宗元和时期,拜相,罢相后,为检校吏部尚书。后做太常卿,刑部尚书,出为山南西道节度使。① 从其任职履历可见,权德兴为官期间,主要生活于唐朝的都城长安及东都洛阳与江西(今江西省)、山南西道(治今陕西省汉中市,管辖今陕西汉中、四川东部、重庆西部等地区),即权德兴作为唐朝官员,并未在黔中地区(包括黔州)任过职,但所管辖山南西道已然靠近黔中道。因此,对于黔中道的认知,可能来自古籍文献对黔中的描述,也可能来自同僚、朋友的描述。

所以,从"去路难"可以看到一个未曾在黔中地区任过职的官员对于黔中地区交通的认知,说明当时黔中在唐朝大部分官员眼中道路遥远。但是也间接地指出了当时从山南西道三峡地区到黔中的主要交通道路之一为黔江(今乌江)水道。

比权德兴稍晚的诗人李频对此亦有描述。李频,唐宣宗大中八年(854年)进士,调秘书郎,为南陵主簿,后迁武功令,又升侍御史,都官员外郎,为建州刺史。② 就其为官履历而言,并未见其有黔中相关的经历。然而,其所创作诗词较多与黔中相关,且与权德兴的诗词一样,反映了当时黔中与外界往来的主要交通路线可能为(乌江)水道。

如《将赴黔州先寄本府中丞》曰:

八月瞿塘到底翻,孤舟上得已销魂。

幕中职罢犹趋府,阙下官成未谢恩。

丹嶂耸空无过鸟,青林覆水有垂猿。

感知肺腑终难说,从此辞归便扫门。③

《初离黔中泊江上》曰:

① (后晋)刘昫等:《旧唐书》卷一四八《权德兴列传》,第4001—4006页。
② (宋)欧阳修、宋祁撰:《新唐书》卷二〇三《李频列传》,第5794页。
③ (唐)李频:《将赴黔州先寄本府中丞》,(清)彭定求等编:《全唐诗》卷五八七,第6809页。

> 去去把青桂，平生心不违。
>
> 更蒙莲府辟，兼脱布衣归。
>
> 霁岳明残雪，清波漾落晖。
>
> 无穷幽鸟戏，时向棹前飞。①

《自黔中归新安》曰：

> 朝过春关辞北阙，暮参戎幕向南巴。
>
> 却将仙桂东归去，江月相随直至家。②

从《将赴黔州先寄本府中丞》一诗可以肯定，李频在中进士之后没有就任校书郎一职，且确定要到黔州做官，因此特作诗对当时黔州中丞表示感谢，但可能其在黔州为官时间较短，因而未见于《新唐书》记载，而《新唐书》也直接根据任命记为校书郎。据《唐才子传校笺》考，李频在中进士之后，即入幕到了黔中，并未即任校书郎，但在黔中驻留时间不长，不久后又离黔归新安。③

因此，《初离黔中泊江上》与《自黔中归新安》中所言黔中，应均为黔州的泛称。而以上三首与黔州相关的诗均呈现出黔州交通集中于"江"上的实际情况。首先，其到黔州之前，言"八月瞿塘到底翻，孤舟上得已销魂"，说明其自唐朝都城到黔州的路线，是经过瞿塘（在今重庆市奉节县）走水路进入的，因此所使用的交通工具为舟。"孤舟"一词，则呈现出路途的遥远与诗人独行的感受。其次，《初离黔中泊江上》一诗描述了李频离开黔中在江上的心情，也反映出其离开的主要交通工具仍为船。《自黔中归新安》中"江月相随直至家"亦回应了这一点。

比李频稍晚的诗人周繇，咸通十三年（872 年）举进士及第，后调福昌县尉，迁建德令。又辟襄阳徐商幕府，检校御史中丞。虽未见黔中相关履历，但

---

① （唐）李频：《初离黔中泊江上》，（清）彭定求等编：《全唐诗》卷五八八，第 6821 页。

② （唐）李频：《自黔中归新安》，（清）彭定求等编：《全唐诗》卷五八七，第 6811 页。

③ 周祖譔主编：《历代文苑传笺证》卷三《〈新唐书〉卷二百三〈文艺列传下〉》，凤凰出版社 2012 年版，第 507—508 页。

亦根据历史文献或言传,在其所流传的、送别友人的诗中描绘了对黔中交通的一点认识。如其《送人尉黔中》一诗曰:

> 盘山行几驿,水路复通巴。
>
> 峡涨三川雪,园开四季花。
>
> 公庭飞白鸟,官俸请丹砂。
>
> 知尉黔中后,高吟采物华。①

在诗的开端即明确提出当时前往黔中的交通情况。"盘山行几驿,水路复通巴",一方面与权德兴、李频的描述不同,指出前往黔中需要经过一段山路,且设有驿站;另一方面,和权德兴、李频一样,指出水路是黔中连接外地的主要通道之一。

与周繇差不多同一时期的罗隐则在其写给友人的《寄黔中王从事》诗中对黔中交通所需要的里程进行了描述,言:

> 故人刀笔事军书,南转黔江半月余。
>
> 别后乡关情几许,近来诗酒兴何如。
>
> 贪将醉袖矜莺谷,不把瑶缄附鲤鱼。
>
> 今日举觞君莫问,生涯牢落鬓萧疏。②

从罗隐的描述可见,其对黔江交通的判断,来源于友人寄往书信接收的时间,以"半月余"反映从唐朝核心区域到黔州所需要的时间,又以"黔江"作为双关词,一方面,可能指代作为主要通道的河流黔江(今乌江);另一方面,又可能指黔州所属黔江县。

由以上唐代诗人所流传诗词对黔中(黔州)交通的描述可以确定,黔州与唐朝核心区之间有一条长期畅通的道路,且以水路为主。因此,就唐朝与黔州的往来而言,虽然路途较远,也存在一定的艰难,但总体畅通,并不影响政令的下达与相互的往来。就此而言,黔州天然的河流为其提供了便利的交通。

---

① (唐)周繇:《送人尉黔中》,(清)彭定求等编:《全唐诗》卷六三五,第7290页。

② (唐)罗隐:《寄黔中王从事》,(清)彭定求等编:《全唐诗》卷六六二,第7588页。

李吉甫在记载黔州"八到"时亦叙及黔州的交通情况,言黔州:

> (西)〔东〕北至上都,取江陵府路三千六百五十里,北取万、开州路二
> 千五百七十里。(西)〔东〕北至东都三千四百四十五里。南至夷州五百
> 八十里。东南至思州二百八十里。北渡江,山路至忠州四百里。西北至
> 涪州三百三十里。西南至播州八百里。①

虽未直接指出各道路性质(是水路,还是陆路),但可以明显地看到,黔州
至唐朝都城的道路,自黔州出发,向北有两条,一为江陵府路,二为万州、开州
路。就里程而言,万州、开州路明显要短于江陵府路,距离更近。因此,唐代诗
人权德兴、李频在谈及黔州交通时,均言及三峡(包括今瞿塘峡、巫峡、西陵
峡。又泛指三个峡所在区域,包括万州、开州所在区域),说明自黔州出发,经
万州、开州前往当时首都长安的道路,是往来交通较为便捷,也最常使用的道
路。而其与周边夷州、思州、忠州、涪州、播州均有道路相连,如李吉甫在描述
所属各州的"八到"时,言涪州"东南至黔州水路三百三十里"②,思州"西北水
路至黔州二百八十里"③,溪州三亭县"自县西水陆路相兼五百里至黔江县
(属黔州)"④,溱州"东北至黔州,取珍、播夷路一千三百里"⑤。

然而,黔州的交通,除了为其与唐朝廷之间的交流与往来提供便利,还是
连接黔州西南的重要通道。严耕望先生在《唐代黔中牂牁诸道考略》一文中
即对此展开过详细论述。根据严先生的考证,结合历史文献的记载,可以确定
黔中道是唐代南诏通往唐朝都城长安的重要通道之一。如《蛮书》记载:

> 蛮王蒙异牟寻积代唐臣,遍沾皇化。天宝年中,其祖阁罗凤被边将张
> 乾拖谗构,部落惊惧,遂违圣化,北向归投吐蕃赞普。以赞普年少,信任谗
> 佞,欲并其国。蒙寻远怀圣化,北向请命。故遣和使,乞释前罪,愿与部落

---

① (唐)李吉甫:《元和郡县图志》卷三〇《江南道六》,第 736 页。
② (唐)李吉甫:《元和郡县图志》卷三〇《江南道六》,第 738 页。
③ (唐)李吉甫:《元和郡县图志》卷三〇《江南道六》,第 741 页。
④ (唐)李吉甫:《元和郡县图志》卷三〇《江南道六》,第 751 页。
⑤ (唐)李吉甫:《元和郡县图志》卷三〇《江南道六》,第 745 页。

竭诚归附。缘道遐阻,伏恐和使不达,故三道遣:一道出石山,从戎州路入;一道出夷僚,从黔府路入;一道出夷僚,从安南路入。①

一方面讲述了南诏与唐朝廷关系的变化,另一方面指出了当时南诏与唐朝廷之间往来的主要通道。即南诏在天宝年间由亲唐转向吐蕃之后,因吐蕃对外策略的变化,南诏又希望脱离吐蕃的控制,恢复与唐朝廷的友好关系。因此,特派遣使者,前往唐朝都城,向唐朝统治者表达其希望得到朝廷谅解、归顺朝廷的强烈愿望。但因担心道路遥远,交通不便,受到其他不可抵抗因素的影响,派出的使者不能顺利到达唐朝都城,于是派出多个使者,分别从戎州(治今四川省宜宾市)路、黔府(治今重庆市彭水县)路、安南(治今越南河内)路三条路前往长安。可见,黔州是当时连接唐朝核心区与西南边疆的主要通道之一。

此外,在西南边疆地区还有"昆弥国,一名昆明,西南夷也,在爨之西,西洱河为界,即叶榆河也。其俗与突厥略同,相传与匈奴本是兄弟国也。汉武帝得其地入益州部,其后复绝。诸葛亮定南中,亦所不至。唐武德四年(621年),巂州治中吉弘伟使南宁,因至其国谕之,至十二月,遣使朝贡。其使多由黔中南路而至"。②《唐会要》又将此处所言"黔中南路"称为"黔南路"③,如前文对黔中地域的考证所言,唐时期黔南与黔中混用,并无区分,因此此处所言黔中南路与黔南路应为一条道路。说明黔中不仅为南诏通往唐朝核心区的重要通道,也是西南其他部落通往唐朝核心区的重要通道。因此,至元和三年(808年)五月,有敕言:"自今以后,委黔南观察使差本道军将充押领牂牁、昆明等使。"④使黔州在区域政治与交通上的中心地位更加突出。

据严耕望先生考证,这一道路"由昆明部族(今昆明县市)东行经南宁州

① (唐)樊绰撰,向达校注:《蛮书校注》卷一〇《南蛮疆界接连诸蕃夷国名第十》,中华书局2018年版,第266页。
② (宋)乐史:《太平寰宇记》卷一七九《四夷八》,第3432—3433页。
③ (宋)王溥:《唐会要》卷九八《昆弥国》,第1750页。
④ (后晋)刘昫等:《旧唐书》卷一九七《南蛮西南蛮列传》,第5276页。

(今曲靖市)至牂牁部族(今关岭永宁地区),又东度入黔江(乌江)流域下行至今贵州省东北经,分为两道。其一仍循黔江下行,东北至黔州(今彭水县)达涪州(今涪陵县)。此为牂牁诸族入贡通使之主道。其一,东行度入沅江流域,下行至辰州(今沅陵县),惟盖少通行"①。所言主要通道即唐代诗人权德兴、李频、周繇、罗隐在诗词中所描绘的黔江水路。

而黔州作为黔中采访使及黔州都督府的治所,其与所管辖羁縻州之间亦有较为稳定的交通,以便黔中观察使、节度使等官员对羁縻州进行监管与往来。如《新唐书》记载,汉代属于夜郎管辖的南宁州(今云南曲靖市)地区,曾是典型的"蛮夷"聚居地,天宝末期,曾脱离唐朝廷的控制;后至唐末,唐朝廷又恢复对其地的控制,设置具有军事性质的镇进行管理。其地有路通黔州,"去黔州二十九日行"②经黔州与唐朝廷往来交流。

除黔州外,黔中道所属各州亦均有道路与外界往来交流,李吉甫《元和郡县图志》对此进行了较为详细的梳理(见表2-8)。

表2-8 黔中道各州交通概况表

政区名称	交通概况
涪州	东取江陵路至上都(长安),水陆相兼三千三百二十五里;从万州北开州通宣县,及洋州路至上都,二千三百四十里。东至东都三千六百里,水路至万州六十里。东至忠州三百五十里。东至江陵府,水路一千七百里。东南至黔州,水路三百三十里。西南至渝州,水路三百四十里。西北陆路至渠州陵山县,三百七里。
思州	东北至上都,取江陵府路三千九百二十五里。东北至东都三千七百二十五里。西南至夷州四百里。东南至锦州常丰县五百里。西北水路至黔州二百八十里。南至费州水路四百里。
辰州	北至上都二千五百一十里。东北至东都二千二百五十里。东至朗州,〔水〕路沿流四百六十里。南至叙州,水路五百三十八里。正北微东至澧州七百五十里。西南至锦州,水路七百里。正西微北水路至溪州,三百六十八里。

① 严耕望:《唐代黔中牂牁诸道考略》,《中央研究院历史语言研究所集刊》,1979年,第362页。括弧内今址未根据今之行政区划进行修改,均为严耕望先生原注。
② (宋)欧阳修、宋祁:《新唐书》卷四三下《地理七下》,第1140页。

续表

政区名称	交通概况
溪州	西北至上都二千八百七十八里。北至东都二千六百一十八里。正东微南至辰州三百六十里,一路取西,沂流三百七十里。东北至澧州,水陆相兼一千三百里,山路险阻,若遇霖潦,则不通行。本管三亭县,自县西水陆路相兼五百里至黔江县,又西三百里至黔州,其三亭县与施州接界,山路峻,不通行。
施州	东北至上都二千七百里。东北至东都二千三百八十五里。西至万州六百八十五里。北至夔州五百里。东至叙州七百六十六里。南至黔州四百八十五里。
奖州	北至上都三千八百四十八里。东北至东都三千五百八十八里。西南沂流沿溪至费州五百七十里。西南沂流至牂牁充州七百里。东沿流至叙州八百里。南至牂牁羁縻应州三百里。
夷州	东北至上都,取江陵路四千一百五十五里,北取当州路三千七百里。东北至东都二千九百四十五里。西南至播州二百四十里。东北至涪州四百里。北至黔州五百八十里。东至费州三百里。
播州	东北至上都,取江陵路四千三百五十五里,北取万、开州路三千二百七十里。东北至东都四千一百四十五里。东北至黔州八百里。东北至费州四百里。东北至牂牁北界巴江镇七十里。东南至牂牁州二百二十里。
费州	东北至上都,取江陵路四千三百三十五里。东北至东都四千一百二十五里。北至思州水路四百里。正南微西至牂牁充州一百九十里。西南至播州四百里。东至奖州,水陆相兼四百里。
溱州	东北至上都三千四百三十四里。东北至东都四千二百九十一里。东北至黔州,取珍、播夷路一千三百里。正南微东至珍州二百里。东北至南州二百七十里。东与宾州接界,山险不通,无里数。西接合江县。
珍州	东北至上都五千五百五十里。东北至东都四千五百四十五里。(南)〔西〕接夷僚界。东南至播州二百里。北至溱州二百四十里。
南州	东北至上都三千一百六十里。东北至东都二千九百里。北至渝州江津县二百三十里。东至契丹土六百里。西至没丁山八十里。南至溱州二百七十里。
锦州	东北至上都三千二百一十一里。东北至东都二千七百五十里。东北至辰州水路七百里。南至奖州陆路五百四十里。东北至溪州五百里。南至思州八百里。
叙州	东北至东都二千七百八十八里。北至上都三千四十八里。西沂流至奖州八百里。北沿流至辰州五百三十八里。南逾岭至融州,水陆共一千五百里。东南逾岭至吉州,水陆共二千一百里。

资料来源:《元和郡县图志》卷三〇《江南道六》。

从表2-8可见,黔中道各州均有与周边相连接的道路。具体而言,涪州至黔州、渝州、万州、江陵府有水路四条;思州有至黔州、费州水路两条;辰州有至朗州、叙州、锦州、溪州水路四条;溪州有至辰州水路一条;奖州至费州、充州、叙州有水路三条;费州有至思州水路一条;锦州有至辰州水路一条;叙州有至奖州、辰州水路两条,合计有水路 18 条。其他涪州至渠州有陆路一条;锦州有至奖州陆路一条,合计陆路两条。溪州有至澧州、黔州水陆相兼道路两条;费州有至奖州水陆相兼道路一条;叙州有至溶州、吉州水陆相兼道路两条,合计水陆相兼道路 5 条。

综上,李吉甫明确提出水路、陆路、水陆相兼道路,合计共有 25 条①,其中,水路占总道路的 72%,水陆相兼道路占 20%,陆路仅占 8%。显然,黔中道各州与周边交往交流的主要交通为水路。

出现这一结果的原因,与当时道路开发技术及地方自然地理环境存在不可分割的联系,即在生产力、生产技术较为有限的古代,无论是中央王朝还是地方,都无法如现代一样进行大规模的道路修筑,受自然地理环境的影响很大。如溪州三亭县虽然与施州相邻,但却因"山路峻",两州之间无道路通行。② 溱州与宾州"接界",也因为"山险""不通"。③ 所以,唐代黔中道各州与周边及上都(长安)、东都(洛阳)之间的交通往来,更多倚靠天然存在的、可以通航的河流。

结合前文对《元和郡县图志》所载江南道山川概况的梳理与统计(见表2-3),连接黔中道所属各州的河流主要为涪陵江(今乌江)与沅江。其中涪陵江水,分别为黔州、涪州、思州、费州主要河流,流经四州,是连接四州最为重要的通道,因此,四州之间均有水路往来。沅溪水(今沅江),分别为辰州、叙州(巫州)主要河流,是连接两州最为重要的交通道路,因此,两州之间有水路往来。沅溪水的主要支流辰水、酉水、潕水又为辰州、溪州、锦州主要河流,因此,辰州与溪州之间有水路往来,与锦州之间亦有水路往来。

---

① 数据仅为(唐)李吉甫《元和郡县图志》卷三〇《江南道六》所载黔中道各州道路数量,可能存在统计不全、记载不全的情形,此处仅作为基本参考。
② (唐)李吉甫:《元和郡县图志》卷三〇《江南道六》,第 751 页。
③ (唐)李吉甫:《元和郡县图志》卷三〇《江南道六》,第 745 页。

可见,涪陵江与沅江及其支流是唐代黔中道各州往来的主要通道。涪陵江又为连接地方最多的通道,因此,黔州作为地处涪陵江中游的重要交通点,交通便利,具备成熟的交通条件,可为政令的下达与地方时政的上传提供基本保障。

三、富有之地:唐及唐以前黔州的经济与社会

黔州设治于彭水县,下辖彭水、黔江、洪杜、洋水、信宁、都濡 6 县。由前文可知,彭水县纳入州县制度的管理最早,其次为黔江、信宁 2 县,其余洪杜、洋水、都濡均为唐代分彭水、黔江等县所置。总体而言,是黔中道所属各州县中纳入管理较早,发展较早的区域。境内丰富的盐与丹砂资源,为其地方经济社会发展奠定了良好的基础,为朝廷官员的地方安置提供了物资保障。

首先,黔州治所彭水县有丰富的盐资源。最早关于彭水县盐资源的记载见于《华阳国志》"汉发县,有盐井"①。说明彭水县盐资源至晚在三国两晋南北朝时期即被发现与利用。至唐时期,"天下之赋,盐利居半,宫闱服御、军饷、百官禄俸皆仰给焉"②。又有言"大抵有唐之御天下也,有两税焉,有盐铁焉,有漕运焉,有仓廪焉,有杂税焉"③。反映当时盐在唐朝的重要价值与地位,更进一步促进了地方盐的开发。

据《新唐书·食货志》记载,唐朝共有"盐池十八,井六百四十","黔州有井四十一"。④ 占唐朝总盐井数量的 6%。而其他盐井较为集中的地区,最多的为梓州、遂州、绵州、合州、昌州、渝州、泸州、资州、荣州、陵州、简州等 11 州所在区域,共有井 460 处;其次为果州、阆州、开州、通州 4 州,共有井 123 处;

① （晋）常璩撰,任乃强校:《华阳国志》卷一《巴志》,第 43 页。
② （宋）欧阳修、宋祁:《新唐书》卷五四《食货四》,第 1378 页。
③ （后晋）刘昫等:《旧唐书》卷四八《食货上》,第 2088 页。
④ （宋）欧阳修、宋祁:《新唐书》卷五四《食货四》,第 1377 页。

最少的为成州、嶲州,各仅有盐井 1 处。梓州、遂州、绵州、合州、昌州、渝州、泸州、资州、荣州、陵州、简州、果州、阆州、开州、通州等 15 州境内具体盐井数量不详,若按照平均方法计算,15 州共有井 583 处,平均至每州,则每州约有井 39 处。粗略计之,黔州很可能为唐朝统辖区域内盐井数量最多之州。这无疑反映出唐时期黔州所在区域盐资源开发的成熟,及其在当时全国"井盐"产区中的突出地位。一定程度上提高了拥有丰富盐资源的黔州的地位,使黔州最终发展成为黔中道的中心。

就各盐井的具体位置而言,文献未见完整、详细的记载。魏徵等在《隋书·地理志》中记载"彭水,开皇十三年(593 年)置。有伏牛山,出盐井"①。李吉甫亦在《元和郡县图志》中言"伏牛山,在(彭水)县北一百里。左右盐泉,今本道官收其课"②。均仅言及当时彭水县伏牛山的盐井,侧面反映出当时黔州盐井集中于伏牛山所在区域,且至唐代时,地方盐产业有了一定的发展,开始为唐朝地方课税的主要来源之一。

然而,据现当代学者与专家的考证,黔州治所彭水县的盐并非仅分布于伏牛山及其周边邻近区域,在其他地方亦大量地存在。第一,从彭水县民族宗教委员会民族研究所编撰的《老郁山盐业遗址调查》与彭水县盐业公司编撰的《彭水县盐志》中,可见彭水全县盐矿资源分布广泛。如《老郁山盐业遗址调查》记述"彭水盐业资源丰富,广布于走马乡的万灵山、郁山古镇的伏牛山以及太原乡和汉葭镇的县坝等地"③。

第二,据笔者研究,除以上地区外,彭水县其他地区也蕴藏着盐矿资源。据统计,在彭水县的地名中,共有 17 处因盐而命名的地名。首先,以产盐或具有盐矿资源而命名的地名共有 13 处。主要有棣棠乡的园田大队"境内早年

---

① (唐)魏徵、令狐德棻等:《隋书》卷二九《地理上》,第 829 页。
② (唐)李吉甫:《元和郡县志》卷三〇《江南道六》,第 737 页。
③ 彭水县民宗委民族研究所编撰:《老郁山盐业遗址调查》(内部资料),2008 年 11 月,第 7—8 页。

产盐,人称盐田坝。后谐音演绎为园田坝,大队以此得名",境内又有咸井以"此地过去有盐泉,故名"。① 走马乡的大咸坝"早年此地一水井为盐泉,有咸味,故名大咸坝"②。龙溪乡的龙洞井"早年有盐井,并有龙洞水";小南井"从前此处有股盐水,人称小盐井,后谬传为小南井";小咸溪"上游有盐泉,溪水带咸味,故名小咸溪"。③ 芦塘乡的井洞溪"传说溪旁开过盐井,出过盐水,故名井洞溪"④。木南乡的水咸滩"此处有股盐水,从普子河滩中冒出,水带咸味,故名水咸滩"⑤。梅子垭乡的咸池"早年此处有股水含盐质"⑥。鹿角乡的山盐池"此处山堡间有两个塘,曾开过盐井"⑦。善感乡的咸井坝"传说此坝开过盐井,故名咸井坝"⑧。润溪乡的麻池大队"早年辖境盛产青麻,开过盐池,故名麻池大队"⑨等13个地名。其次,与盐业生产有关的地名有两处。一是三连公社的草坨"清乾隆以前,为煎盐草料集中地,故名草坨"⑩。二是联合乡的小灶河"地在后江河边,早年设有小盐灶熬盐,故名小灶河"⑪。最后,是与成品盐运输有关的地名,亦有两处。其一是走马乡的走马岭"过去常有驮马运盐经此岭,故名走马岭"⑫。其二是现桑柘乡的马道"古为驮马运盐大路"⑬。可见,彭水盐矿资源分布较多,且产生了具有地方特色的盐业地名。

因此,在盐业资源丰富的黔州设置盐铁使,专管其地盐业。据《旧唐书·食货志》记载,唐开元以前,朝廷财赋相关事宜均归尚书省管理,自开元开始,

① 彭水县地名领导小组编:《彭水县地名录》(内部资料),1984年,第58页。
② 彭水县地名领导小组编:《彭水县地名录》(内部资料),第100页。
③ 彭水县地名领导小组编:《彭水县地名录》(内部资料),第106、109页。
④ 彭水县地名领导小组编:《彭水县地名录》(内部资料),第133页。
⑤ 彭水县地名领导小组编:《彭水县地名录》(内部资料),第145页。
⑥ 彭水县地名领导小组编:《彭水县地名录》(内部资料),第227页。
⑦ 彭水县地名领导小组编:《彭水县地名录》(内部资料),第232页。
⑧ 彭水县地名领导小组编:《彭水县地名录》(内部资料),第236页。
⑨ 彭水县地名领导小组编:《彭水县地名录》(内部资料),第275页。
⑩ 彭水县地名领导小组编:《彭水县地名录》(内部资料),第83页。
⑪ 彭水县地名领导小组编:《彭水县地名录》(内部资料),第129页。
⑫ 彭水县地名领导小组编:《彭水县地名录》(内部资料),第96页。
⑬ 彭水县地名领导小组编:《彭水县地名录》(内部资料),第208页。

转由其他官员管理,因而先后设置有"转运使、租庸使、盐铁使、度支盐铁转运使、常平铸钱盐铁使、租庸青苗使、水陆运盐铁租庸使、两税使","随事立名,沿革不一"。① 盐铁使为其中长期设置的重要官员,所管"盐铁钱物,悉入正库,一助经费"②。因此,唐朝所辖重要区域,均置盐铁使等官员对地方财政进行专门管理。对其官员的选拔也十分重视,言"设官分职,选贤任能,得其人则有益于国家,非其才则贻患于黎庶,此又不可不知也"③。

在黔州,据不完全记载,唐代宗时期,曾任命履历丰富,治理有方的薛舒为"黔州刺史、黔中经略招讨官、观察处置、盐铁选补等大理卿兼御史中丞"④;唐德宗时期,曾任命在都城任职,掌管唐宫、京城巡警烽候、道路等事宜的右金吾卫大将军"李通为黔州刺史、黔中经略招讨、观察、盐铁等使"⑤;唐宪宗时期,曾任命才能突出的阳翟县丞郗士美"由坊州刺史为黔州刺史、兼御史大夫、持节黔中经略招讨、观察、盐铁等使"⑥。即以李通、郗士美等官员同时兼任黔州刺史、经略招讨使、盐铁使等职,虽分别管理黔州不同事务,但又突出了盐铁事务在所有事务中的重要性。

综上,通过黔州盐资源在唐代的开发与发展可以看到,在以"盐"为重要财政收入之一的唐代,黔州的盐资源得到了充分的开发,地方经济也得到了一定的发展。因而,在官员任命时,在黔州设置盐铁使一职。

其次,黔州治所彭水县除产盐外,还有丰富的丹砂资源。据《新唐书·地理志》记载,光明丹砂为唐代黔州的重要土贡之一。如南朝范晔撰写《后汉书·郡国志》时,即有言"……涪陵出丹"⑦。至唐代,房玄龄等撰写《晋书》,

---

① (后晋)刘昫等:《旧唐书》卷四八《食货上》,第2086页。
② (唐)韩愈撰,(宋)魏仲举集注:《五百家注韩昌黎集》外集卷七《顺宗实录卷第二》,中华书局2019年点校本,第1600页。
③ (后晋)刘昫等:《旧唐书》卷四八《食货上》,第2086页。
④ (唐)房玄龄等:《晋书》卷一二〇《李特载记》,第3022页。
⑤ (后晋)刘昫等:《旧唐书》卷一二《德宗上》,第326页。
⑥ (后晋)刘昫等:《旧唐书》卷一五七《郗士美列传》,第4146页。
⑦ (南朝宋)范晔:《后汉书》志第二三《郡国五》,第3507页。

亦有言"秦并天下,以为黔中郡……土有盐铁丹漆之饶"①。以反映黔州丹砂资源的客观存在与丰富。

关于其发现与开发,唐代韦建在《黔州刺史薛舒神道碑》中言及薛舒任职黔中时,曰"黔中者,《禹贡》荆州之域。秦开武陵郡,其启土也大,其货殖也殷,有廪君之土舟,擅寡妇之丹穴"②。认为黔中地区货殖殷实,丹砂资源丰富,且自巴寡妇开始即已有所开发。据《汉书·货殖传》记载,"巴寡妇清,其先得丹穴,而擅其利数世,家亦不訾。清寡妇能守其业,用财自卫,人不敢犯。始皇以为贞妇而客之,为筑女怀清台"③。可见,韦建认为黔州地区的丹砂至晚在秦始皇时期已作为一种重要的财赋来源开发。

除史料对黔州丹砂资源有记载外,黔州治所(今重庆市彭水县)流传下来的历史地名也反映了历史时期郁山镇的丹砂资源的存在,如彭水县郁山镇的朱砂窝即以"传说此处出过朱砂"得名。④

周繇则直接在其《送人尉黔中》诗中曰:

盘山行几驿,水路复通巴。

峡涨三川雪,园开四季花。

公庭飞白鸟,官俸请丹砂。

知尉黔中后,高吟采物华。⑤

道出黔中(黔州)丹砂在地方财政中的重要性,认为丹砂是黔中地方官员俸禄的重要来源,反映当时黔中之外的官员及文人对于黔中地区天然物产、资源的认知,也反映丹砂作为地方资源,在唐朝都城及相邻地区所享有的盛名。可见,丹砂与盐一样,是黔州最为重要的经济资源。

---

① (唐)房玄龄等:《晋书》卷一二〇《李特载记》,第3022页。
② (唐)韦建:《黔州刺史薛舒神道碑》,(清)董诰等编:《全唐文》卷三七五,第3814页。
③ (东汉)班固:《汉书》卷九一《货殖传》,中华书局1962年版,第3686页。
④ 彭水县地名领导小组编:《彭水县地名录》(内部资料),1984年,第83页。
⑤ (唐)周繇:《送人尉黔中》,(清)彭定求等编:《全唐诗》卷六三五,第7290页。

　　正是这些丰富的盐矿资源与丹砂资源一起,促进和造就了今彭水县"盐丹文化"。任乃强在《四川上古史新探》中描述彭水郁山镇盐丹文化时言"从煮盐、采丹、聚集人口,开发地方产业,到疏通水道运输,便是郁山地区文化的特点"①。黔中道最终设治于黔州,必然与黔州地方经济社会的发展存在不可分割的联系。

　　黔州经过历史时期的治理,无论是政治社会还是经济社会,相对于其所辖绝大部分区域都更为成熟,纳入版籍的人口数量也在唐时期得以迅速增长,至唐代已发展成为唐朝直接治理十分成熟的地区。又有地利之便,是为沟通南、北、东、西的重要交通枢纽。相对于所属其他各州而言,更加具备"天时、地利、人和"的优势,因此最终发展成为黔中道的中心。

---

　　①　任乃强:《四川上古史新探》,四川人民出版社1986年版,第252页。

第三章 经营与管理：黔中道的官员选任与地方治理

　　黔中道的设置缘起于江南道内部人口构成、社会经济发展、自然地理环境等方面差异的日益明显与区域治理及发展的需要。将其从江南西道分离出来单独设道，是治理的第一步；增设州郡，将其治所设于黔州，是治理的第二步；选择合适的官员对地方进行深入管理，是治理的第三步，也是持续推进地方发展最为重要的一步。

　　根据元宗皇帝《申严远州不肯到官勅》所言"闻黔州管内州县官员多阙，吏部补人多不肯去。成官已后，或假解，或从正，考满得资，更别参选。自余管蛮僚州，大率亦皆如此。宜令所司于诸色选人内即召补，并驰发遣至州，令都府勘到日申所司。如迟违牒，管内都督史□追毁告身，更不须与官"①。可见，黔中地区治理存在一定的难度，一方面，地理位置偏远；另一方面，为"蛮"族聚居之地，社会经济、文化等均与"内地"存在较大差别，因而官员大多不愿意到黔中任职，导致黔州所管州县官员大量缺乏，其他所属州县则更是如此。因此，专门针对这一类州县官员的选任进行敕旨，要求吏部于所管部门内选择合适人选立即前往各州县任职补缺，如有违反规定，延迟或拒绝前往者，则命所管督史进行追责、惩罚，将其记录在案，不能再给予其他任何官职。

---

① 　元宗皇帝：《申严远州不肯到官敕》，（清）董诰等编：《全唐文》卷一〇〇四，第 10407 页。

毫无疑问,官员的选任是统治者眼中,地方治理与管理最为重要的组成部分之一。因此,本章重点从黔中地区官员选任的历史情况、黔中任职官员的地方治理出发,探讨唐朝黔中官员的选任与地方治理。

第一节 双制并行:州(郡)县制与羁縻州制在黔中的实施

一、州(郡)县制与黔州经制州(郡)县的设置

唐初为了加强对地方控制,在郡县之上置道管理地方。又根据区域自然地理环境、民族构成等的不同,在道之下分别实行州(郡)县制与羁縻州制进行区分管理与治理。

武德初年,在全国范围内临时设置陕东道、益州道、襄州道、东南道、河北道等行台尚书省,总理地方军民事务。至武德末年,基本完成全国统一之后,诸道行台尚书省陆续撤销,但道作为区划名称,并没有因此消失,相反得到了进一步运用。太宗贞观元年(627 年),因"隋季丧乱,群盗初附,权置州郡,倍于开皇大业之间",州县数量过多,不利于地方管理与治理,于是"悉令并省,始于山河形便分为十道,一曰关内道,二曰河南道,三曰河东道,四曰河北道,五曰山南道,六曰陇右道,七曰淮南道,八曰江南道,九曰剑南道,十曰岭南道。至十三年(639 年)定簿,凡州府三百五十八,县一千五百五十一"①。按照"山川形便"原则,对隋朝末年所置州县进行调整,并最终将各州县按照地域划属关内道、河南道、河东道、河北道、山南道、陇右道、淮南道、江南道、剑南道、岭南道等十道进行总体管理。这一时期,道虽然划定了管辖区域范围,但实质上只是一种监察巡视区域,因而未固定设置道一级行政官员进行固定的管理与

---

① (后晋)刘昫等:《旧唐书》卷三八《地理一》,第 1384 页。

治理。

《唐大诏令集》即较为详细地记载了临时委派官员前往各道进行巡视监察的情况。《遣御史大夫王晙等巡按诸道制》言,因"在外具寮多违宪法,牧守则寄任滋重,令长则禄秩且优,讴闻侵窃,屡有章奏",指出地方官员多有违反法律规定者,未受到相应的处分,反而更放肆,因此,不得不选派如王晙一样位重且有才华,能够按规章办事的官员前往各道,负责巡视,并"以时纠察,巡内有长吏贪扰、狱讼冤抑、暗懦尸禄、苛虐在官,即仰随事按举所犯(罪)状,并推鞫准格断覆讫闻奏,仍便覆囚。夫牧宰之职,教道是先。录曹之任,纲纪斯在。其有政理殊尤,清直独立者,咸以名荐。余官有清白著称,及诸色不善,各别为科目,同状奏闻。其寻常平状,并不须通。俾夫善取其尤,罚无所滥,疏而不漏,察不为苛,必将正其源流,弘彼纲目,不可总此烦碎,扰其吏人,应是州县常务,事非损益者,使人更不干预。其百姓有不支济,应须处置。有不便于人,须厘革者,与州县商量处分。讫奏闻,宜体虚伫之怀,以光澄清之举"①,道出了这一职务的缘起与委派官员的选择与职责。显然,王晙等巡按各道官员至各道的主要任务是纠察各道所辖州县官员的贪污受贿、苛虐行为与冤假错案等,搜集各所犯罪状的具体详情并上报以进行处理。而对于为官清廉、遵纪守法的官员,要进行相应的奖励与举荐。除此之外,《遣使黜陟诸道敕》《席建侯等巡行诸道敕》《黜陟杨慇等诏》均言及唐朝廷临时派遣官员至道巡察事件。

至开元二十一年(733年),在十道的基础上,又将全国分为京畿采访使、内都畿、关内、河南、河东、河北、陇右、山南东、山南西、剑南、淮南、江南东、江南西、黔中、岭南十五道,不同于之前对道的临时管理,开始固定在各道设置采访使进行管理,并明确采访使的职责为"检察非法"②,将原来临时派遣官员到各地进行监督检查的职责固定下来,由专人进行负责。至肃宗乾元元年(758

---

① (宋)宋敏求编:《唐大诏令集》卷一〇四《政事》,中华书局2008年版,第532页。
② (后晋)刘昫等:《旧唐书》卷三八《地理一》,第1385页。

年),改采访处置使为观察处置使,仍主要负责"掌所部善恶",对所辖区域进行总体把控。然而,这一制度的固定,最终使得方镇权重,节度使往往兼领观察处置使,甚至经略使、招讨史等重要职位,进而割据一方,致使全国最后被划分为四十余道,而每一道都逐渐成为相对独立的军事割据区或行政区,较之唐初作为监察区的十道,性质发生了根本变化。

道之下,置州(郡)、县进行具体的管理与治理。武德元年(618年),将隋大业三年(607年)所设各郡改置为州,实行以州统县的两级地方制度,并将各郡太守改为刺史,且"加号持节",但发展到后来,仅颁铜鱼符,对其加号管理军事,而不持节。① 至唐玄宗天宝元年(742年),又恢复以郡统县的两级地方制度,将州改为郡,州刺史改为郡太守。肃宗至德元年(756年),又一度恢复州刺史名称。然而,"自是州郡史守更相为名,其实一也"②,无论是州县制度还是郡县制度,其实质并未发生改变。

据《通典》《唐会要》《旧唐书》《新唐书》等文献记载,唐朝廷按照户数的多少将州分为上、中、下三等,但不同时期的参考标准有所不同。唐高祖武德时期,三万户以上为上州。唐高宗永徽时期,二万户以上为上州;显庆元年(656年)开始,又以三万户以上为上州,二万户以上为中州。至唐玄宗开元十八年(730年),因全国户口有所增加,又以四万户以上为上州,两万五千户以上为中州,两万户以下为下州。同时,在边远地区另划标准,三万户以上为上州,二万户以上为中州,而亲王任中州、下州刺史的地方,亦为上州,可见不同时期州的等级是相对固定、又相对灵活的,有适时调整的特征。而地区较重要的州,又有"辅""雄""望""紧"等次第之分。③ 据《新唐书·地理志》记载,黔中道所属各州,除黔州、辰州设都督府外,其余均为下州(见表3-1)。

---

① (唐)杜佑:《通典》卷三三《职官十五》,第907—908页。
② (唐)杜佑:《通典》卷三三《职官十五》,第908页。
③ (宋)王溥:《唐会要》卷七〇《量户口定州县等第例》,第1231页。

表 3-1　黔中道各州级政区等级表

政区名称	所属等级
黔州	下都督府
辰州	中都督府
锦州	下州
施州	下州
叙州	下州
奖州	下州
夷州	下州
播州	下州
思州	下州
费州	下州
南州	下州
溪州	下州
溱州	下州

资料来源:《新唐书》卷四一《地理五》。

县的等级,有"赤、畿、望、紧、上、中、下七等之差",合计有赤级 6 县,畿级 82 县,望级 78 县,紧级 111 县,上级 446 县,中级 296 县,下级 554 县,共 1573 县。赤县均在都城长安所在区域,畿县在都城的周边。其余各县等级"以户口多少,资地美恶"为准进行划分。① 唐高祖武德时期,以五千户以上为上县,二千户以上为中县,一千户以上为中下县。唐玄宗开元十八年(730 年),以六千户以上为上县,三千户以上为中县,不满三千户为中下县;而地处边缘的州县,五千户以上为上县,两千户以上为中县,一千户以上为中下县。② 据《新唐书·地理志》记载,黔中道所属各县,涉及等级包括上县、中县与中下县,其中上县 5 个,中县 1 个,中下县 42 个(见表 3-2)。

① (唐)杜佑:《通典》卷三三《职官十五》,第 919—920 页。
② (宋)王溥:《唐会要》卷七〇《量户口定州县等第例》,第 1231 页。

表 3-2　黔中道各县级政区等级表

政区名称	所属等级
彭水	上
沅陵	上
溆浦	上
龙标	上
大乡	上
辰溪	中
黔江	中下
洪杜	中下
洋水	中下
信宁	中下
都濡	中下
卢溪	中下
麻阳	中下
卢阳	中下
招谕	中下
渭阳	中下
常丰	中下
洛浦	中下
清江	中下
建始	中下
郎溪	中下
潭阳	中下
峨山	中下
渭溪	中下
梓姜	中下
绥阳	中下
都上	中下
义泉	中下
洋川	中下
宁夷	中下

续表

政区名称	所属等级
遵义	中下
芙蓉	中下
带水	中下
务川	中下
思王	中下
思邛	中下
涪川	中下
扶阳	中下
多田	中下
城乐	中下
南川	中下
三溪	中下
三亭	中下
荣懿	中下
扶欢	中下
夜郎	中下
丽皋	中下
乐源	中下

资料来源:《新唐书》卷四一《地理五》。

县之下,按照"百户为里,五里为乡","四家为邻,五邻为保"[1]设乡里邻保组织。每里置里正一人,"掌按比户口,课植农桑,检察非违,催驱赋役"[2]。负责管理所辖范围内的户口、课税并进行监督,监察违法行为,对地方进行基本规范。在县城的则为坊,每坊置坊正,负责坊门的管理检查并督查是非。在城郊则为村,另置村正,村有百家则增置一人,职务与坊正相同。五里为乡,每乡置"耆老"一人,以年长平和且小心谨慎之人任其职,亦称"父老"。[3] 而最

---

[1] （后晋)刘昫等:《旧唐书》卷四三《职官二》,第1825页。
[2] （唐)杜佑:《通典》卷三《食货三》,第63页。
[3] （唐)杜佑:《通典》卷三三《职官十五》,第924页。

基本的单位保,设有保长"以相禁约",进行基层治理。①

因此,黔中道所属黔州、辰州、锦州、施州、叙州、奖州、夷州、播州、思州、费州、南州、溪州、溱州及所辖各县实行的是道、州(郡)、县及里、乡、邻、保多层次的地方管理。

二、羁縻州制与黔中区域治理

唐朝疆域范围广阔,所辖区域行政建制除州县或郡县外,还有数量较多的羁縻州。杜佑在《通典》中言"天宝初,又改州为郡,刺史为太守。大凡郡府三百二十有八,县千五百七十有三,羁縻州郡不在其中"②。可见,羁縻州是有别于州(郡)县的一种特殊政区。

关于羁縻州设置的缘起,《新唐书·地理志》有言:

> 唐兴,初未暇于四夷,自太宗平突厥,西北诸蕃及蛮夷稍稍内属,即其部落列置州县。其大者为都督府,以其首领为都督、刺史,皆得世袭。虽贡赋版籍,多不上户部,然声教所暨,皆边州都督、都护所领,著于令式。今录招降开置之目,以见其盛。其后或臣或叛,经制不一,不能详见。突厥、回纥、党项、吐谷浑隶关内道者,为府二十九,州九十。突厥之别部及奚、契丹、靺鞨、降胡、高丽隶河北者,为府十四,州四十六。突厥、回纥、党项、吐谷浑之别部及龟兹、于阗、焉耆、疏勒、河西内属诸胡、西域十六国隶陇右者,为府五十一,州百九十八。羌、蛮隶剑南者,为州二百六十一。蛮隶江南者,为州五十一,隶岭南者,为州九十二。又有党项州二十四,不知其隶属。大凡府州八百五十六,号为羁縻云。③

显然,羁縻州的设置缘起于唐初征服"四夷"聚居区域之后,无暇建立直接统治进行管理,因而在其区域或部落内设置都督府或州县,仅有府或州名,

---

① (后晋)刘昫等:《旧唐书》卷四三《职官二》,第1825页。
② (唐)杜佑:《通典》卷一七二《州郡二》,第4483页。
③ (宋)欧阳修、宋祁:《新唐书》卷四三《地理七》,第1119—1120页。

并无内地府、州之实,以原来的地方首领担任都督、刺史等职,世袭管理地方。所管区域不与内地州(郡)县一样缴纳贡赋,户口也不纳入版籍,不由户部进行统一管理。① 但又由边州都督或都护负责联系与监督,保持与唐朝廷之间的行政从属关系。后日积月累,这一政区在唐朝一度增加,但中间既有新增臣服于唐朝者,亦有叛乱脱离于唐朝者,因而并没有固定延续下来,也没有针对每一个时段的详细记载。最终将在关内道突厥、回纥、党项、吐谷浑所在区域设置的29府、90州,在河北道突厥别部、奚族群、契丹、靺鞨、降胡、高丽所在区域设置的14府、46州,在陇右道突厥、回纥、党项、吐谷浑别部、于阗、焉耆、疏勒及河西内属诸胡、西域十六国所在区域设置的51府、98州,在剑南道羌所在区域设置的261州,在江南道"蛮"所在区域设置的51州,在岭南道"蛮"所在区域设置的92州,以及党项所在24州,统称为羁縻府州,合计共856州。

其中,所言江南道51羁縻州,包括牂州、琰州、庄州、充州、应州、矩州、明州、蔿州、劳州、羲州、福州、犍州、邦州、清州、峩州、蛮州、鼓州、儒州、琳州、鸾州、令州、那州、晖州、都州、总州、敦州、殷州、候州、晃州、樊州、稜州、添州、普宁州、功州、亮州、茂龙州、延州、训州、卿州、双城州、整州、悬州、抚水州、思源州、逸州、南平州、勋州、袭州、宝州、姜州、鸿州(今址见表1-1),均隶属黔州都督府。

关于羁縻州与州(郡)县在地方管理与治理中的差异,从《新唐书·地理志》关于羁縻州设置缘起的记载可以看到,一是突出表现在贡赋与户口方面。唐朝廷对州(郡)县的贡赋与户口有统一管理,其县之下设里正、乡正等的重要作用正在于对基层户口、课税等的管理与统计。而羁縻府州不缴纳贡赋,户口也多不纳入版籍,因而唐朝廷并无在羁縻府州之下设置乡里官员进行管理的记载。二是突出地表现在官员任命与管理方面。唐朝廷对都督府、州

① 此与(后晋)刘昫等撰《旧唐书》卷四三《职官二》,第1625页记载:州县"凡男女,始生为黄,四岁为小,十六为中,二十有一为丁,六十为老。每一岁一造计帐,三年一造户籍。县以籍成于州,州成于省,户部总而领焉",形成鲜明对比。

(郡)、县的官员职位有较为稳定的设置,且多通过选拔方式进行任命。同时,又根据州(郡)县等级划分,确定不同官员的品级,进而对地方进行整体性的管理。而所置羁縻府州的长官(都督或刺史),基本均由原地方首领担任,且可以世袭,与州(郡)县官员的选拔、任命存在本质差异。

黔中道羁縻州亦如此,如羁縻应州原为"东谢蛮"聚居区域,无赋税之事,贞观三年(629年)与唐朝廷建立联系后,唐朝廷在其地设置羁縻州,即以原首领元深为地方最高官员州刺史,继续管理地方。羁縻庄州原为"南谢蛮"聚居区域,其首领与元深一同到唐朝廷朝见,唐朝廷于是在其聚居地设置羁縻庄州,并以首领谢强为州刺史。羁縻明州原为"西赵蛮"聚居区域,亦于贞观三年派遣使者到唐朝廷朝贡,于是唐朝廷在其地设置羁縻明州,以原世袭首领赵磨为刺史。①

显然,实际控制与管理羁縻州的官员仍为地方首领。但是,通过《请改革选举事条》言"其边远羁縻等州(州府佐官),请兼委本道观察使,共铨择补授"。②"羁縻州所补汉官,给以当土之物"。③ 可见,唐朝廷对羁縻州虽无直接管理,但又有一定程度的干涉。所派遣至黔中羁縻州的汉官,至少在某种程度上对地方首领(州刺史)起到了一定的监督作用。但是这类官员的选拔与任命,明显与经制州(郡)县官员的选拔与任命存在差异——派遣至羁縻州的汉官,不经由唐朝廷的选拔进行任命,而由道的观察使进行铨选后授命。

综上所述,经制州(郡)县制度与羁縻州制度是唐朝在"内地"与"边地"所实施的两种不同地方治理制度,在具体管理与官员设置两个方面存在较大差异。黔中作为原属于江南道的区域,在历史发展中形成了与江南道其他区域不同的区域特征。一方面,境内不少地区自秦汉时期即已设置经制州(郡)县,被纳入中央王朝的直接管理,编户齐民,缴纳贡赋,被视为"内地"区域。

---

① (后晋)刘昫等:《旧唐书》卷一九七《南蛮西南蛮列传》,第5274—5276页。
② (唐)杜佑:《通典》卷一八《选举六》,第451页。
③ (后晋)刘昫等:《旧唐书》卷四三《职官二》,第1839页。

另一方面,"东谢蛮""南谢蛮""西赵蛮"聚居区域却长期处于"化外",自秦汉以来均为地方首领管理,未曾设置经制州县,将其纳入中央王朝的直接管理。因此,面对同一区域的不同情况,唐朝统治者选择在原来即已纳入直接管理的区域,继续设置州(郡)县进行管理与治理;在原来未曾纳入直接管理的区域,设立羁縻州,进行间接管理与治理。通过这种间接管理与治理,逐步深入,在时机成熟之时,再在其地设置经制州(郡)县,对其地进行直接的管理与治理。最终使得唐朝在黔中地区的管理呈现出"因俗而治"的"双制并行"特点。而"双制并行"实质上反映出的是黔中区域社会的复杂程度以及区域管理与治理的困难程度。面对这种困难,唐朝廷对黔中职官的设置与官员的选拔变得十分重要。所选拔官员能够有效管理与治理地方,使地方社会、经济、文化有所发展,维持地方的稳定,成为最主要的目标。

第二节　官员选聘:黔中道职官的设置与选任

一、黔中道职官的设置

唐代职官的设置根据府州县等级的不同而有所不同,据表 3-1 与表 3-2 可见,黔中道所属各州县按照大的层级关系可分为三类,一是都督府,二是州,三是县。而都督府又有中都督府与下都督府之分,州均为下州,县有上县、中县与中下县之分。据《新唐书·百官志》记载,中都督府、下都督府、下州、上县、中县与中下县的职官设置均有具体规定:

中都督府　都督一人,正三品;别驾一人,正四品下;长史一人,正五品上;司马一人,正五品下;录事参军事一人,正七品下;录事二人,从九品上;功曹参军事、仓曹参军事、户曹参军事、田曹参军事、兵曹参军事、法曹参军事、士曹参军事各一人,从七品上;参军事四人,从八品上;市令一人,从九品上;文学一人,从八品上;医学博士一人,正九品上。

下都督府　都督一人，从三品；别驾一人，从四品下；长史一人，从五品上；司马一人，从五品下；录事参军事一人，从七品上；录事二人，从九品上；功曹参军事、仓曹参军事、户曹参军事、田曹参军事、兵曹参军事、法曹参军事、士曹参军事各一人，从七品下；参军事三人，从八品下；文学一人，从八品下；医学博士一人，正九品上。①

就中都督府与下都督府职官的设置而言，两者基本相同，均设有都督、别驾、长史、司马、录事参军、录事、功曹参军事、仓曹参军事、户曹参军事、田曹参军事、兵曹参军事、法曹参军事、士曹参军事、参军事、文学、医学博士。不同之处在于上都督府另设有市令一职，是下都督府没有的。此外，两个不同等级的都督府各官员之间的品级亦存在部分差异，下都督府的都督、别驾、长史、司马、录事参军职位品级，均为"从品"，而中都督府均为"正品"，较之中都督府的品级要低一级。

就各官职在地方的具体职责而言，都督"掌督诸州兵马、甲械、城隍、镇戍、粮廪，总判府事"②。负责统筹管辖所属各州的军防行政事务，从整体对各州事务进行安排或决断。

别驾、长史，别驾自汉代始置，其最初为州刺史随从，辅佐刺史工作。唐初改郡丞曰别驾，唐高宗时又改别驾为长史。在都督府下设别驾与长史，则其职能为辅佐都督工作。

司马，与别驾、长史一样，为都督的辅佐官员，唐前期具有一定的实权。唐中后期，成为安放流贬官员的职位，无实权，只领俸禄。

录事参军"掌正违失，莅符印"③，主要负责考核与纠察官员过失，监守符印。

录事，总掌监察功曹、仓曹、户曹、田曹、兵曹、法曹、士曹等曹事务。

---

① （宋）欧阳修、宋祁：《新唐书》卷四九下《百官四下》，第1315页。
② （宋）欧阳修、宋祁：《新唐书》卷四九下《百官四下》，第1315页。
③ （宋）欧阳修、宋祁：《新唐书》卷四九下《百官四下》，第1312页。

功曹参军事,所负责事务相对较多,涉及面较广,包括"考课、假使、祭祀、礼乐、学校、表疏、书启、禄食、祥异、医药、卜筮、陈设、丧葬"①等各方面事务。

仓曹参军事,主要负责"租调、公廨、庖厨、仓库、市肆"②等粮食相关的租用调、仓库、市场多方面的事务。

户曹参军事,主要负责户籍及区域内民众的管理,包括"户籍、计帐、道路、过所、蠲符、杂徭、逋负、良贱、刍藁、逆旅、婚姻、田讼、旌别孝悌"③在内的户籍统计与管理、民众赋役、婚姻、民事诉讼、道路建设等多个方面。

田曹参军事,主要负责土地相关事项,包括"园宅、口分、永业及荫田"④等宅基地的管理、土地的分配管理等。

兵曹参军事,主要负责军事相关的事项,包括"武官选、兵甲、器仗、门禁、管钥、军防、烽候、传驿、畋猎"⑤等武官选举、兵器管理、军事设施建设多个方面。

法曹参军事,主要负责刑事相关事项,包括"掌鞫狱丽法、督盗贼、知赃贿没入"⑥。

士曹参军事,主要负责地方工程建设相关事项,包括"津梁、舟车、舍宅、工艺"⑦等方面的建设与维护。

参军事,事务相对较少,主要负责"出使、赞导"⑧。

文学,"掌以五经授诸生"⑨,主要负责文化教学等事务。

医学博士,主要负责"疗民疾"⑩,为民众治疗疾病。

---

① (宋)欧阳修、宋祁:《新唐书》卷四九下《百官四下》,第 1312 页。
② (宋)欧阳修、宋祁:《新唐书》卷四九下《百官四下》,第 1312 页。
③ (宋)欧阳修、宋祁:《新唐书》卷四九下《百官四下》,第 1312—1313 页。
④ (宋)欧阳修、宋祁:《新唐书》卷四九下《百官四下》,第 1313 页。
⑤ (宋)欧阳修、宋祁:《新唐书》卷四九下《百官四下》,第 1313 页。
⑥ (宋)欧阳修、宋祁:《新唐书》卷四九下《百官四下》,第 1313 页。
⑦ (宋)欧阳修、宋祁:《新唐书》卷四九下《百官四下》,第 1313 页。
⑧ (宋)欧阳修、宋祁:《新唐书》卷四九下《百官四下》,第 1314 页。
⑨ (宋)欧阳修、宋祁:《新唐书》卷四九下《百官四下》,第 1314 页。
⑩ (宋)欧阳修、宋祁:《新唐书》卷四九下《百官四下》,第 1314 页。

市令，主要负责市场的交易与管理，"禁奸非，通判市事"①。

可见，都督府所设职官各有其职能，推动都督府对于地方的治理。而其所管辖各州亦有相应的职官体系。黔中道所涉下州设有：

> 刺史一人，正四品下；别驾一人，从五品上；司马一人，从六品上；录事参军事一人，从八品上；录事一人，从九品下；司仓参军事、司户参军事、司田参军事、司法参军事各一人，从八品下；参军事二人，从九品下；医学博士一人，从九品下。②

刺史主管一州的监察、教化等事务。别驾、司马、录事参军、录事与都督府别驾、司马、录事参军、录事、参军事、医学博士的职能基本相同，只是面对的仅为各所在州。司仓参军事、司户参军事、司田参军事、司法参军事与都督府下仓曹参军事、户曹参军事、田曹参军事、法曹参军事相对应，职能及所管理主要内容基本相同，只是所管区域范围存在差异。因此，州与都督府在职官的设置上，具有极强的相似性，反映出唐朝对州一级政区控制与管理的严格。而县作为州以下的政区，其在职官设置上相对简单：

> 上县　令一人，从六品上；丞一人，从八品下；主簿一人，正九品下；尉二人，从九品上。
>
> 中县　令一人，正七品上；丞一人，从八品下；主簿一人，从九品上；尉一人，从九品下。
>
> 中下县　令一人，从七品上；丞一人，正九品上；主簿一人，从九品上；尉一人，从九品下。③

即县令、县丞、主簿、县尉是县通常设置的、正式的、有品级的官员，不同层级县的县令、县丞、主簿、县尉仅存在品级上的差异，不存在官员设置类别不同、职能不同的差异。就县令、县丞、主簿、县尉各官的职能而言，县令总管一

---

① （宋）欧阳修、宋祁：《新唐书》卷四九下《百官四下》，第 1316 页。
② （宋）欧阳修、宋祁：《新唐书》卷四九下《百官四下》，第 1318 页。
③ （宋）欧阳修、宋祁：《新唐书》卷四九下《百官四下》，第 1318—1319 页。

县综合事务,具体包括"导风化,察冤滞,听狱讼"及"民田收授""乡饮酒礼""籍账、传驿、仓库、盗贼、隄道"等,涉及教育、刑事、民政、交通、道路等多个方面。县丞的职责为辅佐县令。县尉则负责分管县设司仓、司马、司法、司户等曹,并催征课税,追捕盗贼。主簿则主管文书簿籍及印鉴,后多成为安放流贬人员的职位。①

通过对《旧唐书》《新唐书》《通典》《元和郡县图志》等文献的梳理可见,黔中道各州县官员设置均遵从唐朝官制规定,设有以上各官。但是,除以上常设官职外,黔中道作为十五道之一,还置有采访使、观察使、节度使、经略史等官。

采访使的设置,始于开元二十一年(733 年),"分天下为十五道,每道置采访使"②,黔中道为十五道之一,理于黔州。因此,黔中道设有"右黔中采访使,治黔州"③。其职能为"检察非法,如汉刺史之职"④,主要负责监督、监察和检查所属州县官吏。

唐肃宗时期,改采访使为观察处置使,简称观察使。可见观察使职能与采访使基本一致,主要负责所属州县的管理与治理。黔中观察使"治黔州,管涪、溪、思、费、辰、锦、播、施、珍、夷、业、溱、南、巫等州"⑤。即黔中观察使所管辖范围包括黔中道所属涪州、溪州、思州、费州、辰州、锦州、播州、施州、珍州、夷州、业州、溱州、南州、巫州等 14 州及各州所辖县,管辖范围是黔州都督府与辰州都督府所管范围的总和。至唐代宗大历四年(769 年)六月,因"升辰州为都督府",于是从黔中观察使所管辖州中,"析辰、巫、溪、锦、业等州置团练观察使"。⑥ 由此,黔中地区观察使的设置发生了细微变化,在原

---

①　(宋)欧阳修、宋祁:《新唐书》卷四九下《百官四下》,第 1319 页。
②　(后晋)刘昫等:《旧唐书》卷三八《地理志一》,第 1385 页。
③　(宋)欧阳修、宋祁:《新唐书》卷四一《地理志五》,第 1076 页。
④　(后晋)刘昫等:《旧唐书》卷三八《地理志一》,第 1385 页。
⑤　(后晋)刘昫等:《旧唐书》卷三八《地理志一》,第 1392 页。
⑥　(后晋)刘昫等:《旧唐书》卷一一《代宗本纪》,第 293 页。

来所置一般观察使之外,增加了侧重于军事管理的团练观察使。但《旧唐书》《新唐书》关于辰州等处团练观察使的记载极少,唐代宗以后也未见这一区域团练观察使的设置。但关于观察使的官员任命,却有着较为丰富的记载:

贞元二年(786 年)三月乙巳,"以司农卿李模为黔中观察使"①。

贞元十五年(799 年)八月丁酉,"以洋州刺史韦士宗为黔中观察使"②。

贞元十七年(801 年)夏四月辛亥,以谏议大夫裴佶为黔中观察使。③

贞元二十年(804 年)八月戊申,以房州刺史郗士美为黔中观察使。④

元和三年(808 年)十月甲子,"以御史中丞窦群为湖南观察使,既行,改为黔中观察使"⑤。

元和六年(811 年)九月癸巳,"以蜀州刺史崔能为黔中观察使"⑥。

元和八年(813 年)冬十月己巳,"以宗正少卿李道古为黔中观察使"⑦。

元和十四年(819 年)二月己酉,"以商州刺史严谟为黔中观察使"⑧。七月癸卯,"以前黔中观察使魏义通为怀州刺史、河阳三城怀孟节度使"⑨。

长庆元年(821 年)正月癸亥,以左散骑常侍崔元略为黔州刺史,充黔中观察使。⑩

① (后晋)刘昫等:《旧唐书》卷一二《德宗本纪上》,第 352 页。
② (后晋)刘昫等:《旧唐书》卷一三《德宗本纪下》,第 391 页。
③ (后晋)刘昫等:《旧唐书》卷一三《德宗本纪下》,第 394 页。
④ (后晋)刘昫等:《旧唐书》卷一三《德宗本纪下》,第 400 页。
⑤ (后晋)刘昫等:《旧唐书》卷一四《宪宗本纪上》,第 426 页。
⑥ (后晋)刘昫等:《旧唐书》卷一四《宪宗本纪上》,第 437 页。
⑦ (后晋)刘昫等:《旧唐书》卷一五《宪宗本纪下》,第 447 页。
⑧ (后晋)刘昫等:《旧唐书》卷一五《宪宗本纪下》,第 466 页。
⑨ (后晋)刘昫等:《旧唐书》卷一五《宪宗本纪下》,第 469 页。
⑩ (后晋)刘昫等:《旧唐书》卷一六《穆宗本纪》,第 485 页。

大和五年(831年)二月辛酉,"以黔中观察使裴弘泰为桂管经略使,以前安州刺史陈正仪为黔中观察使"①。九年(835年)五月戊辰,"以金吾大将军李玭为黔中观察使"②。

开成三年(838年)冬十月己丑,"以少府监张沼为黔中观察使"③。

从以上记载可见,唐德宗至唐文宗时期,李模、韦士宗、裴佶、郗士美、窦群、崔能、李道古、严谟、魏义通④、崔元略、陈正仪、李玭、张沼等人先后担任过黔中观察使一职。且这些官员在任黔中观察使前,多已建过功勋,担任过其他职务,如:

李模,任黔中观察使前,曾任司农卿,为管理唐朝农业、仓储、宫廷百官供应等事务的从三品官员。

韦士宗,任黔中观察使前,曾任洋州刺史。洋州(治今陕西省洋县)为山南西道所属下州,其刺史品级为正四品下。即韦士宗任黔中观察使前,为正四品下官员。

裴佶,任黔中观察使前,曾任拾遗、补缺、吏部员外、兵部郎中、谏议大夫等职。因韦士宗治理黔中不善,不能为地方民众所接受。唐朝廷任命裴佶以正四品谏议大夫,迁任黔中观察使。

郗士美,任黔中观察使前,曾任房州刺史。房州(治今湖北省房县)为山南东道所属下州,其刺史品级为正四品下。即郗士美任黔中观察使前,为正四品下官员。

窦群,曾任左拾遗、侍御史、判官、膳部员外、唐州刺史、山南东道节度副使、检校兵部郎中、吏部郎中、中丞、湖南观察使等职。出任黔中观察使之前为湖南观察使。

---

① (后晋)刘昫等:《旧唐书》卷一七下《文宗本纪下》,第541页。
② (后晋)刘昫等:《旧唐书》卷一七下《文宗本纪下》,第558页。
③ (后晋)刘昫等:《旧唐书》卷一七下《文宗本纪下》,第575页。
④ 因历史文献关于魏义通在黔中道任职前的记载不详,下文暂不论述。

崔能,元和初年任蜀州(治今四川省崇州市)刺史,因《旧唐书》《新唐书》均未明言蜀州刺史等级,因而其品级不详,应为正四品上或下。元和六年(811年),以正四品出任黔中观察使。

李道古,曾担任司门员外郎、利州、随州、唐州、睦州四州刺史。任黔中观察使前,为睦州(治今浙江省淳安县)刺史,睦州为上州,是从三品官员。

严谟,任黔中观察使前,为商州(治今陕西省商州区)刺史,应为正四品下官员。

崔元略,曾任殿中侍御史、刑部郎中、知台杂事、御史中丞、京兆少尹、京兆尹、左散骑常侍等职。出任黔中观察使前,为左散骑常侍,是从三品官员。

陈正仪,出任黔中观察使前,为安州(治今湖北省安陆市)刺史,是正四品官员。

李玭,出任黔中观察使前,为金吾大将军,是正三品官员。

张沼,出任黔中观察使前,为少府监,是从三品官员。

可见,出任黔中观察使的官员基本均为四品、三品官员,本身即有一定的官阶。黔中观察使的品级,《旧唐书》《新唐书》虽无明确记载,但其作为道的军政长官,官阶应不低于都督,应为三品左右。因此,出任黔中观察使的官员基本为升任或平调。除崔元略、窦群有被流贬的性质外,其余均为朝廷选拔任命的官员。但崔元略、窦群亦都曾为三品官员,只是从相对靠近都城的地方流至黔中地区,官阶并未发生变化,仍为重要官员,反映出唐朝廷对于黔中观察使选任的重视。

据《旧唐书》记载,贞元十三年(797年)冬十月丙辰,黔中观察使上奏:"溪州人户诉,被前刺史魏从琚于两税外,每年加进朱砂一千斤、水银二百斤,户民疾苦,请停"①,得到唐德宗同意。可以看到,黔中观察使作为黔中的最高官员,在地方管理与治理中发挥着对所属州县的监督、检察职能,从减轻赋税

---

① (后晋)刘昫等:《旧唐书》卷一三《德宗本纪下》,第386页。

方面实现了社会治理。

此外,从文献所载各官任职时间,又可以看到,这一时期任黔中观察使的官员任职时间大多不长,如自贞元十五年(799年)始,至元和八年(813年),基本二至三年即有所更换。其中崔元略仅担任黔中观察使一年,即被调至江南西道任鄂岳蕲黄安等州观察使。① 李道古,元和八年出任黔中观察使,元和十一年(816年)即调任鄂岳沔蕲安黄团练观察使。② 韦士宗先是在任黔中观察使不到一年时,被"黔中知宴设吏傅近逐",未成功;后又于任职即将满两年时(贞元十七年三月),被"三军所逐"。③ 可见,影响黔中观察使黔中任职时间长短的因素是多方面的。

除采访使与观察使外,黔中还置有节度使与经略史,但其职务在实际官员任命时,通常混为一体,以一人同时担任经略史、招讨史、观察使等职。这应是受到节度使"中原用兵,刺史皆治军戎,遂有防御、团练、制置之名。要冲大郡,皆有节度之额;寇盗稍息,则易以观察之号"④的影响,导致名号在使用时出现多种并用或混用的情形。如:

> 建中元年(780年)五月己卯,"右金吾卫大将军李通为黔州刺史、黔中经略、招讨、观察、盐铁等使"⑤。

> 建中二年(781年)九月戊辰,"以杭州刺史元全柔为黔中经略、招讨、观察等使"⑥。

> 贞元十一年(795年)春正月乙未,"以秘书少监王础为黔中经略、观察使"⑦。

---

① (后晋)刘昫等:《旧唐书》卷一六《穆宗本纪》,第501页。
② (后晋)刘昫等:《旧唐书》卷一三一《李道古列传》,第3641页。
③ (后晋)刘昫等:《旧唐书》卷一三《德宗本纪下》,第392、394页。
④ (后晋)刘昫等:《旧唐书》卷三八《地理志一》,第1389页。
⑤ (后晋)刘昫等:《旧唐书》卷一二《德宗本纪上》,第326页。
⑥ (后晋)刘昫等:《旧唐书》卷一二《德宗本纪上》,第330页。
⑦ (后晋)刘昫等:《旧唐书》卷一三《德宗本纪下》,第380页。

大和元年（827 年）八月庚寅，"以太府卿裴弘泰为黔中经略使、观察使"①。

光启元年（885 年）六月甲寅，"沧州军乱，逐其帅杨全玫，立衙将卢彦威为留后。制以保銮都将、检校司徒，兼黔州刺史、黔中节度、观察等使。曹诚检校太保，兼沧州刺史，充义昌军节度、沧德观察等使"②。景福二年（893 年）三月庚子，"制以捧日都头陈珮为广州刺史、岭南东道节度使，扈跸都头曹诚为黔州刺史、黔中节度使……"③

光启三年（887 年）春正月乙亥，"制以邠州都将王行瑜检校刑部尚书，兼邠州刺史、邠宁庆节度使。保銮都将李鋋检校司空、黔州刺史、黔中节度使"④。

即李通、元全柔、王础、裴弘泰、曹诚、李鋋等人均曾兼任黔中刺史、经略使、招讨使、观察使等多个职务，总理黔中道事务。而这些官员与前所言观察使一样，到黔中任职前均曾有一定的职务。如：

李通，到黔中任职前为右金吾卫大将军，是正三品官员。

元全柔，到黔中任职前为杭州刺史，是从三品官员。⑤

王础，到黔中任职前为秘书少监，是从四品上官员。

裴弘泰，到黔中任职前为太府卿，是从三品官员。

曹诚、李鋋均曾为保銮都将，是统领军队保护统治者的将领。

均为朝廷任命，平级调动或升职的官员。唐朝廷对黔中节度使、经略史等官员任命如此重视，不和其他官职一样安排流贬人员担任，与节度使、经略史本身设置的出发点密切相关。

---

① （后晋）刘昫等：《旧唐书》卷一七上《文宗本纪上》，第 527 页。
② （后晋）刘昫等：《旧唐书》卷一九下《僖宗本纪》，第 722 页。
③ （后晋）刘昫等：《旧唐书》卷二〇上《昭宗本纪》，第 749 页。
④ （后晋）刘昫等：《旧唐书》卷一九下《僖宗本纪》，第 726 页。
⑤ 据（后晋）刘昫等撰《旧唐书》卷四〇《地理三》记载，杭州为上州。又据卷四四《职官三》记载，上州刺史为从三品。

据《旧唐书·地理志》言:"又于边境置节度、经略使,式遏四夷。凡节度使十,经略守捉使三。大凡镇兵四十九万人,戎马八万余匹。每岁经费,衣赐则千二十万匹段,军食则百九十万石,大凡千二百一十万。开元已(以)前,每年边用不过二百万,天宝中至于是数。"①可知,节度使与经略使是设置于边境地区,用于治理与遏制"四夷"的重要官员。因此,唐朝统治者眼中的黔中亦为当时"边境"之地,以至于在官员设置方面存在较大差异,也使得地方不少职位成为安排流贬官员的地方。

二、南选制度

南选制度是唐朝在岭南、黔中以及闽中等区域设置的一种特殊铨选制度。关于铨选制度,《新唐书·选举志》记载:

> 凡选有文、武,文选吏部主之,武选兵部主之,皆为三铨,尚书、侍郎分主之。凡官员有数,而署置过者有罚,知而听者有罚,规取者有罚。每岁五月,颁格于州县,选人应格,则本属或故任取选解,列其罢免、善恶之状,以十月会于省。过其时者不叙,其以时至者,乃考其功过。同流者,五五为联,京官五人保之,一人识之。刑家之子、工、贾、异类及假名、承伪、隐冒、升降者有罚,文书乖错、隐幸者驳放之,非隐幸则否。凡择人之法有四:一曰身,体貌丰伟;二曰言,言辞辩正;三曰书,楷法遒美;四曰判,文理优长。四事皆可取,则先德行,德均以才,才均以劳。得者为留,不得者为放。五品以上不试,上其名中书门下。六品以下始集而试,观其书、判。已试而铨,察其身、言。已铨而注,询其便利而拟。已注而唱,不厌者,得反通其辞,三唱而不厌,听冬集。厌者为甲,上于仆射,乃上门下省,给事中读之,黄门侍郎省之,侍中审之,然后以闻。主者受旨而奉行焉,谓之"奏受"。视品及流外则判补。皆给以符,谓之"告身"。凡官已受成,皆廷谢。②

---

① (后晋)刘昫等:《旧唐书》卷三八《地理志一》,第1389页。
② (宋)欧阳修、宋祁:《新唐书》卷四五《选举志下》,第1171—1172页。

可见,唐代铨选分为文选与武选,文选由吏部主持,武选由兵部主持,皆以三铨分其选,由尚书与侍郎按照规定的数量分别主持选择。铨选考试之前,吏部于每年五月预先颁布参选标准和选人资格。注重对身体、言辞、书法、辩证观及德行的考察,按照所满足条件的多少进行具体的选用,过程极为严密。

> 唐取人之路盖多矣,方其盛时,著于令者,纳课品子万人,诸馆及州县学六万三千七十人,太史历生三十六人,天文生百五十人,太医药童、针咒诸生二百一十一人,太卜卜筮三十人,千牛备身八十人,备身左右二百五十六人,进马十六人,斋郎八百六十二人,诸卫三卫监门直长三万九千四百六十二人,诸屯主、副千九百八人,诸折冲府录事、府、史一千七百八十二人,校尉三千五百六十四人,执仗、执乘每府三十二人,亲事、帐内万人,集贤院御书手百人,史馆典书、楷书四十一人,尚药童三十人,诸台、省、寺、监、军、卫、坊、府之胥史六千余人。①

又反映出唐朝铨选制度对于唐朝人才选拔的重要性,也说明这一制度在唐朝地方官员选拔与治理中的重要性。只是唐朝不同时期,统治者对这一制度的理解、推行与运用存在一定的差异,曰:

> 至于铨选,其制不一,凡流外,兵部、礼部举人,郎官得自主之,谓之"小选"。太宗时,以岁旱谷贵,东人选者集于洛州,谓之"东选"。高宗上元二年(675年),以岭南五管、黔中都督府得即任土人,而官或非其才,乃遣郎官、御史为选补使,谓之"南选"。其后江南、淮南、福建大抵因岁水旱,皆遣选补使即选其人。②

根据选人部门的不同、地域的不同、治理目标的不同,出现了"小选""东选""南选"的区分。其中"小选"为流放在外,由兵部、礼部进行推选,郎官可以自主选择任命官员的一种选人方式。"东选"是唐太宗时,出现干旱导致物价上涨而出现的官员选择集中于东部洛州的特殊现象。"南选"则是唐高宗

---

① (宋)欧阳修、宋祁:《新唐书》卷四五《选举志下》,第1180页。
② (宋)欧阳修、宋祁:《新唐书》卷四五《选举志下》,第1180页。

时,因岭南、黔中等地原任官职的本地人不能很好地治理地方,而出现的派遣郎官、御史到地方任职的一种方式。如杜佑在《通典》中所言"黔中、岭南、闽中郡县之官,不由吏部,以京官五品以上一人充使就补,御史一人监之,四岁一往,谓之'南选'。凡居官以年为考,六品以下四考为满"①。即不按原来规定由吏部进行选任,而直接选拔郎官、御史等五品以上京官前往任职,并进行考核。

因此,"南选"是在黔中等南方地区所实施的一种特殊铨选制度。关于"南选"之人的条件,唐朝廷根据铨选制度作了具体规定:

> 应南选人,岭南每府同一解,岭北州及黔府管内州,每州同一解。各令所管勘责出身、由历、选数、考课优劳等级,作簿书,先申省。省司勘应选人曹名、考第,一事以上,明造历子,选使与本司对勘定讫,便结阶定品,署印牒付选使。其每至选时,皆须先定所拟官,使司团奏后,所司但覆同,即凭进画,应给签告,所司为写,限使奏敕到六十日写了。差专使送付黔、桂等州,州司各送本州府分付。②

参与南选的人,需要所在州府负责资格审查,将参与南选人员的出身、经历、参选次数、课程考核成绩等做成簿书并进行审核、申报,分别勘查确定与分类,给出拟任职务进行上奏。得到同意后,再将所有凭证上报。确定后派专门使者送至黔州、桂州等相关区域,让各州府发送至直接相关的部门。可见,唐朝廷对黔中等地的"南选"十分重视,而"南选"制度也成为影响地方社会的一个重要方面,在"南选"黔中官员相关的诗歌中亦留下了明显痕迹。

如唐代诗人孙逖,曾任刑部侍郎。作有《送张环摄御史监南选》一诗曰:

> 汉使得张纲,威名摄远方。
>
> 恩沾柱下史,荣比选曹郎。
>
> 江带黔中阔,山连峡水长。

---

① (唐)杜佑:《通典》卷一五《选举三》,第361页。
② (宋)王溥:《唐会要》卷七五《南选》,第1369页。

莫愁炎暑地,秋至有严霜。①

借汉代巡视天下的使臣张纲指代张环,赞其任御史期间为官有道,因而被选中前往黔中任职。并将张环前往黔中任职,直称为"南选"。但同时,又有将此称为监选者。如綦毋潜在《送崔员外黔中监选》一诗中道:

持衡出帝畿,星指夜郎飞。

神女云迎马,荆门雨湿衣。

听猿收泪罢,系雁待书稀。

蛮貊虽殊俗,知君肝胆微。②

对崔员外受命离开都城,前往夜郎(属黔中道)任职称为"监选",实质仍属于"南选"。而《旧唐书》亦有言为"监选"者,如《旧唐书·元载列传》记载"监察御史韦镒充使监选黔中"③,与《新唐书·选举志》所言黔中"南选"情况一致,选派在京的御史作为补充前往黔中任职。可见,"南选"与"监选"在实际使用中存在混淆的情形。

而铨选通常是每年进行一次,但在南选地区,选补使是三年或四年一置,且遇特殊状况时,会出现暂停选补官员前往任职的情形。如长庆二年(822年)正月,"权停岭南、黔中今年选补"④。大和七年(833年)春正月丙辰,"岭南五管及黔中等道选补使,宜权停一二年"⑤。开成二年(837年)正月,又权停三年。⑥

结合黔中道各州县的职官设置以及采访使、观察使、经略使等的官阶与选任情况,可以推断,黔中道采访使、观察使、经略使的最终任命亦为"南选"的结果之一,即通过"南选",将在京城(长安)任职的五品以上的官员派遣至黔

---

① (唐)孙逖:《送张环摄御史监南选》,(清)彭定求等编:《全唐诗》卷一一八,第1192页。
② (唐)綦毋潜:《送崔员外黔中监选》,(清)彭定求等编:《全唐诗》卷一三五,第1369页。
③ (后晋)刘昫等:《旧唐书》卷一一八《元载列传》,第3409页。
④ (后晋)刘昫等:《旧唐书》卷一六《穆宗本纪》,第494页。
⑤ (后晋)刘昫等:《旧唐书》卷一七下《文宗本纪下》,第548页。
⑥ (宋)王溥:《唐会要》卷七五《南选》,第1371页。

中道总理地方事务。但因采访使、观察使基本已成为地方最高行政官员,所以选任时,并未如"南选"一样,由郎官、御史进行监选。

第三节 励精图治:官员与黔中地方治理

面对黔中道地理位置偏远,又多"蛮夷"聚居,且"双制并行"的特殊情况,极少官员愿意主动前往任职,因而出现"闻黔州管内州县官员多阙,吏部补人多不肯去"①的现象,对此,唐朝统治者及其中央机构不得不出台相应的管理政策,以尽量避免黔中职位无人任职的情形。而其所派遣或任命的黔中官员,或多或少对黔中地方治理产生过积极影响,促进了地方社会、文化的发展与进步,加快了不同人群间的交往交流交融,为这一区域中华民族共同体的最终形成奠定了坚实基础。

一、唐代黔中道官员的管理

唐朝对于黔中道官员的管理包括对官员任职的规定、规范,也包括对官员任职期间表现的惩罚与奖赏。通过对官员任职的规定与规范保证黔中地区官员的正常任职;通过对官员任职期间表现进行惩罚或奖赏,以形成对后续官员的警示与激励。

在官员任职方面,因吏部所选官员多不愿到黔州等偏远地区任职,而"成官已后,或假解,或从征,考满得资",也基本不愿再留在其地继续任职,且"蛮僚州,大率亦皆如此",是偏远"蛮"人聚居区域普遍存在的现象。面对这种情况,开元四年(716年)七月,下敕"令所司于诸色选人内,即召补,并驰驿发遣。至州,令都府勘到日申所司。如有迟违,牒管内都督决六十,追毁告身,更不须与官"②。命令吏部等负责官员选拔的部门,在人选确定以后,立即让确定的

---

① 元宗皇帝:《申严远州不肯到官敕》,《全唐文》卷一〇〇四,第10407页。
② (宋)王溥:《唐会要》卷七五《选部下》,第1360页。

官员前往黔州等地任职。到达之后，由都督府将其到达日期进行勘察确定，并报送主管部门。对于违背规定、未按时到达的官员，由都督实施杖刑，然后除去其授命，不再给予官职，十分严格。

而官员在黔中地区任职期间，唐朝廷根据官员品级的不同，给予一定的俸禄。据开成三年（838 年）五月，唐文宗批准中书门上奏所言"旧制刺史已除，替人未到，依前管一应务，并给俸料。待替到交割，便听东西。据山南道所奏：刺史得便令，牒州停务。别差官知州事，待到交割，方可东西。臣以为刺史禄俸固薄，留滞可矜，又岭南诸管及福建、黔府，皆是远僻，须有商量。并请除到后、未交割已（以）前，据俸料杂给之中，三分支一，以资其停费。惟戒所由，不可比例"①。即同意对黔中、岭南、福建等地被除职，在除职后、未进行交接之前仍处理地方事务的原刺史，给予一定的俸禄，以使其在新任刺史到任之前的空白期继续对地方的治理，维护地方秩序。但从山南道上奏所言"刺史禄俸固薄"，可见刺史的俸禄并不高。从前文黔中道各州县职官的品级来看，刺史已为黔中道下辖各州除黔州都督府、辰州都督府外，品级最高的官员，其俸禄已经"固薄"，其他官员，尤其是县一级任职官员的俸禄则较之更低。

光化三年（900 年）七月戊申，"制以武贞军节度、澧、朗、叙等州观察处置等使、开府仪同三司、检校司徒、同平章事、朗州刺史、上柱国、冯翊郡开国侯，食邑一千五百户。雷满检校太保，封冯翊郡王，余如故。以武泰军节度、黔中观察处置等使、光禄大夫、检校尚书左仆射、黔州刺史、御史大夫、上柱国赵崇封天水县开国子，食邑五百户"②。一方面反映出一人身兼多职的现实，另一方面也反映出唐朝廷给予黔中最高官员的俸禄较为丰厚，与一般州刺史乃至县级官员俸禄"固薄"形成较为鲜明的对比。此应与黔中最高官员，多从京官中五品以上官员选任，且最终担任观察使等职的均原为三品或四品官员，而刺

---

① （宋）王溥：《唐会要》卷六八《刺史上》，第 1207—1208 页。
② （后晋）刘昫等：《旧唐书》卷二〇《昭宗本纪》，第 766—767 页。

史等职多为流贬人员存在密切联系。① 也间接地表现出唐朝廷对黔中最高官员选拔与任命的重视,所以以较高俸禄优待之。

除此之外,在黔中官员的实际任职与管理中,出于对其地特殊自然地理与人文环境的考虑,还存在与其他区域的差别管理,如:

> 贞元四年(788 年)八月,吏部奏:伏以艰难以来,年月积久,两都士类,散在远方。三库敕甲,又经失坠,因此人多罔冒,吏或诈欺,分见官者,谓之攣名。承已死者,谓之接脚。乃至制敕旨甲,皆被改张毁裂。如此之色,其类颇多。比来因循,遂使滋长。所以选集加奥,真伪混然。实资检责,用甄泾渭。谨具由历状样如前,伏望委诸州府县,于界内应有出身以上,便令依样通状,限敕牒到一月内毕,务令尽出,不得遗漏。其敕令度支急递送付州府,州司待纳状毕,以州印印状尾,表缝相连,星夜送观察使。使司定判官一人,专使勾当都封印,差官给驿递驴送省。至上都五百里内,十二月上旬到。千里外,中旬到。每远校一千里外,即加一旬。虽五千里外,一切正月下旬到。尽黔中、岭南,应不合北选人,不纳文状限。其状直送吏曹,不用都司发。人到日,所司造姓攒勘合,即奸伪必露,冤抑可明。如须盘问,即下所在州府责状。其隐漏未尽,及在远不及期限者,亦任续通,依前观察使与送所在勘责,必有灼然踰滥。事迹著明。据轻重作条件商量闻奏,庶稍澄流品,永息踰滥。敕旨。依奏。②

可见,贞元四年八月,在唐德宗所批准并敕旨吏部商议对各州县官员进行勘查、管理的上奏中,将黔中、岭南剥出,作为单独一个单元进行处理。指出黔中、岭南以外的州县,要在敕牒到地方后的一个月内对所选官员进行勘查,并按照规定将勘查结果进行书写与包装,然后交由观察使,由观察使派遣专门人员封印之后,再派人通过驿站递送。且要求至长安(治今陕西省西安市)500

---

① 详见本书第四章第二节,表 4-6"唐代流贬黔中官员任职概况表"。
② (宋)王溥:《唐会要》卷七四《选部上》,第 1340—1341 页。

里内者,要在 12 月上旬送达;距离长安 1000 里以外者,要在 12 月中旬送达;距离每增加 1000 里,则时间往后推迟半个月,最远 5000 里以外者,也应在正月下旬送达。而黔中、岭南地区实施的是"南选"制度,与"北选"不同,因而没有对其上交文状的期限规定。且其文状直接送至吏部,不用都司进行签发,直接根据官员姓名等进行勘查对比,探究其真实与否。如果需要进一步询查、盘问,再命相应的州府深入调查并上报。

又咸通十二年(871 年)七月辛丑,唐懿宗敕旨:

> 准今年六月十二日敕,厘革诸道及在京诸司奏官并请章服事者。其诸道奏州县官司录、县令、录事、参军,或见任公事,败阙不理,切要替换,及前任实有劳劼,并见有阙员,即任各举所知。每道奏请,仍不得过两人。其河东、潞府、邠宁、泾原、灵武、盐夏、振武、天德、鄜坊、沧德、易定、三川等道观察防御等使及岭南五管,每道每年除令、录外,许量奏簿、尉及中下州判司及县丞共三人。偏州不在奏州县官限。其黔中所奏州县官及大将管内官,即任准旧例处分。①

提出在对各道及在京各官进行改革,由州县"摄"官②过程中,确有需要,可自行奏请更换州县官司录、县令、录事、参军者,在确定有缺员的情况之下,每道最多可奏请两人,其中河东、潞府、邠宁、泾原、灵武、盐夏、振武、天德、鄜坊、沧德、易定、三川及岭南五管等道州县摄官盛行的地区,每年除县令、司录之外,还可以奏请举任县簿、县尉、县丞及中下州判司三人,一共可选任 5 人为地方官员。而偏远之州,不受奏请州县官数量限制。黔中道所奏请州县官亦不受数量的限制,可按照之前的惯例进行处理。虽未见黔中此前州县摄官的数量具体如何,此处既准许其按照旧例执行,其数量必然多于盛行地区的 5 人。如据赖瑞和研究,与黔中一样按照旧例进行处置的魏博镇节度使辖区内

---

① (后晋)刘昫等:《旧唐书》卷一九《懿宗本纪》,第 678 页。
② 赖瑞和:《论唐代的州县"摄"官》,《唐史论丛》第 9 辑,三秦出版社 2007 年版,第 66—86 页。

即有163名州县官(占总数的2/3)为"见差假摄"①,由此推断黔中州县摄官数量远在河东、岭南五管等地之上。某种程度上反映出唐后期朝廷对于黔中州县官员选拔与任命权力的下放。

然而,唐朝廷对部分摄官行为又有明确限制,如开元十九年(731)七月十四日,唐玄宗敕旨言"岭南及黔府管内诸州并蕃州检校及摄刺史,皆录奏。待敕到,然后准式,其岭南、黔府、蕃州等刺史在任,不得辄请宿卫"②。即要求岭南、黔州及蕃州在自行选定刺史后,均须向唐朝廷奏录,等到统治者敕旨下达以后才能正式任职。并规定岭南、黔州及蕃州刺史在任期间,不得奏请值宿宫禁,担任警卫。

同时,对于在黔中任职的官员,唐朝廷并未放任不管,甚至有着严厉的奖惩规定。如:

黔中道所属夷州刺史杨濬,开元二十四年(736年)五月,因贪污受贿,最终按"犯臧"罪处理,"杖六十,配流古州"③。

黔中观察使崔穆,在贞元十一年(795年)时,被属下状告藏"赃二十七万贯"且有其他多种罪行,因而唐朝廷专门派遣监察御史李直方前往黔州进行核查,④最终崔穆因罪被"笞四十,配流崖州"⑤。

黔州观察使兼刺史窦群,元和六年(811年),因黔中地区发大水,导致城郭受到严重破坏,其组织修复城郭过程中,在监督参与城郭修复的辰州、锦州等"蛮"民从事修复工作时过于急切,使得"辰、锦生蛮乘险作乱",而"群讨之不能定",造成地方社会动乱,在当年九月被"贬开州刺史"。⑥

元和八年(813年)九月乙丑,针对黔中、岭南等地广泛存在的人口交易问

---

① 赖瑞和:《论唐代的州县"摄"官》,《唐史论丛》第9辑,三秦出版社2007年版,第83页。
② (宋)王溥:《唐会要》卷六八《刺史上》,第1200页。
③ (宋)王溥:《唐会要》卷六八《刺史上》,第1201页。
④ (宋)王钦若等编纂:《册府元龟》卷七〇〇《贪渎》,凤凰出版社2006年版,第8088页。
⑤ (宋)王溥:《唐会要》卷六〇《御史台上》,第1056页。
⑥ (后晋)刘昫等:《旧唐书》卷一五五《窦群列传》,第4121页。

题,唐宪宗下诏:"比闻岭南五管并福建、黔中等道,多以南口饷遗,及于诸处博易,骨肉离析,良贱难分。此后严加禁止,如违,长吏必当科罚。"①明确提出黔中等地官员在此方面所负有的责任,若不能严加禁止,进行有效的治理,则给予地方官员一定的处罚。

涪州刺史宋君平,元和十五年(820年)时,因贪污受贿"坐赃",被"削官一任"。②

可见,唐朝廷对黔中道地方官员,特别是等级较高的观察使、刺史等在地方治理过程中出现的贪污受贿、治理不力等问题非常重视,均严格按照唐律规定,对其实施杖刑、流刑及贬官等惩罚,以起到对后续或其他官员的警示作用。

同时,对在地方治理中有才干的官员,又进行嘉赏。如长庆三年(823年),因"黔州观察使兼度支使李元成等,或蕴蓄能才,咨谋是藉。或分领剧务,课绩有成",表现突出,唐穆宗下敕,使其"各迁宪职",③至御史台(又称宪台)担任御史职务。通过给予治理地方有功的官员升迁机会,以达到鼓励与激励地方官员的作用。

正是在唐朝廷对黔中道官员的选择与任命、管理与规范、奖赏与惩罚等因素影响之下,在黔中任职的官员,不乏励精图治,将自己融入地方,尽最大可能去发展地方,引领地方社会进步的官员,从而为黔中道不同区域、不同族群之间的交流提供了舞台,促进了地方文化的发展,促进了区域内各民族的交往交流交融。

二、唐代黔中官员与地方社会治理

黔中官员在地方管理中的职能,如前所言,不同职位有不同的职责。因

---

① (后晋)刘昫等:《旧唐书》卷一五《宪宗本纪下》,第447页。
② (宋)王钦若等编纂:《册府元龟》卷七○○《贪渎》,第8090页。
③ 白居易:《李元成等授官制》,(清)董诰等编:《全唐文》卷六五九,第6705页。

此，在具体治理过程中，对地方社会的作用是不同的。从左丞相裴耀卿在夷州刺史贪污受贿被处以杖刑时言："臣以为刺史、县令，与诸吏稍别。人之父母，风化所瞻。一为本部长官，即令终身致敬。况本州刺史，百姓所崇。一朝对其吏人，即加杖屈，恐非敬官长劝风俗之意。伏望凡刺史、县令于本部决杖，特乞停减"①。可见，刺史、县令作为州县最高级别的官员，其所担负的责任是最为重要的，与百姓之间的联系往来也是最多的，因而裴耀卿不建议在其任职之地实施杖刑。

梳理《全唐文》、唐代出土墓志铭等文献，即可发现唐代碑铭、墓志铭记载了诸多关于魏伦、张善、李孟常、常字、王宾、乙速孤行俨、陇西李君、薛舒、郑构、霍玄、爨古、田英、陈瓒、王仙鹤、裴佶、张毅、张仁、陈玄度、张弘、赵洁、王庭芝、房武、西方邺、畅文诞等曾就职于黔中的官员在黔中治理所取得的成绩与贡献，反映黔中官员与黔中地方社会治理之间的关系。

魏伦，巨鹿鼓城（治今河北省邢台市巨鹿县）人，生于官宦世家。曾祖父魏荣，曾任梁散骑常侍、黄门侍郎、宕渠太守。祖父魏敷，曾任周骠骑大将军、光禄大夫、仪同三司、荆州总管、巨鹿郡公。父亲魏元凯，隋仪同，袭巨鹿郡公。受家庭影响，魏伦武德元年（618年）即起任左亲卫，在李世民府邸（秦府）任兵曹参军事。李世民即位后，贞观元年（627年），升任扬州大都督府兵曹参军。八年（634年），诏授为员外散骑侍郎，行谯州司马。十五年（641年），因地方治理需要，又任命其为黔州都督府长史。在黔州任职期间，其"韬光于下位，总禁卫于戎机，及展骥于长衢，劾诚绩于藩部。既而吴江楚塞，水陆要冲，去彼回耶，实资明略"。既管理黔州事务，又参与其他地方的治理，"褰帷千里，威肃百城。风俗可移，曾未期月，谓彼苍之与善，宣政术于遐年，嗟阆水之不留，徒藏舟于夜壑"。② 在黔州等地方树立了威信，使地方在一定时间内保持了相对的稳定。

---

① （宋）王溥：《唐会要》卷六八《刺史上》，第1201页。

② 《大唐故使持节泗州诸军事泗州刺史魏府君墓志铭并序》，显庆三年十一月二十三日。

张善,洛阳(治今河南省洛阳市)人。从墓志铭言其"门资素业,地藉休风,吐虹润于荆岑,挺麟朋于余水。龆年育下,陶至性于天冥。笄丽因心,表温扇于资极。游庭仁训,睿智洽诗书之场。听律知风,灵台探礼乐之府。赞党翘其仰止,僚执企其仪形,捧檄逮亲"可见,张善无论是个人素养还是性情、知识均较为出众,最终"以文从吏",于唐太祖武德年间,出任黔州洪杜县丞一职。虽黔州洪杜县"壤分月峡,地接星桥,波骇黄牛之滩,峰切玄猿之泪。雕题犷俗,蛮陬陋梗,国步初康,政刑犹舛"。总体较为落后,是"蛮"人聚居,治理较为棘手的地方。但张善前往任职之后,"佐驯矍而有裕,贰祥鸾而罔忒",①地方治理游刃有余,维护了地方秩序。

李孟常,赵郡平棘(治今河北省赵县)人,技艺超群,被认为是"栋梁之才"。武德元年(618年),唐朝廷诏授为开府仪同。武德九年(626年)后,又任右监门副率、右监门中郎将,并封为武水县开国公。至唐太宗贞观五年(631年),又晋封为濮阳郡开国公;十四年(641年),任右骁卫将军;十八年(644年),迁左为屯卫将军。履历丰富,且一路晋升。任将军期间,"六军□□,八屯任切。警夜巡昼,载仁鸿烈。扞城御侮,实彰勤旧"。尽职尽责,得到了部下的信任与认可,保卫了地方,有所建树。因此,贞观二十年(646年),当黔中因地处偏远,且自然地理环境险要,难以控制,而出现所"属昆、牂二州蛮夷扇动",导致"边亭夕警,荒徼晨严",朝廷认为必须"调风训俗,允属时贤",以实现对地方的控制,使地方保持相对稳定与安定时,唐太宗想起了当时仍任将军一职的李孟常。认为李孟常作为统领一方的军事将领,具备安定地方的才能。于是下达命令,选李孟常"除使持节,都督黔、思、施、费、巫、庄、应、充、辰、播、矩、夷、琰、蛮、峒十五州、牂州都督等府诸军事、黔州刺史",对黔中地区治理事宜进行总体的把控与布局。李孟常接到诏命后,立即出发前往黔中任职,并按照唐太宗的指示,"授律徂征,随机致讨",展开了对黔中"蛮

---

① 《大唐故黔州洪杜县丞张君并夫人上官氏墓志铭并序》,乾封二年十月二十二日。

夷"动乱的平定工作。经其指挥,"三令既申,一举大定",地方于较短时间内恢复安稳。而武力平定地方之后,又采取"示之以敬让,导之以廉耻"的宽容、引导方式治理地方,得到地方"蛮夷"的认可,于是出现"人怀中和之颂,吏无私谒之讥"的局面,感化了地方,传播了"礼义廉耻"等传统儒家文化,"遂使夜郎革面,朝飞重译"。①

常字,汴州(治今河南省开封市)人。能文能武,且为人忠贞,勇猛、有谋略,办事公正,唐高祖李渊认为其在处理事情时,善于变通,对其赞赏有加。因而授命其任车骑将军,作为褒奖。武德二年(619 年),与刘弘基共同招徕百崖,与宇文颖平定夏县,屡建功劳。因而至唐太宗出讨东都时,封其为左右骁骑,在征讨过程中,身先士卒,骁勇善战,多次得到太宗的奖赏。武德九年(626 年),任马军副总管,击退匈奴,后又任真化府折冲都尉。贞观六年(632年),为延州诸军事、延州刺史;十一年(637 年),授正议大夫、泾州诸军事、行泾州刺史;十二年,入为右屯卫将军;十六年(642 年),授左领军将军;十八年,奉诏领兵于丰灵等州,怀集薛延陀之众,军还,兼右武卫将军;十九年(645年),授平壤道行军副大总管;二十一年,任资州诸军事、资州刺史。在各个阶段,均表现出色、功劳显著。因而唐高宗永徽三年(652 年),命其"迁使持节,都督黔、思、费等十六州诸军事、黔州刺史"。虽黔州等地"地萦泸水,蜀相南征之路。境沿巫峡,楚后西登之台。控摄遐远,陬落殷炽",较其之前任职的地方更为偏远,且更为复杂,但收到诏命后,立即准备前往黔州任职,"既承恩而革弊,实仰化而迁浇。梦表三禾,方燮政于台揆。山称万岁,行奉跸于云亭"。而因"耗积炎凉,疴缠凑理。未极东王之寿,俄惊北帝之魂",最终未能前往。②

王宾,太原(治今山西省太原市西南)人。年少好学,初为官,即任黔州录事。任黔州录事期间,"以居任清谨,正色于群僚,民慕其化,官美其治",为官

---

① 《大唐故右威卫大将军上柱国汉东郡开国公李公碑铭并序》,乾封元年十一月二十八日。
② 《大唐故使持节都督黔思费等十六州诸军事黔州刺史赠左武卫大将军上柱国武水县开国伯常府君之碑》,永徽六年八月。

清廉、谨慎，严肃对待地方事务，地方民众受其感化，地方官员亦赞美其治理地方之方式。因而从录事升为县丞，但未离开黔州，调往黔州所属洪杜县任职。任洪杜县县丞期间，延续其任黔州录事时的优良作风治理地方，"泽荫百里，黎庶称以慈仁"，得到地方民众的一致认可，且"年临从欲，宦不求迁，乐天知命，归田退老"，①将自己的一生奉献给黔州。

乙速孤行俨，京兆郡醴泉县（治今陕西省咸阳市礼泉县）人。唐高宗麟德初年（664年）授为宣德郎、虢王府记室参军事。咸亨元年（670年），以其为检校右领军卫将军长子，是将门子弟，又授为振威校尉、守普济府左果毅都尉。仪凤二年（677年），任兴国府右果毅都尉，镇河源军定州道，游奕护河阳桥。唐武则天垂拱二年（686年），授游击将军黄城府左果毅都尉，有效治理地方，名声远震。永昌元年（689年）起，出任地方长官，为朝散大夫，任緜州（治今四川省绵阳市）司马。天授二年（691年），又加朝议大夫。长寿二年（693年），至资州（治今四川省资中县）任长史。延载元年（694年），加中散大夫。在绵州与资州实施相同的治理政策，取得较好的反响与效果。证圣元年（695年），命其任万州刺史，管理万州各类军事事务。万岁通天元年（696年），制加中大夫。二年（697年），又加大中大夫，并出任检校永州刺史。圣历二年（699年），授使持节，为夔州刺史，都督夔、归、忠、万、渝、涪、肃等七州诸军事守。三年（700年），任广州刺史，使持节都督广、韶、端、康、封、冈等十二州军事。长安三年（703年），又授为泉州刺史，使持节泉州诸军事。神龙元年（705年），又授为黔州刺史，使持节都督黔、辰、沅等州诸军事，并加正议大夫。从以上乙速孤行俨的为官履历可以看到，其在到黔州任职之前，已经有着非常丰富的地方治理与军事管理经验。因而刘宪在为乙速孤行俨所写的墓志铭中，评价其有"神授政理之材，天挺公侯之表"。因此，基于丰富的履历与地方治理经验，乙速孤行俨在黔州任职后，处理地方事务游刃有余，妥善地处理了地

---

① 《王宾墓志》，贞观十七年十一月十四日。

方不同群体之间的关系,使各族群和谐共处,让地方社会保持稳定。所谓"控御数千里,周旋二十年。化洽夷夏,功成方国"即此。而地方感于其在区域治理中的贡献与功劳,甚至"置生祠之庙"以表示对其的认可、赞赏与崇敬。①

　　李君,陇西(治今甘肃省陇西县)人,原为商州刺史,因"黔中为楚西南徼道……五溪襟束,为一都会。长人者急之则愁扰以走险,缓之则横猾而犯禁,故分命者得持节按部而辑绥之,视他邦授律之不若也"。黔中襟带五溪,地理位置十分重要,而地方民众性格又大为不同,治理过于急切,容易使民众忧愁,铤而走险扰乱地方;治理过于缓和,又容易使地方民众偷奸耍滑,触犯法律法规,因而治理较为棘手,前往任职官员的能力十分重要。经唐宪宗筛选,于元和二年(807年)夏六月,下诏命陇西李君前往黔中任刺史一职,"以中执法剖符兹土,凡四使十五郡五十余城,裔夷岩险。以州部修贡职者,又数倍焉"。管理黔中大片区域,任务繁重。而其到达黔中后,"察廉经理,招徕教化,以柔远人,以布王泽。先是兵火焚如之后,公堂库陋,飨士接宾,礼容不称。君乃规崇构,开华轩,西厢东序,靓深宏敞,广厦翼张,长梁翚飞,修廊股引,丽谯对起。自堂徂庭,陟降攸宁,耀智爽乎光明,宣慈龢以洽平"。通过对地方官员的规范,播布恩泽,以感化地方民众。同时,修缮公堂,接待地方民众,使地方民众能够有效地表达想法。因而有"君子谓福黔人于此堂也",②从侧面反映其在黔中区域治理中所取得的成绩与得到的认可。

　　薛舒,19岁时即从政为官,任华州司士参军。因其在任职期间表现良好,又先后任相州司法参军、岐州司功参军、法官等职。后因在担任法官期间,为人"秉直而不移",办事过程中,因"忤权而获罪",被流贬地方,先后任金州司马、夷州刺史、渝州刺史等职,并累迁黔中巫州、溪州二刺史,兼少府监殿中侍御史。所任职巫州、溪州之地,"溪洞杂类,蛮夷徼外",原为不安定之处,经其

---

① 《大唐故右武卫将军上柱国乙速孤府君碑铭并序》,(清)董诰等编:《全唐文》卷二三四,第2365页。

② 权德兴:《黔州观察使新厅记》,(清)董诰等编:《全唐文》卷四九四,第5040页。

治理，地方"缓耳素服，小有底宁。言语之所不通，抚柔之化风靡"，进入相对稳定阶段，且使地方"蛮夷"感化，接受统治。因而至"宝应初，皇上以四郊多垒，五溪未安"，需要挑选善于治理地方的官员管理整个五溪区域时，升薛舒为黔州刺史、黔中经略招讨官、观察处置、盐铁选补等大理卿兼御史中丞，从整体管理与治理黔中区域。虽然黔中辖域"十郡土风，百城异俗，轻剽皆窳，奸宄矫虔"。实际所面临情况较之溪州、巫州要复杂得多，但其任职之后，面对不同州县的民众，"示之以威信，兴之以礼让"，通过文武兼施的方式进行治理，最终使"华风变于夷裔，膏雨浃于殊壤"。其在大历十年（775 年）四月二十五日薨于溪州公馆后，韦建以"百蛮感恸，三军雨泣"，①反映薛舒对黔中建设的贡献及黔中地区"蛮"民对薛舒深厚的情感。

郑构，荥阳开封（治今河南省开封市）人，为人仁厚、温和、谦恭，知进退，出任为滕王府执乘。因牂牁等地动乱，虽派人治理，却收效甚微，于"上元二年（675 年），调君（郑构）为黔州石城县主簿"，辅助治理地方。其到石城县任职后，处理地方事务公平公正，且有条不紊，能够抓住重点，做到"纲维不紊，领要逾明，虚庭闲雅，寂无贸事，凡所纠正，咸从耻格"，地方得到较好的治理。在石城县为官 5 年，于调露元年（679 年）四月五日，"请告旋归"。②

霍玄，洛州河南（治今河南省洛阳市）人。身姿挺拔，自小即有志向，声名远扬，因而得"以才优，授登仕郎、黔州都督府石城县丞，酬其禄也"，成为管理石城县的重要官员，虽"加以嶙延玉垒，忠臣慨叱马之悲。地迩铜梁，将军怆堕载之恨"，但"公心不剪，桂质靡亏，制美锦而毗风，调雅弦而训俗"。③ 不受外界及地方环境的影响，仍然坚持自己，尽心治理地方，尽自己最大可能去改变地方，为地方文化的传播贡献个人微薄的力量。

---

① 《黔州刺史薛舒神道碑》，大历十一年七月二十日。
② 《大周故黔州石城县主簿郑君墓志铭并序》，圣历三年五月十二日。
③ 《唐故黔州都督府石城县丞霍君墓志铭并序》，总章二年十二月二十八日。

田英,雁门(治今山西省代县)人。其先祖任职黔中时,"枌榆京镐,德寄黔中,冠冕联绵,朱紫不绝",声名远扬,为黔中民众所熟知。其父亲田寅亦曾任职黔州,为黔州洪杜县县令,于"秩满□奏授光州司马上柱国,赏绯鱼袋"。有关田寅在黔州期间的作为,宇文坤①"询访耆旧",地方年老而有才德之人均言其"文词绚练,翰墨芳馨,道赞边城,化毗方岳,挹王祥之美化,得罗含之风者哉",为人才华横溢,且以德服人,得到地方民众的认可。田英受其父辈影响,"禀精粹之气,炭然天姿,气魄稜稜,事君竭节,能展熊罴之任,肃着爪牙之威,机变权谋,人具瞻仰。又位分符竹,宣赞六条,政术多方,化洽封部,不苛不扰,愍恤惸嫠,布政五溪,誉传巴楚"。② 田英依靠个人的才能,在五溪(黔中)地区任职,处理地方事务懂得随机应变,进行谋划,不畏强权,因而受到地方百姓的瞻仰。担任郡守时,注重采用多种方法管理地方,不让地方出现苛刻之政,不扰乱地方百姓之生活,尽可能为孤苦无依之人提供帮助与援助,传播先进的知识与文化,使其所治理区域民众能够主动接受教化。最终得到认可,名声在巴地(今重庆市)、楚地(今湖北省、湖南省)及其周围地区远扬。

陈瓒,颍川许昌(治今河南省许昌市)人,出生于官宦世家。曾祖父为陈蒨(陈文皇帝)。祖父为陈伯谋,陈桂阳王侍中智武将军丹阳尹,隋统一后,任隋龙州刺史。父亲陈丰,隋朝时为鼎州弘农县令,唐朝时为肃州别驾。虽至其父亲时期,所任官职不高,但陈瓒在成长过程中或多或少受到父辈的影响,走上仕途。为官期间,曾"使持节都督黔、辰等四十七州诸军事黔州刺史",前往黔州任职,同时监管黔中道所属各州。在黔中任职期间,其以仁、德治理地方,广施惠政,"振威声于徼外,慰彼夜郎",③在地方建立威信,使恶人惧怕,不敢为乱地方。

---

① 宇文坤,开成初,官经略随军将侍郎,试太子通事舍人。
② 《故银青光禄大夫使持节溪州诸军事守溪州刺史雁门县开国男食邑三百户上柱国赐紫金鱼袋田公志铭并序》,开成二年十二月旬有三日壬寅。
③ 《大周故陈府君墓志铭并序》,天授二年六月二十二日。所言四十七州,应为概称,形容所管区域广大。

王仙鹤,太原人,出生于官宦之家。曾祖父曾任唐州、绥州、慈州三州刺史,祖父曾任果州刺史,父亲曾任延安郡太守。其自年少时即养成了纯洁的品性,长大之后,更是仁义、明智,小有名气,为周围人所称赞。至天宝初期,入朝为官,任施州清江郡录事参军。在施州清江郡任录事参军期间,"居官有恒,乐道无闷。法检察史,惠霑蛮貊",实施惠政,表现良好,得到地方"蛮"民的认可。受到时任黔中采访使萧克济的认可与赞赏,萧克济因此上表向朝廷推荐王仙鹤担任潭阳郡龙标县县令,后即被任命为黔中道支使。继萧克济之后担任采访使的萧希谅,又上表奏请升王仙鹤为清江郡司马。采访使判官赵国珍,又上表推荐其为黔州都督府司马。能先后得到所属地方最高官员的认可,源于其"所莅之职,廉能皆称",且在不同的地方任职,均能做到"各因其俗,咸便于人"。即王仙鹤一方面有突出的才能,且能够在任职期间始终保持廉洁品行;另一方面,又能"以人为本",根据不同区域具体情况(风俗)进行治理,得到地方官员与民众的认可。后其"尝佐潭、衡七州廉察,亦董荆、黔两道租赋。政皆大举,吏不敢欺"。① 对黔中地区的政治、经济建设作出了较为突出的贡献。

裴佶,年少即能文,中进士后,先任校书郎,后为蓝田县尉。唐德宗时期,以其为人重义气,且讨伐李怀光有功,得到器重,历任吏部员外、驾部、兵部郎中、谏议大夫等职,后因"黔中观察使韦士宗惨酷驭下,为夷僚所逐",于是派裴佶前往黔中任观察使,治理地方。② 裴佶"起历险之壮心,佐便宜之新令",至黔州任职后,实施新令治理黔州,使黔州地方形势发生巨大变化,地方"夷僚"服从其管理,"犷夷率化,恶疠不作"。③

张毅,范阳方城(治今河南省南阳市方城县)人。其曾祖父张玄,为魏泾

① 《唐故万州刺史太原王府君墓志铭并叙》,贞元八年十一月二十一日。
② (后晋)刘昫等:《旧唐书》卷九八《裴佶列传》,第3084页。(宋)欧阳修、宋祁《新唐书》卷一二七《裴佶列传》又记为"黔中观察使韦士文为夷僚所逐,诏佶代之,部夷安服"(第4455页)。
③ 《唐故归州刺史卢公墓志铭并序》,元和十四年九月九日。

州刺史怀仁公。祖父张琛,为魏开府仪同三司赠京州刺史。父亲张威,先为魏京兆尹长寿公,后又被授为幽州总管晋熙郡开国公,可谓官宦世家。张毅受其父辈为官、为人影响,为人"气禀中和,质标纯粹。体仁成性,资善为心",亦入朝为官。初入朝堂,被任命为银青光禄大夫益州郫县县令。贞观十八年(644年),又转至辰州沅陵县任县令。在辰州任职期间,"风行草偃,制锦安民。以古畴今,曾何□尚"①,使辰州地方民众安居乐业。

张仁,南阳西鄂(今河南省南阳市)人。曾祖父张嵩,曾任贝州清河县令。祖父张生,曾任沙州录事参军。父亲张宽,禀性清虚,不喜功名利禄,未出仕为官。张仁未受其父亲影响,以自小博览群书,有卓越才能,出仕为官。初任太仓县丞,于秩满后升任辰州辰溪县县令。在辰州辰溪县任职期间,"涵斗大鼎,享小鲜于一同。舞鹤清琴,播弦歌于三善。冰壶湛照,水镜凝清,戒三惑于机前,铭四知于座右"。将辰溪视为与其他地方一样的区域,实施惠政,严格要求自己做一个清正廉洁的官员。而遇到"南中逆节,徽外亏恩,聚余孽于牂牁,照明燧于包□"时,又识大体,为地方治理奉献自己,以"文武兼备"接受上级的任命,"奉律龚行",前往平定地方动乱。其"师不□时,珍兹凶丑",因而被"授公上护军,特加优锡(通"赐")"。②

陈玄度,颍川(治今河南省许昌市)人。其曾祖父陈霸先,为陈武皇帝。祖父陈顼,为陈孝宣皇帝。父亲陈叔武,因代革时移,不再为统治者,历任沂州刺史、光禄卿等职。家世极好,因而所受教育亦较常人有过之而无不及。自小聪敏伶俐,且仁义、孝顺,品行端正。因而在唐初"任密王祭酒,陪侍□山,西园赏月。承恩兰坂,东阁迎宾"。通过考核之后,被选校为辰州辰溪县令。在辰州任职期间,实行惠政,改变地方落后风气,传播汉文化,深得人心,因而有言"政敷百里,弦歌入听,讴颂外扬","政洽迁蝗,德高驯翟,移风靡化,易俗流

---

① 《大唐故辰州沅凌县令张府君墓志铭并序》,贞观二十年十一月十四日。
② 《大唐故辰州辰溪县令张君墓志并序》,调露元年十月二十三日。

恩"，声名远扬，得到地方与统治者的一致认可。①

　　张弘，其先祖为清河人，后因官宅地在武阳郡，又言其为武阳郡（治今河北省大名县）人。曾祖父张裕，为齐洪州豫章县令。祖父张伽，为隋越州录事参军。父亲张仁，为唐朝兖州平陆县令。祖辈虽身处不同朝代，但均品德兼优，得到任用。张弘受祖辈影响，勤奋好学，以国子生起家，后中甲第，被授命为辰州麻阳县主簿，因而言其"立年彊仕，述职蛮荆"，后"退食自公，夷歌成咏。伏膺旧业，温故知新"，②反映出其在辰州任职期间，在治理地方过程中所付出的努力得到地方"蛮""夷"民众的认可与赞扬。

　　赵洁，天水（治今甘肃省天水市）人，"出自帝高辛之后"，高祖父赵弈，为北齐政权左六骠骑府左车骑将军。曾祖父赵翙，为周政权使持节景州诸军事、景州刺史。祖父赵穆，为隋朝登州别驾、朝散大夫、上柱国。父亲赵澹，为光州参军、利州司法。受家庭影响，赵洁文武双全，于垂拱年间中武举，出任左羽林卫长上，后又以第甲任左领军卫司戈、左卫司阶、左领军卫河南府金谷府右果毅都尉、右卫京兆府平乡府折冲都尉、受降副使、右金衙卫河南府宝图府折冲等职。因黔中所属锦州等地出现"蛮陬作梗"，导致地方动乱，按照"制择修良"的原则，需要选择优秀、忠心的官员前往进行治理。于是派遣赵洁为公使，持节锦州诸军事，任锦州刺史，治理地方，管理地方"蛮"民。赵洁到达锦州之后，"自下车问政，褰帷字物。恤隐求瘼，风化冀渐"。下车即关心地方治理情况，体察民情，担心、牵挂百姓疾苦，地方民众受其感化，风气逐渐变好。然而，"厥土百姓，复古生梗。讵荷仁明之德，潜行枭镜之谋"。最终使得一心治理地方的赵洁"奄此非命，终于夷落"。"于是天子作怒，诸将愤心。短兵万计，洪舸连轴。期以不日，截其鼷颈，雠其怨也"，通过武力，平定"冥顽不灵"，不服管教之民制造的地方动乱。③

---

① 《大唐故鄂州永兴县令陈府君蒋夫人墓志铭并序》，开元七年三月一日。
② 《大唐故齐州祝阿县丞张府君墓志铭并序》，景龙三年十一月二十日。
③ 《大唐故锦州刺史赵府君墓志文并序（赵洁）》，开元十二年二月一日。

王庭芝,其祖先为太原人,因其远祖为河东县令,且在河东(治今山西省永济市)安家,《墓志铭》记其为河东人。曾祖父王素,曾任司农少卿。祖父王赞,曾任右骁卫潞城府果毅都尉。父亲王哲,曾任辰州参军。王庭芝在祖辈的影响下,自幼天资聪慧,悟性极高。长安四年(704 年),通过警卫考核后,调补至锦州任参军。在锦州任参军期间,"勗躬下列,只事上官,勤则不匮,恭而有礼。加以笔端敏瞻,长于剖析,凡所综摄,曲尽其能,各级虽微,芳声远振"。以其勤奋、谦恭,与上、下级均能和谐相处,且善于综合分析与处理所遇到的事情,官位虽低,却得到地方官员及百姓的认可,因而声名远扬。在"蛮陬跋扈"时,唐朝廷"敕江南西道讨击使、锦州刺史甘元琰差君分统戎伍",让王庭芝统领士兵前往平定地方动乱。而王庭芝不辱使命,至地方后,"不逾旬月",即"歼厥渠魁","以功授上柱国"。①

房武,其家族世代为官,有"太尉家"之称。曾祖父房元静,曾任尚书膳部郎中及资、简、泾、隰四州刺史。祖父房肱,曾为虢州司马。父亲房峦,曾为都水使者。房武自小受家庭影响,品行兼优,"幼壮为良子弟,老为贤父兄",为人谨小慎微,曾任明经历官、殿中侍御史副丹阳军使、螯屋令、施州刺史等职,"历十二官,处事无纤毫过差",因而亦得到地方百姓的认可,以至于韩愈在其《墓志铭》中言"尝以丹阳、螯屋、施州吏民,至今思之"。② 可见,其在施州任职期间,与地方民众之间往来密切,且为地方社会的发展与安定作出了贡献,因而在其离开之后,仍然得到施州地方官员及民众的怀念。

西方邺,青州乐安郡(治今山东省青州市)人。曾祖父西方希顗,为海州东海县令。祖父西方常茂,为蓟州玉田县尉。父亲西方再通,弃文从武,以武艺立功,任定州都指挥使。西方邺为西方再通第三子,自出身即表现出与众不同。七岁入乡学,熟读小经。十八岁入太学,纵览春秋大义,并主攻文辞,又学习击剑。后为庄宗赏识,奋勇抗敌,以功补奉义指挥使、检校尚书右仆射。后

---

① 《大唐故锦州参军上柱国太原王府君墓志铭并序(王庭芝)》,开元七年十一月六日。
② 《兴元少尹房君墓志铭(房武及妻郑氏)》,元和六年正月十四日。

因"三蜀初降，五州未下"，于是以其为夔州刺史。其"以一旅之众，涉万里之程"，到达夔州后，即展开谋划，"遂降坚壁"，取得胜利。于是"寻加绥抚，显示恩威"，使得"三巴之风化大行，九有之声华益振"。进而以其为夔州节度使、检校太保，继续治理地方，经其治理，地方"兵不黩而民不残，令自行而法自正。吏绝奸猾，盗去萑蒲。和气升而疠气消，冤声寝而颂声作。俄而归、峡送款，忠、万投诚。施州舆衬以来庭，蛮徼梯山而入贡"①。使得夔州及其周边地区社会得到有效治理，地方"蛮"民主动归于其管辖。

畅文诞，荥阳（治今河南省郑州市荥阳县）人。父亲畅善威，贞观年间为游击将军，先后任怀州轵城府右果毅都尉、坊州思臣府左果毅都尉。畅文诞受其父亲影响，年少时即入仕为官，麟德四年（666 年）②参加泰山封禅大典时，受恩敕，被任命为思州司仓，秩满之后，又转任沅州录参军。在沅州录参军考核期满后，又转任溪州大乡县令。所任职之思州、沅州、溪州均为黔中属地。"偏临诡俗，远抚蛮陬"，其在地方的主要职务为抚绥地方"蛮"民。而其任职期间，"六曹之务聿兴，百里之谣远洽"③，很好地完成了地方治理工作，将六曹职务管理得井井有条，使地方"蛮"民和睦相处，得到地方认可。

显然，黔中的社会治理多以地方"蛮夷"治理为中心。虽然不同时期、不同地域所治理的主要对象与问题不同，但在地方任职、参与地方治理的官员多从自身修养出发，采取有利于地方发展、改变地方社会风气的惠政、仁政感化地方，并最终得到地方"蛮夷"的认可，进而实现对地方的管理与治理。对部分始终不服管教的"蛮民"，在必要时采取武力方式，以维持对地方的管理与治理。

---

① 《大唐故东南面招讨副使宁江军节度观察处置兼云□榷盐制置等使光禄大夫检校太保乐安县开国伯食邑七百户西方公墓志铭并序（西方邺）》，天成四年十月十八日。所置施州属黔中道。

② 文献记载为麟德四年，但因麟德年号仅使用两年，所以此处应为乾封二年。

③ 《故朝议郎上轻车溪州大乡县令畅府君之墓志铭并序（畅文诞及妻朱氏）》，开元九年十一月六日。

分析以上在黔中地方管理与治理中作出较为突出贡献的官员概况,我们可以看到:

第一,在黔中区域的治理中,通过实行惠政、仁政,并以身作则,感化地方,使地方落后风气得到改变,得到地方"蛮夷"认可的官员,既包括黔中观察使、黔州都督、黔州刺史、夷州刺史、巫州刺史、溪州刺史、锦州刺史、施州刺史等观察使、都督、刺史一类的都督府及州一级的上层官员,也包括黔州都督府长史、黔州录事、清江郡录事参军、司马、锦州参军等都督府、州一级的长史、录事、录事参军与司马等中层官员,还包括黔州洪杜县县令、县丞、石城县县丞、主簿、潭阳郡龙标县县令、辰州沅陵县县令、辰溪县县令、麻阳县主簿、溪州大乡县县令等县一级的县令、县丞、县簿等官员。反映出不同层级与品级的官员在黔中社会治理中所起的作用,而州刺史及县令一级官员无疑是所记载官员在黔中社会治理中最为突出的一个群体。因而左丞相裴耀卿言:"刺史、县令,与诸吏稍别。人之父母,风化所瞻。一为本部长官,即令终身致敬。况本州刺史,百姓所崇"①实为真实状况的描写,可见州刺史及县令一级官员在黔中地区治理中所扮演角色的重要性。

第二,受唐朝选举制度、黔中本土民众受教育程度以及文字书写等多方面因素的影响,对黔中地方社会治理起到积极作用的,多为外地籍官宦世家的官员。一方面,在黔中任职的官员,多出身于官宦世家,从小即接受良好的教育,因而具备为官的基本素质,符合铨选规定,具备到地方任职的条件。而在特定需要之时,派往黔中地方的官员,更是履历丰富,曾在多地任职且有才干的官员。另一方面,黔中在当时几乎没有形成官宦世家,因此这些官员多来自巨鹿(治今河北省平乡县)、洛阳(治今河南省洛阳市)、赵郡(治今河北省邯郸市)、汴州(治今河南省开封市)、太原(治今山西省太原市)、京兆(治今陕西省西安市)、陇西(治今甘肃省陇西县)、荥阳(治今河南省荥阳县)、雁门(治

---

① （宋）王溥:《唐会要》卷六八《刺史上》,第1201页。

今山西省代县）、颍川（治今河南省许昌市）、范阳（治今河北省保定市）、南阳（治今河南省南阳市）、武阳（治今河北省大名县）、天水（治今甘肃省天水市）、河东（治今山西省夏县）、乐安（治今山东省惠民县）等州郡，以今河北籍、河南籍、山西籍、陕西籍为主。这些区域多为传统的"华夏"之地，文教相对兴盛。因此，这些官员在到黔中任职后，多以自身所受教育，传播儒家礼教文化，引导地方文化的发展，改变黔中地区"蛮民"的风俗、文化等。

第三，部分官员在黔中的任职并不局限于单独一州或一县，而是在多个州县辗转任职，服务地方社会，如薛舒先后在夷州、巫州、溪州三州担任刺史，又在地方治理需要时任黔州刺史、黔中经略招讨官、观察处置、盐铁选补等大理卿兼御史中丞。王仙鹤先后任清江郡录事参军、司马、潭阳郡龙标县县令、黔州都督府司马等职。畅文诞先后在思州任司仓、沅州任录参军、溪州大乡县任县令。甚至将自己的一生奉献给黔中区域的社会治理，如常字、王宾、薛舒、王仙鹤、田英、赵洁等人最终均卒于黔中任上。

然而，除在地方任职的官员对所在区域有治理职责外，唐朝廷还存在一些临时派遣至黔中地区，参与地方治理的官员，如朱孝诚，"弱冠入侍，以谨密见亲。咫尺天颜，左右皇极。克勤专对，休有令闻。贞元中，德宗新平寓县，戎臣专阃，多不自安，任非其人，情则莫达，使乎之选，朝廷为难。公时妙年，早承恩渥。累驰驲骑，所至风从。对敭王休，众高敏捷。累践要职，官更局丞。干蛊之声，自兹益大。寻加朱绂银章，以旌能也"。即在"元和初，张伯靖负固叙州，啸聚蛮落"，朝廷需要有能力之人前往地方进行治理时，"公衔命于儌扰之际"，义不容辞，"抚谕于溪洞之中"，并最终使得张伯靖所带领的叙州等地"蛮落""投戈感恩，敛衽向化"。①

同时，黔中地方官员除治理所管辖区域外，也服从唐朝廷的军事调配，参与对其他区域的治理。如唐肃宗"上元末，纳州（治今四川叙永县）僚叛，寇故

---

① 《唐故忠武军监军使宁远将军守内常侍员外置同正员赐紫金鱼袋上柱国赠云麾将军左监门卫将军朱公神道碑并序（朱孝诚）》，长庆元年二月五日。

茂、都掌二县,杀吏民,焚廨舍",即下诏命"黔州都督发兵击之"。① 又"马士举救泗州,贼解去,进攻贼濠州"。亦"诏黔中观察使秦匡谋讨贼,下招义、钟离、定远"②。说明黔中官员不仅管理与治理地方,同时还根据唐朝廷的需要,对黔中以外的地方进行军事治理,共同维护唐朝地方社会的稳定。

---

① （宋）欧阳修、宋祁:《新唐书》卷二二二《南蛮列传》,第 6327 页。
② （宋）欧阳修、宋祁:《新唐书》卷一四八《康承训列传》,第 4778 页。

第四章　流贬之地：黔中道流宦聚集的缘起、发展与地方印象

历史时期，不同政权的统治者及统治集团对所属官员的违规犯罪行为进行有力的惩戒与规范是治理天下的重要内容之一，如《旧唐书·食货志》在言及盐铁使官员的设置时，曰："设官分职，选贤任能，得其人则有益于国家，非其才则贻患于黎庶，此又不可不知也。"①即指出设置不同职能的职官，必须选择贤良、有才能之人，若选得这种人为官，对于国家治理与发展将十分有益，相反，则可能成为社会的祸害，使百姓遭殃，后果难以预料。因此，虽然历史时期各朝各代都没有避免因选人不当而出现的社会动荡、官场腐败等问题，但无论是唐代以前各朝政权，还是唐代及唐代以后历代政权，都十分重视官员的管理与治理。

而伴随历朝历代统治集团的官员管理与治理，流贬产生，并成为一种较为常见的、重要的治理手段与政策，最终发展成为一种重要的政治现象与社会现象。然而，其本质是一种将犯错或犯罪官员贬职，流放至"边远之地""蛮荒之地""烟瘴之地"等环境恶劣或经济文化不发达地方的行为。这一行为自产生开始，便得以广泛流传。

唐代延续唐以前各朝的流贬策略，对犯错或犯罪官员进行贬职、流放。按

---

① （后晋）刘昫等：《旧唐书》卷四八《食货上》，第 2086 页。

《唐律疏议》记载,其以《尚书·舜典》所言"大罪投之四裔,或流之于海外,次九州之外,次中国之外"①为基础,根据不同官员所犯错误大小或罪行严重程度进行具体安排与处置。且在前代基础上对流刑进行调整,如在隋代流刑基础上对流放距离进行更改,将隋代流刑距离"一千里、千五百里、二千里"更改为"两千里、两千五百里、三千里",②各增加了一千里。至唐太宗时期,"在刑名之制方面,于原定流刑三等之外,增置加役流,以处由死刑减降者"③。即在原来的基础上,对较重的罪犯又设有加役流,将以前许多适用死刑的法律条文改为流放,从而增加适用流放的条例,《新唐书》卷五六《刑法志》载:"降大辟为流者九十二。"④从而扩大了适用流放的范围,使唐代流人数量大大增加,并形成一些较为集中与典型的流贬聚居区域。

黔中道即唐代流贬集中的主要区域之一。姜立刚根据《旧唐书》《新唐书》《资治通鉴》《册府元龟》《全唐文》《全唐诗》《唐代墓志汇编》《唐代墓志汇编续集》《全唐文补遗》《千唐志斋新收藏志》等文献统计,唐代流贬至黔中道的人员至少有145人次,其中播州21人次,黔州19人次,辰州13人次,珍州13人次,溱州11人次,施州10人次,巫州9人次,锦州9人次,费州7人次,溪州4人次,南州4人次,夷州4人次,思州3人次,业州2人次,牂柯1人次,琰州1人次,具体属州不明者14人次,是十五道中流贬总人数排名第六的地区。⑤

那么,这些流贬官员具体有哪些? 他们为何被流贬黔中? 其流贬黔中后,

---

① 刘俊文:《唐律疏议笺解》,中华书局1996年版,第35页。
② 刘俊文:《唐律疏议笺解》"序论",第13页。
③ 刘俊文:《唐律疏议笺解》"序论",第15页。
④ (宋)欧阳修、宋祁:《新唐书》卷五六《刑法》,第1410页。
⑤ 姜立刚:《唐代流贬官员分布研究》,西南大学博士学位论文,2013年。据其统计:流贬官员数量最多的是岭南道,高达730人次;其下依次是江南西道364人次;江南东道244人次;山南东道182人次;河南道146人次;黔中道145人次;剑南道134人次;山南西道130人次;淮南道103人次;河东道86人次;都畿道69人次;京畿道69人次;河北道60人次;关内道36人次;陇右道最少,28人次。

对黔中的认知如何？是否长驻黔中？……所有这些与流贬官员密切相关的问题及其背景与发生过程，无疑构成了唐代"黔中文化"中"贬谪文化"的主要方面。① 因此，要探讨黔中道历史、地理与文化，深入认知"黔中文化"中"贬谪文化"的形成、发展与内涵，就必须解答以上与流贬官员密切相关的问题。

第一节　制度规定：黔中"流贬"聚集的缘起

历朝历代的管理与治理均离不开各种制度的保障与约束，律法是其中最为重要的方面之一。因而《旧唐书·刑法志》开篇即言：

> 古之圣人，为人父母，莫不制礼以崇敬，立刑以明威，防闲于未然，惧争心之将作也。故有轻重三典之异，宫墨五刑之差，度时而施宜，因事以议制，大则陈之原野，小则肆诸市朝，以御奸宄，用惩祸乱。兴邦致理，罔有弗由于此者也。暨淳朴既消，浇伪斯起，刑增为九，章积三千，虽有凝脂次骨之峻，而锥刀之末，尽争之矣。

> 自汉迄隋，世有增损，而罕能折衷。隋文帝参用周、齐旧政，以定律令，除苛惨之法，务在宽平。比及晚年，渐亦滋虐。炀帝忌刻，法令尤峻，人不堪命，遂至于亡。②

明确指出制度尤其是刑法的确立对朝廷、社会乃至家庭的重要性。根据治理对象及具体行为的不同，刑法亦有所不同，有因时、因事的差异，大的可以用于整个天下，小的可以用于市井社会，以御防奸宄，惩戒祸乱。然而，如何有效地去实施，是历朝历代所面临的一个难题。自汉代至隋代，总体而言，刑法制度日趋完善，不断发展与更新，消除了一些苛刻、残忍的规定，日益人性化。但至隋炀帝时期，刑法又趋于严峻，广大民众不堪忍受，最终成为隋朝灭亡的

---

① 马强：《关于黔中文化研究的几个历史地理问题》，提出"黔中文化"以汉夷融合文化为主，在喀斯特地貌和华夏文化南迁背景中兼容了历史上的羁縻文化、政治贬谪文化等。

② （后晋）刘昫等：《旧唐书》卷五〇《刑法》，第2133页。

影响因素之一。

因此,唐朝不同时期的统治者,根据不同时期的具体情况,吸取隋朝灭亡教训,十分注重刑法的制定与更改。流刑作为其中一个主要方面,亦有着十分明确的规定与变化。以《唐律疏议》为例,其在对各类律法进行叙述时,均言及流刑。

卷一《名例》言"《书》云:流宥五刑,谓不忍刑杀,宥之于远也。又曰五流有宅,五宅三居,大罪投之。四裔或流之于海外,次九州之外,次中国之外,盖始于唐虞,今之三流即其义也"[1]。说明流罪最早起源于唐虞时期,是为减少刑杀的一种方式。唐朝延续历史时期所采用的这一刑法,将流罪分为三等,称为"三流",其距离最初"自五百里至三千里",后有所变化。

在按照流放距离将流罪分为三等的同时,唐朝统治者及参与律法制定的官员还按照流罪性质对其进行了具体划分,包括加役流、反逆缘坐流、子孙犯过失流、不孝流及会赦犹流五种,具体而言:

加役流。《疏议》曰:加役流者,旧是死刑。武德年中改为断趾,国家惟刑是恤、弘博爱,以刑者不可复属,死者务欲生之情,输向隔恩覃祝网,以贞观六年(632年)奉制改为加役流。

反逆缘坐流。《疏议》曰:谓缘坐反逆得流罪者,其妇人有官者,比徒四年,依官当之法,亦除名。无官者依留住,法加杖配役。

子孙犯过失流。《疏议》曰:谓耳目所不及思虑、所不到之类,而杀祖父母、父母者。

不孝流。《疏议》曰:不孝流者,谓闻父母,匿不举哀流;告祖父母、父母者、绞从者流;咒诅祖父母、父母者流;厌魅求爱媚者流。问曰:居丧嫁娶合徒三年,或恐喝,或强各合,加至流罪,得入不孝流以否。答曰:恐喝及强元(原)非不孝,加至流坐,非是正刑律,贵原情据理不合。

---

① 刘俊文:《唐律疏议笺解》卷一《名例》,第35页。

及会赦犹流者。《疏议》曰：案贼盗律云，造畜蛊毒，虽会赦，并同居家口及教令人亦流三千里；断狱律云，杀小功尊属从父兄姊及谋反大逆者，身虽会赦，犹流二千里，此等并是会赦犹流。其造畜蛊毒，妇人有官无官，并依下文配流如法。有官者仍除名，至配所免居作，各不得减赎，除名配流如法。除名者免居作，即本罪不应流配而特配者，虽无官品亦免居作。①

以上几流可谓为流罪的基本类型，涉及由死刑改为加役的、反逆的、子孙过失的、子孙不孝的及遇大赦仍需流放的行为。然而，这些仅为流罪的大类，具体到流刑实施时，很多违反规定的行为均涉及流刑的处罚。如卫禁律部分规定：

太极等门为殿门，阑入者徒二年半。持仗各加二等，谓将兵器、杵棒等阑入宫门得徒三年，阑入殿门得流二千里。

御膳所，谓供御造食之处，其门亦禁，不应入而入者流三千里。阑入禁苑者徒一年。

庙、社及禁苑，非人射及放弹、投瓦石之所。若有辄向射及放弹、投瓦石杀伤人者，各依斗杀伤人罪法：若箭伤，徒二年；瞎一目，徒三年之类。至死者，唯处加役流。

擅兴律，私有甲一领，弩三张，流二千里。稍一张，徒一年半。私造者，各加一等。假令私将稍度关，平赃直绢三十匹，即从坐赃，科徒二年，不计稍为罪。将甲一领度关，从私有法，流二千里，即不计赃而断。②

诸越度缘边关塞者，徒二年。共化外人私相交易若取与者，一尺徒二年半，三匹加一等，十五匹加役流。私与禁兵器者，绞；共为婚姻者，流二千里。未入、未成者，各减三等。即因使私有交易者，准盗论。③

---

① 刘俊文：《唐律疏议笺解》卷二《名例》，第133—135页。
② 刘俊文：《唐律疏议笺解》卷七《卫禁》，第545、546、625、665页。
③ 刘俊文：《唐律疏议笺解》卷八《卫禁》，第669页。

从卫禁律的规定可以看到,涉及流刑的行为包括士兵等将武器、杵棒等尖锐性、具有伤害性的兵器带入殿门者;不应该进入御膳所的人擅自进入者;向庙、社及禁苑投放弹、石导致人员死亡者;私自拥有盔甲、箭弩,私自将盔甲度关外送者;私自跨越边关、边塞与唐朝之外的人交易者、婚姻者。根据违规行为的不同程度进行量刑,流刑在其中有轻重之分,加役刑是仅次于死刑(用以代替死刑)的、最重的流刑。根据流放里程有流三千里、流二千里之分。

职制律部分规定:

> 诸闻父母若夫之丧匿不举哀者,流二千里。

> 诸驿使稽程者,一日杖八十,二日加一等,罪止徒二年。若军务要速,加三等;有所废阙者,违一日,加役流;以故陷败户口、军人、城戍者,绞。

> "受人财而为请求者",谓非监临之官。"坐赃论加二等",即一尺以上笞四十,一匹加一等,罪止流二千五百里。"监临势要,准枉法论",即一尺以上杖一百,一匹加一等,罪止流三千里,无禄者减一等。"与财者,坐赃论减三等",罪止徒一年半。若受他人之财,许为嘱请,未嘱事发者,止从"坐赃"之罪;若无心嘱请,诡妄受财,自依"诈欺"科断。取者虽是诈欺,与人终是求请,其赃亦合追没。其受所监临之财,为他司嘱请,律无别文,止从坐赃加二等,罪止流二千五百里,即重于"受所监临"。若未嘱事发,止同"受所监临财物"法。

> 诸监临主司受财而枉法者,一尺杖一百,一匹加一等,十五匹绞;不枉法者,一尺杖九十,二匹加一等,三十匹加役流。无禄者各减一等,枉法者二十匹绞,不枉法者四十匹加役流。

> 诸监临之官受所监临财物者,一尺笞四十,一匹加一等;八匹徒一年,八匹加一等,五十匹流二千里。与者减五等,罪止杖一百。①

---

① 刘俊文:《唐律疏议笺解》卷一〇《职制》,第 799、813、853、863、870 页。

对于唐朝官员中有父母死亡而隐藏不进行上报、不服丧者；驿站使者耽误信息传递甚至导致信息丢失、外漏者；非监临官而受人钱财，为人请求者；监临主官收受他人财物，做枉法之事者；监临官收受所监视对象财物五十匹者，均采取不同程度的流刑，给予加役流、流三千里、流二千五百里、流二千里的处罚。其中官员对父母死亡消息匿而不报且不服丧行为的流刑处，又属于前所言不孝流。可见，各律针对具体行为的流刑规定，实质上包括在《名例》所言"五流"之中。

户婚律部分规定：

> 里正及州、县官司，各于所部之内，妄为脱漏户口，或增减年状，以出入课役，一口徒一年，二口加一等，十五口流三千里。若有因脱漏增减，取其课调入己，计赃得罪，重于脱漏增减口罪者，即准赃以枉法论，计赃至死者加役流。①

> 诸差科赋役违法及不均平，杖六十。若非法而擅赋敛，及以法赋敛而擅加益，赃重入官者，计所擅坐赃论；入私者以枉法论，至死者加役流。②

> 妇女犯罪逃亡，有人娶为妻妾，若知其逃亡而娶，流罪以下，并与同科；唯妇人本犯死罪而娶者，流三千里。

> 诸与奴娶良人女为妻者，徒一年半；女家，减一等。离之。其奴自娶者，亦如之。主知情者，杖一百；因而上籍为婢者，流三千里。③

对于里正及州、县官府内部出现户口登记脱落以减少赋役者；擅自收敛财赋为己用者；迎娶逃亡犯罪妇女者；奴婢娶良人为妻，且将自己属籍改为奴籍者，依据严重程度，给予加役流及流三千里的处罚。

厩库律部分规定：

> 系饲死者加一等罪，谓应牧系养之者，收饲理不合死，故加罪一等。

---

① 刘俊文：《唐律疏议笺解》卷一二《户婚》，第 929 页。
② 刘俊文：《唐律疏议笺解》卷一三《户婚》，第 1001 页。
③ 刘俊文：《唐律疏议笺解》卷一四《户婚》，第 1044、1063 页。

杂畜一死笞四十,罪止流二千里。"失者,又加二等",以其系饲不合失落,故加二等。称"又"者,明累加,即失一杖六十,罪止流三千里。[1]

对于饲养牲畜过程中,饲养不当导致牲畜死亡或鞭打牲畜者,按照严重程度分别实施流三千里与流二千里的处罚。

擅兴律部分规定:

> 若无警急,又不先言上,辄擅发十人以上、九十九人以下徒一年,满百人徒一年半,百人加一等,七百人以上流三千里,千人绞。

> 诸征人稽留者,一日杖一百,二日加一等,二十日绞。即临军征讨而稽期者,流三千里,三日斩。

> 诸密有征讨而告贼消息者斩,妻、子流二千里。

> 主司不加穷覈而承诈者减罪二等,知情者与同罪,至死者加役流。[2]

对于无紧急事件,又未事先报备上级而擅自发兵者;临近军队出发征讨而延期入队者;向敌方透露军事机密者家属;官员或其他人未发现或发现而包庇被征用者逃避征役者,区别事件性质的严重程度,执行加役流、流三千里、流二千里不等的流刑。

贼盗律部分规定:

> 诸谋反及大逆者,皆斩;父子年十六以上皆绞,十五以下及母女、妻妾、子妻妾亦同。祖孙、兄弟、姊妹若部曲、资财、田宅并没官,男夫年八十及笃疾、妇人年六十及废疾者并免。伯叔父,兄弟之子皆流三千里,不限籍之同异。

> 即虽谋反,词理不能动兵,威力不足率人者,亦皆斩;父子、母女、妻妾并流三千里,资财不在没限。其谋大逆者,绞。

> 诸口陈欲反之言,心无真实之计,而无状可寻者,流二千里。

> 诸谋叛者,绞。已上道者皆斩,妻、子流二千里;若率部众百人以上,

---

① 刘俊文:《唐律疏议笺解》卷一五《厩库》,第1087页。
② 刘俊文:《唐律疏议笺解》卷一六《擅兴》,第1162、1188、1191、1200页。

父母、妻、子流三千里。所率虽不满百人,以故为害者,以百人以上论。

诸谋杀制使,若本属府主、刺史、县令及吏卒谋杀本部五品以上官长者,流二千里。

谋杀缌麻以上尊长者,流二千里。

诸妻妾谋杀故夫之祖父母、父母者,流二千里。

诸谋杀人者,徒三年。已伤者,绞。已杀者,斩;从而加功者绞,不加功者流三千里。

诸劫囚者,流三千里。

诸祖父母、父母及夫为人所杀,私和者流二千里。①

诸造畜蛊毒及教令者,绞;造畜者同居家口虽不知情,若里正知而不纠者,皆流三千里。造畜者虽会赦,并同居家口及教令人,亦流三千里。

诸以毒药药人及卖者,绞;即卖买而未用者,流二千里。

于祖父母、父母及主,直求爱媚而厌咒者,流二千里。

若子孙于祖父母、父母,部曲、奴婢于主冢墓熏狐狸者,徒二年;烧棺椁者,流三千里。

诸造祅书及祅言者,绞。传用以惑众者,亦如之;其不满供者,流三千里。②

诸盗大祀神御之物者,流二千五百里。

诸盗御宝者,绞;乘舆服御物者,流二千五百里。

诸盗宫殿门符、发兵符、传符者,流二千里。

诸盗禁兵器者,徒二年;甲、弩者,流二千里。

诸盗毁天尊像、佛像者,徒三年。即道士、女官盗毁天尊像,僧、尼盗毁佛像者,加役流。

---

① 刘俊文:《唐律疏议笺解》卷一七《贼盗》,第 1237—1238、1250、1253、1259、1263、1271、1273、1277、1287 页。

② 刘俊文:《唐律疏议笺解》卷一八《贼盗》,第 1299—1300、1304、1312、1327、1330 页。

诸发冢者,加役流。

(诸强盗)其持仗者,虽不得财,流三千里,五匹绞,伤人者斩。

诸窃盗,不得财,笞五十;一尺杖六十,一匹加一等,五匹徒一年;五匹加一等,五十匹加役流。

诸本以他故殴击人,因而夺其财物者,计赃以强盗论,至死者加役流。①

诸因盗而过失杀伤人者,以斗杀伤论,至死者加役流。

诸略人、略卖人不和为略。为奴婢者,绞;为部曲者,流三千里:为妻妾子孙者,徒三年。和诱者,各减一等。若和同相卖为奴婢者,皆流二千里。

诸略奴婢者,以强盗论;和诱者,以窃盗论。各罪止流三千里。

诸盗经断后仍更行盗,前后三犯徒者,流二千里;三犯流者,绞。②

对于谋反及大逆不道者的伯叔父及兄弟之子;谋反未遂者的父子、母女、妻妾;口头扬言造反,但实际上没有计谋,也无证据可寻者;正在谋划反叛之人的妻子、子女、父母;企图谋杀所属本部五品以上官员者;企图谋杀应披麻戴孝的尊长者;妻妾企图谋杀已故夫家祖父母、父母者;未付诸行动而帮助谋杀人者;劫囚未杀人者;私下与杀害祖父母、父母及丈夫之人和解者;用动物制造蛊毒,同居之人不知情或知道而不及时纠正者;买卖毒药未使用者;向祖父母、父母及主人直接请求爱媚而遭受厌弃者;子孙烧祖父母、父母棺椁者,部曲、奴婢烧主人棺椁者;制造妖书、妖言诱惑民众未达到数量者;强盗大祀神圣之物者、穿戴御赐之物者;偷盗宫殿门符、发兵符、传符者;偷盗盔甲、箭弩者;道士、女官盗毁天尊像,僧、尼盗毁佛像者;挖掘墓葬者;强盗持仗劫财未得者;因其他原因殴打他人而夺取财物导致死亡者;掠卖人口为部曲者;掠卖奴婢者;强盗

---

① 刘俊文:《唐律疏议笺解》卷一九《贼盗》,第 1339、1343、1353、1356、1359、1364、1377、1382、1400 页。

② 刘俊文:《唐律疏议笺解》卷二〇《贼盗》,第 1411、1419—1420、1427、1450 页。

断案之后仍继续实施盗窃三次，犯徒刑者，依据事件的严重程度，执行加役流、流三千里、流二千五百里、流二千里不等。

斗讼律部分规定：

即损二事以上，及因旧患令至笃疾，若断舌及毁败人阴阳者，流三千里。

诸殴制使、本属府主、刺史、县令及吏卒殴本部五品以上官长徒三年，伤者流二千里。①

其良人殴伤杀他人部曲者，减凡人一等；奴婢，又减一等。若故杀部曲者，绞；奴婢，流三千里。

殴杀从父弟妹及从父兄弟之子孙者，流三千里。

诸殴兄姊者，徒二年半；伤者，徒三年；折伤者，流三千里。

若殴杀弟妹及兄弟之子孙、外孙者，徒三年；以刃及故杀者，流二千里。

诸詈祖父母、父母者绞，殴者斩；过失杀者，流三千里，伤者徒三年。

即殴子孙之妇令废疾者，杖一百；笃疾者，加一等；死者，徒三年；故杀者，流二千里。

诸妻妾殴、詈故夫之祖父母、父母者，各减殴、詈舅姑二等；折伤者，加役流。②

殴杀夫之兄弟子，流三千里。

诸部曲、奴婢詈旧主者，徒二年；殴者，流二千里。

诸知谋反及大逆者，密告随近官司，不告者绞。知谋大逆、谋叛不告者，流二千里。③

诸投匿名书告人罪者，流二千里。

① 刘俊文：《唐律疏议笺解》卷二一《斗讼》，第 1476、1499 页。
② 刘俊文：《唐律疏议笺解》卷二二《斗讼》，第 1527、1552、1557、1561、1565、1568 页。
③ 刘俊文：《唐律疏议笺解》卷二三《斗讼》，第 1582、1594、1605 页。

诸以赦前事相告言者,以其罪罪之。官司受而为理者,以故入人罪论。至死者各加役流。①

对于斗殴过程中,对方因旧病复发落下重病,或断人嘴舌,使人不能生育者;打伤制使、本属府主、刺史、县令及吏卒殴本部五品以上官长者;良人因故杀害奴婢者;殴杀父亲兄弟姐妹及其子孙者;打伤兄弟姐妹者;以刀刃等故意殴杀兄弟姐妹的子孙、外孙者;因过失杀害祖父母、父母者;因过失杀害子孙之妻妾者;妻妾殴打、辱骂故去丈夫的祖父母、父母,使其受伤者;妻妾殴打、杀害丈夫兄弟子女者;部曲、奴婢殴打旧主者;知道有人谋逆、谋叛而不告发者;投匿名书告发他人罪状者;以赦免之前罪事论罪者,依照事件的严重程度,执行加役流、流三千里、流二千里不等。

诈伪律部分规定:

诸伪造皇帝八宝者斩,太皇太后、皇太后、皇后、皇太子宝者绞,皇太子妃宝(者)流三千里。

诸伪写官文书印者,流二千里。

(伪写)使节及皇城、京城门符者,流二千里。

其收捕谋叛以上,不容先闻而矫制,有功者奏裁,无功者流二千里。

诸诈假官、假与人官及受假者,流二千里。

诸诈为官及称官所遣而捕人者,流二千里。

诸诈乘驿马,加役流。②

对于伪造皇太子妃宝印者;书写伪造官文书印者;伪造书写使节与皇城、京城门符者;收捕谋反叛逆不报而治理无功者;假装为官,或假装给人官及接受假官者;为假官所遣而捕人者;诈骗驿站马匹者,依照事件的严重程度,执行加役流、流三千里、流二千里不等。

杂律部分规定:

---

① 刘俊文:《唐律疏议笺解》卷二四《斗讼》,第 1644、1654 页。
② 刘俊文:《唐律疏议笺解》卷二五《诈伪》,第 1685、1687、1692、1702、1712、1722、1746 页。

　　诸私铸钱者，流三千里。

　　若故令入城及宅中杀伤人者，各以斗杀伤论，至死者，加役流。

　　诸奸从祖祖母姑、从祖伯叔母姑、从父姊妹、从母及兄弟妻、兄弟子妻者，流二千里。①

　　诸于山陵兆域内失火者，徒二年；延烧林木者，流二千里。

　　诸故烧官府廨舍及私家舍宅若财物者，徒三年；赃满五匹，流二千里。

　　诸大祀丘坛将行事有守卫而毁者，流二千里。②

　　对于私下铸钱者；因故进入城中或私人宅中，杀伤民众至死者；与从祖祖母姑、从祖伯叔母姑、从父姊妹、从母及兄弟妻、兄弟子妻有奸情者；在山陵内失火导致树林延烧者；故意烧毁官府廨舍及私家舍宅，财务损失达5匹者；即将祭祀而守卫疏忽，导致丘坛受损者，根据事件的严重程度，执行加役流、流三千里、流二千里不等。

　　捕亡律部分规定：

　　罪人本犯应死而杀者，加役流。

　　若余犯，不言请而辄捕系者笞三十，杀伤人者以故杀伤论，本犯应死而杀者加役流。

　　诸被囚禁拒捍官司而走者，流二千里；伤人者，加役流；杀人者斩，从者绞。③

　　对于本身犯下死罪应死而又杀人者，被囚禁而抵抗官司逃走者；逃走过程中伤人者，根据事件的严重程度，执行加役流与流二千里的处罚。

　　断狱律部分规定：

　　囚若不遣雇倩及辞未穷竟而杀，各以斗杀罪论，至死者加役流。

　　诸主守受囚财物，导令翻异及与通传言语，有所增减者以枉法论，十

---

① 刘俊文：《唐律疏议笺解》卷二六《杂律》，第1779、1791、1843页。
② 刘俊文：《唐律疏议笺解》卷二七《杂律》，第1889、1900、1910页。
③ 刘俊文：《唐律疏议笺解》卷二八《捕亡》，第1961、1994页。

五匹加役流。①

　　虽是监临主司,于法不合行罚及前人不合捶拷而捶拷者,以斗杀伤论,致死者加役流。

　　诸闻知有恩赦而故犯,及犯恶逆,若部曲、奴婢殴及谋杀若强奸主者,皆不得以赦原。即杀小功尊属、从父兄姊及谋反大逆者,身虽会赦,犹流二千里。②

对于死囚尚未结案定刑,而囚犯亲人雇佣人杀害囚犯者;官员因收受财物15 匹,而泄露信息、代为通传信息者;虽是监临主官,但不具备处罚资格而进行处罚刑讯者;杀害小功尊属、从父兄姊及谋反大逆者,虽遇恩赦,亦不能免者,根据事件的严重程度,执行加役流与流二千里的处罚。

根据《唐律疏议》关于各律的记载可见,流刑适用于唐律所规定的各种类型的违法行为,因此,在名例中,按照大体的内容,将其分为五大类,后所言各类违法行为所受流刑的处罚,基本包含于五个类型之中。

而从以上各律关于流刑的适用记载可以看到,流刑的适用范围十分广泛,是对唐朝违法行为进行处罚最为常见的惩罚方式,又以在"贼盗律"中使用最多。通常按照犯罪人员所犯罪行的严重程度进行等级划分,执行加役流、流三千里、流二千五百里、流二千里的处罚。

据杜佑《通典》记载,黔中道所属各州距离唐朝都城长安的距离,均在两千里以上(见表4-1)。可见,黔中道所属各州均符合唐朝廷实施流刑的距离要求,自然成为唐朝廷实施流刑的主要区域之一。而唐朝法律制度的颁布与实施,无疑成为流人数量在这一时期增多,并广泛分布于各个区域的最主要因素。

---

① 刘俊文:《唐律疏议笺解》卷二九《断狱》,第 2021、2024 页。
② 刘俊文:《唐律疏议笺解》卷三〇《断狱》,第 2059、2085 页。

表 4-1　黔中道各州距离唐都里程表

政区名称	黔中道各州距唐都里程
黔州	去西京(长安,下同)三千五百六十里,去东京(洛阳,下同)三千二百七十七里
涪州	去西京二千三百五十七里,去东京三千八十九里
思州	去西京三千九百五十里,去东京三千五百九十三里
辰州	去西京三千五百二十八里,去东京三千二百九十里
溪州	去西京二千八百九十三里,去东京二千六百九十六里
施州	去西京二千七百九里,去东京二千八百十里
巫州(叙州)	去西京三千一百五十八里,去东京三千八百三十三里
夷州	去西京四千三百八十七里,去东京三千九百七十五里
业州(奖州)	去西京四千一百九十七里,去东京三千九百里
播州	去西京四千四百里,去东京四千九十里
费州	去西京四千三百里,去东京三千五百里
溱州	去西京三千四百八十里,去东京四千二百里
珍州	去西京四千四百五十里,去东京四千九百六十里
南州	去西京三千九百五里,去东京三千六百里
锦州	去西京三千五百里,去东京三千三百里

资料来源:《通典》卷一八三《州郡十三》。

"由于唐代流刑中出现的流、贬字样较多,因此流放地点往往称为流所、贬所"①,在对其进行研究时,往往以"流贬"统称之。所以,在唐朝法律制度实施过程中,作为距离唐朝都城较远的黔中道成为流刑实施的重要区域之一,也成为流宦聚集的主要区域之一,黔中也因此形成属于自己的"流宦文化(贬谪文化)"。

第二节　短暂聚集:流宦的到来与离开

由唐代律法关于流刑的规定可见,无论是官员还是普通百姓,其违法行为

---

① 李兴盛:《中国流人史》,黑龙江人民出版社 2012 年版,第 228 页。

都有着明确的处罚规定。然而,梳理《旧唐书》《新唐书》《资治通鉴》《册府元龟》《全唐文》《全唐诗》《唐代墓志汇编》《唐代墓志汇编续集》《全唐文补遗》《千唐志斋新收藏志》等有关唐代流贬的文献,发现其记载的仅有官吏流放情况,几乎未涉及普通民众流放。所以本节讨论的对象主要为流放官员,但"因为官吏处在封建社会的中上层,他们享有一定的议、请、减、赎等司法特权,除犯一些危及朝廷、皇帝安全和其他重罪外,官吏是很少被处以真刑",使得"官吏的大量违法、失职、渎职、擅权等行为及一些轻罪往往是以降职、削级、罚没俸钱了结",而"就降职削级言,在降低职位削减官阶的同时,也经常伴随着将其贬到外地、恶地、远地的情况"。① 于是,大量因为犯罪或犯错应处以流刑的官员,被流贬边远之地,或继续为官,或成为普通民众。

在唐代流人激增的背景下,流贬官员流向原来远离唐代核心区域的偏远之地,无疑为流贬地的发展带去了新鲜的血液。又以官员多为当时的有识之士,因此,涌现出一大批著名流人,并留下流传至今的佳作,丰富了地方文化。黔中道即为其中一个较为典型的流贬之地,形成了具有地方特色的"流宦文化(贬谪文化)"。那么,有唐一代,因为受到处罚而流贬黔中道的官员到底有哪些? 其为什么被贬? 被贬黔中之后又在黔中生活了多久? 给黔中留下了什么么? 这是本节所要探讨的主要内容。

一、唐代黔中道流贬官员的时空分布

根据姜立刚统计,唐代流贬至黔中道的官员至少有 145 人,通过对相关文献所载各官员流贬具体情形的分析,笔者整理出唐代各时期流贬黔中道官员分布概况如表 4-2 所示。②

---

① 张艳云:《唐代量移制度考述》,《中国史研究》2001 年第 4 期。
② 本表在姜立刚《唐代流贬官员分布研究》"附表"基础上重新整理、分类、核对与补充。为系统呈现黔中"流贬文化",将黔中道设置之前的流贬亦纳入统计分析。

表4-2　唐代各时期流贬黔中(道)官员概况表

官员姓名	贬后官职(流贬地)①	流贬时间②
唐太宗时期		
王才	黔州都督府户曹参军事	贞观十年
李承乾	黔州	贞观十七年
唐高宗时期		
长孙无忌	黔州	显庆四年
李忠	黔州	显庆五年
李孝同	播州刺史	显庆中期
李明	黔州安置	永隆二年
张安	珍州录事参军	高宗时期
崔志道	巫州龙标县令	高宗时期
赵某	辰州卢溪丞	高宗时期
武则天时期		
刘齐贤	辰州刺史	光宅元年
屈突伯起	辰州司仓参军	垂拱元年
李孝逸	施州刺史	垂拱二年
郭翰	巫州司法	垂拱三年
周思钧	播州司仓	垂拱三年
李元轨	黔州	垂拱四年
邢文伟	珍州刺史	天授元年
樊文	黔州都督府长史	长寿元年
杜景俭	溱州刺史	延载元年
李璥	南州(司马)	武后时期
吉顼	琰州琰川尉	圣历二年
梁师亮	珍州荣德县丞	武后时期
张凑	播州罗蒙丞	武后时期
赵㦉	辰州卢溪郡溆浦县尉	武后时期

① 原文献未记载流贬后官职的,在此仅统计流贬地名称。
② 原文献记载具体流贬时间的,以年份标注;未记载具体时间的,以流贬时统治者年号标注。

续表

官员姓名	贬后官职(流贬地)	流贬时间
李思贞	珍州司马	武后时期
独孤(思)庄	施州刺史	武后时期
唐中宗时期		
牛腾	牂牁建安丞	嗣圣元年
乙速孤令从	溱州扶欢县令	神龙二年
桓臣范	辰州司马	神龙中期
李璥	南州司马	景龙元年
魏元忠	思州务川尉	景龙元年
卢正道	锦州员外司马	景龙末年
程伯献	辰州刺史、珍州刺史	中宗时期
唐睿宗时期		
郑愔	沅州刺史(巫州、叙州)	景云元年
唐玄宗时期		
周利贞	珍州司马	开元初期
钟绍京	溱州刺史	开元二年
崔憬	施州司马并员外置同正员	开元八年
皇甫恂	锦州刺史	开元十三年
王守廉	溪州司户	开元十九年
王守庆	鹤州司仓	开元十九年
王守贞	施州司户	开元十九年
梁炫	播州司户参军员外置同正员	开元中期
李令一	黔州彭水尉	开元时期
程文琬	巫州员外司马	开元时期
苑玄亮	锦州别驾	开元时期
崔泌	珍州夜郎郡夜郎县尉	天宝初期
李钦福	锦州	天宝初期
郑钦说	珍州夜郎尉	天宝五年
皇甫惟明	播州播川郡太守	天宝五年
彭果	溱州溱溪郡	天宝六年
王庭耀	黔中郡	天宝六年

续表

官员姓名	贬后官职(流贬地)	流贬时间
李琄	珍州夜郎郡	天宝七年
宗晖	费州涪川长史	天宝十一年
卫包	珍州夜郎尉	天宝十二年
阎伯玙	费州涪川尉	天宝十二年
张垍	辰州卢溪郡司马	天宝十三年
李澥	辰州卢溪郡	天宝末期
王昌龄	巫州龙标尉	天宝时期
李曙	锦州卢阳郡洛浦县尉员外置	玄宗时期
刘敦行	施州别驾	玄宗时期
卢惟清	播州播川尉	玄宗时期
王钧	夷州诃曹掾	玄宗时期
唐肃宗时期		
李璠	夷州	至德元年
孙蓥	播州	乾元二年
贺兰进明	溱州员外司马	乾元二年
第五琦	夷州	乾元三年
高力士	巫州	上元元年
王承恩	播州	上元元年
魏悦	溱州	上元元年
李珍	溱州	上元二年
韦伦	思州务川尉	上元二年
张万顷	巫州龙标县尉员外置长任	上元二年
张镐	辰州司户	上元二年
孙知古	费州	肃宗时期
李白	珍州夜郎	肃宗时期
王儦	播州	肃宗时期
畅璀	辰州司马	肃宗时期
唐代宗时期		
裴冕	施州刺史	宝应元年
啖庭瑶	黔中	宝应元年

续表

官员姓名	贬后官职(流贬地)	流贬时间
陈仙甫	黔中	宝应元年
朱光辉	黔中	宝应元年
裴茙	费州	宝应元年
来瑱	播州县尉员外置	宝应二年
程元振	溱州	广德二年
李钧	施州	永泰元年
顾繇	锦州	永泰元年
李锷	辰州	永泰元年
唐十八	施州	永泰末期
郑泌	业州	大历二年
李岵	夷州	大历四年
李鼎	思州长史员外置	大历六年
田悦	播州	大历时期
源休	溱州	代宗时期
余元仙	锦州	代宗时期
唐德宗时期		
卢征	珍州司户	建中元年
赵惠伯	费州多田尉	建中二年
严郢	费州刺史	建中三年
赵赞	播州司马	建中四年
戎昱	辰州刺史	建中四年
李玘	播州	贞元时期
李元平	珍州	贞元二年
裴液	锦州	贞元三年
郑方逵	黔州	贞元三年
令狐建	施州别驾同正	贞元五年
窦申	锦州司户	贞元八年
李繁	播州参军并同正	贞元十五年
唐宪宗时期		
窦群	黔州刺史	元和三年

211

官员姓名	贬后官职(流贬地)	流贬时间
徐玫	播州	元和五年
王承系	黔州	元和十年
刘禹锡	播州刺史	元和十年
凌朝江	播州司户参军	元和十二年
许志雍	辰州司户	元和中期
唐穆宗时期		
崔元略	黔州黔南观察使兼御史中丞	长庆元年
庞骥	溪州	长庆四年
唐文宗时期		
卫中行	播州	大和中期
马植	黔州黔南	开成中期
董昌龄	叙州司户	文宗时期
唐懿宗时期		
李藻	费州司户	咸通十三年
萧构	播州司户	咸通十三年
唐昭宗时期		
王瑰	黔州黔南节度使	景福初期
王建	南州刺史	乾宁四年
孙偓	南州司马(员外置同正员)	乾宁四年
张道古	施州司户	乾宁四年
王抟	溪州刺史	光化三年
韩偓	溱州荣懿尉	昭宗时期
薛昭伟	溪州刺史	天复中期
唐哀帝时期		
陈班	溱州司户	天祐元年

从表4-2可见,唐朝二十位皇帝,有十五位皇帝在统治期间向黔中道流放了贬谪官员,说明官员流贬几乎在唐朝每一个皇帝统治时期存在。但是,受不同时期政治背景、法律运行程度等的不同,存在非常明显的差异。根据表4-2对明确记载时间、有据可查的唐代流贬官员基本情况的统计,可见唐代各

时期流贬官员数量如表4-3所示。

表4-3　唐代各时期流贬黔中官员数量表

时间	流贬人员数量(名)	统治者在位时长(年)
太宗时期	2	23
高宗时期	7	34
武则天时期	16	30
中宗时期	7	6
睿宗时期	1	3
玄宗时期	29	45
肃宗时期	15	7
代宗时期	17	18
德宗时期	12	26
宪宗时期	6	15
穆宗时期	2	4
文宗时期	3	14
懿宗时期	2	14
昭宗时期	7	17
哀帝时期	1	4
合计	129	260

显然,流贬官员数量最多的是唐玄宗时期,见于文献明确记载的即有29名。数量最少的是唐睿宗与唐哀帝时期,见于文献明确记载的流贬官员均仅1人,而太宗、穆宗、懿宗三个时期均仅2人,相差甚大。因此,从数量而言,唐代黔中道流贬官员分布,以唐玄宗时期最多,流贬人数在20人以上;武则天、唐肃宗、唐代宗时期次之,流贬人数在15—20人之间;唐德宗时期又次之,流贬人数在10—15人之间;唐高宗、中宗、宪宗、昭宗时期又次之,流贬人数在5—10人之间;最少则为唐太宗、睿宗、穆宗、文宗、懿宗、哀帝六个时期,流贬人数均在5人以下。

结合各统治者在位时间,又可以看到各个时期官员流贬黔中道事件发生的频率。① 具体而言,太宗时期,约每十二年有一名官员流贬黔中;高宗时期,约每五年有一名官员流贬黔中;武则天时期,约每两年有一名官员流贬黔中;中宗时期,每年至少有一名官员流贬黔中;睿宗时期,三年共一名流贬黔中;玄宗时期,平均每两年即至少有一名官员流贬黔中;肃宗时期,每年至少有两名官员流贬黔中;代宗时期,约每年有一名官员流贬黔中;德宗时期,每两年有一名官员流贬黔中;宪宗时期,每两年半有一名官员流贬黔中;穆宗时期,每两年有一名官员流贬黔中;文宗时期,约每四年半有一名官员流贬黔中;懿宗时期,每七年有一名官员流贬黔中;昭宗时期,每两年半有一名官员流贬黔中;哀帝时期,四年共一名官员流贬黔中。

可见,唐肃宗时期是官员流贬黔中频率最高的,每年有两名官员流贬其地;其次是唐代宗、唐中宗时期,每年有一名官员流贬黔中;再次是玄宗、高宗、武则天、德宗、昭宗、宪宗、穆宗时期,平均约每两年有一名官员流贬黔中;复次是睿宗、哀帝、文宗时期,约每三年至四五年有一名官员被流贬黔中;最后是懿宗与太宗时期,分别约每七年、十二年有一名官员流贬黔中。

为什么不同时期流贬官员数量存在较大差异呢? 笔者认为,这一方面与唐律的规定密切相关,另一方面还与不同时期的政治环境存在着较为密切的联系。根据唐代历史发展的基本脉络可以看到,官员流贬黔中较多的时期,均为当时政治环境发生较大变动的时期。如唐高宗及武则天统治时期流贬黔中道官员较多,一方面与唐高宗在位时,围绕废黜皇后,改立武则天为后的事件相关;②另一方面,也与武则天称帝后,为巩固统治,将部分唐宗室及拥护唐朝廷的官吏流贬,打击政敌相关。长孙无忌、李元轨即为这一时期流贬黔州的典型代表。又如唐玄宗时期流贬黔中官员的人数多,一方面与唐玄宗在位时间

---

① 此处仅以明确记载流贬官员姓名、流贬地名称、流贬时间的数据(见表4-2、表4-3)为例。若包括未明确记载流贬信息的数据,实际发生频率高于此。

② 反对立武则天为后的官员多被贬黜。

长有关系，另一方面也与唐玄宗晚年陷入治理困境，导致政治混乱、宦官专权，且藩镇割据严重，爆发"安史之乱"有关，皇甫惟明等官员即在这一过程中被流贬。

然而，唐肃宗和唐代宗时期，无论从数量还是频率而言，均为唐代官员流贬黔中道最为突出的阶段。恰如姜立刚在研究中指出："肃宗和代宗两朝，黔中道成为当时最主要的流贬区域"①。何以会出现如此局面？

《高力士外传》载大理司直太原郭湜曰："李辅国谬承恩宠，窃弄威权，蒙蔽圣聪，恣行凶丑。所持刑宪，皆涉回邪，即有敬、毛、裴、毕之流，起周代索丘之狱，既无所措，难以图存。使天下之心，自然摇矣。但经推案，先没家赀，不死则流，运逾千计。黔中道此一色尤多……遗、评、补、博、卿、监、司、舍、将军、列卿、州牧、县宰已（以）下，散在诸郡不可尽纪。从至德至宝应，向二千人。及承恩放还，十二三矣。"②即道出肃宗时期流贬官员之多，而从肃宗至德时期到代宗宝应时期即有包括拾遗、补阙、舍人、将军、列卿、州牧、县宰等不同阶位的流贬官员2000人，这些人到最后恩赦时多已不在。对此，郭湜追溯了流贬官员在这一时期增多的原因，认为唐肃宗信任的宦官李辅国，利用肃宗的恩宠，操纵军政大权，蒙蔽唐肃宗，任意妄为，不按法律规定行事，遇到案件，往往先没收家产，然后处死。而所言"敬、毛、裴、毕"中，裴升、毕曜均流往黔中。

除此之外，肃宗、代宗时期流人常遭配送黔中，还可能与其正处于"安史之乱"未平阶段，"安史之乱"造成中原路途隔断，流放岭南路途遭阻有关。在战争与交通等多种因素的影响下，将犯人流配至没有战火骚扰的黔中道，似乎更符合当时的实际情况。

因此，唐代不同时期流贬黔中的官员数量存在较大差异。而产生这种差异的原因是多方面的，既有政治因素的影响，又有社会、交通等因素的影响。但是，

---

① 姜立刚：《唐代流贬官员分布研究》，西南大学博士学位论文，2013年。

② （唐）郭湜：《高力士外传》，李时人：《全唐五代小说》外编卷四，中华书局2014年点校本，第3676页。

除流贬黔中道官员存在不同时期数量差异外,黔中道内部各州亦存在空间分布差异。据表4-2可得唐代流贬黔中道各州官员数量如表4-4所示。

表4-4　唐代流贬黔中道各州官员数量表①

黔中道属州名称	流贬各州的官员数量(名)
黔州	20
播州	19
辰州	13
珍州	13
溱州	11
施州	10
锦州	9
巫州	7
费州	7
溪州	4
南州	4
夷州	4
思州	3
业州	2
牂牁	1
琰州	1
鹤州	1
合计	129

从表4-4可以看到,唐代流贬黔中道的官员不均衡地分布于黔中道所属各州。黔州与播州是流贬官员数量最多的,其次是辰州、珍州、溱州与施州,再其次是巫州与费州,而后为溪州、南州、夷州、思州、业州,最少的为牂牁、琰州与鹤州。

---

① 此处按照表4-2,仅统计明确记载流贬时间和地方名称的官员,其余流贬信息不详的未纳入统计,因此各州流贬官员实际数量可能更多。

分析黔中道所属各州出现的流贬官员数量差异，一方面，与唐朝流贬官员在政治环境中的处境相关；另一方面，还应与各州在历史时期的政治、经济发展及交通等因素相关。

如太子李承乾与开国功臣长孙无忌流贬黔中时，没有将其流贬至牂牁等新纳入管理的区域，而是安置在了政治、经济、文化等相对其他各州均更为成熟的黔州，无疑有关于其身份的考虑。而唐代流贬人员最早在唐太宗时均只到黔州，而未至黔州其他区域，在唐高宗时黔州也仍然是主要流贬安置地，也从侧面反映出唐初黔州作为流贬地的相对成熟。

同时，黔中道所属播州等区域不仅在里程上符合唐代流刑的里程要求，在环境上亦为适合流刑的"非人所居"之地。如《柳子厚墓志铭》所言："顺宗即位，拜礼部员外郎。遇用事者得罪，例出为刺史；未至，又例贬州司马……其召至京师而复为刺史也，中山刘梦得禹锡亦在遣中，当诣播州。子厚泣曰：'播州非人所居，而梦得亲在堂，吾不忍梦得之穷，无辞以白其大人；且万无母子俱往理。'请于朝，将拜疏，愿以柳易播，虽重得罪，死不恨。遇有以梦得事白上者，梦得于是改刺连州……"[①]

从黔州与播州流贬官员分布，结合前文关于黔中道各州政治、经济、交通的分析可以看到，两州一为政治、经济、文化与交通均相对较为成熟之地，一为发展相对较晚，也相对落后的"非人所居"地，但均为流贬官员分布较多的区域。所以，单纯地以某一因素对其进行解释，均会发现矛盾之处。而历史文献又缺乏选择流贬地的详细记载。因此，笔者只能推测，黔中道内部各区域流贬官员数量分布出现较大差异的原因是多方面、变动的，并没有绝对、固定的标准，只能肯定黔中道作为流贬官员主要聚集区域，其符合唐代流放地的标准。

二、流宦的到来与离开

流贬官员作为特殊群体，与一般流人存在一定的区别，一方面，他们流至

---

① （唐）韩愈：《柳子厚墓志铭》，（清）董浩等编：《全唐文》卷五六三，第 5697—5698 页。

黔中道所属各州后,大部分仍担任一定的官职,有建设与管理地方之责,或多或少对地方有着一定的影响;另一方面,作为官员的流贬人员,基本为受过教育的有识之士,具有一定的文化素养,流贬黔中道后,在很多地方留下了描述黔中自然、人文等的作品,成为"黔中文化"最为主要的部分之一。那么,这些官员流贬黔中道后具体情形如何,是否均以其特殊身份对黔中道当时的发展产生了影响呢?[①]

(一)唐太宗时期

唐太宗时期流贬黔中的官员有王才与李承乾[②]。

王才,太原人,为人"禀器方圆,有规矩之量。德齐珩瑀,怀清白之容。立节绮年,志学髫岁,手穷拾地,舌杪谈天,非礼乐而不拘,非忠贞而不履,苟颠沛而于是,虽风雨而不渝。宠辱不混其心,否泰不关其志。属屯雷载殷,龙德反新,出幽迁木,抗策金马,方朔十上,苏秦九献,吞若胸襟,尝何慊介"。因而,于"武德四年(621年),授蒲台丞,仍拜上大将军,余如故。贞观元年(627年),迁弘静令。十年(636年),转黔州都督府户曹参军事。十七年(643年),又转垫江县令。君四教率民,家知礼让;三巳其位,无愠厥心"[③]。可见,王才贞观十年流贬黔州,做黔州都督府户曹参军事,至贞观十七年又调为垫江县令。在黔州为官与生活七年时间,负责黔州籍帐、田宅、杂徭等基本事务。关于其在黔州任职期间的工作成效,从墓志铭"君四教率民,家知礼让;三巳其位,无愠厥心"的评价来看,其无论是在黔州,还是在垫江,都起了很好的示范与教导作用,影响了地方民众,使地方民众习知礼仪。不仅完成了自己的本职工作,还用自身的文化素养、礼仪素养及知识教导了地方民众,影响了地方民

---

① 本文以文献记载详细的流贬官员为例展开对此问题的探讨,暂不对文献仅稍有提及或记载内容缺失较多的官员展开讨论。

② 李承乾曾为皇太子,虽非严格意义上的官员,但此处为便于统计,以官员统称。

③ 《唐故忠州垫江县令上护军王君(才)墓志铭并序》,吴钢主编:《全唐文补遗》第3辑,三秦出版社1996年版,第336页。

众对于礼仪文化的认识。

李承乾,唐太宗嫡长子,太宗即位后,被立为皇太子。因其不听教导,辜负了太宗的期望,"邪僻是蹈,仁义蔑闻;疏远正人,亲昵群小;善无微而不背,恶无大而不及;酒色极于沉荒,土木备于奢侈;倡优之伎,昼夜不息;狗马之娱,盘游无度;金帛散于奸慝,捶楚遍于仆妾;前后愆过,日月滋甚"①。不学仁义,疏远正直之人,与小人亲近,为恶多端,沉迷于酒色,极为奢侈,不知悔改,反而日益严重。太宗以其为嫡长子,注重对其的教导,选择有名、有德的老师进行教导,企图循循善诱,但最终仍没能改变其德行,甚至变本加厉,与兄弟不和,进行谋反,使唐太宗最终痛下决心,将李承乾贬为庶人,于贞观十七年(643 年)四月流至黔州。流至黔州仅六月,李承乾即于"贞观十七年十月一日薨"②。然而,关于李承乾卒年,诸书记载不一,《唐会要》作贞观十八年十二月二日,《新唐书·太宗本纪》《资治通鉴》与《唐会要》同,《旧唐书》《新唐书》"太宗诸子传"均作贞观十九年(645 年),《旧唐书·太宗本纪》作贞观十八年十二月一日,而墓志铭则谓为贞观十七年十月一日。显然,即使以最晚的贞观十九年为其薨逝时间,那么其在黔州的时间,除去前往路途所费时间之后,也不过一到两年的时间。这段时间内,其在黔州的生活如何,对黔州地方发展是否产生影响,因缺乏具体记载,暂且不知。但是,其在黔州的生活经历,无疑成为后来黔州唐代人文景观的一部分。

(二)唐高宗时期

高宗时期,最早被流放至黔州的是唐高宗的舅舅长孙无忌,也是辅助唐太宗登上帝位的重要官员。贞观元年(627 年),"以功第一,进封齐国公,实封千

---

① (宋)宋敏求编:《唐大诏令集》卷三一《皇太子废黜废皇太子承乾为庶人诏》,第 122 页。
② 胡元超:《昭陵墓志通释》四二《大唐故恒山愍王荆州诸军事荆州大都督墓志铭(李承乾墓志)》,三秦出版社 2010 年版,第 721 页。

三百户"①，因既为亲戚，又为"开国元勋"，所以太宗对长孙无忌尤为重视，以礼待之，允许其进入起居之地，地位非同一般。太宗离世时，将高宗托付于长孙无忌与褚遂良，让二人辅政，并让褚遂良保长孙无忌不受诬陷、伤害。然而，褚遂良终究没能护下长孙无忌。永徽六年（655年），唐高宗"将立昭仪武氏为皇后，无忌屡言不可，帝乃密遣使赐无忌金银宝器各一车、绫锦十车，以悦其意。昭仪母杨氏复自诣无忌宅，屡加祈请。时礼部尚书许敬宗又屡申劝请，无忌尝厉色折之。……帝竟不从无忌等言，而立昭仪为皇后。皇后以无忌先受重赏而不助己，心甚衔之"②。长孙无忌与唐高宗因在立武则天为皇后这件事上产生分歧，埋下了与高宗、武则天之间的矛盾。以至于显庆四年（659年）许敬宗诬陷监察御史李巢与长孙无忌合谋造反时，高宗"竟不亲问无忌谋反所由，惟听敬宗诬构之说"，削去长孙无忌官爵，将其流放黔州，并"遣使发次州府兵援送至流所"③。长孙无忌流放至黔州后，并没有过上安稳的生活，许敬宗又派遣大理正袁公瑜到黔州重新审问长孙无忌，企图让长孙无忌承认谋反罪状，最终使得长孙无忌自缢而亡。因此，长孙无忌虽被流放至黔州，但在流放黔州后不久即被逼迫致死，并未对地方产生太大影响。但最终与李承乾在黔州的生活经历一样，成为黔州历史景观的重要组成部分。

与长孙无忌差不多同一时期被流贬黔州的还有李忠与李孝同。李忠为高宗之子，原为陈王，永徽三年（652年）立为皇太子，六年（655年）二月成年，"加元服"。六年十月，其养母王氏被废为庶人，武则天成为皇后。七年（显庆元年）春正月，被废除皇太子位，降为梁王。显庆五年（660年），又被废除梁王封号，贬为庶人，流放至黔州。麟德元年（664年）十二月，因原侍奉于侧的宦官王伏胜与侍郎上官仪被许敬宗诬告谋反，受到牵连，被高宗赐死④。自显庆

---

① （后晋）刘昫等：《旧唐书》卷六五《长孙无忌传》，第2447页。
② （后晋）刘昫等：《旧唐书》卷六五《长孙无忌传》，第2454—2455页。
③ （后晋）刘昫等：《旧唐书》卷六五《长孙无忌传》，第2456页。
④ 参见（后晋）刘昫等：《旧唐书》卷四《高宗本纪上》，第67—86页。

五年至麟德元年,李忠被流至黔州合计约五年。但其在黔州被"囚于承乾故宅"①,与外界的联系不多,因而虽在其地五年,却未见过多关于其在黔州的生活记载。也未见其流居黔州期间,留下诗词文字。

李孝同,亦为唐代皇室亲眷,是唐高祖太武皇帝(李渊)从子,太宗文皇帝(李世民)从祖弟。唐太宗为秦王时,事奉于秦王府,得到太宗的认可,一路升迁,"累迁左千牛中郎将兼检校左卫将军,寻拜左骁卫将军,巡警千庐"。中途因受其他事情影响,"坐为士伍,寻授播州刺史"。但其流贬播州时间不长,即"举计入朝,诏复本官",并"旋加明威将军,仍统右羽林军事"。② 因此,其虽授为播州刺史,但实际上对播州的发展并未产生太大影响。

继李孝同之后,又有皇室亲眷李明流贬黔州。李明,太宗第14子,贞观二十一年(647年)受封。高宗显庆时,授为梁州都督,又任虢州、蔡州、苏州三州刺史。然而,因与李贤有往来,受李贤被定"谋逆罪"影响,降封号为零陵王,流至黔州。至黔州后,"都督谢祐希旨逼胁令自杀"。因其自杀,"黔府官僚咸坐免职",黔州地方官员均受到相应的免职处罚。③

除以上四位外,高宗时期还有流贬珍州的张安、巫州的崔志道、辰州的赵某。张安,为清河(治今河北省邢台市清河县)人,关于其生平,墓志铭仅言"公道几天纵,擢松架于云衢。德叶雷精,挺桂枝于月窟。解褐朝议郎申州罗山令,左珍州录事参军,除朝散大夫,行费州司马,除朝请大夫,改归州司马,改朝议大夫,行成州长史,又加中散大夫,行本任知莫门等五军支度兼检校陇右诸州营田,复领军马救援诸军事"④。对其所担任官职进行了介绍,虽言及被流贬珍州做录事参军,但却未言及其为何被流贬珍州。从其在珍州之后的履

---

① (宋)袁枢:《通鉴纪事本末》卷三〇《武韦之祸》,第 2763 页。

② 《右卫将军赠左卫大将军代州都督柱国淄川公李府君》,(清)董诰等编:《全唐文》卷九九二,第 10274 页。

③ (后晋)刘昫等:《旧唐书》卷七六《曹王明传》,第 2666 页。

④ 《周故中散大夫上柱国行成州长史张君墓志铭并序》,长安四年十一月二十日。

历推断,其在珍州的时间并不是很长,但后来又到费州,两地均属黔中,说明其在黔中为官时间较长。

崔志道,与张安一样,为清河人。为人谦和,聪明好学,20岁即担任泰州万春县尉。任职期间,能够很好地处理地方公务,因而擢升唐州湖阳县令,后因为官期间得罪"奸人",于是被辞官回家。又因其品质高尚,得到认可,后来又加朝议郎,先后任泽州司马、滑州司马,为官有道,但最后又受其他事件影响被流贬巫州,墓志铭记为"以公事左授巫州龙标县令"。对此,崔志道并无过多感慨,而是"欣然命驾,得丧无屑于襟怀"。对于其至巫州为官之后的生活情形与治理效果,从"迨及下车,风政已行于甿俗。方谓鲁恭三异,弘盛烈于当年。何图随会九原,痛阅川于此日"①。可见,崔志道刚到巫州任职之时,其德政已经传到巫州民众之中,且影响了地方。堪比"鲁恭三异",让地方风气得到改变。其后,未见移官,最后终于巫州官舍。其妻子过世后,于永淳元年(682年)十一月将两人坟墓迁回北方。

赵某,"讳某,字某",为人刚正、廉洁,精明独断,聪明卓尔,学有所成,参加乡举,即得明经登科,先后担任太子补正、射洪尉、定襄尉、洪洞主簿、永城丞。后因同时为官的官员贪污、残暴,制止不成,导致矛盾,因而被罢免,百姓皆为其求情。后中书侍郎河东薛元超虽有举荐,最终仍未免被人猜忌、诬告,导致祸害,被流贬卢溪担任县丞。赵某至卢溪时,"县无长史,政则我由",可以按照自己的想法去治理地方。经过其精心治理,"未岁月而已成",取得较好的效果,"无溪谷而不悦,互乡自专之子,左言难晓之民,翕然同辞,乞为父母"。地方百姓皆对其认可,"于是诣阙投疏。至于再三,朝廷允之,则授泸溪令"。在地方百姓的努力请求下,由县丞升为县令。而其"聿副诚请,增修德化,乃邹鲁设教,而夷楚变风",传播儒家礼仪文化,使地方发生较大变化。最

---

① 《大唐故巫州龙标县令崔君墓志铭并序》,永淳元年十一月十七日。

终亦终于任上,"迨公迁殂,阖境号慕"。①

(三)武则天时期

武则天时期流贬黔中的官员相对较多,流贬信息明确的有 16 个。梳理相关文献,可见这些官员流贬黔中的基本情形如下:

刘齐贤,曾任晋州司马,唐高祖知其正直,给予礼遇。后避章怀太子名讳,改名刘景先。永淳中,"累迁黄门侍郎、同中书门下平章事"②。武则天临朝后,取代裴炎为侍中,后裴炎因反对武则天临朝干预政事入狱,刘齐贤等为裴炎作证,认为其没有谋反。裴炎被处死后,刘齐贤被流贬辰州,任刺史。③ 天授元年(690 年),因罪被杀。未见流贬辰州期间,与地方互动联系的记载。

屈突伯起,原籍昌黎(治今河北省秦皇岛市昌黎县)。20 岁时,以门荫补为弘文馆学生。咸亨元年(670 年),授为宣德郎、太子宫门丞,后又任左清道率府仓曹、殿中省尚乘局直长。"至垂拱元年(685 年),敕授辰州司仓参军事。恭惟宸旨,随牒夷陬,应十部而推贤,临五溪而错节。家非东府,载惊床下之牛。地是南中,旋构座隅之鸟。以永昌元年(689 年)九月廿一日终于任所,春秋三十有九。"④可见屈突伯起流贬辰州后,没有再至其他地方任职。而当时辰州所在的五溪之地被称为"夷陬",是"蛮夷"聚居之地。其在辰州任职期间的表现,通过墓志铭言其"两宫辍务,五溪从职。握素澄清,当官正色"⑤可推

---

① (唐)张九龄:《故辰州泸溪令赵公碣铭》,(清)董诰等编:《全唐文》卷二九二,第2963 页。

② (后晋)刘昫等:《旧唐书》卷八一《刘祥道列传》,第 2754 页。

③ (后晋)刘昫等:《旧唐书》卷八一记载"贬授吉州长史",(宋)欧阳修、宋祁:《新唐书》卷四又言为"贬刘齐贤为辰州刺史",(宋)袁枢:《通鉴纪事本末》卷三〇则记为"先贬普州刺史,又贬辰州刺史",说法不一,此处暂且以普州言之。

④ 《故朝议郎行辰州司参军事屈突府君(伯起)墓志铭并序》,《全唐文补遗》第 2 辑,第315 页。

⑤ 《故朝议郎行辰州司参军事屈突府君(伯起)墓志铭并序》,《全唐文补遗》第 2 辑,第316 页。

断,其为官清明,在一定程度上促进了地方的发展。

李孝逸,从小好学,高宗时期任给事中、益州大都督府长史。武则天临朝后,任左卫将军,深受武则天赏识。光宅元年(684年),武则天派其平定徐敬业之乱,取得成功,"振旅而还",并"以功进授镇军大将军,转左豹韬卫大将军,改封吴国公"。为人谦厚,"素有名望",且"时誉益重",得到了很好的评价。久而久之,遭到武承嗣等的忌嫉,多次被"谗毁"。最终没能避免影响,于"垂拱二年(686年),左迁施州刺史"。然而,当年冬季,武承嗣"等又使人诬告孝逸往任益州,尝自解'逸'字云:'走绕兔者,常在月中。月既近天,合有天分'"。向上诬告李孝逸在益州任职时,说自己名字中的逸字,代表着与天靠近的意思,认为其有谋反、谋逆之心。武则天没有能够完全地维护与保护李孝逸,但以其为官期间建有功劳,只是削其官籍,将其流至比施州更远的儋州,最终李孝逸死在儋州。① 可见李孝逸虽流贬施州为官,但时间非常短暂。

郭翰,为御史,性格"宽简不苛",后受老子思想影响,认为儒生不应该执掌法令,因而辞掉御史一职,"改授麟台郎"。后又因阅览当时私议返政被处死刑的宰相刘祎之所写谢死表,被"宦者所奏",于是"左授巫州司户",但其任巫州司户不久,"俄而征还"。②

周思钧,与郭翰一样,因称叹刘祎之谢死表,"则天闻而恶之",受到处分,流贬播州,任播州司仓。③

李元轨,唐高祖第14子,先封蜀王,后徙为吴王。高宗死后,与刘齐贤一起办理高宗后事,刘齐贤对其十分赏识,非一般人所及。"垂拱元年(685年),加位司徒,寻出为襄州刺史,转青州。"至垂拱四年(688年),因"坐与越王贞连谋起兵,事觉,徙居黔州,仍令载以槛车,行至陈仓而死"。④ 李元轨作为皇

---

① 参见(后晋)刘昫等:《旧唐书》卷六〇《李孝逸列传》,第2344页。
② (唐)刘肃撰,许德楠、李鼎霞点校:《大唐新语》卷九《从善第二十》,中华书局1984年点校本,第139页。
③ (后晋)刘昫等:《旧唐书》卷八七《刘祎之列传》,第2848页。
④ (后晋)刘昫等:《旧唐书》卷六四《霍王元轨传》,第2430—2431页。

亲国戚，其流贬地仍然在黔州，但较之此前被贬黔州的李承乾、长孙无忌等更加不幸，因用囚车送其前往，最终未达黔州而亡于途中。

邢文伟，滁州（治今安徽省滁州市）人，年少时以博学闻名于江淮地区，任太子典膳丞期间，表现出色，日益知名。后右史缺官，高宗以其正直，擢升为右史。再后又任凤阁侍郎，兼弘文馆学士，迁内史。天授初，因"内史宗秦客以奸赃获罪"，邢文伟亦受影响，被流贬珍州，任刺史。至珍州后，"有制使至其州境，文伟以为杀己，遂自缢而死"。①

杜景俭（《新唐书》又记为杜景佺），冀州武邑人。先后任益州录事参军、司刑丞、洛州司马、检校凤阁侍郎、同凤阁鸾台平章事等职。延载初年（694年），"会李昭德下狱，景佺苦申救，后以为面欺，左迁溱州刺史"②，因为李照德救情，被认为是其同党而被贬为溱州刺史。但关于其在溱州任职的具体情形并未见记载，从其"性严正"③，又很快被提升为司刑卿推断，任职溱州期间，应有所作为。

樊文（字彦藻），南阳（治今河南省南阳市）人，年少有志，后"以功擢授昭州恭诚县令，迁广州洊安县令"。有功，"加朝散大夫，又加朝请大夫，徙授定州司马，累加中大夫，行洛阳、永昌二县令"。后唐朝下令让秋官尚书袁智弘作为安抚大使，樊文作为安置使，负责雍州、鸿州、宜州、稷州百姓迁至怀州、卫州等处的工作。然而，袁智弘"负罪下狱"，樊文也因为公事"左迁，授黔州都督府长史，散官勋封如故"。虽言流贬黔州，但"□恩敕以公婴疾，听在都下医疗"，最终并没有前往黔州。④

李璬，曾为"易州司马朝散大夫上柱国，袭胶西郡公"，后因事"贬南州"，为南州司马。从其"以正直忤物，为邪丑正"且"告终于官舍"⑤推断，其在南

---

① （后晋）刘昫等：《旧唐书》卷一八九《邢文伟列传》，第4960页。
② （宋）欧阳修、宋祁：《新唐书》卷一一六《杜景佺列传》，第4243页。
③ （宋）欧阳修、宋祁：《新唐书》卷一一六《杜景佺列传》，第4242页。
④ 《大周银青光禄大夫司卫少卿上柱国新城郡开国公樊公墓志铭并序》，长安二年三月六日。
⑤ 李轸：《泗州刺史李君神道碑》，（清）董诰等编：《全唐文》卷三七一，第3769页。

州期间应给地方带来了积极影响。

吉顼,洛州河南人,进士,曾任明堂尉、右肃政台御史中丞、天官侍郎、同凤阁鸾台平章事,为武则天心腹。圣历二年(699 年),因"以弟作伪官,贬琰川尉"①。琰川属琰州,后亦为黔中道辖州。然而在其向武则天辞行,与其探讨当时政治形势之后,又改徙为始丰尉,并未前往琰川任职。

梁师亮,安定(治今甘肃省定西县)人。永隆二年(681 年),以运粮有功,授上柱国。垂拱二年(686 年),又"以乾陵当作功别敕放选,释褐补隐陵署丞。解巾从宦,智效聿宣,结绶当官,干能斯著。秩满,俄而上延朝遣,授珍州荣德县丞"。至珍州任职后,"蛮陬乂宁,平人是赖。终使悠悠墨绶,方宏(弘)上艾之风。泛泛铜章,行阐中牟之化。随牒行满,解印言归"。②可见,其到达珍州荣德县后,作为县丞,对地方治理作出了较大贡献,使得百姓信赖、地方安宁。还以身作则,弘扬高尚之风,感化地方。至任期满后,才解印离开。

张凑,范阳(治今河北省保定市)人。从小好学,成熟较早,为州里看重,后登科,先"署朝邑尉",又"调补龙门丞",任三水令、丰州司马。在丰州任职即将结束时,因公事被流贬播州罗蒙县,任县丞。至播州后,"居常浩然,诵书不辍",最后"终其所"。③虽文献未言及其至播州后的为官情形,但从其在丰州为官期间以礼信、善恶等教导百姓,最终使地方百姓感化,并不舍其离去,可推断,其在播州期间很可能与在丰州期间一样,以身作则,感化地方,传播了汉文化。

赵暎,曾任"参羽卫,列警夜巡昼之伍,成陈力效庸之绩"。后又"调补魏王府法曹参军",但没多久即被无端"贬授泸溪郡溆浦县尉"。至溆浦县后,其并没有因此产生不满,"秩满言归,始终无咎"④。

---

① (后晋)刘昫等:《旧唐书》卷一八六《吉顼列传》,第 4849 页。
② 《珍州荣德县丞梁君墓志铭》,(清)董诰等编:《全唐文》卷九九四,第 10301 页。
③ 《故丰州司马张公墓志铭并序》,开元九年二月二十五日。
④ 《大唐故承议郎行魏王府法曹参军事轻车都尉天水赵府君(暎)墓志铭》,天宝十二年三月五日。

李思贞,平原高堂(治今山东省高唐县)人,精通六艺,博学多才。曾"授左金吾卫翊府副队正,迁□州司户参军",又"擢授右鹰扬卫延光府右果毅,寻加游击将军,除左卫德义府右果毅,又以本官加宁远将军"。为治理河源,又特"敕授公河源军抚帅,仍加右金吾卫白涧府折冲,又加明威将军,累宣威将军,转云麾将军、检校左卫勋二府中郎将"。一路升迁,可见其能力较强。然而,因在治理河源过程中出现小错误,"以鱼丽稍却,便为乌□门绳"①,被降授为太中大夫,流贬珍州任司马。但不久即迁往秦州,任秦州司马。

独孤(思)庄,为酷吏,"左降施州刺史,染病,唯忆人肉。部下有奴婢死者,遣人割肋下肉食之。岁余卒"②。

(四)唐中宗时期

中宗时期流贬黔中的官员有牛腾、乙速孤令从、桓臣范、李璟、魏元忠、卢正道、程伯献等人。

牛腾为"唐朝散大夫郏城令",深得其舅舅河东侯的器重,而河东侯也经常向其讨教朝廷政事。"德业过人,故王勃等四人,皆出其门下"。然而,因受河东侯遇害影响,被谪为牂牁建安丞。其至牂牁后,"素秉诚信,笃敬佛道。虽已婚宦,如戒僧焉。口不妄谈,目不妄视。言无伪,行无颇,以是夷僚渐渍其化。遂大布释教于牂牁中,常摄郡长吏,置道场数处。居三年而庄州僚反,转入牂牁。郡人背杀长吏以应之,建安大豪起兵相应,乃劫公子坐于树下,将加戮焉。忽有夷人,持刀斩守者头。乃詈曰:县丞至惠,汝何忍害若人?因置公子于笼中,令力者负而走,于是兼以挐免"③。即牛腾至牂牁后,因德业过人,非常诚信,又信仰佛道,从不妄加评论事情,也不妄加窥视,言语不虚伪,行为

---

① 《大唐故沙州刺史李府君墓志铭并序》,神龙元年七月五日。
② (唐)张鷟撰,赵守俨点校:《朝野佥载》卷二,中华书局 1979 年点校本,第 30 页。
③ (宋)李昉等编:《太平广记》卷第一一二《报应十一》,中华书局 1961 年点校本,第 778 页。

未失偏颇，地方"夷僚"逐渐受其感化。而他也开始大范围在牂牁地区传播佛教，并设置道场等。后其在地方动乱遇到危险时，地方"夷人"均赞其贤惠品德，舍命相救。可见牛腾流贬黔中期间，传播了佛教，感化了地方"夷僚"。

乙速孤令从，太原（治今山西省太原市西南）人，为乙速孤行俨嗣子。初为太子通事舍人，后因受外氏连累，流贬黔中溱州，任扶欢县令。①

桓臣范，谯国龙亢（治今河南省永城市）人，为扶阳郡王桓彦范之弟。文武双全，心胸宽阔。幼时"以门子翊卫"，后"天官雅择，拜奉礼郎"。后因与其兄桓彦范共同帮助中宗复位，"匡服（扶）中兴"有功，特"加朝散大夫，迁太常丞"。然而，"韦庶人怀鸩毒之意，武三思指马鹿之伪，谗口潜构，异端锋起"，桓彦范受到韦皇后与宰相武三思的排挤与诬陷，桓臣范因此被"左贬辰府司马"。后因桓彦范亡于流贬途中，桓臣范成为"建州百姓"。② 可见，桓臣范虽被贬为辰州府司马，但其可能并未至辰州。

李璥，成王之子。中宗复位之初，被封为归政郡王，后受其父千里与当时太子诛杀武三思失败影响，被流贬南州任司马。但不久即亡，未见其任职南州后在地方的记载。③

魏元忠，宋州宋城（治今河南省商丘市）人。武则天时期曾任监察御史、殿中侍御史、凤阁侍郎、同凤阁鸾台平章事、检校并州长史、左肃政台御史大夫兼检校洛州长史、并州副元帅。中宗时期又任卫尉卿、兵部尚书、中书令，且"累封齐国公，监修国史"。后因受太子李重俊起兵反对韦后及诛杀武三思事件影响，被宗楚客等陷害，"遣给事中冉祖雍与杨再思奏言：'元忠既缘犯逆，不合更授内地官'"。又令御史袁守一上奏言"元忠怀逆日久，伏请加以严诛"，想置魏元忠于死地。中宗未听信其言诛杀魏元忠，而是将其流贬思州务

---

① 刘宪：《大唐故右武卫将军上柱国乙速孤府君碑铭》，（清）董诰等编：《全唐文》卷二三四，第2364—2367页。

② 徐峤：《大唐故左武卫大将军桓公（臣范）墓志铭》，吴钢主编：《全唐文补遗》第9辑附录《新出土墓志铭》，第362页。

③ （后晋）刘昫等：《旧唐书》卷七六《成王千里列传》，第2651页。

川任县尉。但因魏元忠年事较高,"行至涪陵而卒"①,最终并未到达思州。

程伯献,东郡东阿(治今山东省东阿县)人。年少好学,德才兼备。反对武则天改国号为周,于是在将相之间往来游说,"推戴中宗,克平内难,纂唐嗣夏,不失旧物"。因而在中宗复位后,得到中宗嘉赏,命其任"游击将军、右卫郎将、知左羽林军事"。然而,以"椒宫(韦后)失德,恶闻直道,莠言见陷,不患吾词",最终"坐浮右之潛","乃出为辰、珍二州刺史",流至黔中。流贬辰州、珍州之后如何,未见记载。只有对其人"履寒逾劲,在涅不缁,一窜炎海,六迁霜露,喜愠不形,公忠自若"的评价。②

(五)唐玄宗时期

中宗与玄宗之间,尚有唐睿宗。睿宗执政期间,郑愔由秘书少监被贬为沅州(巫州)刺史,但其被贬后,并未前往沅州,而是留在洛阳,与灵均密谋帮助重福称帝。最终事情败露,被诛。③ 因此,睿宗时期,虽名义上有官员被贬黔中,但实际上其并未前往或到达黔中地区。

玄宗时期,是官员流贬黔中道数量最多的时期,有周利贞、钟绍京、崔憬、皇甫恂、王守廉、王守庆、王守贞、梁炫、李令一、程文琬、苑玄亮、崔泌、李钦福、郑钦说、皇甫惟明、彭果、王庭耀、李玿、宗晖、卫包、阎伯玙、张垍、李瀚、李曙、刘敦行、卢惟清、王钧、王昌龄等29位官员流贬其地。

周利贞,神龙初,升为侍御史,为"五王"所忌惮,后"五王"谋诛武三思失败被贬,以周利贞为"右台侍御史驰岭外,矫杀敬晖、桓彦范、袁恕己",完成之后,又升为左台御史中丞。先天初,为广州都督。④ 开元初,下诏以"利贞及滑

① (后晋)刘昫等:《旧唐书》卷九二《魏元忠列传》,第2953—2955页。
② 《唐故镇军大将军行右卫大将军赠户部尚书广平公墓志铭并序》,开元二十七年正月二十七日。
③ 参见(宋)司马光:《资治通鉴》卷第二〇九《唐纪二十五》,第6653页。
④ (宋)欧阳修、宋祁:《新唐书》卷二〇九《周利贞列传》,第5912页。

州刺史裴谈……皆酷吏,宜终身勿齿"。然而,不久即让其做珍州司马。一年之后,又调为夷州刺史,黄门侍郎张廷珪上奏言其利害,因而终止对周利贞的调任。但没过多久,又让其出任黔州都督,并加朝散大夫。张廷珪又上书直指周利贞之罪过,唐玄宗才又停止对其的任命。张廷珪罢职后,周利贞又"起为辰州长史"。① 流贬涪州任刺史期间,"颛事剥割,夷僚苦其残虐,皆起为寇"②,经监察御史李全交审查,证据确凿。因此,从其流贬涪州为刺史的作为推断,其在珍州、夷州、黔州、辰州亦无作为。

钟绍京,"昔岁辅上龙飞,有大勋,迁中书令"③,但在开元二年(714年)时,因被告心怀怨恨,被贬为果州刺史。后仍心怀不满,数次上疏想要陈述,又被流贬溱州任刺史。④ 至开元十八年(730年)时"为太子右谕德"。《墓志铭》评价其人"公含恢杰之量,为社稷之臣"⑤。

崔憬,原为银州(治今陕西省横山区)刺史,开元八年(720年),因崔憬等人"各藉阶资,谬居藩牧,不率法度,情匪在公,凭此尸素,黩其货贿,岂有奉条察之委,居道化之先,颛利无厌,贪以败类"。唐朝廷下诏依据唐律规定,对崔憬等官员贪污受贿、不尊法度的行为进行处罚。⑥ 将崔憬流贬施州,任司马并员外置同正员。

皇甫恂,年少有才,广交天下,先后任同州参军、汾州司功、同州司仓、雍州司仓、左率府郎将、右虞候率、渭州刺史、银州刺史、夏州都督军事等职,功勋较多,履历丰富。⑦ 开元十三年(725年),"业妃弟内直郎韦宾与殿中监皇甫恂

① (宋)欧阳修、宋祁:《新唐书》卷二〇九《周利贞列传》,第5913页。
② (宋)欧阳修、宋祁:《新唐书》卷二〇九《周利贞列传》,第5912页。
③ 《银青光禄大夫行太子右谕德锺绍京妻唐故越国夫人许氏墓志铭并序》,开元十八年九月九日。
④ (宋)司马光:《资治通鉴》卷第二一一《唐纪二十七》,第6697页。
⑤ 《银青光禄大夫行太子右谕德钟绍京妻唐故越国夫人许氏墓志铭并序》,开元十八年九月九日。
⑥ (宋)王钦若等编纂:《册府元龟》卷七〇〇《牧守部(三十)贪黩》,第8087页。
⑦ 《唐故殿中少监锦州刺史皇甫公墓志铭并序》,开元十八年九月九日。

私议休咎。事发,玄宗令杖杀韦宾,左迁皇甫恂为锦州刺史"①。因与权臣韦兵(睿宗第五子宣太子隆业之妃弟)私下议论皇家吉凶善恶,受到牵连,被流贬锦州任刺史。然而,至锦州不足一年,即"薨于官"②。

王守廉、王守庆、王守贞、王守道均为王毛仲之子。王毛仲在唐玄宗为临淄王时即服侍左右,后因参与平定韦后、太平公主之乱有功,一路晋升,但不知收敛,唐玄宗每每给予包容。王毛仲却日益骄纵,放纵个人及手下、亲人为非作歹,得罪高力士等人。最终因其私自向太原军器监索要甲仗,玄宗担心出现动乱,言其"是惟微细,非有功绩,擢自家臣,升于朝位。恩宠莫二,委任斯崇。无涓尘之益,肆骄盈之志。往属艰难,遽兹逃匿,念深惟旧,义在优容,仍荷殊荣,蔑闻悛悔。在公无竭尽之效,居常多怨望之词。迹其深愆,合从诛殛;恕其庸昧,宜从远贬"③。与之联系密切的官员均被流贬,而其子均流贬黔中。任太子仆的王守贞,流贬施州任司户;任太子家令的王守廉,流贬溪州任司户;任率更令的王守庆,流贬鹤州任司仓;任左监门长史的王守道,流贬至涪州任参军。

梁炫,因受人牵连,被流贬播州任司户参军员外置同正员。澄清后,"颇彰勤苦,以兹补过",迁往郢州任职。④

李令一,眉州别驾李献之子,因拒绝"侍中源乾曜以子求婚",被"以词抵之",⑤并流贬黔州任彭水县尉。

程文琬,广平(治今河北省邯郸市)人。先后任莱州参军、越州永兴丞、华州华阴丞、河南府密县丞、汴州雍丘县令等职,任职期间均秉公执法。然而"适遭诬黩,而使臣巧诋,吏议不明",最终被流贬巫州任员外司马。从其"拯

① (后晋)刘昫等:《旧唐书》卷九五《惠宣太子业列传》,第3018页。
② 《唐故殿中少监锦州刺史皇甫公墓志铭并序》,开元十五年八月二十日。
③ (后晋)刘昫等:《旧唐书》卷一○六《王毛仲列传》,第3254页。
④ 孙逖:《授梁炫郢州司马制》,(清)董诰等编:《全唐文》卷三一○,第3147页。
⑤ 李翱:《故歙州长史陇西李府君墓志铭》,(清)董诰等编:《全唐文》卷六三九,第6454页。

济急难，贴施穷乏。百身可赎，千里应之"，最后"寝疾终于官舍"①推断，其在地方应推动了治理的深入。

苑玄亮，南阳（治今河南省南阳市）人。先任秦州别将，后为都督杨执器重，升任将军。多次立功，又升为吉安府左果毅、龙勒府折冲、新泉军大使、济北、唐安二府折冲、松州别驾、都知剑南道节度兵马使。以其为官期间，"战争必克"，因而有评价言其"若卫青之开幕。蛮貊是服，信马援之南征"。为人"以清冰是□，不以黄金为累"。但"属元帅信安郡王英威不鉴，货贿是求，因怀逐乌之心，颇畜吓□之忿"，对苑玄亮产生不满，因而想要驱逐他，于是上奏，使得苑玄亮最终被流"贬为锦州别驾"。② 至锦州不久，即量移为袁州别驾。

崔泌，清河东武城（治今河北省故城县）人。初以孝廉擢第，后调授宣城郡，为宣城县主簿，但"奉使洛京"期间，却"无伤遭谤，谪居斯尉，远赴南荒"。因路途遥远，车马颠簸，途中即已生病，最后亡于南川郡三溪县。③

李钦福，为太宗第七子蒋王李恽之子。原为率更令同正员。天宝初被削官，流贬锦州。④

郑钦说、皇甫惟明，均为韦坚朋友，因皇甫惟明等与韦坚夜游，且同过景龙观⑤道士房，被李林甫发现不合规矩，于是李林甫上奏言其"构谋规立太子"。唐玄宗听李林甫之言，将韦坚流贬缙云为太守，皇甫惟明则流贬黔中播州为播川太守。皇甫惟明至黔中后，即被李林甫派遣使者杀害。而韦坚及其家人也在这一过程中被谋害，殿中侍御史郑钦说作为其朋友，亦受此事件牵连，被流

---

① 《大唐故朝散大夫守房州别驾上柱国贬巫州司马程君（文琬）墓志铭》，吴钢主编：《全唐文补遗》第 9 辑附录，第 360 页。

② 《大唐故正议大夫行袁州别驾上柱国苑府君墓志铭并序》，天宝元年十一月十九日。

③ 《故夜郎郡夜郎县尉清河崔府君墓志铭并序》，天宝三年八月三十日。

④ （后晋）刘昫等：《旧唐书》卷七六《太宗诸子列传》，第 2660 页。

⑤ 景龙观为唐中宗长女长宁公主旧宅，景龙年间改名为景龙观，在唐朝地位较高。唐玄宗天宝十三年，曾改景龙观为玄真观。参见杜文玉主编：《寺庙道观》，西安出版社 2018 年版，第 101—102 页。

贬黔中夜郎郡任夜郎县尉。①

李珝,惠宣太子李业(唐睿宗第五子)的儿子,韦坚外甥,原为鸿胪卿同正员,与郑钦说、皇甫惟明一样受韦坚被李林甫构陷影响,先是被流贬夷陵郡。天宝七年(748年),流于黔中夜郎安置,不久又移至南浦郡。②

彭果,原为南海太守,天宝六年(747年),因贪污被定罪,长流于溱州溱溪郡,但未至而亡。③

王庭耀,因受杨慎矜事件影响,被认为是受人雇佣参与谋逆活动,因而被流至黔中。④

宗晖,唐中宗第三子节愍太子重俊之子。开元初封为湖阳郡王。天宝中,为卫尉员外卿。天宝十一年(752年),因其房子买方王珧谋反,受到牵连,流贬黔中费州涪川郡任长史,后又量移庐阳长史。⑤

卫包、阎伯玙,卫包在与崔昌及起居舍人阎伯玙等上表唐玄宗废黜隋以前帝王,"废介、酅公,尊周、汉为二王后,以商为三恪,京城起周武王、汉高祖庙",得到采用后,任司虞员外郎。然而,杨国忠任丞相以后,又"自称隋宗,建议复用魏为三恪,周、隋为二王后,酅、介二公复旧封"。于是与此事件相关的官员均被流贬,卫包与阎伯玙同时被流贬黔中,前者任珍州夜郎尉,后者任费州涪川尉。⑥

张垍,唐玄宗女婿(驸马),深得唐玄宗喜爱,特许其在宫中置内宅,创作文章,并赏给奇珍异玩。曾为翰林院学士,任兵部侍郎、太常卿、中书舍人等职。天宝十三年(754年),因唐玄宗想命安禄山为丞相,命张垍草拟制书,最终未能成行。安禄山回到范阳后,心怀不轨,杨国忠诬陷张垍告密,因而被流

---

① (后晋)刘昫等:《旧唐书》卷一〇五《韦坚列传》,第3224页。
② (后晋)刘昫等:《旧唐书》卷九五《惠宣太子业列传》,第3019页。
③ (后晋)刘昫等:《旧唐书》卷九《玄宗本纪下》,第221页。
④ 《赐杨慎矜等自尽并处置诏》,(清)董诰等编:《全唐文》卷三二,第361页。
⑤ (后晋)刘昫等:《旧唐书》卷八六《节愍太子重俊列传》,第2839页。
⑥ (宋)欧阳修、宋祁:《新唐书》卷二〇一《王勃列传》,第5740页。

贬黔中辰州泸溪郡任司马。但当年即又回到都城，重新担任太常卿。[①]

李澥，天宝时期进士，曾任左补缺监察御史。在奉命出使朔州时，发现并上奏安禄山谋逆痕迹，反被安禄山构陷，被流配至辰州泸溪郡。至唐肃宗至德初年至江阴任县令。[②]

李曙，曾任朝议郎、宣城郡太平县尉，有过人之处，十分出众。性格刚毅，为人清廉正直。然而，"至清无鱼，至察无党。部人有忧惧之色，胥□有讟之言"。李曙最后因此被流贬黔中锦州卢阳郡，任洛浦县尉员外置。但其"乘驷履武陵之山"，前往黔中的途中，"遇疾卧卢溪之郡"。[③] 最终亡于前往锦州途中。

刘敦行，为人宽厚，德才兼备。年少时即任鲁王府仓曹参军，后又历任左豹韬卫骑曹参军、郑州司仓参军、汴州雍丘县令、太府寺丞、鄂县令、屯田员外郎、陇州司马、同州司马、太庙令等职。因受亲人罪行影响，被贬至黔中施州任别驾。[④]

卢惟清，曾任校书郎。因其妻子的姐夫李宜得犯罪，受到牵连，被流贬黔中播州任播川尉。至播川后具体情形不详，最后死于播川。[⑤]

王钧，太原人。"以名家子经明行修"，先后任绛州曲沃主簿、宋王府参军、虢州主吏椽、仙州方城长、寿州司马。后不知为何被贬至夷州，任词曹掾。[⑥]

王昌龄，进士，曾任秘书郎、汜水县尉。天宝七年（748年），因不注意维护细节，被流贬巫州任龙标尉。[⑦] 十五年（756年），因社会发生动乱，返回家乡。

---

① （后晋）刘昫等：《旧唐书》卷一二五《张垍列传》，第4411—4412页；（宋）欧阳修、宋祁：《新唐书》卷九七《张垍列传》，第3058—3059页。

② 《李澥》，（清）董诰等编：《全唐文》卷三六四，第3696页。

③ 《唐故卢阳郡洛浦县尉员外置李公墓志铭并序》，天宝十二年五月二十日。

④ 《大唐故通议大夫沂州司马清苑县开国子刘府君神道记》，开元八年十一月二十三日。

⑤ （宋）欧阳修、宋祁：《新唐书》卷二〇五《卢惟清妻徐列传》，第5823页。

⑥ 《唐故遂州长史王公（钧）墓志》，大历十一年二月十五日。

⑦ （宋）欧阳修、宋祁：《新唐书》卷二〇三《王昌龄传》，第5780页。

（六）唐肃宗时期

唐肃宗时期，共有孙蓥、贺兰进明、第五琦、高力士、王承恩、魏悦、李珍、韦伦、张万顷、张镐、孙知古、李白、王僎、李璠、畅璀等 15 位被流贬黔中道。

孙蓥，原为监察御史。乾元二年（759 年），在处理凤翔七马坊押官出现盗贼掳掠事件、天兴令谢夷甫将其处决的事件中，与御史中丞崔伯阳、刑部侍郎李晔、大理卿权献三司一样认为谢夷甫无罪。但被处决押官的妻子在宦官李辅国的帮助下，不停上诉，最后唐肃宗又命侍御史毛若虚审理案件。毛若虚判谢夷甫，且言三司徇私。并在与崔伯阳争论之后，先行向唐肃宗告状诉苦，寻求保护。在崔伯阳面见皇帝，言毛若虚的罪状时，惹得唐肃宗发怒。最终判谢夷甫无罪的三司官员及孙蓥均被流贬。其中孙蓥被流至播州。①

贺兰进明，原为御史大夫。乾元二年，因第五琦制作乾元钱、重轮钱，与开元钱一同使用，导致民众争相仿铸，出现物价猛涨与严重饥荒。皇帝认为这些问题均为第五琦造成，于是将第五琦流贬忠州。而贺兰进明任太守时十分看重第五琦，与第五琦关系密切，受此事影响，被流贬溱州，任员外司马。②

第五琦，长安（治今陕西省西安市）人。历任须江县丞、录事参军、江淮租庸使、殿中侍御史、御史中丞、御史大夫、京兆尹、太子宾客、户部侍郎判度支、同中书门下平章事、度支使、铸钱使和盐铁使等官职。乾元二年，因变法（铸钱），导致社会动乱被贬忠州。然而，至忠州后，又有人告其受贿，御史刘期光前往调查，以第五琦言"二百两金十三斤重，忝为宰相，不可自持。若其付受有凭，即请准法科罪"③。认为第五琦自行承认受贿行为，于是上奏朝廷，除其名，流配夷州。宝应初，又起用第五琦为朗州刺史，其在地方"以德化人"④，

---

① （宋）欧阳修、宋祁：《新唐书》卷一三一《李岘列传》，第 4505 页。
② 参见（宋）司马光：《资治通鉴》卷二二一《唐纪三十七》，第 7089 页。
③ （后晋）刘昫等：《旧唐书》卷一二三《第五琦传》，第 3517 页。
④ 《唐故相国太子宾客扶风郡公赠太子少保第五公墓志铭并序》，建中三年九月己酉。

"甚有能政"①。

高力士,原姓冯,10 岁进入宫廷,因受武则天赏识,专门命女徒进行养育。后由内侍高延福认养,改为高姓。唐玄宗统治期间,因助玄宗平定韦皇后和太平公主之乱,深得玄宗宠信。历任朝散大夫、内给事、内弓箭库使、内常侍兼三宫使、云麾将军、右监门卫大将军、云麾大将军、左监门卫大将军兼内飞龙厩大使、冠军、镇军、辅国、骠骑等大将军、内侍监、开府仪同三司等职,封齐国公。然而,肃宗上元元年(760 年),因"遭谤"而"迁谪",最终"安置巫州"。② 宝应元年(762 年)遇大赦,回都城途中听闻唐玄宗驾崩,吐血而亡。

王承恩、魏悦,因为官期间立有功勋,与高力士一样为唐玄宗赏识,且与高力士关系较好。后与高力士一起,"因侍上皇登长庆楼,为李辅国所构,配流黔中道"③。王承恩最后流至播州,魏悦流至溱州。④

李珍,唐睿宗第五子惠宣太子李业之子,因其四伯父岐王李范儿子李瑾早死,唐玄宗以李珍嗣岐王。上元二年(761 年)时,"术士长塞镇将朱融与左武卫将军窦如玢等谋奉嗣岐王珍作乱"⑤,被金吾将军邢济告发。李珍因而被贬为庶人,流放至黔中道溱州安置。

张镐,原为左散骑常侍,因曾购买李珍故宅,受李珍"谋逆"被告发事件影响,于上元二年被流贬辰州任司马。⑥

韦伦,年少时以门荫入仕,授蓝田县尉。唐玄宗时期,历任大理评事、监察御史。唐肃宗乾元三年(760 年),因襄州张瑾杀节度使,为乱地方,命韦伦为"襄州刺史兼御史大夫、山南东道襄邓等十州节度使"。然而当时李辅国把持

---

① (后晋)刘昫等:《旧唐书》卷一二三《第五琦传》,第 3518 页。
② 《大唐故开府仪同三司兼内侍监上柱国齐国公赠扬州大都督高公墓志铭并序》,宝应二年四月十二日。
③ (后晋)刘昫等:《旧唐书》卷一八四《高力士传》,第 4759 页。
④ (后晋)刘昫等:《旧唐书》卷一〇《肃宗本纪》,第 259 页。
⑤ (宋)司马光:《资治通鉴》卷第二二二《唐纪三十八》,第 7112 页。
⑥ (宋)司马光:《资治通鉴》卷第二二二《唐纪三十八》,第 7112 页。

权力,节度使等官员多为其门下。韦伦因未私下拜谒李辅国,虽受命,但还未前往任职,即改任秦州刺史兼御史中丞、本州防御使。任防御史期间,遇"吐蕃、党项岁岁入寇,边将奔命不暇"。到达秦州后,面对吐蕃、党项的"入寇","屡与虏战",然而"兵寡无援,频致败衄",被罚流贬思州务川县任县尉。至代宗即位后才又起用为忠州刺史。①

张万顷,原为广州刺史。上元二年(761年),因贪污被流贬巫州,长任龙标县尉员外置。②

孙知古,故开府仪同三司魏国公。肃宗时期,因为官正直,直接进谏,导致忤逆圣旨,被流放至费州。至代宗时期,因屡建功勋,官复原职。③

李白,因醉酒让高力士脱靴事件得罪高力士后,仕途被阻,于是"浪迹江湖"。后安禄山之乱,唐玄宗进入四川途中,以永王李璘为江淮兵马都督、扬州节度大使,李白在宣州谒见李璘后,任从事一职。后因"永王谋乱,兵败",李白受到影响,"长流夜郎"。④

王儦,原为唐太子仆通事舍人。唐肃宗恢复统治后被人诬告,先被降职。后又降罪流徙播州。在前往播州途中,"行至凤州,疽背裂死",最终未到达黔中道。⑤

李璠,陇西人。历任斋郎、崇文馆直、泽州司士参军、河阳县尉等职。然而,因当时社会动乱,李璠亦"以驲骑阙供,贬受硖州夷陵尉",因得到恩惠,多次量移改地。至德元年(756年)时,任命为支度判官。但因为人耿直,直言不讳,得罪当时权势在握的宦官,被流放夷州。乾元元年(758年)在前往夷州途中,因疾病而亡。⑥

---

① (后晋)刘昫等:《旧唐书》卷一八三《韦伦传》,第3781页。
② (宋)王钦若等编纂:《册府元龟》卷七〇〇《贪渎》,第8088页。
③ 于邵:《内侍省内常侍孙常楷神道碑》,(清)董诰等编:《全唐文》卷四二九,第4373页。
④ (后晋)刘昫等:《旧唐书》卷一九〇下《李白列传》,第5053—5054页。
⑤ (宋)李昉等编:《太平广记》卷一四三《王儦》,第1029页。
⑥ 僧湛然:《唐故朝议郎行河南府河阳县尉李君(璠)墓志铭并序》,《全唐文补遗·千唐志斋新藏专辑》,三秦出版社2006年版,第243页。

畅璀,河东人,进士。历任河北海运判官、大理评事、谏议大夫、吏部侍郎、散骑常侍、河中尹兼御史大夫、左常侍、太常卿、户部尚书等职。① 中间因事被流贬辰州任司马。②

(七)唐代宗时期

代宗时期被流贬黔中道的官员有裴冕、啖庭瑶、陈仙甫、朱光辉、裴茙、来瑱、程元振、李钧、顾繇、李锷、唐十八、郑泌、李峙、李鼎、田悦、源休、余元仙等17人。

裴冕,河东人。以门荫入仕,经玄宗、肃宗、代宗三个时期,历任渭南县尉、监察御史、殿中侍御史、河西(哥舒翰)行军司马、御史中丞、中书侍郎、同中书门下平章事、西川节度使、右仆射、山陵使等职。为人"不识大体,以聚人曰财,乃下令卖官鬻爵,度尼僧道士,以储积为务。人不愿者,科令就之,其价益贱,事转为弊"③。后因此被罢免。至代宗时期,因依附权宦李辅国过程中的联系人刘烜违法被贬,受其牵连,先流贬施州任刺史,数月又转至澧州任刺史。

啖庭瑶、陈仙甫、朱光辉,皆为越王身边宦官。因唐肃宗病危,担心李辅国等"功高难制","阴引越王系于宫中,将图废立",被李辅国等发现,于是勒兵将相关人员禁锢于张皇后别殿。肃宗亡后,李辅国监国,将啖庭瑶、陈仙甫、朱光辉流放至黔中道。④

裴茙,以门荫入仕,曾任京兆府司录参军。来瑱对其较好,在陕州时,以其为判官;在襄州时,又以其为行军司马。来瑱在淮西遭遇兵败且逗留不行进时,朝廷以来瑱手握重兵,秘密下诏让裴茙代替来瑱任襄州刺史,并率兵前往襄阳。但来瑱又接到奉诏,仍任旧职。于是两人发生冲突,裴茙大败,所带士卒基本死伤。最后朝廷将所有责任均归咎于裴茙,言其"性本顽疏,行惟狂

---

① (后晋)刘昫等:《旧唐书》卷一一一《畅璀列传》,第3332页。
② (宋)李昉等编:《太平广记》卷三〇四《畅璀》,第2409页。
③ (后晋)刘昫等:《旧唐书》卷一一三《裴冕列传》,第3354页。
④ (后晋)刘昫等:《旧唐书》卷一一《代宗本纪》,第268页。

悖。顷因试用,爰委军戎,守在要冲,无闻方略。……顾惜名位,轻图异端,诬构忠良,妄兴兵甲。……转输之物,军国所资,擅为费用,其数甚广"①。所犯罪行,本应为死罪。因代宗有恩赦政策,免于死刑,于是除名,长流至黔中费州。但行至蓝田驿即自杀,最终并未到达费州。

来瑱,邠州(治今陕西省彬州市)人。历任左赞善大夫、殿中侍御史、伊西、北庭行军司马、颍川太守、南阳太守、御史中丞、山南东道节度防御处置使、淮南西道节度使、御史大夫、殿中监、兵部尚书等职。宝应二年(763 年),因言语不慎,得罪权宦程元振、王仲升,被诬陷与吐蕃沟通,被降罪流贬播州任县尉,但还未前往,即被赐死。②

程元振,因诬陷来瑱,被代宗发现,与所犯其他罪行共同处理,被流放至黔中溱州。③

李钧、李锷为兄弟。李钧曾任殿中侍御史内供奉,其弟李锷任京兆府法曹参军。两人均不守礼教,自到长安为官,与乡里断绝联系 20 余年,其母亲死亡亦不上报守孝。温州别驾知州曹王皋知道后,派人调查属实。代宗叹息,言"三千之刑,莫大于此,合寘轘裂,岂止谪窜焉!"最终,李钧、李锷均受到处罚,李钧被流至施州,李锷被流至辰州。④

顾繇,因受华原指派,于永泰元年(765 年)十二月上奏言元载之子伯和等利用权势受贿。但当时元载正为唐代宗倚重,因此没有处置元载及其子,反而将顾繇流放至锦州。⑤

唐十八,为人清廉,"物白讳受玷,行高无污真"。永泰末不知为何获罪,"放之五溪滨","除名配清江,厥土巫峡邻",被贬至施州。⑥

---

① (后晋)刘昫等:《旧唐书》卷一一四《裴茙列传》,第 3363 页。
② (后晋)刘昫等:《旧唐书》卷一一四《来瑱列传》,第 3364—3368 页。
③ (后晋)刘昫等:《旧唐书》卷一一四《来瑱列传》,第 3368 页。
④ (宋)王钦若等编纂:《册府元龟》卷一五二《明罚》,第 1704 页。
⑤ (宋)司马光:《资治通鉴》卷二二四《唐纪四十》,第 7188 页。
⑥ (唐)杜甫:《敬寄族弟唐十八使君》,(清)彭定求等编:《全唐诗》卷二二三,第 2370 页。

郑泌，唐代宗时曾任司农卿，大历二年（767 年）因贪污受贿，被流放至业州。①

李岵，原为李氏宗室，任颍州刺史。为官期间，擅自杀人，为法理所不容。② 本应处以自尽，但以其为宗室，大历四年（769 年），下令流放夷州，但未至夷州，即被赐死。③

李鼎，曾任卫尉卿。宝应六年（766 年）④，因贪污受贿被判刑，流贬黔中思州任长史员外置。但因所犯其余罪行亦被揭露，最终被"赐死于路"⑤。

田悦，原为魏博节度中军兵马使、银青光禄大夫、检校右散骑常侍兼魏州大都督府左司马、御史中丞，因受亲戚罪行影响，被除名，流放至播州带水县。后遇大赦，恢复原职。⑥

源休，历任监察御史、殿中侍御史、青苗使判官、虞部员外郎、潭州刺史、客郎中、给事中、御史中丞、左庶子。其妻为吏部侍郎王翊之女，两人因小事而分开，"妻族上诉，下御史台验理"，源休迟迟不予答复，因此被"除名，配流溱州"。⑦

余元仙，安南人。曾负责掌管宫廷藏书，监督元帅的职务。因受其他事件影响，被流放锦州。⑧

（八）唐德宗时期

德宗时期被流贬黔中道者有卢征、赵惠伯、严郢、赵赞、戎昱、李玘、李元

---

① （宋）王钦若等编纂：《册府元龟》卷六二五《贪冒》，第 7234 页。
② （后晋）刘昫等：《旧唐书》卷一一《代宗本纪》，第 291 页。
③ （宋）司马光：《资治通鉴》卷二二四《唐纪四十》，第 7206 页。
④ 宝应为唐代宗年号，仅有两年，此处言六年，应为永泰二年（大历元年）。
⑤ （宋）王钦若等编纂：《册府元龟》卷七〇〇《贪黩》，第 8088 页。
⑥ （宋）王钦若等编纂：《册府元龟》卷一七六《姑息》，第 1956 页。
⑦ （后晋）刘昫等：《旧唐书》卷一二七《源休列传》，第 3574 页。
⑧ 《唐朝散大夫内给事赠云麾将军左监门将军佘君（元仙）墓志》，《全唐文补遗》第 8 辑，第 83 页。

平、裴液、郑方逵、令狐建、窦申、李繁等 12 人。

卢征，范阳人。曾为江淮转运使刘晏从事，受刘晏重用，累升为殿中侍御史。后刘晏因在审讯元载事件时得罪杨炎，至杨炎掌权后，想为元载报仇，于是诬陷刘晏，刘晏被罢免官职，流贬忠州任刺史。卢征作为刘晏的心腹，受其影响，被流贬珍州任司户。①

赵惠伯，受宰相杨炎举荐，入朝为官，任河南尹。后杨炎私自购买唐玄宗在曲江南居住过的地方设置家庙，使得坊间传言其所选择之地有王气，别有用心。因此惹怒德宗，将其流贬崖州。赵惠伯作为其举荐，并帮其处理家产的官员，亦受到影响，被流贬费州多田县任县尉。②

严郢，曾任御史大夫，与卢杞一起办理杨炎及赵惠伯的案子。杨炎死后，严郢受卢杞猜忌，卢杞在处理殿中侍御史郑詹延误递送文符的事件中，认为严郢作为御史大夫与其脱不了干系，上奏共同办理。最终在案子还未完全了结的时候，即上奏杖杀郑詹，将严郢流贬费州任刺史。③

赵赞，历任中书舍人、户部侍郎、判度支。在德宗遇难期间，赵赞与卢杞为伍，欺骗德宗，言李怀光谋逆。唐德宗发现其所言为假后，追究其责任，相关人员均被处罚，其中赵赞流贬播州任司马。④

戎昱，荆南人。历任荆南节度使卫伯玉从事、侍御史。建中四年（783年），因罪被流贬辰州任刺史。⑤

李玘，因谏官裴延龄言其德不配位，被流放播州。⑥

李元平，李唐宗室，曾任湖南判官、大理评事、检校吏部郎中、汝州别驾、知州，性格孤傲，好谈论军事。刘希烈在汝州反叛时，唐德宗派遣李元平前往平

① （后晋）刘昫等：《旧唐书》卷一四六《卢征列传》，第 3966—3967 页。
② （后晋）刘昫等：《旧唐书》卷一一八《杨炎列传》，第 3421 页。
③ （后晋）刘昫等：《旧唐书》卷二二七《德宗神武圣文皇帝》，第 7329 页。
④ （后晋）刘昫等：《旧唐书》卷一三五《卢杞列传》，第 3716 页。
⑤ （元）辛文房：《唐才子传校笺》卷三《戎昱》，中华书局 1995 年点校本，第 666 页。
⑥ 元稹：《又论裴延龄表》，《全唐文》卷六五〇，第 6594 页。

定叛乱。被刘希烈抓捕后，竟接受刘希烈所授伪御史中丞、宰相。刘希烈死后，有人告其帮助刘希烈出谋划策，因而被流放珍州。①

裴液，曾任太常少卿，唐肃宗之女郜国公主之子，唐代宗之女晋阳公主驸马。因郜国公主生活混乱，惹怒德宗，德宗将郜国公主幽禁后，将相关人员流放岭南。贞元四年（788年），以巫术祸害他人。死后，其儿子又继续使用巫术诅咒他人。裴液受此影响，流放至锦州囚禁。②

郑方逸，荥阳（治今河南省郑州市）人，原为太仆丞。其兄上奏言郑方逸"性凶悖，不知君亲，众恶备身，训教莫及，结聚凶党，江中劫人"，多不法行为，屡教不改。贞元三年（787年），结交邠州、宁州、庆州等节度以及州县乞丐，在西戎附近的武功县活动，作为兄弟，郑云逵担心郑方逸图谋不轨，如果不冒死上奏举报，有可能使其整个家族受牵连覆灭。在收到郑云逵的上奏后，德宗下令京兆府将郑方逸绑缚送至黔州。③

令狐建，历任龙虎军使、行在右厢兵马使、右羽林大将军兼御史大夫、检校左散骑常侍、行在都知兵马使、左神武大将军。以其不喜欢自己的妻子，诬陷妻子与佣教生邢士伦通奸，并在这一过程中杀害邢士伦，以此达到抛妻目的。其妻李氏上奏弹劾，请三司做主，证明其被诬陷，令狐建因此自首。唐德宗以其曾经有功，对其优容。后命其再次陈述，却多有虚假之词，因而被流贬施州，任别驾同正，最终死于施州。④

窦申，曾任京兆少尹、给事中。因其父与兵部侍郎陆贽有嫌隙，在陆贽考贡举过程中作假，企图毁其前程。唐德宗知道后，命人视察，证实后，贬其父窦参为道州司马。后陆贽任宰相，窦参又多次被贬，"所有亲密，并发遣于远恶

---

① （后晋）刘昫等：《旧唐书》卷一三〇《李元平列传》，第3629—3630页。

② （后晋）刘昫等：《旧唐书》卷八三《肃宗七女列传》，第3662页；（宋）欧阳修、宋祁撰：《新唐书》卷八三《代宗十八女列传》，第3663页。

③ （后晋）刘昫等：《旧唐书》卷一三七《郑云逵列传》，第3771页。

④ （后晋）刘昫等：《旧唐书》卷一二四《令狐建列传》，第3530—3531页。

处",亲人朋友多被处置。① 窦申在其列,被流贬锦州任司户。②

李繁,原为拾遗,因上奏拜严砺为山南西道节度、支度营田、观察使不恰当,所汇报谏议、给事、补阙、拾遗等在门下省共同商议的各种意见又被认为言无实证,且有虚假,被流贬播州任参军。③

(九)唐宪宗及其以后各时期

唐宪宗、唐穆宗、唐文宗、唐懿宗、唐昭宗、唐哀帝等六个时期流贬黔中道的人相对较少,共 21 人,除唐宪宗与唐昭宗时期有 6—7 人流贬黔中外,其余时期均为 1—3 人。据目前所见文献记载,以上时期流贬黔中者有窦群、徐玫、王承系、刘禹锡、凌朝江、许志雍、崔元略、庞骥、卫中行、马植、董昌龄、李藻、萧构、王瑰、王建、孙偓、张道古、王抟、韩偓、薛昭伟、陈班等人。

窦群,历任左拾遗、膳部员外郎、侍御史、唐州刺史、吏部郎中、中丞等职。因其举荐刑部郎中吕温、羊士谔为御史,为李吉甫所阻,对李吉甫产生怒怨,在元和三年(808 年)李吉甫被罢黜宰相职务后,秘密上奏言李吉甫图谋不轨。但唐宪宗审讯发现其所奏为假,因而被降罪。在李吉甫的求情下,免于死罪,贬为湖南观察使,后不久又至黔州任刺史、观察使职务。在黔州为官期间,因"黔中属大水坏其城郭,复筑其城,征督溪洞诸蛮,程作颇急,于是,辰、锦生蛮乘险作乱"④,导致地方出现动乱,治理不力,又被贬至开州任刺史。

徐玫,原为昭义节度判官,以其狡猾助从史为恶,在从史获罪后,新任昭义节度孟元阳想要以其任宾佐,孔戢因此前往收捕徐玫以待命,并将其罪行详列上奏,徐玫以其所犯罪刑被流放播州。⑤

① (后晋)刘昫等:《旧唐书》卷一三六《窦申列传》,第 3749 页。
② (宋)司马光:《资治通鉴》卷第二三四《唐纪五十》,第 7530 页。
③ (后晋)刘昫等:《旧唐书》卷一三《德宗本纪》,第 391 页;《旧唐书》卷一一七《严砺列传》,第 3407 页。
④ (后晋)刘昫等:《旧唐书》卷一五五《窦群列传》,第 4121 页。
⑤ (后晋)刘昫等:《旧唐书》卷一五四《孔戢列传》,第 4099 页。

王承系，程德军节度使王承宗之弟，历任太中大夫、检校、左散骑常侍、少府少监，是唐顺宗之女虢国公主的驸马。元和十年（815年），因其兄"轻肆指斥，妄陈表章。潜遣奸人，窃怀兵刃。贼杀元辅，毒伤宪臣。纵其凶残，无所顾忌"①。唐宪宗下令与其断绝朝贡往来。王承系受朝廷牵连，朝廷以其"莫顾宠私，用苞淫慝。交通谋虑，叶比奸凶"②，流放黔州安置。

刘禹锡，曾任监察御史、屯田员外郎等职。为顺宗亲信王叔文所器重，唐顺宗死后，王叔文与扶立唐宪宗即位的势力不和，因而被贬。刘禹锡受此影响，亦被流贬朗州任司马。元和十年（815年），自武陵召还，本欲命其任郎署一职，但以其所作《游玄都观咏看花君子诗》涉及对当政者的讥讽，于是又被流贬播州任刺史。后因御史中丞裴度求情，才改至连州，未至播州。③

凌朝江，与吴元济共同反唐的地方将领，在裴度辅政期间，各自为战，抵抗唐朝军队，最后以失败告终，流贬播州任司户参军。④

许志雍，历经唐德宗、唐宪宗、唐穆宗三个时期，历任监察御史、著作佐郎、水部员外郎、鄮州牧、转运推官、将仕郎试大理评事等职。后因担任大理评事期间，处事不当，被流贬辰州任司户。元和十四年（819年），任辰州刺史。⑤

崔元略，历经唐宪宗、唐穆宗、唐敬宗、唐文宗四个时期，历任京兆尹、左散骑常侍、黔南道观察使、御史中丞、鄂州刺史、鄂岳都团练观察使、大理寺卿、京兆尹兼御史大夫、户部侍郎、户部尚书、判度支、东都留守、义成节度使等职。唐穆宗即位后，命当时任左散骑常侍的崔元略为使者前往党项进行宣抚工作，崔元略认为这是崔植有意安排，于是以身患疾病拒绝，不愿前行，宰相崔植因而上奏言"比以圣意，切在安抚党项，乃差元略往使，受命之后，苦不乐行，言

----

① （宋）宋敏求编：《唐大诏令集》卷第一一九《王承宗绝朝贡敕》，第630页。
② （宋）宋敏求编：《唐大诏令集》卷第一一九《王承宗绝朝贡敕》，第630—631页。
③ （后晋）刘昫等：《旧唐书》卷一六〇《刘禹锡列传》，第4210—4211页。
④ （后晋）刘昫等：《旧唐书》卷二一四《吴元济列传》，第6006、6012页。
⑤ 李德辉：《全唐文作者小传正补》卷七一三《许志雍》，辽海出版社2011年版，第769页。

辞之间,颇乖去就。岂有身忝重恩,不思报效,苟非便己,即不肯行。须有薄惩,以肃在位,请出为黔中观察使"①。认为崔元略是害怕吃苦,因而拒绝前往党项,有负皇恩,必须对其进行一定的惩罚。最终崔元略被流贬黔州任黔南观察使兼御史大夫,在黔州任职一年,而后至鄂州任刺史。

庞骥,原为遂宁县令,长庆四年(824年),东川观察使上奏言其任职期间存在贪污行为,于是命大理寺调查。时任中书舍人的杨嗣复等参酌曰:"庞骥赃货之数,为钱四百余千,其间大半是枉法。据职定罪,合处极刑,虽经赦恩,不在原免。伏以近日赃吏,皆蒙小有矜宽,类例之间,虑须贷死。"对庞骥贪污事件做了进一步陈述,一是言其贪污数量较大,二是言其贪污大半为违法所得,按照律例规定,以其所处职位,应该处以极刑,但因皇帝恩赦,免其死罪。唐穆宗下敕言:"长吏犯赃,其数不少,纵宽刑曲,难免鞭笞。但以近逢鸿恩,人思减等,虽节文不在免,于情理亦要哀矜。庞骥量除名,流溪州,其赃付所司准法。"②根据当时的规定,免于严刑,将其除名后流放溪州,所贪物品均收归朝廷。

卫中行,历任中书舍人、国子监祭酒、华州刺史、陕州长史、尚书右丞、御史中丞、福建观察使等职,后因任福建观察使期间犯贪污罪,于是被流放播州。大和三年(829年),遇恩赦,准备返回之际死于播州。③

马植,历任校书郎、寿州团练副使、饶州刺史、安南都护等职。任安南都护期间,精于政事,将地方治理得井井有条,得到地方首领的认可。因而以其具有政治才能,将其由安南调至黔中任观察使。④

董昌龄,原为邕管经略使,因诬陷杀害参军衡方厚,被流贬叙州任司户。

---

① (后晋)刘昫等:《旧唐书》卷一六三《崔元略列传》,第4260页。
② (宋)王钦若等编纂:《册府元龟》卷六一六《议谳第三》,第7125页。
③ 张忱石:《唐尚书省右司郎官考》卷三《兵部郎中卫中行》,中华书局2020年点校本,第188页。
④ (宋)欧阳修、宋祁:《新唐书》卷一八四《马植列传》,第5391页。

后不久又流徙至峡州任刺史。①

李藻，咸通末年，因不攀附时任宰相路岩，被流贬费州任司户。②

萧构，兰陵人，历任秘书省校书郎、太原从事、右拾遗、起居舍人等职。与韦保衡为同年进士，韦保衡未得同年门生认可，萧构却得同年门生赏识，戏称为"太尉"，引起韦保衡的嫉妒与不满。因而韦保衡任宰相后，借萧构的过失，将其流贬播州任司马。③

王瑰，为懿宗恭宪皇后之弟，昭宗即位后，命其入朝为官，对其十分倚赖。因此遭到中尉杨复恭等人的妒忌，上奏任命其为黔南节度使，后又在王瑰前往黔州任职期间，秘密派人将王瑰及其家人杀害。④

王建，历任神策军将领、利州刺史、西川节度使等职。乾宁四年（897年），王建在攻打东川时，节节胜利，先后取得凤翔、渝州、成都、泸州等地，开通峡路。六月，唐昭宗诏令王建罢兵，李茂贞言"王建攻东川，连兵累岁，不听诏命"⑤，于是，唐昭宗贬王建为南州刺史。

孙偓，历任兵部侍郎、平章政事、中书侍郎、宰相等职。乾宁四年（897年）由礼部尚书职贬为南州司马。⑥

张道古，原为右拾遗，因上疏称"国家有五危、二乱。昔汉文帝即位未几，明习国家事。今陛下登极已十年，而曾不知为君驭臣之道。太宗内安中原，外开四夷，海表之国，莫不入臣。今先朝封域日蹙几尽。臣虽微贱，窃伤陛下朝廷社稷始为奸臣所弄，终为贼臣所有也！"⑦惹怒唐昭宗，被流贬施州任司户。

① （宋）欧阳修、宋祁：《新唐书》卷九七《魏暮列传》，第3882页。

② （宋）计有功撰，王仲镛校笺：《唐诗纪事校笺》卷五九《高湘》，中华书局2007年点校本，第2003页。

③ （后晋）刘昫等：《旧唐书》卷一七九《萧构列传》，第4645—4646页。

④ （宋）欧阳修、宋祁：《新唐书》卷七七《恭宪王太后列传》，第3511页。

⑤ （宋）司马光：《资治通鉴》卷二六一《唐纪七十七》，第8504页。

⑥ （后晋）刘昫等：《旧唐书》卷二〇《昭宗本纪》，第760页；（宋）司马光：《资治通鉴》卷二六一《唐纪七十七》，第8507页。

⑦ （宋）司马光：《资治通鉴》卷二六一《唐纪七十七》，第8512页。

王抟，历任滑州节度使幕僚、苏州刺史、户部侍郎、门下侍郎、同平章事、威胜节度使、检校右仆射、两浙宣抚使、判度支、尚书右仆射、司空等职。唐昭宗以宦官势力日益壮大，因而想要抑制，于是命王抟为宰相。当时王抟与崔胤同为宰相，崔胤嫉妒王抟的才智，与宦官勾结，诬蔑王抟私下与宋道弼、景务修结交，企图危害社稷。光化三年（900年）被罢为工部侍郎，又流贬溪州任刺史。①

韩偓，历任左拾遗、左谏议大夫、判度支、中书舍人、兵部侍郎等职。精于政事，深得唐昭宗信任，多次想要任其为宰相，均被拒绝。在一次侍宴上，朱全忠与崔胤在大殿宣布事情，其他官员均起立回避，韩偓不为所动，得罪朱全忠。朱全忠于是多次在唐昭宗面前"斥偓罪"，唐昭宗一开始并未听信，且"数顾胤"，想听取与韩偓关系不错的崔胤的想法，但"胤不为解"，最终使得韩偓被流贬。先为濮州司马，后又流贬濛州任荣懿县尉。②

薛昭纬，原为吏部侍郎，因性格轻率做错事情，被流贬溪州任刺史。③

陈班，原为威远军使，因与郑元规等奏请诛灭朱全忠等专权乱国之官，反被流贬濛州任司户。④

（十）小结

分析以上不同时期流贬黔中官员情况，可以明显地看到不同时期流贬黔中官员的籍贯分布、唐朝宗室流贬黔中的时空特征及不同官员流贬前的任职情形、流贬黔中的影响因素、流贬黔中后的任职情形，全面反映黔中流贬官员的总体概况。

就流贬人员地理来源而言，多为外地籍贯流入黔中者，极少有黔中官员在黔中流放者。具体而言，外地籍贯涉及长安（治今陕西省西安市）、太原（治今

---

① （宋）欧阳修、宋祁：《新唐书》卷一一六《王抟列传》，第4227页。
② （宋）欧阳修、宋祁：《新唐书》卷一八三《韩偓列传》，第5389—5390页。
③ （宋）欧阳修、宋祁：《新唐书》卷一六二《薛延老列传》，第5003页。
④ （宋）司马光：《资治通鉴》卷二六四《唐纪八十》，第8624—8625页。

山西省太原市西南）、清河（治今河北省邢台市清河县）、昌黎（治今河北省秦皇岛市昌黎县）、滁州（治今安徽省滁州市）、南阳（治今河南省南阳市）、洛州（治今河南省洛阳市）、安定（治今河北省保定市）、范阳（治今河北省涿州）、平原（治今山东省德州市陵城区）、谯国（治今安徽省亳州市）、眉州（治今四川省眉山市）、广平（治今河北省鸡泽县）、河东（治今山西省运城市永济市）、陇西（治今甘肃省陇西县）、邠州（治今陕西省咸阳市彬州市）、荆南（治今湖北省江陵县）、荥阳（治今河南省荥阳市）、彭城（治今江苏省徐州市）、兰陵（治今山东省临沂市兰陵县）等地。按南北区位进行划分，则大部分流贬官员来自北方，只有极少数来自南方。按照省份进行划分，地处北方的陕西、山西、河北、河南、山东籍人士最多，地处南方的四川、湖北、江苏籍人士相对较少。这无疑与当时全国政治中心位于北方，官员亦多北方各省籍人口存在密切联系。

就唐朝宗室流贬人员的时空特征而言，首先，唐宗室流贬缘起多与政治斗争相关，在政治斗争中处于劣势的群体或个人，通常被贬为庶人，然后流放。其次，有关其人员流放的安排，在不同时期有所不同，以黔中为例：

唐太宗、唐高宗、武则天时期，唐宗室流贬黔中的人员相对较多，除李孝同流放至播州外，其余均流放至黔州，说明早期唐宗室对皇亲国戚流放之地的社会、经济有一定的考虑，在可能的情况下，流放之地多为区域中心。但黔州在当时为距离都城偏远之地，路途艰难亦为公认，加之官员被流放后，难免心情抑郁，并受到政治强势势力的影响，大多在达到黔州后不久即身亡。

唐中宗、唐玄宗、唐肃宗、唐德宗时期，唐宗室流贬黔中地区的人员，以多非当政者直系之亲，不再安置黔州，而安置于黔中其他区域，如成王之子李璥流贬南州、蒋王之子李钦福流贬锦州、惠宣太子李业之子李珣流贬夜郎郡、李珍流放溱州、节愍太子重俊之子宗晖流贬费州、李元平流放珍州。

显然，以武则天时期为分期，武则天及其以前时期，唐宗室流贬人员多为当时统治者直系亲属，因此流放时，基本选择各方面条件相对成熟的黔州为安置地。而武则天以后各时期，唐宗室流贬人员多为统治者第三代亲属与旁系血亲，在流贬时似乎未对安置地进行选择，散布于黔中各州。

然而，李唐宗室流贬人员仅为众多流贬人员中很小的一部分，根据前文对流贬黔中各官员概况的全面分析可以看到，流贬黔中的人员大多为不同时期不同职位的官员，在被流贬黔中前均有一定的职位（见表4-5）。

表4-5　唐代流贬黔中官员履历表①

流贬官员姓名	流贬前历任官职（身份）
王才	蒲台丞、上大将军、弘静令
李承乾	唐太宗嫡长子（皇太子）
长孙无忌	齐国公、宰相
李忠	陈王、梁王
李孝同	左千牛中郎将兼检校左卫将军，寻拜左骁卫将军
李明	梁州都督、虢州、蔡州、苏州三州刺史
张安	朝议郎申州罗山令
崔志道	泰州万春县尉、朝议郎、泽州司马、滑州司马
赵某	太子补正、射洪尉、定襄尉、洪洞主簿永城丞
刘齐贤（景先）	黄门侍郎、同中书门下平章事、侍中
屈突伯起	宣德郎、太子宫门丞、左清道率府仓曹、殿中省尚乘局直长
李孝逸	给事中、益州大都督府长史、左卫将军、镇军大将军、左豹韬卫大将军、吴国公
郭翰	御史、麟台郎
李元轨	蜀王、吴王
邢文伟	太子典膳丞、右史、凤阁侍郎兼弘文馆学士、内史
樊文	昭州恭诚县令、广州洊安县令、定州司马、洛阳、永昌县令
李璥	易州司马、朝散大夫、上柱国
吉顼	明堂尉、右肃政台御史中丞、天官侍郎、同凤阁鸾台平章事
梁师亮	上柱国
张凑	朝邑尉、龙门丞、三水令、丰州司马
赵暕	参羽卫、魏王府法曹参军
李思贞	左金吾卫翊府副队正、□州司户参军、右鹰扬卫延光府右果毅、左卫德义府右果毅、河源军抚帅

① 本表仅统计有明确官职（身份）的流贬官员。

流贬官员姓名	流贬前历任官职（身份）
牛腾	郏城令
乙速孤令从	太子通事舍人
桓臣范	奉礼郎、太常丞
李璥	归政郡王
魏元忠	监察御史、殿中侍御史、凤阁侍郎、同凤阁鸾台平章事、检校并州长史、左肃政台御史大夫兼检校洛州长史、并州副元帅、卫尉卿、兵部尚书、中书令
程伯献	游击将军、右卫郎将、左羽林军事
郑愔	秘书少监
周利贞	侍御史、右台侍御史、左台御史中、广州都督
钟绍京	中书令
崔憬	银州刺史
皇甫恂	同州参军、汾州司功、同州司仓、雍州司仓、左率府郎将、右虞候率、渭州刺史、银州刺史、夏州都督军事
王守廉	太子家令
王守庆	率更令
王守贞	太子仆
程文琬	莱州参军、越州永兴丞、华州华阴丞、河南府密县丞、汴州雍丘县令
苑玄亮	秦州别将、将军、吉安府左果毅、龙勒府折冲、新泉军大使、北、唐安二府折冲、松州别驾、都知剑南道节度兵马使
崔泌	宣城县主簿
李钦福	率更令同正员
郑钦说	巩县尉、集贤院校理、右补阙
皇甫惟明	左卫郎将、侍御史、长春宫使、司农少卿、检校司农卿、陇右河西节度使
彭果	南海太守
李珇	鸿胪卿同正员
宗晖	湖阳郡王、卫尉员外卿
卫包	司虞员外郎
阎伯玙	起居舍人
张垍	翰林院学士、兵部侍郎、太常卿、中书舍人
李瀚	左补缺监察御史

流贬官员姓名	流贬前历任官职(身份)
李曙	朝议郎、宣城郡太平县尉
刘敦行	左豹韬卫骑曹参军、郑州司仓参军、汴州雍丘县令、太府寺丞、鄠县令、屯田员外郎、陇州司马、同州司马、太庙令
卢惟清	校书郎
王钧	绛州曲沃主簿、宋王府参军、虢州主吏橡、仙州方城长、寿州司马
王昌龄	秘书郎、汜水县尉
孙蓥	监察御史
贺兰进明	御史大夫
第五琦	须江县丞、录事参军、江淮租庸使、殿中侍御史、御史中丞、御史大夫、京兆尹、太子宾客、户部侍郎、判度支、同中书门下平章事、度支使、铸钱使和盐铁使
高力士	朝散大夫、内给事、内弓箭库使、内常侍兼三宫使、云麾将军、右监门卫大将军、云麾大将军、左监门卫大将军兼内飞龙厩大使、冠军、镇军、辅国、骠骑等大将军、内侍监、开府仪同三司
李珍	嗣岐王
韦伦	蓝田县尉、大理评事、监察御史、襄州刺史兼御史大夫、山南东道襄邓等十州节度使
张万顷	广州刺史
张镐	左散骑常侍
孙知古	开府仪同三司、魏国公
王儦	唐太子仆通事舍人
李瑶	斋郎、崇文馆直、泽州司士参军、河阳县尉
畅璀	河北海运判官、大理评事、谏议大、吏部侍郎、散骑常侍、河中尹兼御史大夫、左常侍、太常卿、户部尚书
裴冕	渭南县尉、监察御史、殿中侍御史、河西(哥舒翰)行军司马、御史中丞、中书侍郎、同中书门下平章事、西川节度使、右仆射、山陵使
唊庭瑶	宦官
陈仙甫	宦官
朱光辉	宦官
裴茂	京兆府司录参军、陕州判官、襄州行军司马
来瑱	左赞善大夫、殿中侍御史、伊西、北庭行军司马、颍川太守、南阳太守、御史中丞、山南东道节度防御处置使、淮南西道节度使、御史大夫、殿中监、兵部尚书

续表

流贬官员姓名	流贬前历任官职（身份）
程元振	内射生使、右监门卫将军、内侍省事、镇军大将军、右监门卫大将军、保宣侯、骠骑大将军、元帅府行军司马
李钧	殿中侍御史内供奉
李锷	京兆府法曹参军
郑泌	司农卿
李岵	颍州刺史
李鼎	卫尉卿
田悦	魏博节度中军兵马使、银青光禄大夫、检校右散骑常侍兼魏州大都督府左司马、御史中丞
源休	监察御史、殿中侍御史、青苗使判官、虞部员外郎、潭州刺史、客郎中、给事中、御史中丞、左庶子
余元仙	掌宫廷藏书、监督元帅
卢征	江淮转运使从事、殿中侍御史
赵惠伯	河南尹
严郢	御史大夫
赵赞	中书舍人、户部侍郎、判度支
戎昱	荆南节度使从事、侍御史
李元平	湖南判官、大理评事、检校吏部郎中、汝州别驾、知州
裴液	太常少卿
郑方逵	太仆丞
令狐建	龙虎军使、行在右厢兵马使、右羽林大将军兼御史大夫、检校左散骑常侍、行在都知兵马使、左神武大将军
窦申	京兆少尹、给事中
李繁	拾遗
窦群	左拾遗、膳部员外郎、侍御史、唐州刺史、吏部郎中、中丞
徐玫	昭义节度判官
王承系	太中大夫、检校、左散骑常侍、少府少监
刘禹锡	监察御史、屯田员外郎
许志雍	监察御史、著作佐郎、水部员外郎、郓州牧、转运推官、将仕郎试大理评事
崔元略	京兆尹、左散骑常侍

续表

流贬官员姓名	流贬前历任官职(身份)
庞骥	遂宁县令
卫中行	中书舍人、国子监祭酒、华州刺史、陕州长史、尚书右丞、御史中丞、福建观察使
马植	校书郎、寿州团练副使、饶州刺史、安南都护
董昌龄	邕管经略使
萧构	秘书省校书郎、太原从事、右拾遗、起居舍人
王建	神策军将领、利州刺史、西川节度使
孙偓	兵部侍郎、平章政事、中书侍郎、宰相
张道古	右拾遗
王抟	滑州节度使幕僚、苏州刺史、户部侍郎、门下侍郎、同平章事、威胜节度使、检校右仆射、两浙宣抚使、判度支、尚书右仆射、司空
韩偓	左拾遗、左谏议大夫判度支、中书舍人、兵部侍郎
薛昭伟	吏部侍郎
陈班	威远军使

据表4-5可见,流贬黔中的官员均曾享有一定的职位,且大多曾在都城长安任职,对唐朝及其地方的治理发挥过或多或少的作用,那么,他们为什么最后会被流贬黔中呢? 从各被贬情况分析,主要原因包括以下几个方面:

第一,皇室政治斗争影响。典型的如唐宗室被流贬黔州的长孙无忌、李忠、李明均为政治斗争失败,最终被贬为庶人,死于黔州。唐中宗时期的陈伯献、唐肃宗时期的嗣岐王李珍等。

第二,官员之间的斗争影响。如武则天时期的李孝逸;唐中宗时期的桓臣范、魏元忠;唐玄宗时期的郑钦说、皇甫惟明、卫包、阎伯玙;唐肃宗时期的孙釜、李璠;唐代宗时期的唊庭瑶、陈仙甫、朱光辉、裴茂、来瑱、顾繇;唐穆宗时期的崔元略;唐懿宗时期的李藻、萧构;唐昭宗时期的王瓌、王抟、韩偓;唐哀帝时期的陈班等。

第三,受亲人、朋友、同僚等犯罪影响。如武则天时期的邢文伟、樊文、吉顼;唐中宗时期的牛腾、乙速孤令从、李璥;唐玄宗时期的王守廉、王守庆、王守贞、梁炫、王庭耀、刘敦行、卢惟清；唐肃宗时期的贺兰进明、王承恩、魏悦均、张镐、李白；唐代宗时期的裴冕、田悦；唐德宗时期的卢征、赵惠伯、严郢、裴液、窦申；唐宪宗时期的王承系等。

第四，自身犯错或犯罪。如武则天时期的李思贞；唐玄宗时期的崔憬、皇甫恂、彭果；唐肃宗时期的第五琦、韦伦、张万顷、孙知古；唐代宗时期的程元振、李钧、李锷、郑泌、李鼎、李岵、源休；唐德宗时期的赵赞、李玘、李元平、郑方逵、令狐建、李繁；唐宪宗时期的窦群、徐玟、刘禹锡、凌朝江、许志雍；唐穆宗时期的庞骥；唐文宗时期的卫中行、董昌龄；唐昭宗时期的王建、张道古、薛昭纬等。

第五，受人诬陷。如唐玄宗时期的程文琬、苑玄亮、张珀、李澥；唐肃宗时期的高力士；唐代宗时的来瑱等。

此外，还有部分不明原因被流贬的人员，如唐代宗时期的唐十八、余元仙；唐德宗时期的戎昱；唐昭宗时期的孙偓等。

在以上诸影响因素中，自身犯错或犯罪无疑是导致官员流贬黔中最多、最大的因素，这与唐朝所制定并严格执行的"唐律"存在必然联系。其次是受亲人、朋友、同僚犯错或犯罪影响较多，既反映出唐朝"连坐"制度的严格，也反映出"唐律"规定与执行的严格。再次是官员之间斗争的影响，面对权势，官员之间的斗争在历朝历代均难以避免，斗争中处于劣势的一方最终被流贬远方，实为唐朝官员斗争中较为普遍的现象，因此也导致了部分官员被诬陷的情形出现。最后是唐宗室内部政治斗争，除导致皇室人员流贬外，还牵涉官员于其中，使得部分官员在所支持宗室斗争失败后，被流贬黔中。

正是因为不同官员流贬黔中的影响因素以及流贬前所任职务的不同，加之流贬人员多为北方人群，自然地理环境与生活习惯等有较大差异，使得流贬黔中的官员在黔中任职与生活的时长也出现了较大差异。

一方面，绝大部分流贬黔中的官员，在黔中地区的任职时间不长。如武则天时期，李孝逸仅在前往施州的当年即又被流贬至更远的儋州；郭翰到巫州后不久即回到长安;邢文伟至珍州后不久即自缢而死。唐玄宗时期,皇甫恂至锦州不足一年即亡;苑玄亮流贬锦州后不久,即量移袁州;张垍流贬辰州任卢溪郡司马,当年即被召回都城。唐代宗时期,裴冕流贬施州仅数月即量移至澧州任职。唐穆宗时期,崔元略在黔州任职一年即转至鄂州。

另一方面,不少官员虽为唐朝廷下旨流贬,但还未前往或到达流放地,即因统治者想法改变或者受到陷害、路途颠簸①、不能适应环境等因素影响,或被赐死,或生病不能前往,或死于途中。如武则天时期袁智弘虽有旨流贬黔州任职,但因其患有疾病,留在长安治疗,并未前行;吉顼原下旨流贬琰川,但还未前往即改徙始丰县。唐中宗时期,魏元忠被流贬思州务川任县尉,但最终未到达思州,在涪陵即亡。唐睿宗时期,郑愔被流贬沅州任刺史,但其并未前往,而是留在了洛阳,最终死于洛阳。唐玄宗时期,崔泌在前往珍州夜郎郡途中,亡于南川郡;李曙在前往锦州途中,死于辰州卢溪郡。唐肃宗时期,王儵被降罪流徙播州,但前往途中亡;李瑨被流放夷州,在前往途中因病而亡。唐代宗时期,裴茙被长流费州,行至蓝田驿即自杀;来瑱被流贬播州,未前行即被赐死;李峐被流放夷州,未至夷州即被赐死;李鼎被流贬思州,未至,即被赐死。唐宪宗时期,刘禹锡先被下旨流贬播州,因裴度求情,未出发即改流连州。唐昭宗时期,王瑰在前往黔州任职期间即被杀害。

因此,最终到达黔中,并在黔中长期生活的流贬官员是相对有限的。但是,这些有限的官员却在流贬黔中期间对地方社会、经济、文化的发展起到了一定的促进作用,如唐太宗时期王才感化地方,传播了文化礼仪。唐高宗时期崔志道的德行感化地方,改变了原来的地方风气;赵某得到卢溪县民众认可,实施教化,改变地方原有风气。武则天时期,梁师亮很好地治理了珍州荣德县,促进地方稳定,百姓安居乐业,得到地方百姓的依赖。唐中宗时期,牛腾在

---

① 前往黔中之路,道路较为险峻,如魏义通在前往黔州任职(黔中观察使)期间,即出现"行至涪州泝滩,舟坏沉,失其所持节及赐马"状况。(宋)王钦若等编纂:《册府元龟》卷九四〇《患难》,第 10894 页。

牂牁传播佛道,教化地方民众,促进了地方宗教文化的多元发展。但相较于唐朝廷正式派往黔中地区任职的官员,流贬人员在地方治理、管理与发展中所作出的贡献又是十分有限的。这应与流贬官员在黔中地区所任职务存在较大关系。

根据前文对流贬官员概况的整理,可以看到各官员流贬黔中后任职的基本情形(见表4-6)。

表4-6 唐代流贬黔中官员任职概况表①

官职名称	各职任职人次	主要职务
州刺史	19	一般为三品或四品,主管一州监察、抚绥、教化
观察使	2	仅次于刺史,主管军事、民事、经济、民俗事务
录事参军	1	品级上州为从七品上,下州从八品上。主管纠举六曹,是刺史以下一州最重要的官员
户曹参军事	1	为州的众曹之一,主管一州户籍、田宅、道路、徭役
司仓参军	1	为州的判司之一,主管一州公廨、度量、庖厨、仓库、租赋、征收、田园、市肆
司户参军	2	为州的判司之一,主管所在州的户籍、婚姻、田宅、徭役
长史	2	州刺史僚佐之一,五品官,无实职
长史员外	1	辅助长史
别驾	2	州刺史僚佐之一,五品官,无实职
别驾同正	1	待遇与别驾相同,但无品位,无实职
节度使	1	主管军事、防御外敌
太守	1	与刺史一样主管监察、抚绥、教化
安置	1	无品级,无实职
县令	2	品级为六品或七品,主要职责为劝课农桑,征督赋税,编造户籍,管理狱讼,分派差役等事务

---

① 本表中主要职务参见(后晋)刘昫等:《旧唐书》卷四四《职官志》;张国刚:《唐代官制》,三秦出版社1987年版;张景臣:《唐代员外官任用制度探析》,《商丘师范学院学报》2008年第2期等。

官职名称	各职任职人次	主要职务
县丞	4	为县令的佐官,主要职责为管理文书、仓库
县尉	13	为县令的佐官,主要职责为分判众曹,催征课税,追捕盗贼
县尉员外	3	辅助县尉完成县尉职务
司法	1	为县尉管理的众曹之一,主管刑法狱讼事务
司仓	2	为县尉管理的众曹之一,主管所在县的仓库
司马	9	为县尉管理的众曹之一,主管所在州县的军政
员外司马	4	辅助司马管理军政
司户	10	为县尉管理的众曹之一,主管所在县的户籍、田宅、徭役
词曹掾	1	主管词讼

结合表4-2与表4-6所统计流贬官员在黔中任职情况可见,流贬黔中之后仍具有一定官职的流贬人员有85人次。以流贬人数129计算,则约有66%的流放人员仍具有一定的官职,而其余约34%的官员是被除名,贬为庶人,直接流放的人员。

担任官职的85人,所涉及官职如表4-6所示,品级自三品或四品以下不等。其中,被贬为州刺史的有19人次,是流贬官员任职最多的职务,约占总数的22%。其次,被贬为县尉的有13人次,仅次于刺史的任职人次,约占总数的15.5%。再次,仅次于刺史与县尉的是司户与司马,分别有10人次、9人次,占总数的12%与11%。其余则散布于其他职位。司户与司马均为县尉管理的众曹之一,主管不同的具体事务,若加上员外司马,义县合计约占总数的27%。

若按州、县对官员职务进行分级,则属于州级官职的为刺史、观察使、录事参军、司仓参军、司户参军、长史、长史员外、别驾、别驾同正、节度使、太守,共有35人次任以上官职,约占总数的42%。属于县级官职的为县令、县丞、县尉、县尉员外、司法、司仓、司马、员外司马、司户及词曹掾,共有49人次任以上官职,约占总数的58%。

根据各官职的主要职务划分,刺史、观察使、太守、县令为主管一地的主要官员,共有 24 人次流贬官员任以上职位,约占总数的 29%,所管理事务较为综合。其余录事参军、司仓参军、司户参军、长史、长史员外、别驾、别驾同正、节度使、县丞、县尉、县尉员外、司法、司仓、司马、员外司马、司户及词曹掾均为管理具体事务者,共有 60 人次流贬官员任以上职位,约占总数的 71%。

可见,被流贬官员的任职集中在县级政区,且多为权力较小、具有专门职责的一般官吏,而其中"司马、别驾基本上只是优游禄位的闲职,因其品高俸厚而无职事,所以一般用以安排贬退大臣和宗室、武将"①。因此,被流贬官员所拥有的实质性权力不大,加之被流贬黔中,在精神等方面受到较大打击,又长途奔波,多有劳损,部分人员在途中即劳累成疾,最终亡于途中,又有部分流贬人员年事已高,无精力再从事地方治理,以至于虽有一定的职位,但最后在地方治理与社会发展过程中发挥重要作用的人只是极少部分,远不及通过任命的官员在地方所作出的贡献。

然而,流贬官员对黔中地方治理与社会发展所作出的贡献虽然有限,但其在黔中的生活与遗留却成为地方历史文化不可或缺的一部分,尤其是围绕流贬人员的诗词等文学作品与墓志铭等文献,记录了黔中历史文化、自然地理环境等多方面信息,成为研究黔中文化的重要文献。通过这些文献可以看到当时流贬官员及其亲朋好友眼中的黔中形象——荒远的"瘴疬之地"。

第三节　流贬印象:荒远的"瘴疬之地"

黔中道成为流贬地的根本原因在于其所辖各州、郡、县距离唐代政治中心的里程在流刑规定范围内,至少能够满足流 2500 里与流 3000 里的标准,而其属州中,距离都城长安最远者有 4450 里之远。且不论其自然地理环境如何,

---

① 　张国刚:《唐代官制》,三秦出版社 1987 年版,第 122 页。

仅就距都城的里程而言,已成为唐朝官员心目中的荒远之地。因此,留守都城的官员在面对自己的亲人或朋友流贬黔中时,难免产生对被流贬官员的同情、不舍,借文字抒发其内心的各种情感。而在抒发不同情感之时,又多夹带着对黔中道整体或具体区域的环境想象与现实描述,为世人呈现出唐朝士大夫乃至流贬官员对黔中道的印象。

唐代诗人刘禹锡在唐贞元末期因王叔文官斗失败,被贬连州任刺史,后又被贬为朗州司马。朗州治今湖南省常德市,其地原设武陵郡,地处黔中道东面,属江南西道管辖。"在京师东南二千一百五十九里,至东都一千八百五十八里"①,相较于黔中道各州,距离都城长安与洛阳更近。但《旧唐书》在对其地进行描述时,仍言"地居西南夷,土风僻陋",以至于刘禹锡在朗州期间,"举目殊俗,无可与言者"。② 距离都城更近的朗州尚且如此,朗州西南约 1000 里的黔中道其他区域,情形较之可能更为恶劣。

对此,刘禹锡在阅读《张九龄文集》时,曰:

> 世称曲江为相,建言放臣不宜于善地,多徙五溪不毛之乡。今读其文章,自内职牧始安,有瘴疠之叹,自退相守荆州,有拘囚之思。托讽禽鸟,寄辞草树,郁然与骚人同风。嗟夫,身出于遐陬,一失意而不能堪,矧华人士族,而必致丑地,然后快意哉! 议者以曲江为良臣,识胡雏有反相,羞与凡器同列,密启廷诤,虽古哲人不及,而燕翼无似,终为馁魂。岂恚心失恕,阴谪最大,虽二美莫赎耶? 不然,何袁公一言明楚狱而钟祉四叶。以是相较,神可诬乎?③

更加明确地指出了朗州所在区域的自然地理环境。通过世人称张九龄在做宰相时,曾经向皇帝建议,流放官员不应该到环境好的地方,而应该多流放至五溪一样的不毛之乡,引出对五溪环境的认知。此处五溪所涉及的区域在

---

① （后晋）刘昫等:《旧唐书》卷四〇《地理志三》,第 1615 页。
② （后晋）刘昫等:《旧唐书》卷一六〇《刘禹锡列传》,第 4210 页。
③ （后晋）刘昫等:《旧唐书》卷一六〇《刘禹锡列传》,第 4211 页。

唐代大部分属黔中道管辖,因此其对五溪的描述实际是对黔中道所在区域环境的描述。延续张九龄的描述,刘禹锡言其有"瘴疠之叹"。两者一起突出了黔中所在区域社会经济的落后,资源的贫瘠以及自然环境的恶劣。

元和十年(815年),刘禹锡自朗州回长安,宰相本欲让其担任郎署一职,但其所作新诗言语敏感,涉及讥讽,导致统治者不满,因而唐宪宗又下诏将其流贬播州任刺史。播州属黔中道,是较朗州更为偏远之地。对此,御史中丞裴度上奏言:

> 刘禹锡有母,年八十余。今播州西南极远,猿狖所居,人迹罕至。禹锡诚合得罪,然其老母必去不得,则与此子为死别,臣恐伤陛下孝理之风。伏请屈法,稍移近处。①

裴度认为播州为西南极远之地,且多猿类,是少有人居、少有人来往之地,淋漓尽致地反映出播州地理位置的偏远与自然地理环境的恶劣及落后。因此,以刘禹锡母亲年迈,需要尽孝为由,特别帮刘禹锡向唐宪宗求情,希望能够将其流放至相对较近的地方。于是,唐宪宗将其流贬连州。然而连州在"京师南三千六百六十五里,至东都三千四百五里"②,仅比播州距离京师长安近约800里。③

《旧唐书·南蛮西南蛮列传》在言及黔州都督府下辖羁縻南平州时亦明确指出,其地"土气多瘴疠,山有毒草及沙虱、蝮蛇"④。"又有乌武僚,地多瘴毒,中者不能饮药,故自凿齿"⑤。可见,瘴疠所代表的不仅仅是自然环境的恶劣,更是人们心目中的一种有毒物体,对于本地民众而言,尚且如此,对于外来人员,更是"闻风丧胆",大为畏惧。如唐德宗时期,裴佶作为朝廷派往代替韦

① (后晋)刘昫等:《旧唐书》卷一六〇《刘禹锡列传》,第4211页。
② (后晋)刘昫等:《旧唐书》卷四〇《地理志三》,第1619页。
③ (后晋)刘昫等:《旧唐书》卷四〇《地理志三》,第1626页,播州"在京师南四千四百五十里,至东都四千九百六十里"。
④ (后晋)刘昫等:《旧唐书》卷一九七《南蛮西南蛮列传》,第5277页。
⑤ (宋)欧阳修、宋祁:《新唐书》卷二二二《南蛮列传》,第6326页。

士宗治理黔中的官员,在黔中任职期间,即"为瘴毒所侵"①,因而韦坚请求将其调离,让其担任同州(治今陕西省大荔县)刺史。

如此,一个自然环境恶劣,居住人口极少,多猿类、蝮蛇、毒草等动植物,又有"毒"不适宜人居的荒远区域,自然使得长期生活于都城或都城周边,开发较为成熟地区的官员、文人们产生莫大的恐惧。使得他们在自己面临选择时,往往逃避,不愿赴黔中任职。② 为此,唐朝廷不得不专门针对这一问题制定新的办法,以强制不愿前往的官员到黔中任职。与此同时,一些未被流贬的官员与文人学士,在面对身边亲人、朋友、同僚被流贬黔中时,亦表现出无比的忧虑与担心。唐诗因此成为当时流贬官员及其亲人、朋友与同僚表达这种心情的重要载体,使得唐代黔中的荒远与"瘴疠"形象更为广泛地为时人所认知。

一、唐代"流贬诗"与黔中荒远意象

"流贬诗"即与流贬人员、事件等相关的诗。关于黔中道的荒远意象,唐代诗人王昌龄、李白、戎昱、窦群、刘禹锡、杜甫、卢僎、刘长卿、司空曙、李频、苗发、薛能等均在所作诗词中进行了不同程度的描述。其中王昌龄、李白、戎昱、窦群、刘禹锡为流贬黔中的当事人,杜甫、卢僎、刘长卿、司空曙、李频、苗发、薛能为流贬黔中官员的朋友或同僚。因此,他们所作诗词代表了两种不同群体对黔中荒远意象的认知,一种是亲身经历的直接群体,一种是没有亲身经历、通过文献记载或"道听途说"的间接群体。两者综合,更为全面地反映出在黔中与不在黔中的人群对于黔中的认知。

王昌龄在唐玄宗统治时期被流贬巫州,任龙标县尉。其所作诗词中,《武陵田太守席送司马卢溪》《送吴十九往沅陵》《寄陶副使》《龙标野宴》四首诗不同程度地反映出其对于黔中地理位置偏远的认识。

---

① (后晋)刘昫等:《旧唐书》卷九八《裴伷列传》,第 3084 页。

② 参见元宗皇帝:《申严远州不肯到官敕》,(清)董诰等编:《全唐文》卷一〇〇四,第 10407 页。

《武陵田太守席送司马卢溪》一诗是王昌龄被贬后，前往巫州龙标县，途经武陵（治今湖南省常德市），参加送别卢溪司马的宴会所作。诗曰：

诸侯分楚郡，饮饯五溪春。

山水清晖远，俱怜一逐臣。①

以一个"远"字引出后面对于被流贬的感叹，也突出作者对五溪区域地理位置的认知。但以"山水"这样较为笼统宽泛的对象进行阐述，显得较为抽象。因而又在《送吴十九往沅陵》中言：

沅江流水到辰阳，溪口逢君驿路长。

远谪谁（唯）知望雷雨，明年春水共还乡。②

通过驿站及道路这种具有里程或距离含义的对象，更加直观地呈现出沅江水自上游流至辰阳（治今湖南省辰溪县）距离的遥远。而王昌龄所要前往的龙标县地正处沅水中上游，侧面反映出其流贬之地的偏远。因而在后面用"远谪"进行补充说明，又用"唯知春雷雨"对其进行修饰，说明被贬之地偏远，只有雷雨相伴，一方面突出其心目中巫州龙标的落后与荒凉，另一方面也反映其流贬心情的不悦。大概"远谪"一词更能表现出被流贬的心情，因而其又作《龙标野宴》，曰：

沅溪夏晚足凉风，春酒相携就竹丛。

莫道弦歌愁远谪，青山明月不曾空。③

再次使用"远谪"一词，以描绘巫州龙标之远。但此诗与前两首诗不同，是王昌龄到达龙标县任县尉后，在野外聚餐所作。虽然整首诗通过对龙标县环境、景观的描述，呈现出王昌龄当时较为轻松的心情与氛围，但"远谪"一词还是透露出其内心被贬谪的一丝苦闷，而"远"字，仍然反映出其对于龙标县

---

① （唐）王昌龄：《武陵田太守席送司马卢溪》，（清）彭定求等编：《全唐诗》卷一四三，第1443页。

② （唐）王昌龄：《送吴十九往沅陵》，（清）彭定求等编：《全唐诗》卷一四三，第1450页。

③ （唐）王昌龄：《龙标野宴》，（清）彭定求等编：《全唐诗》卷一四三，第1446页。

地理位置偏远的认识。

李白,唐肃宗时期被流贬珍州夜郎。其所作诗词中,《流夜郎赠辛判官》《经乱离后天恩流夜郎忆旧游书怀赠江夏韦太守》《江上赠窦长史》《流夜郎半道承恩放还兼欣克复之美书怀示息秀才》《流夜郎至西塞驿寄裴隐》《流夜郎闻酺不预》《南流夜郎寄内》等均与其流贬夜郎事件及生活相关,且通过不同情境描绘出其对于珍州夜郎县荒远的认识。

乾元元年(758年),李白因受永王李璘政治斗争失败的影响,被流放夜郎,在未前往之时,向其好友辛判官"诉苦",写下《流夜郎赠辛判官》一诗,曰:

> 昔在长安醉花柳,五侯七贵同杯酒。
>
> 气岸遥凌豪士前,风流肯落他人后。
>
> 夫子红颜我少年,章台走马着金鞭。
>
> 文章献纳麒麟殿,歌舞淹留玳瑁筵。
>
> 与君自谓长如此,宁知草动风尘起。
>
> 函谷忽惊胡马来,秦宫桃李向明(胡)开。
>
> 我愁远谪夜郎去,何日金鸡放赦回。①

一方面对其在长安的辉煌生活进行了回顾,另一方面又对当时唐朝的现状进行了描写,以唐朝所处困境,引出自己被流贬夜郎的无奈与忧愁心绪。而言及夜郎之时,与王昌龄一样使用"远谪"一词,以突出其对于夜郎地理位置的认识。

其后,李白又在前往夜郎途中,遇到曾经的好友韦良宰,通过《经乱离后天恩流夜郎忆旧游书怀赠江夏韦太守良宰》一诗对两人的交往始末以及个人的经历进行了较为全面的书写,抒发出个人的政治感慨。其中,叙及流贬夜郎事件时,直言:

---

① (唐)李白:《流夜郎赠辛判官》,(清)彭定求等编:《全唐诗》卷一七〇,第1750—1751页。

> 辞官不受赏，翻谪夜郎天。
>
> 夜郎万里道，西上令人老。①

一方面表明自己在政治上的清白，另一方面用"万里道"，以具体的道路与表达路程的概数"万里"，描写出夜郎距离之遥远。又用"令人老"，一语双关，既刻画前往夜郎路途的艰辛，又以此暗示夜郎环境恶劣，是不宜人居、容易催人老的地域。

又在途经西塞驿（今址位于湖北省黄石市东北西塞山边）时，作《流夜郎至西塞驿寄裴隐》言：

> 扬帆借天风，水驿苦不缓。
>
> 平明及西塞，已先投沙伴。
>
> 回峦引群峰，横蹙楚山断。
>
> 砯冲万壑会，震沓百川满。
>
> 龙怪潜溟波，俟时救炎旱。
>
> 我行望雷雨，安得沾枯散。
>
> 鸟去天路长，人愁春光短。
>
> 空将泽畔吟，寄尔江南管。②

一方面，开篇即提出其行程因为扬帆之船借天风航行而较其他流贬同仁更快到达西塞驿的苦恼，反映其被流贬的抑郁心情。另一方面，又以"鸟去天路长"，说明其前往夜郎之路途遥远。

乾元二年（759年），李白到达夜郎之后，又作《南流夜郎寄内》一诗言：

> 夜郎天外怨离居，明月楼中音信疏。
>
> 北雁春归看欲尽，南来不得豫章书。③

---

① （唐）李白：《经乱离后天恩流夜郎忆旧游书怀赠江夏韦太守良宰》，（清）彭定求等编：《全唐书》卷一七〇，第1752页。

② （唐）李白：《流夜郎至西塞驿寄裴隐》，（清）彭定求等编：《全唐诗》卷一七三，第1774页。

③ （唐）李白：《南流夜郎寄内》，（清）彭定求等编：《全唐诗》卷一八四，第1885页。

通过其到达夜郎之后未曾收到来自豫章(治今江西省南昌市)的家书,表达其对妻子的思念与眷顾之情。描述到夜郎时,认为夜郎是相对于豫章的"天外",用夸张的手法表现出夜郎之远,更烘托出当时被流贬后所受的打击。

流放夜郎三年后,李白于上元二年(761 年)沿江东归途中,在长风沙(在今安徽省安庆市东)结识窦长史,作《江上赠窦长史》一诗,言:

> 汉求季布鲁朱家,楚逐伍胥去章华。
>
> 万里南迁夜郎国,三年归及长风沙。
>
> 闻道青云贵公子,锦帆游戏西江水。
>
> 人疑天上坐楼船,水净霞明两重绮。
>
> 相约相期何太深,棹歌摇艇月中寻。
>
> 不同珠履三千客,别欲论交一片心。①

通过引经据典的方式,一方面,道出其认识窦长史的背景及对窦长史的了解。另一方面,表明其与窦长史交好的一片心意。在言及背景时,对其刚刚离开的夜郎之地,仍然以"万里"形容其地理位置之偏远。

然而,夜郎在李白笔下,不仅有"万里"与"天外"之远,还是一片荒芜之地。如其在《流夜郎半道承恩放还兼欣克复之美书怀示息秀才》②一诗中言及自身遭遇时,用"去国愁夜郎,投身窜荒谷"③来描述流贬夜郎的处境。一方面反映其被流放时的忧愁情绪,另一方面又用"荒谷"一词描绘出心目中夜郎荒远的形象。又作《流夜郎闻酺不预》一诗曰:

---

① (唐)李白:《江上赠窦长史》,(清)彭定求等编:《全唐诗》卷一七〇,第 1753 页。

② 本诗名称及内容涉及李白是否在半道被恩赦折返的问题,根据文献及其诗词记载,李白并没有在中途折返,而且最终达到了夜郎,在夜郎留下了生活的痕迹。因此不是本书探讨主要问题,仅引用其诗中所言,分析其对于夜郎荒远印象的认知。

③ (唐)李白:《流夜郎半道承恩放还兼欣克复之美书怀示息秀才》,(清)彭定求等编:《全唐诗》卷一七〇,第 1756 页。

> 北阙圣人歌太康，南冠君子窜遐荒。
>
> 汉酺闻奏钧天乐，愿得风吹到夜郎。①

一方面，用"遐荒"形容其所在之夜郎，更为直接地点出了夜郎的荒远形象。另一方面，用夜郎的荒远与长安的繁华形成对比，表达作者希望长安的"大赦赐酺"之风能尽快吹到夜郎的心情。

戎昱，建中四年（783 年）因罪被流贬辰州任刺史。其所作诗词中，《谪官辰州冬至日（有）怀》《辰州建中四年多怀》《送郑炼师贬辰州》《送辰州郑使君》等均言及其对于辰州的认识。

《谪官辰州冬至日（有）怀》《辰州建中四年多怀》为其被流贬辰州，且到达辰州之后有感而发的作品。《谪官辰州冬至日（有）怀》曰：

> 去年长至在长安，策杖曾簪獬豸冠。
>
> 此岁长安逢至日，下阶遥想雪霜寒。
>
> 梦随行伍朝天去，身寄穷荒报国难。
>
> 北望南郊消息断，江头唯有泪阑干。②

记述其流贬辰州后，在辰州逢冬至，回忆其流贬前在长安过冬至的日子，那时还是御史，一切尚且顺利。而写作此诗时，虽长安又到了冬至日，自己却只能跟随派遣的军队前往遥远的天边之地——辰州，在遥远的地方想念长安的雪与霜，在贫穷、落后、荒芜的地方报效国家。当其听不到长安南面的消息时，表现出了对国家的担忧，反映出其被流贬辰州的无奈。而"朝天去"直接反映出其对于辰州所处地理位置的认知，认为辰州是相对长安而言，一个远在天边的地方。"穷荒"则反映其对于辰州自然与社会环境的认识，认为辰州是一个贫穷、落后、荒芜之地。

冬至后不久，戎昱又作《辰州建中四年多怀》曰：

---

① （唐）李白：《流夜郎闻酺不预》，（清）彭定求等编：《全唐诗》卷一八四，第 1877 页。

② （唐）戎昱：《谪官辰州冬至日（有）怀》，（清）彭定求等编：《全唐诗》卷二七〇，第 3012 页。

荒徼辰阳远,穷秋瘴雨深。

主恩堪洒血,边宦更何心。

海上红旗满,生前白发侵。

竹寒宁改节,隼静早因禽。

务退门多掩,愁来酒独斟。

天涯忧国泪,无日不沾襟。①

　　大概因为藩镇割据、动乱四起,自己的国家陷于危难,地处辰州的戎昱心情较之冬至时更为复杂,想要报效国家,为国出力而不得的无奈在本诗中更加明显地显露出来,以至于忧国之泪,无日不流。而其对于辰州的描绘,在这种情绪之下,刻画得更加详细。尤其在有关辰州地处偏远的描述上,先后使用"远""边""天涯"来形容,以衬托其自身处境。又使用"荒徼""穷"来形容辰州的自然与社会环境,说明辰州是一个事实上的荒远之地。较之其在《谪官辰州冬至日(有)怀》中对辰州的描绘,更加深刻与全面。

　　然而,戎昱除对自己身处辰州心情进行记述与表达,呈现辰州地理位置及自然、社会环境的认知外,其在赠予友人的诗中,也表达了对辰州地理位置偏远、地方荒芜的认知。其中,流传至今的是其写给朋友郑炼师《寄郑炼师》诗:

平生金石友,沦落向辰州。

已是二年客,那堪终日愁。

尺书浑不寄,两鬓计应秋。

今夜相思月,情人南海头。②

　　郑炼师是戎昱非常要好的朋友,两人之间的友谊坚如金石,且同被流贬辰州。从诗的内容可见,本诗写于郑炼师离开辰州至南海之后,戎昱写诗以向好

---

　　① (唐)戎昱:《辰州建中四年多怀》,(清)彭定求等编:《全唐诗》卷二七〇,第 3015—3016 页。

　　② (唐)戎昱:《寄郑炼师》,(清)彭定求等编:《全唐诗》卷二七〇,第 3019 页。

友倾诉内心的苦闷,并寄托对友人的思念之情,从其将到辰州书写为"沦落",又言到辰州虽然已经两年,但仍然是"终日愁"的状态,可知其对于辰州始终保持着最初的荒远意象,几乎没有融入当地。

而在此之前,戎昱写给郑炼师的诗,均或多或少对辰州的荒远意象进行过描述,如《送郑炼师贬辰州》一诗言:

> 辰州万里外,想得逐臣心。
>
> 谪去刑名枉,人间痛惜深。
>
> 误将瑕指玉,遂使谩消金。
>
> 计日西归在,休为泽畔吟。①

本诗应写于郑炼师初到辰州之时,沿用李白对"万里"的使用,以具体里程的概数来描绘其心目中辰州的偏远,以表达对郑炼师被流贬辰州的同情与鼓励。在此期间,两人逐渐成为要好的朋友,但郑炼师在辰州任职不久即离开,因而在其友离别两年之后,写作《寄郑炼师》一诗。

刘禹锡,唐宪宗元和十年(815 年)被下令流贬播州任刺史,因裴度求情,改流至较播州稍近的连州。因此,刘禹锡最终并未前往播州,因而也未留下关于播州的诗词。但其《送义舟师却还黔南》一诗"引"道:

> 黔之乡,在秦楚为争地,近世人多过言其幽荒以谈笑,闻者又从而张皇之,犹夫束蕴逐原燎,或近乎语妖。适有沙门义舟,道黔江而来,能画地为山川,及条其风俗,纤悉可信,且曰贫道以一锡游他方众矣,至黔而不知其远。始遇前节使,而闻今节使益贤而文,故其佐多才士。摩围之下,曳裾秉笔,彬然与兔园同风。蕃僧以外学嗜篇章,时或摄衣为末坐客,其来也,约主人乘秋风而还,今乞词以贶之,如捧意珠,行住坐卧,知相好耳,余曰唯,命笔为七言以应之。②

---

① (唐)戎昱:《送郑炼师贬辰州》,(清)彭定求等编:《全唐诗》卷二七〇,第 3013—3014 页。

② (唐)刘禹锡:《送义舟师却还黔南》,《刘禹锡集》卷二九,第 402 页。

对黔州的历史进行了简单的回溯,然后引出自己写作此诗的缘由。十分详细地描绘出其地域内的山川、风俗,但却不知道黔州的远近。反映了其开篇指出的,当时唐朝人多言及黔州的荒远以作为谈笑,听到的人又将道听途说的黔州情形夸张化进行传播的事实。之后刘禹锡遇见曾在黔州任职的节度使,从其口中得知黔州具体情形,因而希望通过以诗叙事,传达对于黔州正确的认知。但是,诗言:

> 黔江秋水浸云霓,独泛慈航路不迷。
>
> 猿狖窥斋林叶动,蛟龙闻咒浪花低。
>
> 如莲半偈心常悟,问菊新诗手自携。
>
> 常说摩围似灵鹫,却将山屐上丹梯。①

仅描绘了黔南(黔州)境内的山水风光与地方文化风尚,未对黔州地理位置做进一步阐述。说明其承认黔州地处偏远的事实,但对于当时社会人士讨论的黔州"幽荒"持否认态度。较之王昌龄、李白、戎昱对巫州、珍州、辰州的描绘,说明黔州相对于这些区域在社会、文化等方面更为发达。

综上,从王昌龄、李白、戎昱三位诗人对各自流贬时所居区域的描述,可以看到,"远"与"荒"是三位诗人描绘地方时最常使用的字眼。其中,对于"远"的认知,经历了从"远"的模糊认知,到"万里"的概数认知,再到"天外""天涯"的夸张认知过程。对于"荒"的认知,经历了从"荒谷"到"遐荒",又到"荒徼"的过程。将巫州、珍州、辰州所在的黔中道"荒远"形象,十分清晰而生动地刻画在其流传的诗词中。

而除以上流贬黔中道的当事人根据各自不同感受书写了流贬黔中的情感与认知外,部分流贬人员的亲人、朋友及同僚亦留下了较为丰富的文字,表达对于被流放或流贬黔中的亲人、朋友或同僚的怀念。这些文字或多或少地言及亲人、朋友或同僚所流贬的地域,表露出对所流贬地域的认知。而这种认

---

① （唐)刘禹锡:《送义舟师却还黔南》,《刘禹锡集》卷二九,第402页。

知,多源于历史文献记载或道听途说,反映唐代未到过黔中的人群对黔中的印象。其中,窦巩、司空曙、刘长卿、薛能、卢僎、杜甫、白居易均在所作诗词中描绘了各自心目中黔中的"荒远"意象。

窦巩,窦群之弟。窦群因罪被流贬黔州任刺史期间,窦巩南行赴黔州看望其兄,在从长安前往黔州,经过荆州期间,作《自京师将赴黔南》一诗言:

> 风雨荆州二月天,问人须雇峡中船。
>
> 西南一望云和水,犹道黔南有四千。①

一方面,反映从荆州到黔州的主要交通为水路,因而还需要雇船才能前往。另一方面,通过西南一眼望去尽是云和水,描绘了二月西南的自然气候,先衬托出黔州所在之西南地区的遥远,一眼看不到尽头,又用具体的里程"四千"进行补充。一个"犹"字,直接刻画出黔南(黔州)的遥远,似乎远不止历史文献所记载的道路里程。

司空曙,曾任左拾遗、水部郎中等职。在其朋友庞判官②即将前往黔中任职之际,作《送庞判官赴黔中》一诗曰:

> 天远风烟异,西南见一方。
>
> 乱山来蜀道,诸水出辰阳。
>
> 堆案青油暮,看棋画角长。
>
> 谕文谁可制,记室有何郎。③

开篇即道出其对于黔中的认知,认为黔中是一个位于西南的、远在"天边"的、风俗迥异的地方。通过对黔中地方偏远与落后的描述,引出对于庞判官的欣赏与赞扬。

---

① (唐)窦巩:《自京师将赴黔南》,(清)彭定求等编:《全唐诗》卷八八三,第3043页。

② 庞判官,具体姓名与流贬情况不详。

③ (唐)司空曙:《送庞判官赴黔中》,(清)彭定求等编:《全唐诗》卷二九三,第3332页。

刘长卿,曾任监察御史、转运使判官等职。其朋友侯御史①被流贬黔中任判官时,作《送侯御赴黔中充判官》一诗曰:

> 不识黔中路,今看遣使臣。
>
> 猿啼万里客,鸟似五湖人。
>
> 地远官无法,山深俗岂淳。
>
> 须令荒徼外,亦解惧埋轮。②

从文字可见,刘长卿对黔中原本是不熟悉的,但因为朋友侯御史即将赴黔中任职,所以也有了一定的了解。而"万里""地远""荒徼"无疑是其对黔中意象的表达,即虽未到过黔中,却仍与王昌龄、李白、戎昱一样,认为黔中是一个遥远的荒芜之地。

薛能,历任嘉州刺史、刑部郎中、同州刺史、工部尚书、感化军、武宁军和忠武军节度使。曾在朋友即将赴黔南之时,作《长安送友人之黔南》一诗曰:

> 衡岳犹云过,君家独几千。
>
> 心从贱游话,分向禁城偏。
>
> 陆路终何处,三湘在素船。
>
> 琴书去迢递,星路照潺湲。
>
> 台镜簪秋晚,盘蔬饭雨天。
>
> 同文到乡尽,殊国共行连。
>
> 后会应多日,归程自一年。
>
> 贫交永无忘,孤进合相怜。③

其友人姓名及前往黔南具体情形不详,但通过描述可见,即将前往黔南的友人应为其挚友。所写"琴书去迢递,星路照潺湲"一句,既反映出黔南距离

----

① 侯御史,具体姓名与流贬情况不详。

② (唐)刘长卿:《送侯御赴黔中充判官》,(清)彭定求等编:《全唐诗》卷一四七,第1496页。

③ (唐)薛能:《长安送友人之黔南》,(清)彭定求等编:《全唐诗》卷五五九,第6489页。

长安的遥远,又反映出对挚友离去后的牵挂之情。

唐代著名诗人杜甫亦曾在好友裴冕流贬施州后作《寄裴施州》一诗曰:

> 廊庙之具裴施州,宿昔一逢无此流。
>
> 金钟大镛在东序,冰壶玉衡悬清秋。
>
> 自从相遇感多病,三岁为客宽边愁。
>
> 尧有四岳明至理,汉二千石真分忧。
>
> 几度寄书白盐北,苦寒赠我青羔裘。
>
> 霜雪回光避锦袖,龙蛇动箧蟠银钩。
>
> 紫衣使者辞复命,再拜故人谢佳政。
>
> 将老已失子孙忧,后来况接才华盛。①

表达对裴冕遭遇的同情与对裴冕为人的欣赏、赞扬,言及裴冕在施州的生活时,用"边愁"对其情感进行描绘,"边"字无疑透露出杜甫对施州为"边(远)之地"的认知。

卢僎,历任祠部、司勋员外郎、吏部员外郎。曾在送别朋友至黔中任职时,作《季冬送户部郎中使黔府选补》一诗曰:

> 握镜均荒服,分衡得大同。
>
> 征贤一台上,补吏五溪中。
>
> 雨露将天泽,文章播国风。
>
> 汉庭睽直谅,楚峡望清通。
>
> 马逐霜鸿渐,帆沿晓月空。
>
> 还期凤池拜,照耀列星宫。②

通过对不同时间、空间的联系与典故的运用,表达对户部郎中出使黔中的离别之情,开篇即指出其所知的黔中为偏远的"荒服"之地。

---

① (唐)杜甫:《寄裴施州》,(清)彭定求等编:《全唐诗》卷二二一,第 2335—2336 页。

② (唐)卢僎:《季冬送户部郎中使黔府选补》,(清)彭定求等编:《全唐诗》卷九九,第 1071—1072 页。

白居易亦曾作《寄黔州马常侍》一诗赠予朋友,表达对朋友的思念之情。曰:

闲看双节信为贵,乐饮一杯谁与同。

可惜风情与心力,五年抛掷在黔中。①

使用"抛掷"一词,既表现出对朋友马常侍被贬黔中的无奈,又体现出诗人对黔中偏远、没落形象的认知。

而李行修在《唐故归州刺史卢公墓志铭并序》中言及黔中时,直接以"穷荒丑地"形容黔中之荒芜。②

可见,黔中的"荒远"形象,一方面,为流贬黔中的当事人所证实;另一方面,又为未至黔中的文人学士广泛流传,已经成为一种普遍的印象。因而"黔之乡,在秦楚为争地,近世人多过言其幽荒以谈笑,闻者又从而张皇之,犹夫束蕴逐原燎,或近乎语妖"③,正为当时人们对黔中印象的真实写照。

二、唐代"流贬诗"与黔中"瘴疠"意象

龚胜生《2000 年来中国瘴病分布变迁的初步研究》指出,唐代瘴病广泛分布于大巴山及长江干流以南的广大区域,"唐诗称这些地方为瘴地(国、村、乡、中),而这些地方的山水草木和烟雾云气也皆冠以'瘴'字,称瘴峤(雨、海、江、茅、林、烟、云、雾、气)"④。黔中道正处于大巴山及长江干流以南,据《旧唐书·南蛮西南蛮列传》记载,其地"土气多瘴疠,山有毒草及沙虱、蝮蛇"⑤;"又有乌武僚,地多瘴毒,中者不能饮药,故自凿齿"⑥,亦曾是人们心目中的"瘴疠之地"。被流贬至此的官员及其亲人、朋友或同僚对此亦有一定的

---

① （唐）白居易:《寄黔州马常侍》,顾学颉校点:《白居易集》卷三七《律诗》,第 853 页。
② 《唐故归州刺史卢公墓志铭并序》,元和十四年九月九日。
③ （唐）刘禹锡:《送义舟师却还黔南》,《刘禹锡集》卷二九,第 402 页。
④ 龚胜生:《2000 年来中国瘴病分布变迁的初步研究》,《地理学报》1993 年第 4 期。
⑤ （后晋）刘昫等:《旧唐书》卷一九七《南蛮西南蛮列传》,第 5277 页。
⑥ （宋）欧阳修、宋祁:《新唐书》卷二二二《南蛮列传》,第 6326 页。

认知。

戎昱作为流贬黔中的文人学士,在《辰州建中四年多怀》与《哭黔中薛大夫》中,均对辰州所在区域的瘴气进行了描述。如《辰州建中四年多怀》曰:

> 荒徼辰阳远,穷秋瘴雨深。
>
> 主恩堪洒血,边官更何心。
>
> 海上红旗满,生前白发侵。
>
> 竹寒宁改节,隼静早因禽。
>
> 务退门多掩,愁来酒独斟。
>
> 天涯忧国泪,无日不沾襟。①

开篇即使用"远""荒""瘴"三字高度概括辰州的自然地理概况,呈现出诗人对辰州所在区域的深刻认知。而"穷秋瘴雨深",一方面说明瘴气聚集或严重的季节主要在秋季,另一方面又说明瘴与雨之间存在着某种不可分割的联系。

又作《哭黔中薛大夫》一诗言:

> 亚相何年镇百蛮,生涯万事瘴云间。
>
> 夜郎城外谁人哭,昨日空余旌节还。②

对黔中道的瘴疠环境进行了描写。较之"瘴雨","瘴云"所表达出的程度明显要深,即戎昱通过无边无际的云来突出黔中道满地尽是瘴的情形,一方面呈现出黔中为"瘴疠"聚集之地的特征,另一方面通过这种恶劣的自然环境,衬托出薛大夫在黔中瘴疠聚集情形之下地方治理的不易。

除戎昱外,流放巫州的宦官高力士,在到达巫州后回忆往事,无限伤感之

---

① (唐)戎昱:《辰州建中四年多怀》,(清)彭定求等编:《全唐诗》卷二七〇,第3015—3016页。

② (唐)戎昱:《哭黔中薛大夫》,(清)彭定求等编:《全唐诗》卷二七〇,第3023页。

际,作《句》曰:"烟熏眼落膜,瘴染面朱虞。"①一方面抒发个人伤感的情绪,另一方面指出巫州瘴气遍布的环境。可见,在流贬官员心目中,瘴气作为地方的一种客观存在,是借以表达不悦或落寞等的一种重要介质。

杜甫亦在《郑典设自施州归》一诗中言:

刺史似寇恂,列郡宜竞惜。

北风吹瘴疠,羸老思散策。

渚拂兼葭塞,娇穿萝茑幂。

此身仗儿仆,高兴潜有激。②

用"瘴疠"一词指代施州,突出施州瘴疠的严重程度,反映出未到黔中道的文人学士对于黔中瘴疠的认知。

然而,瘴疠在人们心目中并非一种简单的气体,还是有毒的存在,会导致人的身体受损,进而导致疾病(瘴病),如戴叔伦在《渐至涪州先寄王使君》一诗言:

治教通夷俗,均输问大田。

江分巴字水,树入夜郎烟。

毒雾含秋气,阴岩蔽曙天。

路难空计日,身老不由年。

将命宁知远,归心讵可传。

星郎复何事,出守五溪边。③

直接将戎昱等人所言"瘴气"称为"毒雾",而这种毒雾基本弥漫整个黔中,反映出流贬环境的艰辛。而从流贬黔中官员的墓志铭中,我们亦可看到,诗人之外文人学士对于黔中自然地理环境的认识。如被贬播州的张凑墓志铭

---

① (唐)高力士:《句》,(清)彭定求等编:《全唐诗》卷七三二,第8372页。

② (唐)杜甫:《郑典设自施州归》,(清)彭定求等编:《全唐诗》卷二二一,第2336页。

③ (唐)戴叔伦:《渐至涪州先寄王使君》,(清)彭定求等编:《全唐诗》卷二七三,第3569页。

有言"牂江暑湿,非养贤之地"①;被贬锦州的皇甫恂墓志铭有言"五溪卑暑,三江悠邈"②。暑湿与卑暑虽非前所言瘴气,但却与瘴气一起成为流贬官员畏惧与不喜的环境,与黔中的荒远意象一起,组成黔中流贬官员乃至未流贬文人学士对黔中的整体印象。

---

① 《故丰州司马张公墓志铭并序》,开元九年二月二十五日。
② 《唐故殿中少监锦州刺史皇甫公墓志铭并序》,开元十五年八月二十日。

第五章　"世外桃源"：黔中道的 自然与人文景观

东晋陶渊明《桃花源记》将其所见"武陵人"生活区域称为"世外桃源"。至唐代，"武陵人"生活区域多被划属黔中道，因此，陶渊明所见之"世外桃源"景象，正在唐代黔中道辖域之内，可见黔中道自然与人文景观自东晋时期即已为世人关注。虽然时过境迁，陶渊明笔下生活于"世外桃源"村庄中的人已不复存在，黔中道也成为流贬聚集之地，在唐代人（流贬官员及部分文人学士）心中的意象变为"荒远的烟瘴之地"。但陶渊明在"世外桃源"所见的山与水却是客观存在的景观，自魏晋至唐时期，并未发生大的变化。相反随着中央政权统治的深入，其原未注明名称的溪与山越来越为人们所熟悉，成为地方一道亮丽的风景。

从唐代政治家兼诗人武元衡（758—815 年）《同苗郎中送严侍御赴黔中因访仙源之事》一诗：

> 武陵源在朗江东，流水飞花仙洞中。
>
> 莫问阮郎千古事，绿杨深处翠霞空。①

可以看出，此诗写于武元衡送严侍御前往黔中，并亲自探访"世外桃源"之后。武元衡认为陶渊明所言"世外桃源"在靠近黔中之地，并将其简称为

---

① （唐）武元衡：《同苗郎中送严侍御赴黔中因访仙源之事》，（清）彭定求等编：《全唐诗》卷三一七，第 3575 页。

"仙源""武陵源"，言其在朗江东。据乐史考证，朗江即朗水，"其水自辰、锦州入郡界，谓之朗江"①。所言辰州与锦州自开元二十一年（733 年）始均属黔中道管辖，因而其诗对"武陵源"景色的描述，从更为宽广的意义上言，实质上是对朗江所流经的整个区域景色的描绘，间接地呈现出其对黔中道环境的认知，衬托出当时送友人至黔中的心情。

那么，作为曾经的"世外桃源"之地，其区域内有多少引人注目、载入史册的景观呢？这些景观又给唐代文人学士留下了什么印象？他们又如何看待这些景观呢？或者是否被认为是景观呢？这是本章试图解决与回答的问题。

景观是现代地理学研究最重要的主体之一。其种类与内容包罗万象，极为庞杂。宏观而言，学术界通常将所观察到的景观分为两大类：一是原始自然景观，即未经人类活动重大改变以前存在的景观；二是文化景观，即经由人类活动改变以后的景观。无论在中国还是国外，在人类活动持续上千年的区域，文化景观在景观格局中所占的比例明显越来越高，甚至居于主导地位。据此，研究者往往根据不同的侧重与标准划分出不同种类的景观，如以自然地理风貌为划分标准，可以分为山地景观、水域景观、森林景观、沙漠景观、草原景观等；以产业功能为划分标准，可以分为农业景观、工业景观、牧业景观等；以文化功能为划分标准，可以分为民俗景观、宗教景观、教育景观等；以宗教差别为划分标准，可以分为基督教景观、道教景观、佛教景观等；以聚落形态为依据，可以分为城镇景观、村落景观等，种类与形式多种多样。②

中国历史悠久、幅员广大，自然与社会环境变化巨大，且留存至今的地理总志及地方志中保留了数量繁多的景观记录，资料种类繁多，极为丰富，为历史时期中国疆域内的景观多样性研究创造了十分有利的客观条件。

然而，在"景观"一词出现之前，历史典籍对于"景观"的记载并不系统。一直到宋代王象之撰写《舆地纪胜》，才在州一级政区之下，分"州沿革""县沿

---

① （宋）乐史：《太平寰宇记》卷一一八《江南西道十六》，第 2381 页。
② 安介生、周妮：《江南景观史》，江西教育出版社 2020 年版。

革""风俗形胜""景物上""景物下""古迹""官吏""人物""仙释""碑记""诗""四六"等 12 个专栏对州域的历史、自然、人文进行叙述,并将"景物""古迹"作为单独的门类进行记载。根据其对景物与古迹的具体记载可见,景物所载多为自然山川、河流以及部分当时的人文景物,古迹所载基本为所处时代以前所遗存古城、庙宇等人文景物,亦可归入景物大类。而其所言景物与现代地理学所言景观已基本相同,因此,《舆地纪胜》应为历史典籍中,最早提出并分类记载景观的文献。而唐杜佑《通典》与李吉甫《元和郡县图志》将景物与政区建置沿革置于一处进行叙述,未以专门的门类进行区分。但在所流传唐代诗词中,文人学士从各自视角对所见景观进行了感观描绘。

第一节　山水黔中：黔中的山体景观与水域景观

梳理黔中有关诗词及《通典》《元和郡县图志》等唐代典籍,可见关于黔中山水的描绘虽并不是最为核心的内容,但均或多或少提及黔中的山与黔中的水。而诗词在书写时,时常将黔中的山水置于同一画面之下,给世人呈现出陶渊明笔下"世外桃源"溪水潺潺、山林幽幽的完整画面。

首先,是从整体对黔中山水进行统一的描绘。唐代关于黔中山水的诗词中,唐代诗人孟郊《赠黔府王中丞楚》一诗曰：

> 旧说天下山,半在黔中青。
>
> 又闻天下泉,半落黔中鸣。
>
> 山水千万绕,中有君子行。
>
> 儒风一以扇,污俗心皆平。
>
> 我愿中国春,化从异方生。
>
> 昔为阴草毒,今为阳华英。
>
> 嘉实缀绿蔓,凉湍泻清声。
>
> 逍遥物景胜,视听空旷并。

> 困骥犹在辕,沉珠尚隐精。
>
> 路遐莫及晒,泥污日已盈。
>
> 岁晏将何从,落叶甘自轻。①

虽为赠送友人之诗,想要通过对黔中景物的描写,表达对友人的不舍、担忧与安慰之情,但却对黔中景物作出了细致的评价。从开篇所言"旧说天下山,半在黔中青。又闻天下泉,半落黔中鸣"不难看出,孟郊认为天下之山、泉(水)景观,有一半在黔中,虽然有夸张的手法,但却突出了黔中山水的数量之多。而其中"旧言"两字,说明关于黔中山多的观点并非其个人观点,而是之前就存在的观点,反映出唐乃至唐之前时期即存在的关于黔中多山自然地理环境的认识。"山水千万绕",又与此形成呼应,呈现出黔中地区山水相连成片的景象与道路难行的现实。"物景胜"又巧妙反映出其已形成的景物认知,即已将黔中山水作为美景。

又前文提到的司空曙《送庞判官赴黔中》一诗在表达对友人的送别之情时,首先以"天远风烟异"对黔中整体景物进行描绘,认为黔中因地理位置偏远,所以自然风物等均有所不同。随之则对黔中山水进行描绘,以"乱山""诸水"形容黔中地区山、水数量之多,与孟郊"旧说天下山,半在黔中青。又闻天下泉,半落黔中鸣"之言,有异曲同工之妙。但司空曙更加侧重对境内山、水来源的分析,认为黔中之山多源于秦岭、大巴山,而水多源于辰阳所在之沅江水系,对作为景物的自然实体来源做了进一步探究。

其次,是对黔中所属州(郡)县的山水进行区别书写。如刘禹锡《送义舟师却还黔南》一诗言:

> 黔江秋水浸云霓,独泛慈航路不迷。
>
> 猿狖窥斋林叶动,蛟龙闻咒浪花低。
>
> 如莲半偈心常悟,问菊新诗手自携。

---

① (唐)孟郊:《赠黔府王中丞楚》,(清)彭定求等编:《全唐诗》卷三七七,第4233页。

常说摩围似灵鹫,却将山展上丹梯。①

即将书写的视角聚焦于其所言黔南(当时黔州的别称)。对黔州景物的描写,虽集中于山水,但又不局限于山水。一方面,对黔江(今乌江)之水进行了描绘,通过"秋水浸云霓"说明黔江在秋天的水流仍然较大,与"巴山夜雨涨秋池"②的写照一致。同时,以蛟龙这一不存在的生物(景观)为引子,描述其水面的平静。另一方面,对黔州摩围山进行了描绘,言摩围山形似灵鹫,但又是可以攀登的山。"猿狖窥斋林叶动"一句,既是对黔江两岸景物的描绘,也是对黔州山体景色的描绘,既包括山中的猿,又包括山上的树林。是对山、水以及山、水中所包含景物较为全面的描绘。

又权德兴《送黔中裴中丞阁老赴任》一诗曰:

> 五谏留中禁,双旌辍上才。
>
> 内臣持凤诏,天厩锡龙媒。
>
> 宴语暌兰室,辉荣亚柏台。
>
> 怀黄宜命服,举白叹离杯。
>
> 景霁山川迥,风清雾露开。
>
> 辰溪分浩淼,僰道接萦回。
>
> 胜理环中得,殊琛徼外来。
>
> 行看旬岁诏,传庆在公台。③

通过送别友人对黔中所属辰溪区域山川(水)进行了描绘,但侧重于山、水本体之外所产生景象的描写。一是通过"景霁山川迥"突出雨后辰溪流域山体景观与水域景观的变化多彩;二是通过"风清雾露开",将山中与水上的雾,形象地展现在读者眼前,将黔中山与水构成的美好画面展现出来,营造出

---

① (唐)刘禹锡:《送义舟师却还黔南》,(清)彭定求等编:《全唐诗》卷三五九,第4049页。

② (唐)李商隐:《夜雨寄北》,(清)彭定求等编:《全唐诗》卷五三九,第6151页。

③ (唐)权德兴:《送黔中裴中丞阁老赴任》,(清)彭定求等编:《全唐诗》卷三二三,第3633页。

一种美好轻松的氛围,衬托诗人对裴中丞的赞赏与期待。

又李嘉祐《送上官侍御赴黔中》一诗曰:

> 莫向黔中路,令人到欲迷。
>
> 水声巫峡里,山色夜郎西。
>
> 树隔朝云合,猿窥晓月啼。
>
> 南方饶翠羽,知尔饮清溪。①

亦通过送别友人对夜郎所在地域的山川进行了描绘,但更侧重对黔中山体景观的描写,"树隔朝云合,猿窥晓月啼"一句,既描绘了山上的林木森森景象,又描写了山中之猿。

可见,唐诗关于黔中山川景观的描绘多包含于送别诗词中,且既有直观描述,也有形象描述,但多未展开对具体景观的描述,所言及景观数量也十分有限。因此,本节以《元和郡县图志》对山川的记载为中心,展开对黔中地区山、川景观的分类梳理与研究。

一、黔中道的山体景观

根据《元和郡县图志》对黔中所属各州政区沿革及部分山川的记载,可以看到,以李吉甫为代表的唐代高层文化知识群体对都城以外各州域山川的基本认识。

涪州山体景观主要有鸡鸣硖山、乐温山与永隆山。鸡鸣硖山,"在(涪陵)县西十五里。先主时,涪陵人反,蜀将邓芝讨焉。至鸡鸣硖,见猨母子相抱,芝引弩射中猨母,其子拔箭,以树叶塞疮。芝投弩水中,叹曰:'吾伤物之性,其死矣!'果亡"②。《元丰九域志》《舆地广记》《文献通考》《方舆考证》及乾隆《大清一统志》、雍正《四川通志》、嘉庆《四川通志》、同治《涪州志》等均有关于此山的记载,但多未如《元和郡县图志》展开详细的描述,且多纳入"山川"

---

① (唐)李嘉祐:《送上官侍御赴黔中》,(清)彭定求等编:《全唐诗》卷二〇六,第 2157 页。
② (唐)李吉甫:《元和郡县图志》卷三〇《江南道六》,第 739 页。

类记载,并未对山体景观作超过《元和郡县图志》的描述。而据此处对鸡鸣碛山的描述,可以看到,一方面,指出其地理位置在涪陵县西15里。另一方面,引出邓芝征讨地方的故事,赋予自然山体以文化属性,使鸡鸣碛山成为具有文化意义的自然景观。至宋代王象之书写《舆地纪胜》时,引"《元和郡县志》云:在涪陵县西十五里。昔蜀先主时,涪陵人反,蜀将邓芝讨焉,至鸡鸣峡,芝射猿之处"①。将鸡鸣碛山言为鸡鸣峡,作为涪州景物之一,不再突出其作为山体的特征,而更加强调其"两山夹一水"的景观特征。又在古迹中,言有邓芝射猿处,引"《华阳国志》云:蜀延熙十三年(250年),大姓徐巨反,车骑将军邓芝讨平之。芝见猿家山,芝性好弩,手自射猿,(中)之,猿子拔其箭,卷木叶而塞其创。芝叹曰:嘻,吾伤物之性,其将死矣"②。将两者进行区分,分别纳入景物与古迹之中,一个成为纯粹的自然景观,一个成为纯粹的人文景观。

乐温县有乐温山,李吉甫在《元和郡县图志》中并未单独将其作为山川列出,而是在叙及建置沿革时言其县"因乐温山为名,在县南三十里"③。王象之则将其单列作为涪州景物之一,言"乐温山在乐温县。《元和郡县志》云:'此县出荔枝'"④。后曹学佺在《蜀中名胜记》及《大明一统名胜志》中均将其纳入名胜(景观)范围,并引《乐温志》言"乐温山下有乐温滩,在县南四十里"⑤。

宾化县有永隆山,李吉甫亦在叙及建置沿革时言其县曾于"贞观十一年(637年)分巴县置隆化县","以县西永隆山为名",⑥反映出永隆山的存在。王象之将其纳入景物,并引《寰宇记》云:"唐贞观十一年,置隆化县,以县西二十里永隆山为名。"⑦与《元和郡县图志》的叙述大体相同,只是一为建置沿革

① (南宋)王象之:《舆地纪胜》卷一七四《夔州路》,第3587页。
② (南宋)王象之:《舆地纪胜》卷一七四《夔州路》,第3589页。
③ (唐)李吉甫:《元和郡县图志》卷三〇《江南道六》,第739页。
④ (南宋)王象之:《舆地纪胜》卷一七四《夔州路》,第3586页。
⑤ (明)曹学佺:《大明一统名胜志·四川名胜志》卷一六,明崇祯三年刻本。
⑥ (唐)李吉甫:《元和郡县图志》卷三〇《江南道六》,第739页。
⑦ (南宋)王象之:《舆地纪胜》卷一八〇《夔州路》,第3680页。

中的叙述，一为景物的补充叙述，门类归属发生明显变化。曹学佺《蜀中名胜记》与《大明一统名胜志》虽叙及此山，但主要以其作为建置沿革变迁的一部分进行描述，未将其纳入名胜之中。

黔州山体景观主要有伏牛山、洪杜山与盈川山。伏牛山"在彭水县北一百里"①，为《元和郡县图志》单列的山体。作为山体名称，其存在重名状况，如《舆地纪胜》记载，其作为景物，在宋代镇江府、滁州、永康军境内均存在。②王象之言及彭水县内作为景物的伏牛山时，曰其"在彭水县。按《方舆记》：山左右有盐井，州人置灶煮，以充食用"③。对与其山相关联的物产景观盐井进行了叙述，但未对山体本身情况进行描述。《大元混一方舆胜览》亦将其纳入绍庆路（治今重庆市彭水县）"形胜"。④

洪杜县有洪杜山，李吉甫在叙及洪杜县建置沿革时，言洪杜县"因县东一里洪杜山为名"⑤。《舆地纪胜》未将其纳入景物。后因洪杜县被废除，辖地改属彭水县，清时期文献如《大清一统志》、雍正《四川通志》均将其纳入彭水县"山川"。

洋水县有盈川山，李吉甫叙及洋水县建置沿革时，言洋水县"先天元年（712 年）名盈川，以县南有盈川山为名"⑥。《舆地纪胜》亦未纳入景物。后因洋水县被废除，辖地改属彭水县，清时期文献如《大清一统志》、雍正《四川通志》等均将其纳入彭水县"山川"。

然而，除伏牛山、洪杜山、盈川山之外，《舆地纪胜》记载的，唐代黔州山体景物中，还有武陵山，"在黔江县西九十里。天宝中赐名"⑦。根据王象之的描

① （唐）李吉甫：《元和郡县图志》卷三〇《江南道六》，第 737 页。
② 参见（南宋）王象之：《舆地纪胜》卷七、卷四二、卷一五一。
③ （南宋）王象之：《舆地纪胜》卷一七六《夔州》，第 3624 页。
④ （元）刘应李编：《大元混一方舆胜览》卷下，明刻新编事文类聚翰墨大全本。
⑤ （唐）李吉甫：《元和郡县图志》卷三〇《江南道六》，第 737 页。
⑥ （唐）李吉甫：《元和郡县图志》卷三〇《江南道六》，第 737 页。
⑦ （南宋）王象之：《舆地纪胜》卷一七六《夔州》，第 3624 页。

述,武陵山在唐代天宝时期赐名,说明当时已经是被认知了的景观,但未纳入记载之中。此外,其所纳入景物的摩围山"在彭水县西,隔江四里,与州城对岸。夷僚呼天曰围,言此摩天,号曰摩围"①,李吉甫亦未提及,但唐代诗人白居易在《送萧处士游黔南》《酬严中丞晚眺黔江见寄》两诗中均言及摩围山与摩围山的景色。如《送萧处士游黔南》曰:

> 能文好饮老萧郎,身似浮云鬓似霜。
>
> 生计抛来诗是业,家园忘却酒为乡。
>
> 江从巴峡初成字,猿过巫阳始断肠。
>
> 不醉黔中争去得,磨(摩)围山月正苍苍。②

《酬严中丞晚眺黔江见寄》曰:

> 江水三回曲,愁人两地情。
>
> 磨(摩)围山下色,明月峡中声。
>
> 晚后连天碧,秋来彻底清。
>
> 临流有新恨,照见白须生。③

可见,李吉甫所记载山体景观并非当时所认知的全部景观,而是当时他所认为的、在地方具有一定代表意义,或者十分重要的景观。而彭水县的山体景观,只言伏牛山,不言诗人笔下的摩围山,大致与其在"彭水县"下同时记载左右盐泉有关,因伏牛山有盐井,是当时重要的盐产地,对于地方而言有更为重要的意义。

夷州仅记载有绥阳山,"在(绥阳)县北二十九里,县以为名"④。《舆地纪胜》因缺少所在区域的记载,不知是否将其纳入"景物"之中。《舆地广记》《读史方舆纪要》《方舆考证》《大清一统志》等地理总志及万历、嘉靖、乾隆

---

① (南宋)王象之:《舆地纪胜》卷一七六《夔州》,第 3623 页。

② (唐)白居易:《送萧处士游黔南》,(清)彭定求等编:《全唐诗》卷四四一,第 4921 页。

③ (唐)白居易:《酬严中丞晚眺黔江见寄》,(清)彭定求等编:《全唐诗》卷四四一,第 4922 页。

④ (唐)李吉甫:《元和郡县图志》卷三〇《江南道六》,第 740 页。

《贵州通志》、道光《遵义府志》、民国《续遵义府志》等均将其纳入"山川"。从明代马德所作《绥阳山》诗曰：

> 渭水再来羞志士，五湖归去笑英雄。
>
> 绥阳山色朝来看，绝似南安秦系峰。①

可见，绥阳山在明时期地方文人眼中，亦为地方的主要景观之一。

南州仅记载有萝缘山，"在(南川)县南十二里。山多楠木，堪为大船"②。描述了萝缘山地理位置及其主要景物楠木。《舆地纪胜》将其纳入"景物"之中，并引"《元和郡县志》云：在南川县十二里。山多楠木，堪为大船"③。明代置綦江县后，改属綦江县，康熙《大清一统志》、乾隆《府厅州县图志》、道光《綦江县志》等将其纳入"山川"记载。

溱州仅记载有扶欢山，言及扶欢县建置时，道其县"以县东扶欢山为名"④。《舆地纪胜》将其纳入"景物"，言"唐以之名县，今谓之寨山"⑤，反映其作为景物，名称发生了变化。《大明一统名胜志》《蜀中名胜记》言及桐梓县所属名胜时，均将废扶欢县作为其县名胜之一，扶欢山作为其得名来源，亦有涉及，但未将其作为专门的名胜。乾隆《大清一统志》、《黔南识略》、嘉庆《四川通志》、道光《重庆府志》等地理总志与地方总志、地方志均将其纳入"山川"。

播州仅记载有芙蓉山，言及芙蓉县建置沿革时，曰"芙蓉县，贞观五年(631年)置在芙蓉山上，因为名"⑥。《舆地纪胜》播州部分缺失，王象之是否将其纳入播州"景物"，不详。但从其关于其他区域景物的记载可以看到，芙

---

① (清)莫友芝编纂，张剑、张燕婴整理：《黔诗纪略》卷一八《诗》，中华书局 2017 年点校本，第 799 页。
② (唐)李吉甫：《元和郡县图志》卷三〇《江南道六》，第 743 页。
③ (南宋)王象之：《舆地纪胜》卷一八〇《夔州路》，第 3682 页。
④ (唐)李吉甫：《元和郡县图志》卷三〇《江南道六》，第 745 页。
⑤ (南宋)王象之：《舆地纪胜》卷一八〇《夔州路》，第 3680 页。
⑥ (唐)李吉甫：《元和郡县图志》卷三〇《江南道六》，第 746 页。

蓉山作为景物名称,在台州(治今浙江省台州市)、蕲州(治今湖北省黄冈市)、桂阳(治今湖南省桂阳县)、韶州(治今广东省韶关市)、英德(治今广东省清远市)、肇庆(治今广东省肇庆市)、长宁(治今四川省长宁县)等府州均存在。由此推断,播州芙蓉山很可能也是王象之所载播州景物之一。《大明一统名胜志》未将其作为专门的名胜,仅在记载仁怀县建置沿革时叙及。清代在仁怀直隶厅任同知的浙江义乌人陈熙晋有竹枝词曰:

> 芙蓉山上树重重,芙蓉江头秋露浓。
>
> 面面彩云红不散,芙蓉城里看芙蓉。①

显然,在仁怀任职的外地官员陈熙晋眼中,芙蓉山俨然为清代仁怀境内的重要景观,与之形成一体的还包括自然水体景观芙蓉江与人文景观芙蓉城。同时,通过"树重重"描绘出芙蓉山树林的郁郁葱葱,对其山上的景观展开了进一步描述。

辰州境内山体较多,《元和郡县图志》记载有壶头山、明月山、辰山、苞茅山、五城山等5座山,是李吉甫所载黔中道各州山体总量最多,描述也最为详细的部分。

壶头山,"在(沅陵)县东四十九里。即马援攻五溪蛮置营之所。初援军下隽,有两道可入,从壶头路近而水险,从充道则途夷而运远。充州在澧州西五百里,武德所置崇义县东北一里故充城是,南至沅陵县一百二十里。中郎将耿况欲从充道。援以为如进壶头,扼其咽喉,贼自破,遂进营于此。贼乘高守隘,水迅船不得进,会暑甚,士卒多疾死,援穿岸为室,以避炎气。《武陵记》云:'今山边有石窟,即援穿空室处'"②。不仅指出其所处地理位置,还对其所在地发生的历史事件进行了详细描述,以反映其所具有的人文属性。王象之《舆地纪胜》将其纳入辰州景物,并引"《寰宇记》云:'后汉马援征蛮,穿山为室,以避炎气。'《武陵记》曰:'壶头山边有石窟,即援所居室也。此山头与

---

① 陈熙晋:《之溪棹歌》,道光《仁怀直隶厅志》卷二〇《艺文志》,清道光二十一年刻本。
② (唐)李吉甫:《元和郡县图志》卷三〇《江南道六》,第746页。

东海方壶山相似，神仙多所游集，因名壶头山，下有援停军处。'荆公诗云：'但知乡里胜壶头'"①。对其所具有的文化属性进行全面补充，反映其作为地方景物在人们心目中的地位。同时，王象之还将石窟作为单独的景物，载入《舆地纪胜》。而壶头山作为山体景观，并非仅在沅陵县存在，鄂州、常德、黔州均有，且其名称来源与文化属性基本相同，均与马援征战相关。如王象之言及作为景物的黔州壶头山时，亦引《九域志》曰"按《方舆记》，山形似壶，马援曾战于此"②。但李吉甫《元和郡县图志》仅在鄂州与辰州条下记载壶头山，未对黔州壶头山进行记载，且又对辰州壶头山记载最为详细，反映当时对辰州壶头山作为景物的认知程度较深、认可度较高。《大元混一方舆胜览》将其归为辰州四大"景致"之一。③《大明一统名胜志》亦将其纳入辰州名胜，既言及其为马援征战停军处，又言其"山高百里，广圆三百里"④，对具体范围进行了描绘。

又单独记有明月山，言山"下有明月池"，并引"《沅陵记》云：'两岸素山，崖石如披雪，寒松如插翠。'在（沅陵）县东二百里"⑤。一方面，指出其所处地理位置。另一方面，引用《沅陵记》对山上的崖石与寒松等景物进行了描绘。《舆地纪胜》将其纳入辰州景物，言其"在沅陵县东一百三十里。《沅川记》曰：'山下有明月池，两岸素崖若被（披）雪，寒松如插翠'"⑥。虽所言里程与所引文献存在差异，但所描述的山上景物与周边景物一致。李吉甫仅记载辰州境内有明月山，而王象之记载，其作为山体景物名称，在江陵、归州、遂宁、隆庆等地均存在，可见唐时期明月山作为辰州的山体景观具有一定的代表性。

麻阳县有辰山与苞茅山。辰山又名三山谷，"在（麻阳）县西南八百三十

①　（南宋）王象之：《舆地纪胜》卷七五《荆湖北路》，第1896页。
②　（南宋）王象之：《舆地纪胜》卷一七六《夔州路》，第3623页。
③　（元）刘应李编：《大元混一方舆胜览》卷下，明刻新编事文类聚翰墨大全本。
④　（明）李贤、彭时等撰修：《大明一统名胜志》卷一五《辰州府》，明崇祯三年刻本。
⑤　（唐）李吉甫：《元和郡县图志》卷三〇《江南道六》，第746页。
⑥　（南宋）王象之：《舆地纪胜》卷七五《荆湖北路》，第1897页。

五里"①。后因政区调整,麻阳县划属沅州,王象之《舆地纪胜》将其作为沅州景物之首。②

苞茅山,李吉甫言其以山"产茅,有刺而三脊"得名,"在(麻阳)县西南三百五十里"。③ 亦因政区调整,王象之将其纳入沅州景物,并引"《元和郡县志》云:在麻阳县西南三百五十里。《武阳记》云:上有三脊茅,可以缩酒。《寰宇记》云:即楚国入贡之茅"④。均对其所处地理位置与物产(景观)进行了描绘。《大元混一方舆胜览》将其归为沅州三大"景致"之一,⑤《大明一统名胜志》亦将其纳入麻阳县名胜。⑥

辰溪县有五城山,"在(辰溪)县东南三百六十二里"。李吉甫引《武陵记》云:"楚威王使将军庄蹻定黔中,因山造此城。"⑦指出其山所处地理位置及所具有的文化属性。王象之将其纳入辰州"景物",并引李吉甫《元和郡县图志》所言对其进行描绘。⑧《大明一统名胜志》亦将其纳入辰溪县"名胜",且言至明时期,仍有庄蹻所造城址遗迹。⑨

锦州有晃山、洛浦山、坡山、磨匼山,分属卢阳、洛浦、渭阳、常丰等县。

晃山,"在卢阳县南一百里,山出丹砂"⑩。王象之《舆地纪胜》未见关于此山的记载。《大明一统名胜志》将其纳入麻阳县名胜,称为西晃山,言其山"峰峦秀丽,耸列入云"⑪。乾隆《湖南通志》将其纳入(沅州)芷江县"山川"进行记载,言其"在(芷江)县西九十里。《九域志》:卢阳县有晃山"。又有称为

---

① (唐)李吉甫:《元和郡县图志》卷三〇《江南道六》,第 748 页。
② (南宋)王象之:《舆地纪胜》卷七一《荆湖北路》,第 1818 页。
③ (唐)李吉甫:《元和郡县图志》卷三〇《江南道六》,第 748 页。
④ (南宋)王象之:《舆地纪胜》卷七一《荆湖北路》,第 1822 页。
⑤ (元)刘应李编:《大元混一方舆胜览》卷下,明刻新编事文类聚翰墨大全本。
⑥ (明)李贤、彭时等撰修:《大明一统名胜志》卷一五《辰州府》,明崇祯三年刻本。
⑦ (唐)李吉甫:《元和郡县图志》卷三〇《江南道六》,第 749 页。
⑧ (南宋)王象之:《舆地纪胜》卷七五《荆湖北路》,第 1898 页。
⑨ (明)李贤、彭时等撰修:《大明一统名胜志》卷一五《辰州府》,明崇祯三年刻本。
⑩ (唐)李吉甫:《元和郡县图志》卷三〇《江南道六》,第 748 页。
⑪ (明)李贤、彭时等撰修:《大明一统名胜志》卷一五《辰州府》,明崇祯三年刻本。

西晃山者，言"在（麻阳）县南三十里。《元和志》：在卢阳县南一百里，出丹砂。《县志》：峰峦秀丽，紫翠万状。县学皆面之，为邑镇山"①。一方面，描绘出晃山作为景观给人的直观印象。另一方面，突出了晃山在麻阳县内的地位——县内最重要，也最有名气的山体景观。

洛浦县有洛浦山，李吉甫叙及建置沿革时，曰洛浦县"以县西洛浦山为名"②。《舆地纪胜》未见将其纳入"景物"的记载。后因政区调整，属保靖县，即乾隆《湖南通志》言"洛浦山在（保靖）县西，唐置洛浦县，以此名"③。《大清一统志》《保靖县志》等均将其纳入"山川"记载。

渭阳县有坡山，李吉甫叙及渭阳县建置沿革时，曰渭阳县为"垂拱三年（687年）析麻阳县置，在坡山西阯"，以"甚高险""百姓食坡山溪水"④，指出坡山的高险及与水相伴的外在特征。《舆地纪胜》未见将其纳入"景物"的记载。

常丰县有磨匼山，"在县东五十里"⑤。《舆地纪胜》未见将其纳入"景物"的记载。据乾隆《大清一统志》《湖南通志》等文献记载，清代永绥厅境内有蜡尔山"在厅西南，诸苗所居，小溪出此，或以为即古磨匼山"⑥，说明其名称在之后的朝代已发生变化。

叙州龙标县有龙标山，李吉甫叙及龙标县建置沿革时，曰"武德七年（624年）置龙标县，因龙标山为名"⑦。《舆地纪胜》未见记载。后因政区设置发生变化，《大明一统名胜志》将其纳入黔阳县名胜，言其山"在（黔阳）县东"，"翠

---

① （清）陈宏谋、范咸纂修：乾隆《湖南通志》卷一三《山川八》，清乾隆二十二年刻本；（清）胡礼箴修，黄凯纂：道光《芷江县志》卷四，清道光十九年刻本，亦将其称为西晃山，指出芷江县晃山与麻阳县晃山实为同脉之山。

② （唐）李吉甫：《元和郡县图志》卷三〇《江南道六》，第749页。

③ （清）陈宏谋、范咸纂修：乾隆《湖南通志》卷一三《山川八》，清乾隆二十二年刻本。

④ （唐）李吉甫：《元和郡县图志》卷三〇《江南道六》，第750页。

⑤ （唐）李吉甫：《元和郡县图志》卷三〇《江南道六》，第750页。

⑥ （清）陈宏谋、范咸纂修：乾隆《湖南通志》卷一二《山川七》，清乾隆二十二年刻本。

⑦ （唐）李吉甫：《元和郡县图志》卷三〇《江南道六》，第751页。

崔危耸如标"。①

综上可见,李吉甫仅单独记载了黔中道一小部分山体,其余多在叙及各州县名称来源时列举出山体名称。这一方面与其写作体例相关,另一方面应与当时山体在文人学士心目中的地位较低,且认知不多有关。如李吉甫在记载"关内道"等较为核心区域各州县具体情况时,亦较少单独记载山体。但关于故城、名人坟墓等的记载却较多,以唐京兆府所属兴平县(治今陕西省咸阳市兴平县)为例,共记载 14 处独立景物,其中除始平原、渭水、马牧泽、百顷泽四处为自然形成的平原及水域(水体)外,其余槐里城、武学故城、马嵬故城、汉龙泉庙、汉黄山宫、章邯台、汉茂陵、汉公孙弘墓、卫青墓、霍去病墓等 10 处均为故城、名人坟墓等人文景物。② 可见,在对各州县景物进行描绘时,李吉甫更加偏重对地方人文景物的描写,但同时又未忽略对自然景物的书写。而其所载山体发展至宋、元、明、清时期,大多成为地方重要的景物、景致或名胜(见表 5-1)。

表 5-1 《元和郡县图志》所载山体纳入景观(景物或景致、名胜)概况表

政区名称	山体名称	山体数量	唐以后历史文献纳入景观(景物或景致、名胜)情况	唐以后纳入景观(景物或景致)数量
涪州	鸡鸣硖山	3	《舆地纪胜》纳入	3
	乐温山		《舆地纪胜》《蜀中名胜记》《大明一统名胜志》均纳入	
	永隆山		《舆地纪胜》纳入	
黔州	伏牛山	3	《舆地纪胜》《大元混一方舆胜览》纳入	2
	洪杜山		未见直接言为景物的记载	
	盈川山			

---

① (明)李贤、彭时等撰修:《大明一统名胜志》卷一五《辰州府》,明崇祯三年刻本。

② 参见(唐)李吉甫:《元和郡县图志》卷二《关内道二》,第 25—26 页。原文献未将所记载类型按照自然、人文景物进行分类,此处笔者为便于整体行文的理解,按照其性质进行分类。

续表

政区名称	山体名称	山体数量	唐以后历史文献纳入景观（景物或景致、名胜）情况	唐以后纳入景观（景物或景致）数量
夷州	绥阳山	1	未见直接言为景物的记载	0
南州	萝缘山	1	《舆地纪胜》纳入	1
溱州	扶欢山	1	《舆地纪胜》纳入	1
播州	芙蓉山	1	未见直接言为景物的记载	0
辰州	壶头山	5	《舆地纪胜》《大元混一方舆胜览》《大明一统名胜志》均纳入	5
	明月山		《舆地纪胜》纳入	
	辰山		《舆地纪胜》纳入	
	苞茅山		《舆地纪胜》纳入	
	五城山		《舆地纪胜》《大明一统名胜志》均纳入	
锦州	晃山	4	《大明一统名胜志》纳入	1
	洛浦山		未见直接言为景物的记载	
	坡山		未见直接言为景物的记载	
	磨匾山		未见直接言为景物的记载	
叙州	龙标山	1	《大明一统名胜志》纳入	1

据表 5-1 可见，《元和郡县图志》所记载黔中道辖域内山体共 20 个，虽《舆地纪胜》部分卷次缺失，导致夷州、锦州境内山体是否在宋时期被王象之纳入景物情况不详，但结合《大元混一方舆胜览》《大明一统名胜志》《蜀中名胜记》等关于地方景致、名胜的文献记载，至少可见 20 个山体中，有 14 个被纳入地方景致或名胜行列，[①]占总数的 70%。其中不少山体，自唐代李吉甫开始，即已被赋予文化属性，反映出黔中道部分自然山体景观所具有的自然、人文融合属性。

---

① 此处所言 14 个列入景致或名胜的山体，未包括诗词歌赋中作为景物的山体。

然而,将唐代所认知的山体景观与宋代乃至以后时期的相比较,可以看到,唐代李吉甫等人对于山体景观的认知十分有限。以《元和郡县图志》与《舆地纪胜》所载黔中道各州县山体景观数量为例,可得唐宋黔中道山体景观数量分布如表5-2所示。

表5-2 《元和郡县图志》与《舆地纪胜》所载黔中山体景观数量表

政区名称	《元和郡县图志》所载山体景观数量(个)	《舆地纪胜》所载山体景观数量(个)
涪州	3	19
黔州	3	23
夷州	1	缺失
南州 溱州	2	17
播州	1	缺失
辰州	5	27
锦州	4	缺失
叙州	1	缺失
溪州	1	缺失

从表5-2可见,虽《舆地纪胜》所记载内容有部分缺失,但从涪州、黔州、南州、溱州、辰州等五州现存数据,仍可明显看到王象之所记载黔中山体景观的数量远远多于李吉甫的记载,如其所载宋代涪州山体景观的数量是李吉甫所载唐代涪州山体景观数量的6.3倍,所载黔州山体景观的数量是李吉甫所载黔州山体景观数量的7.6倍,且《舆地纪胜》将所有山体均称为景物,直观呈现出其对山体作为景观的认知与界定。

二、黔中道的水域景观

水域景观,既包括江、河、溪等线性水体,也包括池、泉等较为独立的水体。黔中的山与水,很多时候是相连在一起的,如李吉甫在叙及明月山时,不仅言山,还对其邻近的明月池(水域)景观进行了叙述,"两岸"一词,又突出了山与水相映形成的完整景观。又宋代王象之描述唐代鸡鸣硖山,不言其为山,而称之为鸡鸣峡,更加突出其山水相连,"两山夹一水"的特征。根据《元和郡县图志》记载,黔中各州县水域景观主要有涪陵江水(内江)、洋水、都濡水、开池、带山泉、思邛水、务川、㵲溪、东溪、葛溪、溱溪、夷牢水、带水、南溪、卢水、辰水、沅江水(沅溪水)、前溪、伏溪水、朗溪、无水、清江、渭溪等 20 余处,较之所载山体数量稍多。

其中涪陵江水与沅江水,是境内最为重要的两个水体景观。涪陵江水,又名内江水、延江水,流经涪州武龙、黔州彭水、信宁、思州务川、费州涪川、多田等州县,李吉甫言其"一名涪陵江,自牂柯北历播、费、思、黔等州,北注岷江"①即此。

在黔州信宁县,"涪陵江水,去县二里"②。在涪州武龙县,名涪江水,"在县南,屈北流注于蜀江"③。在思州武(务)川县,称为内江水,"在县西四十步"④。在费州涪川县,既有涪水之称,又有内江水之称,言及涪川县建置沿革时曰"本汉牂柯郡之地,隋开皇五年(585 年)置,取涪水为名"。单独列举水体时,又言为"内江水,经县北一百五十步"。同时,在其州多田县又全称为涪陵江水,言"涪陵江水,经县南五十步"⑤。呈现出涪陵江水在各州县的相对位置以及水流去向,虽未直言其为景观,但却成为唐代诗人借以表达内心情感的寄托之物,成为唐代诗词中较为常见的书写对象。如唐代诗人贯休《晚春寄张侍郎》一诗曰:

> 遐想涪陵岸,山花半已残。
>
> 人心何以遣,天步正艰难。
>
> 鸟听黄袍小,城临白帝寒。

---

① (唐)李吉甫:《元和郡县图志》卷三〇《江南道六》,第 735 页。
② (唐)李吉甫:《元和郡县图志》卷三〇《江南道六》,第 737 页。
③ (唐)李吉甫:《元和郡县图志》卷三〇《江南道六》,第 739 页。
④ (唐)李吉甫:《元和郡县图志》卷三〇《江南道六》,第 741 页。
⑤ (唐)李吉甫:《元和郡县图志》卷三〇《江南道六》,第 742 页。

应知窗下梦,日日到江干。①

贯休虽是借山花的凋零来衬托内心惆怅之情,但将山花与涪陵(江)两岸联系在一起,即便花朵凋谢,但仍为读者描绘出涪陵江两岸花开遍山的景象。

至宋时期,因其流经多个州县,被王象之纳入多个州县的"景物"。在涪州,有黔江、涪江、两江、内江四处景物与其直接相关。一为黔江,曰其"自思州之上,费溪州发源,经五十八节名滩,方至黔州(治)。自黔州(治)与施州江合流九十里,经彭水、武德(龙)二县,凡五百余里,与蜀江会于州之东。水常湛然彻底,以其出于黔州,呼为黔江。(苏东)坡诗云:'合水来如电,黔江绿似蓝。'又名涪江"②。二为涪江,引"《寰宇记》载《四夷县道记》云:'涪江南自黔中来,由城之西,沂蜀江十五里,有鸡鸣峡,即汉枳县也。'《东汉志》涪陵县下注曰:'涪水本与楚商於之地接。'不同,备考"。一为两江,即"蜀江,黔江"。二为内江,引"《舆地广记》云:'即黔江也。昔司马错溯此水南上,击夺楚黔中地。'又李陵《益州记》云:'内江至关头滩,滩长百步,悬崖倒水,舟楫莫通。'见《九域志》云"③。

显然,王象之在对涪州境内黔江、涪江、两江、内江景物进行描述的过程中,对其水流的来源、流经的地方、水的质量、水体得名缘由等均进行了较为细致的描述。从其描述可见,所言四条江,均为今乌江。其中黔江应是对整个黔江从费州、溪州发源,经过 58 滩,流经黔州,至涪州与蜀江汇合的描绘。而涪江侧重于对黔江流经涪州河段的描述,言其自黔中流至涪州,在涪州城西,有鸡鸣峡。两江则侧重于描述两江交汇的景观。可见,在王象之眼中,涪陵江(黔江)作为一条贯穿涪州的河流,其在不同的河段有不同的景致,因而成为涪州境内的主要景物。

在黔州,有内江、涪陵江、更始水与其直接相关。一为内江,王象之引《九

---

① (唐)贯休:《晚春寄张侍郎》,(清)彭定求等编:《全唐诗》卷八三一,第 9377 页。
② (南宋)王象之:《舆地纪胜》卷一七四《夔州路》,第 3582 页。
③ (南宋)王象之:《舆地纪胜》卷一七四《夔州路》,第 3583 页。

域志》曰内江"即延江文津也。杜甫《送十五弟使蜀诗》云:'数杯巫峡酒,百丈内江船。'注:'水自渝上合州者,谓之内江。自渝由戎、泸上蜀者,谓之外江。'与此不同"①。强调流经黔州的内江与自渝州(今重庆市主城区)流往合州(涪州)的内江(长江的一段)不同,是延江(今乌江)的一段。二为涪陵江,引《图经》云"自本州西北涪陵江,亦名更始水,入涪州三百二十里,入蜀江"②。指出涪陵江的去处及别名更始水。三为更始水,言"更始水,《水经(注)》云:'即延江文津也'"③。虽名称各有不同,但最终所言均为涪陵江(今乌江)。

在思州,有巴江水、思邛水与其直接相关。首先,有巴江水"出西南牂柯界,经费州,从本州西(过)"④。据《太平寰宇记》考证,巴江水即涪陵江别称,"自牂牁北历播、费、思、黔等州北注岷江"⑤。是对巴江水即涪陵江的整体描绘。其次,有思邛水"本出锦州洛浦县界,经本县四十步,至思王县下,流入内江"⑥。是对涪陵江支流思邛水来源及地理位置的描述。

在费州,《舆地纪胜》言费州为羁縻州,未对其境内景物展开描述。但从《太平寰宇记》言"涪川县,隋开皇五年(585年)于今县北十二里涪陵江岸置县。唐武德四年(621年)属务州。贞观四年(630年)于此置州,县至十一年与州同移今理。蒙笼山、涪陵山、涪水,皆邑界之山水"⑦。可见,乐史将涪水作为涪川县境内主要山水景观。

《大元混一方舆胜览》将其纳入"景致",言内江"江心有石鱼,见则丰稔之兆";巴江"又名白沙";涪陵江"源出州之西北",均为绍庆路(治今重庆市彭水县)景致。⑧《大明一统名胜志》《蜀中名胜记》亦将其纳入彭水、涪州等地

① (南宋)王象之:《舆地纪胜》卷一七六《夔州路》,第3621页。
② (南宋)王象之:《舆地纪胜》卷一七六《夔州路》,第3624页。
③ (南宋)王象之:《舆地纪胜》卷一七六《夔州路》,第3623页。
④ (南宋)王象之:《舆地纪胜》卷一七八《夔州路》,第3658页。
⑤ (宋)乐史:《太平寰宇记》卷一二〇《江南西道十八》,第2390页。
⑥ (南宋)王象之:《舆地纪胜》卷一七八《夔州路》,第3657页。
⑦ (宋)乐史:《太平寰宇记》卷一二一《江南西道十九》,第2415页。
⑧ (元)刘应李编:《大元混一方舆胜览》卷中《绍庆路》,明刻新编事文类聚翰墨大全本。

域"名胜"。

沅江水流经辰州沅陵、辰溪、叙州(巫州)郎溪等多个州县。在辰州沅陵县称为沅江,"在(沅陵)县南二十里"①。在辰溪县称为沅江水,"在(辰溪)县南二百步"②。在叙州郎溪县称为沅溪水,言其"西南自僚界流入"③。虽未直言为景观,但却成为唐代诗人借以表达内心情感的寄托之物,成为唐代诗词中较为常见的描述对象。如唐代诗人王昌龄在其所作《龙标野宴》《西江寄越弟》《留别司马太守》《送吴十九往沅陵》等诗中,均不同程度描绘了沅溪水(沅江),以表达对友人的不舍之情。具体而言,从前文提到的《龙标野宴》一诗,一方面,可以看到沅溪还流经叙州龙标县,此为李吉甫《元和郡县图志》未见记载之处。另一方面,既描绘出夏季沅江两岸青山、明月相伴的画面,又突出了夏季江边清风徐来的环境。以此衬托诗人安慰被流贬黔中官员的用意。

至宋时期,王象之将其纳入流经州县的景物。在沅州,称沅水,引《舆地广记》云"在黔阳"④,为沅州主要景物。在辰州,亦称沅水,"在州西南五里"⑤,与酉水在州内汇合,形成两河交汇景观。在靖州,称沅江,言其"出西南蕃界,其水出九肋鼈"⑥。但多言其在州县的地理位置及水流源起,未对其景物进行具体的描绘。

《大元混一方舆胜览》将其纳入靖州景致,但仅引王象之《舆地纪胜》言沅江"出西南蕃界"⑦,未做其他描述。《大明一统名胜志》则将其纳入辰州府名胜,对其水及相关的自然景物、人文景物进行了较为详细的描述。如其叙及沅水支流时,言"沅水又东与序(溆)溪合水,出义陵县郦梁山西北,流经义陵县

---

① (唐)李吉甫:《元和郡县图志》卷三〇《江南道六》,第 747 页。
② (唐)李吉甫:《元和郡县图志》卷三〇《江南道六》,第 749 页。
③ (唐)李吉甫:《元和郡县图志》卷三〇《江南道六》,第 751 页。
④ (南宋)王象之:《舆地纪胜》卷七一《荆湖北路》,第 1818 页。
⑤ (南宋)王象之:《舆地纪胜》卷七五《荆湖北路》,第 1893 页。
⑥ (南宋)王象之:《舆地纪胜》卷七二《荆湖北路》,第 1833 页。
⑦ (元)刘应李编:《大元混一方舆胜览》卷下《靖州》,明刻新编事文类聚翰墨大全本。

王莽之建平县也。其城蜀汉诸葛亮率诸蛮所筑……"①不仅对支流的来源进行了描述，还对其支流流经的人文景观进行了描述。

洋水、都濡水、开池、带山泉、思邛水、务川、僰溪、东溪、葛溪、溱溪、夷牢水、带水、南溪、卢水、辰水、前溪、伏溪水、朗溪、无（舞）水、清江、渭溪等水体景观与涪陵江水、沅江水不同，所覆盖区域相对较小，并非纵跨多个州的区域性景观，具有明显的地域特征。

洋水、都濡水，均在黔州。李吉甫《元和郡县图志》并未单独言两水具体情况，仅在叙及洋水县与都濡县建置沿革时，曰洋水县，"天宝元年（742年），以县西三十里洋水为名"。都濡县，"贞观二十年（646年），析盈隆县置，以县西北六十里有都濡水为名也"②。从两县分别以洋水、都濡水为名，可以推断两水应为两县水体中最为突出的景观。至王象之撰写《舆地纪胜》时，因政区设置发生变化，两水均属彭水县管辖，称洋水为南洋水，"在彭水县"③。都濡水未见纳入景物，据乾隆《大清一统志》记载，在彭水县南，又名长溪、都东水。④

开池在涪州武龙县境，大概因其地"出钢铁，土人以为文刀"，有较为重要的资源，因而单独对其进行记载，并言"在县东三十里"⑤。然而，开池作为一种较为特殊的水体，李吉甫并未交代其具体如何形成，就其出产钢铁且本地人有利用其制造刀具推断，开池应为具有功能性的水体，但其是自然形成还是人为开凿不得而知。同治《重修涪州志》亦将其纳入"山川"范畴。⑥《舆地纪胜》言其为涪州景物，"在涪陵县东三十里"，并引《元和郡县图志》云其地"出

---

① （明）李贤、彭时等撰修：《大明一统名胜志》之《辰州府》卷一五，明崇祯三年刻本。
② （唐）李吉甫：《元和郡县图志》卷三○《江南道六》，第737页。
③ （南宋）王象之：《舆地纪胜》卷一七六《夔州路》，第3622页。
④ 参见（清）和珅等：乾隆《大清一统志》卷三一七《酉阳州》，清文渊阁四库全书本。
⑤ （唐）李吉甫：《元和郡县图志》卷三○《江南道六》，第739页。
⑥ （清）吕绍衣修，王应元纂：同治《重修涪州志》卷一《舆地志》，清同治九年刻本。

(钢)铁,土人以为(文)刀"。①

带山泉在夷州义泉县,李吉甫叙及义泉县建置沿革时曰:"隋大业十二年(616年),招慰所置,以带山泉为名,属义州"②。后之地理总志、地方志等均未见详细记载。同治《远安县志》言带山泉"在茅葫岭东山腰,其形如带,天旱不竭,昔人立石题曰带山泉"③,可见,带山泉实质为山泉,是水体景观的一种。

思邛水、务川均在思州境内,为李吉甫叙及思州、务川两地建置沿革时提及。言思州"楚为黔州地,秦拔之置郡。自汉至吴并为武陵郡酉阳县地。吴分置黔阳县,至梁、陈不改。隋开皇十九年(599年)置务川县,属庸州,大业二年(606年)废。武德四年(621年)于县置务川郡,贞观四年(630年)改为思州,以思邛水为名"④。王象之将其纳入思州景物,仍称思邛水,曰其"本出锦州洛浦县界,经本县四十步,至思王县下,流入内江"⑤。通过"流入内江"描绘出内江、思邛水两江交汇之景。同时又言思邛山为境内景物,"在思王县东南,连思邛水"⑥。描绘出思邛水与思邛山山水相连的景致。《大元混一方舆胜览》将思邛山列入服州(思州)景致的同时,也包含了思邛水的景致。⑦至明时期,改称思印江,仍为思南府胜景之一,曰"印江即古思邛水也,俗讹称曰印"⑧。

务川在务川县,李吉甫叙及其县建置沿革时曰其为"隋开皇十九年(599年)置,因川为名"⑨。川,本意即为河流,此处言务川"因川为名",即以河流

① (南宋)王象之:《舆地纪胜》卷一七四《夔州路》,第3583页。
② (唐)李吉甫:《元和郡县图志》卷三〇《江南道六》,第740页。
③ (清)郑燡林修,周葆恩纂:同治《远安县志》卷一《山川》,清同治五年刊本。
④ (唐)李吉甫:《元和郡县图志》卷三〇《江南道六》,第741页。
⑤ (南宋)王象之:《舆地纪胜》卷一七八《夔州路》,第3657页。
⑥ (南宋)王象之:《舆地纪胜》卷一七八《夔州路》,第3657页。
⑦ (元)刘应李编:《大元混一方舆胜览》卷中《服州》,明刻新编事文类聚翰墨大全本。
⑧ (明)程百二:《方舆胜略》卷一五《贵州》,明万历三十八年刻本。
⑨ (唐)李吉甫:《元和郡县图志》卷三〇《江南道六》,第741页。

命名。但唐宋以来地理总志、通志乃至地方志,均未见以"务川"为名的河流记载。如《舆地纪胜》言及务川县水体景物有都来水、罗多水、河只水三处,未见任何与务川相关的河流名称。

㶚溪、东溪、葛溪均在南州。㶚溪同时流经南州所辖南川、三溪两县。分别"在(南川)县南四十步","在(三溪)县西"。① 宋时期,为南平军主要景物,王象之言其"(亦名)夜郎溪。从夜郎境来,至军城(下)过旧三溪县,入江津县,以至北合大江,皆谓之㶚溪也。㶚溪之名,见于《寰宇记》南州及渝州江津县"②。对其源流、流经地以及名称来源进行了描述。又将夜郎溪作为单独的景物列出,言"以其从夜郎之境来,故名"③。

㶚溪、东溪、葛溪在三溪县汇合,李吉甫叙及三溪县建置沿革时,言三溪县,"贞观五年(631年)置,以县内有㶚溪、东溪、葛溪,三溪合流,故以为名"④。三溪因此成为地方景观。王象之将其作为南平军第一景物,并引《太平寰宇记》曰"唐贞观置县以此名,盖地有㶚溪、东溪、葛溪三溪水合流故也"。同时,将东溪作为单独的景物列出,言其"在军之西北。上有小市,旧有桥曰孝感桥",既是自然景物,又有人文景物属性。⑤

溱溪在溱州,李吉甫叙及其州建置沿革时言州"以南有溱溪水为名"⑥。《舆地纪胜》未将其纳入景物,但与其距离较近,"去溱溪三十里"⑦的鹿个堡被纳入其中,说明当时溱溪仍然存在。

夷牢水、带水均在播州。夷牢水流经遵义县,"经县北一里"⑧,是境内主要河流。但王象之记载其境内景物时,仅言夷牢山,未见夷牢水。《蜀中名胜

---

① (唐)李吉甫:《元和郡县图志》卷三〇《江南道六》,第743页。
② (南宋)王象之:《舆地纪胜》卷一八〇《夔州路》,第3678页。
③ (南宋)王象之:《舆地纪胜》卷一八〇《夔州路》,第3682页。
④ (唐)李吉甫:《元和郡县图志》卷三〇《江南道六》,第743页。
⑤ (南宋)王象之:《舆地纪胜》卷一八〇《夔州路》,第3677页。
⑥ (唐)李吉甫:《元和郡县图志》卷三〇《江南道六》,第744页。
⑦ (南宋)王象之:《舆地纪胜》卷一八〇《夔州路》,第3681页。
⑧ (唐)李吉甫:《元和郡县图志》卷三〇《江南道六》,第746页。

记》将其纳入遵义县名胜,并言"夷牢水,西自带水县来,东流经县北一里,又屈曲南流入废胡刀县界"①。对其水源流及在县内流经情况进行了具体描述,同时指出废胡刀县为其流经的历史人文景观。

在叙及带水县建置沿革时,指出带水"因县北有带水为名"②。王象之亦未在景物中言及,但《蜀中名胜记》亦将其纳入遵义县名胜,并言"带水源出旧县西大山,东流经带水县城北,又东流至废胡刀界,注胡江水"③。交代其水源流及具体去向。

南溪、卢水、辰水均在辰州境内。根据李吉甫《元和郡县图志》对辰州建置沿革的记述:

> 禹贡荆州之域,春秋时属楚,秦为黔中郡,汉为武陵郡沅陵县地。按《后汉书》高辛氏有畜犬曰槃瓠,帝妻以女,有子十二人,皆赐名山广泽,其后滋蔓,今长沙武陵是也。光武时尤盛,其渠帅精夫、相单程等据险为寇。精夫者,蛮为渠帅者也。汉遣将军刘尚,发兵万余人,泝沅水入武溪击之。山深水急,舟船不得上,蛮缘路邀战,汉军皆没。后遣伏波将军马援等至临沅击破之,其单程等悉降。蛮平,因置吏。陈文帝于此置沅陵郡,开元九年(721年)改为辰州,取辰溪为名。谨按:辰州蛮戎所居也,其人皆槃瓠子孙。或曰巴子兄弟立为五溪之长,今酉溪在州西,次南武溪,次南沅溪,次南辰溪,次东南熊溪,次东南朗溪。其熊、朗二溪与郦道元《水经注》虽不同,推其次第相当,则五溪尽在今辰州界也。景云二年(711年)置都督府,开元中罢。④

可见辰州境内水体景观较多,用"名山广泽"形容槃狐之子所生活区域,

① (明)曹学佺:《蜀中名胜记》卷二○《遵义道》,清道光二十九年至光绪十一年南海伍氏刻光绪十一年汇印粤雅堂丛书本。

② (唐)李吉甫:《元和郡县图志》卷三○《江南道六》,第746页。

③ (明)曹学佺:《蜀中名胜记》卷二○《遵义道》,清道光二十九年至光绪十一年南海伍氏刻光绪十一年汇印粤雅堂丛书本。

④ (唐)李吉甫:《元和郡县图志》卷三○《江南道六》,第746页。

无疑反映出当时对辰州山水景观的高度评价。又根据其对汉光武帝时期至唐开元时期辰州地域的历史回顾可见，沅水（沅溪）、武溪、辰溪、酉溪、熊溪、朗溪均在"辰州界"。只是李吉甫除在沅陵县下指出"沅江，在（沅陵）县南二十里"外，并未展开对以上几条河流的单独描述。但唐代诗人流传的诗词作品对五溪之景多有描绘。如徐安贞《送王判官》一诗曰：

> 明月开三峡，花源出五溪。
>
> 城池青壁里，烟火绿林西。
>
> 不畏王程促，惟愁仙路迷。
>
> 巴东下归棹，莫待夜猿啼。①

在抒写送别友人情感时，徐安贞对友人所在周边环境亦进行了描绘。其中以"明月""三峡"与"花源""五溪"相对，衬托三峡与五溪之间的不同风景，并以"（桃）花源"作为典故，反映作者对五溪景色的认可与赞美。

《舆地纪胜》在对辰州景物进行归类时，则明确将五溪作为景物，并引"《水经（注）》云：'武陵有五溪，谓雄溪、横溪、酉溪、潕溪、辰溪，悉是蛮夷子孙。'《后汉书》注云：'今在辰州界'。《元和郡县志》亦曰：'五溪尽在辰州界'。杜甫《咏怀古迹》：'五溪衣服共云山'。注：'五溪，蛮夷所居，马援所征之地。后汉武威将军刘尚击武陵五溪（《蛮夷注》）'"②。对其所居住人群及历史进行了简单描述。除此之外，辰溪、酉水（酉溪）、熊溪（雄溪）、武溪（卢水）均单独作为辰州景物。酉水，"在州西北五里，至（州）（与沅水）河（合）流"③。熊溪"在卢溪县西三十里"④。

辰溪，在李吉甫叙及辰溪县建置沿革时，言辰溪县"本汉辰陵县，以在辰水之阳为名。《离骚》云'朝发枉渚，夕宿辰阳'，是也。隋平陈，改为辰溪

---

① （唐）徐安贞：《送王判官》，（清）彭定求等编：《全唐诗》卷一二四，第 1228 页。

② （南宋）王象之：《舆地纪胜》卷七五《荆湖北路》，第 1893 页。

③ （南宋）王象之：《舆地纪胜》卷七五《荆湖北路》，第 1893 页。

④ （南宋）王象之：《舆地纪胜》卷七五《荆湖北路》，第 1895 页。

县"①。所言辰水即辰溪,可见辰溪为辰溪县主要水体景观,但未展开深入描述。诗人权德兴在《送黔中裴中丞阁老赴任》一诗中曰:"辰溪分浩淼,僰道接萦回"②。对辰溪景色的具体情况进行了补充,描绘与展现出辰溪水面的广阔。《舆地纪胜》将辰溪、辰水同时纳入辰州景物,引《寰宇记》言辰溪"即五溪之一也,有白璧湾,湾如半月,亦号半月湾"。引《汉书·地理志》云"辰水出三峿山,谷南入沅"③。前者强调其为五溪之一,白璧湾为其突出景观。后者强调其源于三峿山,而后汇入沅水,呈现出的是同一河流在不同地段的景观。《大明一统名胜志》将其纳入辰州府沅陵县名胜,言其"在县城东一里,发源三峿山,流入沅水……惟辰水有虾,父老相传马援征蛮,感其惠政。蝗化为之"④。既是自然名胜,又有文化属性。

卢溪县有南溪、卢水。首先,在叙及卢溪县建置沿革时言"隋末萧铣于此置卢溪县,以南溪为名,武德后因而不改"⑤,指出南溪的存在。王象之言其为辰州景物,称为蓝溪,"在沅陵县南十五里"⑥。其次,将卢水单列,言其"在县西二百五十里,即武溪所出"⑦。《舆地纪胜》亦将其记为辰州景物,并引《元和郡县图志》言"在卢溪县西二百五十里,即武溪所出"⑧。《大元混一方舆胜览》将其列入辰州路景致,言卢水"在卢溪县"⑨。

前溪、伏溪水在锦州,均为李吉甫叙及锦州建置沿革时所提出,言锦州"以州理前溪,水多文石,望之似锦,因名。长安四年(704年)移于伏溪水湾曲

①　(唐)李吉甫:《元和郡县图志》卷三〇《江南道六》,第748—749页。
②　(唐)权德兴:《送黔中裴中丞阁老赴任》,(清)彭定求等编:《全唐诗》卷三二三,第3633页。
③　(南宋)王象之:《舆地纪胜》卷七五《荆湖北路》,第1893页。
④　(明)李贤、彭时等撰修:《大明一统名胜志》之《辰州府》卷一五,明崇祯三年刻本。
⑤　(唐)李吉甫:《元和郡县图志》卷三〇《江南道六》,第748页。
⑥　(南宋)王象之:《舆地纪胜》卷七五《荆湖北路》,第1894页。
⑦　(唐)李吉甫:《元和郡县图志》卷三〇《江南道六》,第748页。
⑧　(南宋)王象之:《舆地纪胜》卷七五《荆湖北路》,第1893页。
⑨　(元)刘应李编:《大元混一方舆胜览》卷下《辰州路》,明刻新编事文类聚翰墨大全本。

中置,即今理是。惟东面平地,余三面并临溪岸"①。即锦州治所均曾设于河滨之地,且以溪水中多文石而得名。但《舆地纪胜》《大元混一方舆胜览》《大明一统名胜志》等未见将其纳入地方景物、景致、名胜者。

朗溪、无(舞)水在叙州,均为李吉甫叙及州县建置沿革时记载。朗溪在郎溪县,李吉甫言郎溪县,"贞观八年(634年)析龙标县置,在朗溪之侧,因为名"②。王象之将其纳入靖州景物,改称郎江,言其"出湖耳山,即唐之郎江"③。又将其与溮溪、雄溪、辰溪、龙溪、淑溪、柱溪、武溪、酉溪等9条河流合称九溪,作为景物。

潭阳县,"先天二年(713年)析龙标县置,在无水东岸"④,说明无(舞)水为潭阳县主要水体。至宋时期,因行政区划发生变化,《舆地纪胜》记载为沅州景物,"在卢阳",并引《新经》曰"巫、无、潕、舞、溮,一水而五名,声之变耳"⑤。

清江在施州清江县,李吉甫既在叙及清江县建置沿革时言其县"置在清江之西,因以为名",又单独指出清江"一名夷水,昔廪君浮土舟于夷水,即此也"⑥。可见清江为施州境内主要水体,且具有一定的文化属性。然而,《舆地纪胜》关于施州的记载全部缺失,不能确定王象之关于其境景物的书写与归类。但《大元混一方舆胜览》《大明一统名胜志》均将其记为施州主要景致及名胜。并言"蜀中江水皆浊,惟此独清,故名"⑦。既道出清江之得名,又呈现其景观之独特。王昌龄亦在送别友人之诗《送窦七》中曰:

> 清江月色傍林秋,波上荧荧望一舟。
>
> 鄂渚轻帆须早发,江边明月为君留。⑧

---

① (唐)李吉甫:《元和郡县图志》卷三〇《江南道六》,第749页。
② (唐)李吉甫:《元和郡县图志》卷三〇《江南道六》,第751页。
③ (南宋)王象之:《舆地纪胜》卷七二《荆湖北路》,第1833页。
④ (唐)李吉甫:《元和郡县图志》卷三〇《江南道六》,第751页。
⑤ (南宋)王象之:《舆地纪胜》卷七一《荆湖北路》,第1818页。
⑥ (唐)李吉甫:《元和郡县图志》卷三〇《江南道六》,第753页。
⑦ (元)刘应李编:《大元混一方舆胜览》卷中《施州》,明刻新编事文类聚翰墨大全本。
⑧ (唐)王昌龄:《送窦七》,(清)彭定求等编:《全唐诗》卷一四三,第1449页。

将秋天傍晚月光之下的清江景色呈现给后人,描绘出月光洒在水面上,波光粼粼的美好景象,以此衬托其对友人的不舍之情。

渭溪在奖州渭溪县,李吉甫既在叙及渭溪县建置沿革时言其县为"圣历元年(698年),析峨山县于渭溪东置,因以为名",又单独指出渭溪水"北自锦州渭阳县流入"。① 同时交代了渭溪县与渭溪得名缘由,也反映出渭溪为境内主要水体的地位。但《舆地纪胜》《大元混一方舆胜览》《大明一统名胜志》均未见将其纳入景物(名胜)。乾隆《湖南通志》考证其为清代芷江县内山川,"在县西一百三十里"②。

可见,李吉甫在叙述各州县具体情况时,多涉及各州县水体的记载,或单独列出,或在州县建置沿革中提及。较之山体,所记载水体数量相对较多,且更为详细。而其所记载水体发展至宋、元、明、清时期,大多成为地方重要的景物、景致或名胜(见表5-3)。

表5-3 《元和郡县图志》所载水体纳入景观(景物或景致、名胜)概况表

政区名称	水体名称	水体数量	唐以后历史文献纳入景观(景物或景致、名胜)情况	唐以后纳入景观(景物或景致)数量
涪州	涪陵江	2	《舆地纪胜》《大元混一方舆胜览》《大明一统名胜志》均纳入	2
	开池		《舆地纪胜》纳入	
黔州	涪陵江	3	《舆地纪胜》《大元混一方舆胜览》纳入	2
	洋水		《舆地纪胜》纳入	
	都濡水		未见直接言为景物的记载	
夷州	带山泉	1	未见直接言为景物的记载	0

① (唐)李吉甫:《元和郡县图志》卷三〇《江南道六》,第754页。
② (清)陈宏谟、范咸纂修:乾隆《湖南通志》卷一三《山川八》,清乾隆二十二年刻本。

续表

政区名称	水体名称	水体数量	唐以后历史文献纳入景观（景物或景致、名胜）情况	唐以后纳入景观（景物或景致）数量
思州	涪陵江	3	《舆地纪胜》《大元混一方舆胜览》《大明一统名胜志》均纳入	2
	思邛水		《舆地纪胜》纳入	
	务川		未见直接言为景物的记载	
南州	㜒溪	3	《舆地纪胜》纳入	3
	东溪			
	葛溪			
溱州	溱溪	1	未见直接言为景物的记载	0
播州	夷牢水	2	《蜀中名胜记》纳入	2
	带水			
叙州	沅水	3	《舆地纪胜》均纳入	3
	朗溪			
	无（舞）水			
辰州	沅水（沅溪）	8	《舆地纪胜》均纳入	8
	辰水（辰溪）			
	酉水（酉溪）			
	熊溪（雄溪）			
	朗溪			
	武溪			
	南溪			
	卢水			
锦州	前溪	2	未见直接言为景物的记载	0
	伏溪水			
施州	清江	1	《大元混一方舆胜览》《大明一统名胜志》均纳入	1

据表5-3可见,《元和郡县图志》所记载黔中道水体共28个(包括在不同区域重复出现的同一水体)。虽《舆地纪胜》部分卷次缺失,导致施州、夷州、锦州、叙州境内水体是否在宋时期被王象之纳入景物情况不详,但结合《大元混一方舆胜览》《大明一统名胜志》《蜀中名胜记》等关于地方景致、名胜的文献记载,至少可见28个水体中,有22个后来被纳入地方景致或名胜行列,占总数的78.5%。而其中不少水体,自唐代李吉甫开始,即被赋予文化属性,反映出黔中道自然水体景观所具有的自然与人文属性。

然而,将唐代纳入记载的水体景观与宋代乃至以后时期的相比较,可以看到,唐代李吉甫等人对水体景观的认知仍然十分有限。以《元和郡县图志》与《舆地纪胜》所记载黔中道各州县水体数量为例,可得唐宋黔中道水体数量分布如表5-4所示。

表5-4 《元和郡县图志》与《舆地纪胜》所载黔中水体景观数量表

政区名称	《元和郡县图志》所载水体景观数量	《舆地纪胜》所载水体景观数量
涪州	2	10
黔州	3	19
夷州	1	缺失
思州	3	7
南州 溱州 播州	8	16
辰州	4	11
锦州	3	缺失
叙州	4	缺失
施州	1	缺失
奖州	1	缺失

从表5-4可见,虽《舆地纪胜》所记载内容有部分缺失,导致所记载黔中地区水体景物数量不可考,但从涪州、黔州、思州、南州、溱州、播州、辰州的现

存数据,可以很明显地看到,王象之所记载黔中水体的数量远多于李吉甫的记载,如其所载宋代涪州水体景物的数量是李吉甫所载唐代涪州水体数量的 5 倍,所载黔州水体景物的数量是李吉甫所载黔州水体数量的 6.1 倍。且《舆地纪胜》将所有水体均称为"景物",直观地呈现出其对于水体作为景观的认知与界定。

第二节　风物黔中:黔中的物产景观

物产景观与水域景观、山体景观等一样,是中国历史时期重要景观。如吴必虎等在研究中所称:"农业、牧业、采矿业、手工业、商业等产业部门,在中国以农业文明为主的文化发展过程中,作为人类文明进步的物质基础,对中国文化景观的形成具有非常重要的意义。就其本身的发展来说,也构成了文化景观中不可或缺的一部分。"①中国历史文献丰富,自《史记·货殖列传》开始,即有了对物产及相应产业的专门记载,为我们研究历史时期物产(产业)文化景观奠定了坚实的基础,提供了丰富的材料。

中国自古以来地域广大,历史悠久,因此,物产(产业)文化景观在历史时期的发展具有明显不同的时代特征与区域特征。总体而言,春秋战国时期,物产(产业)文化景观处于较为原始的状态,开始有较大规模的水利工程建设,农业技术逐步得到开发,在北方地区,城市商业开始出现。秦汉时期,经过一系列统一措施,全国形成一个整体,交通网络亦由此形成,农业进一步发展,工商业亦进一步繁荣,但是总体而言,北方发展较快,南方仍多处于较为原始的状态。三国两晋南北朝时期,随着人口的迁移与流动,长江流域得到进一步开发,逐渐由"蛮荒之地"向"人间天堂"过渡,区域内农业得到进一步开发,由"刀耕火耨"向"精耕细作"转变。隋唐五代十国时期,南方农业得到进一步发

---

① 吴必虎、刘筱娟:《中国景观史》,上海人民出版社 2004 年版,第 183 页。

展,在水利工程的保障下,圩田建设形成规模,大运河的开凿,更是加速了江南与北方之间的联系,带动了地方商业的进一步发展。从这一时期开始,物产(产业)文化景观在全国范围内基本形成。宋元时期,伴随人口、政治、经济中心的南移,江南地区手工业、商业均进一步发展,物产(产业)文化景观进一步丰富。明清时期,伴随人口增长与圩田水利等的建设,农业进一步开发与成熟,产业发展出现地域分工,工商业市镇迅速发展,并逐渐向近代化产业转变,历史物产(产业)文化景观形成完善的体系,发展达到鼎盛。

黔中物产(产业)文化景观发展,与整个国家历史时期物产(产业)文化景观发展进程一致,经过历朝历代的建设与发展,才最终形成了明清时期所呈现的物产(产业)文化景观状态。唐代黔中产业文化景观虽未大规模有体系地形成,但已形成丰富的物产文化景观,同时黔州以盐为中心的盐业文化景观初步形成规模与效应,成为唐代黔中最具代表性的物产(产业)文化景观。

一、黔州盐业文化景观

李吉甫《元和郡县图志》言及黔州彭水县建置沿革及辖域基本情况时,记载彭水县有"左右盐泉",由"本道官收其课"。① 说明至晚在唐时期,黔中道的盐已经成为地方经济的重要部分,向朝廷缴纳盐课,盐业开发已经形成一定规模。

而关于其境内之物产,房玄龄亦在撰写《晋书》时言：

> 秦并天下,以为黔中郡,薄赋敛之,口岁出钱四十。巴人呼赋为賨,因谓之賨人焉。及汉高祖为汉王,募賨人平定三秦,既而求还乡里。高祖以其功,复同丰沛,不供赋税,更名其地为巴郡。土有盐铁丹漆之饶,俗性剽勇,又善歌舞。②

指出黔中盐、铁、丹砂、漆等物产之丰富。将盐放在首位,说明盐较之其他

---

① （唐）李吉甫：《元和郡县图志》卷三〇《江南道六》,第 737 页。
② （唐）房玄龄等：《晋书》卷一二〇《李特载记》,第 3022 页。

三类物产更为丰富与突出。根据《华阳国志》"汉发县,有盐井"①的记载,至少可以将境内盐业开发的时间追溯至三国两晋南北朝时期。但其规模如何,未见记载,隋时期,仍只言"彭水,开皇十三年(593 年)置。有伏牛山,出盐井"②。均未见其盐井具体数量及盐业发展状况如何。

至唐时期,"天下之赋,盐利居半,宫闱服御、军饷、百官禄俸皆仰给焉"③。且"大抵有唐之御天下也,有两税焉,有盐铁焉,有漕运焉,有仓廪焉,有杂税焉"④。突出了当时盐在唐朝的重要地位,更进一步促进了地方盐业资源的开发。据《新唐书·食货志》记载,唐时期"黔州有井四十一"⑤,占唐朝盐井总数量的 6%,在地方已经形成一定的规模,超过当时许多产盐州县,且很可能为唐朝统辖区域内盐井最多之州。⑥

同时,这一时期开始在黔州设置盐铁使,专管其地盐业。据不完全记载,唐时期,履历丰富、治理有方、才能突出的薛舒、李通、郗士美等官员均曾在黔州兼任盐铁使一职。从盐井的数量与官员的设置,可以明显看到唐代黔中盐业的发展。但与记载黔中山水一样,李吉甫并未将盐纳入景物(景观),而事实上,无论是天然存在的盐泉,还是人工发掘的盐井以及盐业的生产工序、盐铁使的设置,都在历史发生与发展过程中成为一种特殊的景观。

至王象之撰写《舆地纪胜》时,即将唐代黔中的盐泉纳入景物。言盐泉为黔州景物,曰"《元和郡县志》:彭水县有左右盐(泉,今本道)收其课。《寰宇记》云:有盐井,一在彭水县东九十里,今煎"⑦。通过引用《元和郡县图志》与《太平寰宇记》的记载,指出黔州彭水县的盐泉与盐井均为地方比较突出的景

---

① (晋)常璩撰,任乃强点校:《华阳国志》卷一《巴志》,第 43 页。
② (唐)魏徵、令狐德棻等:《隋书》卷二九《地理上》,第 829 页。
③ (宋)欧阳修、宋祁:《新唐书》卷五四《食货四》,第 1378 页。
④ (后晋)刘昫等:《旧唐书》卷四八《食货上》,第 2088 页。
⑤ (宋)欧阳修、宋祁:《新唐书》卷五四《食货四》,第 1377 页。
⑥ 参见本书第二章第四节。
⑦ (南宋)王象之:《舆地纪胜》卷一七六《夔州路》,第 3621 页。

物。黄庭坚被贬黔州期间作《元明题哥罗驿竹枝词》曰：

> 尺五攀天天惨颜，盐烟溪瘴锁诸蛮。
>
> 平生梦亦未尝处，闻有鸦飞不到山。
>
> 风黑马跪驴瘦岭，日黄人度鬼门关。
>
> 黔南去此无多远，想在夕阳猿啸间。①

亦将盐作为地方的主要景观，且用"盐烟"一词，呈现出地方盐业资源的丰富与特色。而其作为地方最突出的景观，还成为地方命名依据，至晚在宋代时已在盐井集中之地，设置盐井镇。如王象之在言及黔州景物时，曰"开元寺，在盐井镇东"；"集福院，在盐井镇"，均反映了当时盐井镇的存在。② 至明时期，彭水县有"乡曰前乡、后乡、黔阳、信宁、盐井、计议、洋水。里曰南隅、北隅、信宁、计议、盐井、前里、后里"③，盐井仍为彭水县主要乡里。

宋代黔州仍为主要产盐区，据《太平寰宇记》记载，彭水县"有盐井一，在县东九十里"，又有"伏牛山，在县东一百里。山左右有盐泉，州人现置灶煮，以充军用"。④ 说明至宋太平兴国年间，唐代所开发盐井仍然煎盐、产盐，只是盐井数量较之唐代大为减少。

至清代，地方盐业景观得到更进一步发展，据光绪重修《彭水县志》卷二《食货志·盐茶》记载，清初"郁山四井（郁山井、鹁鸠井、鸡鸣井、楠木井）共设灶丁八十一户"，"嘉庆以后，古源、逢源、黄玉、凤仪诸井具（俱）废。现在实存十井。曰新井，曰正井，曰老郁井，四季可煎。曰长寿井，曰鸡鸣井，曰皮袋井，三季可煎。曰中井，曰飞井，曰鹁鸠井，一季可煎。曰楠木井，仅供一户之汲。

---

① （宋）黄庭坚：《元明题哥罗驿竹枝词》，（清）吴之振等选，管庭芬、蒋光煦补：《宋诗钞》之《山谷诗钞》，中华书局 1986 年版，第 956 页。

② （南宋）王象之：《舆地纪胜》卷一七六《夔州路》，第 3624、3625 页。

③ （明）张文耀修，邹廷彦纂：万历《重庆府志》卷二《疆域》，明万历刻本；蓝勇主编：《稀见重庆地方文献汇点》（上），重庆大学出版社 2014 年版。

④ （宋）乐史：《太平寰宇记》卷一二〇《江南西道十八》，第 2396 页。

皆用炭煎出"。① 郁山井、鸬鸠井、鸡鸣井、楠木井、古源井、逢源井、黄玉井、凤
仪井、新井、正井、长寿井、皮袋井、中井、飞井等 14 处盐井，虽未见有关建置年
代的记载，但从雍正《四川通志》考证伏牛山"左右有盐井，左曰鸬鸠、鸡名
(鸣)，右曰飞井、都(郁)井，宋设官收其课"②可见，彭水县盐井经过历史的发
展，其实已经成为一种特殊的景观。而康熙时期，任彭水县知县的陶文彬更是
通过《祀四井前记》《祀鸬鸠井记》《祀鸡鸣井记》《祀郁井记》《祀飞井记》《祀
四井后记》等文全面呈现出开发于唐宋时期的伏牛山左右盐井作为产业景观
的各个面向。以《祀四井前记》《祀四井后记》为例，通过《前记》描绘其历史
及衍生景观，曰：

> 昔汉马援讨平武陵蛮，驻师于伏牛山下，山之左右有盐井四区，莫知
> 所创始，故老相传。自唐宋以来设盐课司，以征井之课税，而煎熬其水，味
> 之卤薄，以定四井之额，迄今千数百年，其征输课税，仍而不改。……自大
> 河经清水溪而至郁山镇，岸旁居民多以刈草为业，而藉衣食于井灶者。镇
> 在伏牛山前，附四井而近，大商巨贾，虽以僻远不至，而负贩列肆，兼以营
> 兵错处其间，故民居庐舍，较县治而繁集。镇有开元僧寺，寺旁有井曰丹
> 泉，此宋黄山谷谪黔中时常游息于寺，而品题也。至今以山谷名，人犹沦
> 泉而宝爱之。因慨夫彭以荒僻之壤，四方贵游之士，迹所不到，而山以伏
> 波传，泉以山谷传，乃知二贤之清风伟业，并峙于不朽。而后之作者，其亦
> 望古而知所以兴也。③

首先，从整体对四井的历史文化进行了描述，引用马援征讨地方的典故指
出伏牛山下四处盐井至晚在汉时期即已存在。古老相传，延续至唐宋时期，开

① （清）庄定域修，支承祜纂：光绪《彭水县志》卷二《食货志》，巴蜀书社 1992 年版，第209 页。
② （清）黄廷桂纂修，张晋生编纂：雍正《四川通志》卷二三《山川》，清文渊阁四库全书本。
③ （清）邵陆等编纂：《酉阳州志》卷四《彭水县志》，巴蜀书社 2010 年版，第 157—159 页。因康熙《彭水县志》卷四《文艺志》记载有缺失，以两处所载基本相同，因而引用《酉阳州志》所载原文。

始设置专门的管理部门盐课司,并征收盐课,成为地方财政收入的一个重要方面。延续至清时期,已经有一千多年的历史。一方面,专门管理机构盐课司的设置成为其盐业景观的一部分。另一方面,呈现出其作为景观所具有的历史文化属性。

其次,对四井所在区域的自然地理景观及其他人文景观进行了详细的描绘,弥补了唐宋时期记载伏牛山、左右盐泉仅言具体方位与产盐事实的不足,呈现出与其地盐业发展相关的商业与人文景观概貌。一方面,因盐业资源的开发与发展,伏牛山所在郁山镇地方民众大多依靠井灶劳作为生,且有大量的商贩聚集,使地方呈现出比县治更为繁华的景象。另一方面,因为盐业的发展,地方亦成为文人聚集之地,建有开元寺,曾留下伏波将军、黄庭坚等历史名人的轨迹。

又通过《后记》描绘其作为盐业景观的自身情形及制盐、产盐情形,更为全面地呈现盐业景观的内在情形,曰:

> 蜀地多盐井,其井分上下,而产盐之多寡亦不等。唯彭自唐宋来沿设四井,而井独受其敝。四井俱滨于大溪,时雨稍集,则井淹于水,计一岁之工,淹井时多,煮盐日少,其与他井之地居高阜,而终岁可煮者不同。灶之汲水也,先和丸以渍,水复破丸以沥卤,又转而渍沥也,而后可煮。其与他井之汲水注锅,而不劳渍沥者不同。其火也,刈茅以烧,先集茅数百驮,以供一煎之火。时逢阴雨,则茅不可刈,其与他井之火以井、火以薪者不同。合男妇之勤力,殚六日不眠息之工,名曰一煎,多则得盐五六百斤,少则三四百斤,其与他井以一日之工计一煎之火者不同。其产盐也,味稍淡,名曰水花,每越宿渐消,卤水不可以行远,其与他井之坚成块粒,不惮漂晒,而堪行远者不同……①

指出伏牛山左右盐井均濒临溪流,因而多雨时,盐井多被淹没,以至于盐

---

① (清)邵陆等编纂:《酉阳州志》卷四《彭水县志》,第164—165页。

井被淹的时间远多于可以煮盐的时间。一方面,呈现出伏牛山盐井所处位置的自然地理环境。另一方面,呈现出其地理位置给盐业资源开发所带来的困境。同时,因受其自然地理环境影响,其煮盐的方法亦与其他地方盐井不同,需要先和丸,然后破丸沥卤,再渍沥而后煮。煮时需要刈茅草数百驮,然后进行煎煮。比较全面动态地描绘出了古代伏牛山左右盐井制盐的工作画面,构成盐业文化景观的重要部分。而最终所产出之盐亦与其他地方盐井不同,味道较淡,且不成块,难以输送到距离较远的地方,又一次描绘出伏牛山左右盐井所产之盐的特殊性,间接地反映出与之相关的交通景观的有限性。[①]

因此,彭水县盐井建设的历史悠久,至晚自唐宋时期开始,一方面,其作为地方与国家财政收入的来源之一。另一方面,早已成为地方景观之一,并衍生出了与之相关的盐成品制作工艺景观、以盐商为中心的市镇景观、盐业交通景观等多个面向的景观。明清时期,其作为产业更加完善。如雍正《四川通志》记载:

> 黔江县行盐陆引三百三十四张,于彭水县买盐至本县营销。

> 彭水县盐井,上井一眼,设上锅三十一口,每口榷课银四两。中井二眼,设中锅四十口,每口榷课银三两五分五厘。下井二眼,设下锅十口,每口榷课银二两二钱六分五厘四毫三丝五忽。陆引一千一百九十九张,于本县买盐营销。

> 彭水县分行沿边土司原额水引三十二张,陆引四十九张,查该县分行沿边土司原额水引三十二张,陆引四十九张,令灶户于该县领引买盐转运酉阳、邑梅、平茶、地坝、石耶等土司营销。[②]

可见至清代,唐代黔州治所所在的彭水县盐产量较高,已成为供应周边的商业必需品,一部分在本县县域内进行销售,一部分运往黔江(治今重庆市黔江区)及周边酉阳(治今重庆市酉阳县)、邑梅、平茶、地坝、石耶(以上四地今

---

① 与之相关的交通景观最直观的为伏牛山成品盐运往周边所留下的各古盐道。
② (清)黄廷桂纂修,张晋生编纂:雍正《四川通志》卷一四《盐法》,清文渊阁四库全书本。

属重庆市秀山县)等土司辖域内进行销售,形成比较完善的商业链,发展成为比较成熟的产业,使其作为产业景观的内涵得到更进一步丰富与完善。

因此,盐作为黔中道治所黔州的主要产业,在唐时期得到了一定的发展,形成产业,并促进了所在区域商业的发展,逐渐发展成为地方最为主要的产业景观,一直延续至民国时期。但黔中地域广阔,物产亦较为丰富,除盐之外,仍有其他数量较多的物产,亦可以纳入景观的范畴,称之为物产景观。

二、黔中其他物产景观

物产景观,即由各种不同物产构成的景观。东晋常璩在《华阳国志·巴志》中言及涪陵郡(包括唐代黔州大部分地区)物产时,曰地方"无蚕桑,少文学,惟出茶、丹、漆、蜜、蜡……"①至晚在东晋时期,茶叶、丹砂、油漆、蜜蜡已被认为是黔中地方的主要物产。对此,唐代文献并无专门记载,但根据《元和郡县图志》《新唐书》等关于黔中道各州贡赋的记载可以看到唐代各州物产的大致情况如表5-5所示。

表5-5 唐代黔中道各州物产表②

政区名称	物产品类
黔州	光明丹砂、黄蜡、纻、布、竹布、纻麻布
涪州	麸金、文铁刀、蒟酱、白蜜、布
夷州	斑布、粗布、葛粉、犀角、蜡烛
思州	葛、朱砂、蜡
播州	斑竹
费州	蜡
南州	斑布
珍州	蜡

① (晋)常璩撰,任乃强点校:《华阳国志》卷一《巴志》,第83页。
② 表格及正文中物产品类均遵照原文献所载原名录入。

续表

政区名称	物产品类
溱州	丹砂、茄子、楮皮布、纻布、斑布、黄蜡、蜡
辰州	犀角、黄连、黄牙、水银、光明丹砂、药砂
锦州	光明丹砂、水银、犀角
叙州	麸金、犀角
溪州	朱砂、黄连、黄蜡、犀角、茶牙
施州	麸金、清油、蜜、黄连、蜡、药子
奖州	麸金、犀角、蜡

资料来源:《元和郡县图志》卷三〇《江南道六》、《新唐书》卷四一《地理五》。

据表5-5可见,唐代黔中道的主要物产有蜡(包括黄蜡、熟蜡)、布(包括纻布、纻麻布、斑布、粗布、楮皮布)、葛(粉)、朱砂(包括水银、光明砂、药砂)、茄子、犀角、黄连、清油、蜜等纺织品、食品、药品。

蜡(包括黄蜡、熟蜡),是黔中道所属各州均产的重要物品,也是上贡最多的物产。李时珍《本草纲目》蜜蜡集解部分言:

> 《别录》曰蜡,生武都山谷蜜庐木石间。弘景曰蜂,先以此为蜜跖,煎蜜亦得之。初时极香软,人更煮炼,或少加醋酒,便黄赤,以作褐色为好。今医家皆用白蜡,但取削之,于夏月暴百日许,自然白也。辛用之,烊内水中十余遍亦白。宗奭曰:新蜡色白,随久则黄。白蜡乃蜡之精英者也。时珍曰:蜡乃蜜脾底也。取蜜后炼过,滤入水中,候凝取之,色黄者俗名黄蜡。煎炼极净,色白者为白蜡。非新则白,而久则黄也。与今时所用虫造白蜡不同。①

对已有关于蜡的认识进行了归纳,并最终提出对于蜡的认识。综合李时珍及其之前医家佚名氏(《名医别录》作者)、陶弘景、寇宗奭对于蜡的认识,可见蜡是蜜蜂蜂巢经过煮炼之后形成的一种物品。受煎炼程度不同的影响,有

---

① (明)李时珍:《本草纲目》卷三九《蜜蜡》,文渊阁四库全书本。

白蜡与黄蜡之分。虽未见对熟蜡的记载，但以字面之意进行推断，熟蜡应是相对于生蜡而言、经过煎炼的蜡，包括白蜡与黄蜡在内的大类之称。因此，蜡作为黔中的主要物产，与其相关的生产过程、工序及最终的成品均是一种特殊景观。而其来源于山谷木石之间的蜜蜂，说明黔中道贡蜡的黔州、施州、奖州（业州）、播州、思州、费州、溪州、珍州、溱州等九个州均有蜜蜂（动物）景观及适于蜜蜂生存与生长的山林景观。同时，蜜亦来源于蜜蜂，因此其所呈现出的景观除成品存在差异外，其他基本相似。

布（包括纻布、纻麻布、斑布、粗布、楮皮布），纻布与纻麻布均为苎麻所织之布。苎麻，据元朝胡古愚引《王氏农书》曰"苎麻有二种，一种紫麻，一种白苎。其根旧不载所出州土，本南方之物，近河南亦多艺之，不可以风土所宜例论也。皮可以绩布……"①

楮皮布，即楮皮所织之布。据徐光启记载，植物中有树名楮桃树：

> 本草名楮实，一名谷实，生少室山，今所在有之。树有二种：一种，皮有斑花纹，谓之斑谷，人多用皮为冠；一种皮无花纹，枝叶大相类。其叶似葡萄，作瓣叉，上多毛涩，而有子者为佳。其桃如弹大，青绿色，后渐变深红色，乃成熟。浸洗去穰，取中子入药。一云皮斑者是楮，皮白者是谷。皮可作纸，实味甘，性寒。叶味甘，性凉。俱无毒。②

对楮桃树进行了较为全面的描绘，而楮皮是楮桃树中皮有斑花纹者，可以用来做纸。据莫伯骥考证：

> 按《本草·释名》，谷亦作构。陆机《诗》疏云：构，幽州谓之谷，桑或曰楮桑，荆、扬、交、广谓之谷。李时珍曰：楮本作柠，其皮可绩为纻故也。楚人呼乳为谷，其木中白汁如乳，故以名之。陆佃《埤雅》作谷米之谷，训为善，误矣。陶弘景曰：南人呼谷纸亦为楮纸。陆氏又云：江南人绩其皮

---

① （元）胡古愚：《树艺篇》草部卷一，明纯白斋抄本。
② （明）徐光启撰，石声汉校注，石定枎订补：《农政全书校注》卷五六《荒政·木部（叶及实皆可食）·楮桃树》，中华书局2020年版，第2058—2059页。

以为布,又捣以为纸,长数丈,光泽甚好,用之最博,楮布不见有之。①

可见楮皮不仅可以用来做纸,还可以绩为纻(布),而李时珍认为楮与柠本为一类,只是称呼有所不同。江南人曾经大量以其皮织布,后以其作为纸的主要原料后,用来织布的数量大为减少,几乎不可见,因而后之文献记载时多见楮皮纸,而少见楮皮布。

葛亦为制作布的原料之一,"苗人采之,制为粗布"②,又称为葛布。因而粗布亦为布的一种,是其中布面较为粗糙的成品。

斑布,李延寿言及林邑国物产古贝时曰"古贝者,树名也,其华成时如鹅毛,抽其绪,纺之以作布,布与纻布不殊。亦染成五色,织为斑布"③。说明斑布其实为布或纻布的一种,是在布或纻布的基础上,进行染色(五色)处理之后的另一种布料成品。唐代锦州女性即擅长纺织斑布,"所织斑布精致古雅,坚韧耐用"④。

因此,通过黔中道所属黔州、涪州、夷州、南州、溱州等五个州布(包括纻布、纻麻布、斑布、粗布、楮皮布)的产出,一方面,可以看到几种布形成的不同服饰或装饰景观,如其境苗民"服自织麻布"并"用黄蜡点红黄等色为饰"⑤,而仡佬则"衣楮皮布,制同汉人"⑥。另一方面,透过几种不同形式与质量的布料,可以直观地感受当时布料生产工艺在不同区域、不同人群之间的差异。⑦同时,通过不同布料的原料,呈现出黔中道苎麻、楮桃树、葛草等植物景观的广泛存在。

---

① 莫伯骥著,曾贻芬整理:《五十万卷楼群书跋文》史部一《汉书一百二十卷》,中华书局2019年点校本,第124页。
② (清)李云龙修,刘再向纂:乾隆《平远州志》卷一四《物产》,清乾隆二十一年刻本。
③ (唐)李延寿:《南史》卷七八《林邑国列传》,中华书局1975年点校本,第1948页。
④ (民国)刘显世修,杨恩元纂:民国《贵州通志》土民志,民国三十七年铅印本。
⑤ (清)戴纶喆纂修:光绪《四川綦江续志》卷四《杂记》,民国二十七年刊本。
⑥ (明)沈庠修,赵瓒纂:弘治《贵州图经新志》卷一二《清平卫》,明弘治间刻本。
⑦ 未见关于这一地区织布具体情形的记载,因而无法详细展开对生产工艺景观的书写。

葛粉,"即葛根捣洗澄清成粉"①。葛根"味甘平,主消渴、身大热、呕吐诸痹,起阴气,解诸毒"②。药效较好,是较为常见的物产,安徽、浙江、广东、陕西、贵州、四川等省均有产出。其捣洗澄清成粉的过程虽然简单,但呈现的仍然是地方劳作景观。而其来源之葛,与葛布之葛一样,均间接地反映出地方葛草景观的兴盛。

朱砂(包括水银、光明丹砂、药砂),东晋时期常璩已指出丹砂为黔中主要物产。李吉甫《元和郡县图志》言及山体景观时,亦言锦州晃山"出丹砂"③,可见丹砂至晚自晋时期开始即已为黔中主要物产,且逐渐得到开发,因而成为黔州、思州、溱州、辰州、锦州、溪州等六州的主要贡品。王象之《舆地纪胜》认为其为黔中主要景物,言沅州(唐代属黔中道)"砂之品甚多,大率出老鸦井者为上。其大如栗,有芙蓉、箭镞,光色明澈者,又为鸦井丹砂之最。夏秋间,积柴穴中,至冬以火取之,所谓火井砂也。其西律九井及万山所出,乃水井砂,抑又次焉。若出于晃州者,颗块或大,然理虚色浊,谓之猪肺砂,土人炼之为水银,斯为下矣。麻阳县之瓮标溪有罗瓮七井,麻阳县之瓮标北有西律七井,麻阳县之奖、波、晃之三州有万山一井"④。可见,砂的品种很多,仅沅州所产之砂,即可按照制作方法及出产地的不同,分为火井砂、水井砂、猪肺砂三种,而经过提炼之后,又成为水银。如《说文解字》所言"丹沙(砂)所化为水银也"⑤。结合《云笈七签》称"丹砂者是万灵之主,造化之根,神明之本……且上品光明砂者,出于辰锦山石之中,白牙石床之上"⑥。与《书经注》言"今辰

---

① (元)吴瑞:《家传日用本草》卷二五《谷类》,明嘉靖四年刻本。
② (魏)吴普述,(清)孙星衍辑:《神农本草经》卷二《中经》,清嘉庆间承德孙氏刻问经堂丛书本。
③ (唐)李吉甫:《元和郡县图志》卷三〇《江南道六》,第749页。
④ (南宋)王象之:《舆地纪胜》卷七一《荆湖北路》,第1819页。
⑤ (东汉)许慎:《说文解字》一一,中华书局2020年点校本,第371页。
⑥ (宋)张君房:《云笈七签》卷六〇《金丹部》,民国十二至十五年上海商务印书馆景明正统刻道藏本。

锦所出光明砂及溪洞老鸦井所出尤佳"①,可见光明丹砂为砂中极品,主要产于黔中辰、锦二州,为黔中著名景观。而砂又为一种重要药材,有药砂之称。

周繇《送人尉黔中》一诗曰:

　　　　盘山行几驿,水路复通巴。

　　　　峡涨三川雪,园开四季花。

　　　　公庭飞白鸟,官俸请丹砂。

　　　　知尉黔中后,高吟采物华。②

则直接道出了丹砂在黔中的重要性,同时反映出丹砂作为一种景观在黔中道的普遍存在,已得到当时文人学士的认可。

犀角,即犀牛角,既可作装饰之用,又可入药,因而亦为上贡主要物产。夷州、辰州、锦州、叙州、溪州、奖州均有产,间接地呈现出黔中道犀牛养殖景观。

麸金,即形如麸片的金子,是金矿的一种,其开采之地,称为"金场"③。涪州、叙州、施州、奖州均上贡麸金,反映出各州境内金场景观以及金矿开采与开发景观的存在。

黄连,多年生草本植物,"其根连珠(株)而色黄,故名"④,是较早开始使用的一种常见药物,生长于海拔 1000 米以上的山谷森林之中,黔中道有适合其生长的地理环境,因而多产。辰州、施州上贡黄连成品,说明两州在当时所产黄连数量较多且质量较好,也反映境内黄连(植物)景观的数量之多。

茄子,即茄属植物,至今仍是一种较为常见的蔬菜。溱州以此为上贡之品,说明其所产茄子质量较好。而茄子从播种到生长、开花、结果,均为田园景观。

清油,即乌桕(臼)树榨取之油。玄扈先生言"乌臼树,收子取油,甚为民利。他果实总佳,论济人实用,无胜此者。……子外白穰,压取白油,造蜡烛;

---

① (宋)金履祥:《书经注》卷三《砺砥砮丹》,清光绪归安陆氏刻十万卷楼丛书本。
② (唐)周繇:《送人尉黔中》,(清)彭定求等编:《全唐诗》卷六三五,第 7290 页。
③ (清)陈宏谟、范咸纂修:乾隆《湖南通志》卷四一《矿厂》,清乾隆二十二年刻本。
④ (清)崇俊修、王椿纂:光绪《增修仁怀厅志》卷八《土产》,清光绪二十八年刻本。

子中仁,压取清油,然(燃)灯极明。涂发变黑,又可入漆,可造纸用"。且"每收子一石,可得白油十斤,清油二十斤"。而其树"高数仞,叶似梨杏,花黄白紫黑色"①,花开之时本身即为一种景观。如唐代诗人张祜有诗曰:

> 万国见清道,一身成白头。
>
> 此地荣辱盛,岂宜山中人。
>
> 椿儿绕树春园里,桂子寻花夜月中。
>
> 一身扶杖二儿随。
>
> 夏雨莲苞破,秋风桂子彫。
>
> 杜鹃花发杜鹃叫,乌白花生乌白啼。
>
> 茶风无奈笔。酒秃不胜簪。②

将乌白花开作为一种景观与杜鹃花开相对应。施州在唐时期上贡清油,说明其境内有野生乌柏树生长,形成了乌柏树与乌柏花景观。

药子,有黄药子、白药子之分,均为药材。唐代苏敬言药子即"药实根,味辛,温,无毒。主邪气,诸痹疼酸,续伤绝,补骨髓",又名连木,"采无时",在当时"盛用胡名那绽"。其"树生叶,似杏花红白色,子肉味酸甘,用其核人(仁)也"。③ 李吉甫未详细言施州所供具体为何药子,清代叶志诜再考证药实根时言"施州出者,赤药子",并言其"七月开白花"。④ 可见,其果实为药材,其树与花则皆构成了山林中的一道风景。

黄牙,亦为药材之一种,"金牙石、石硫黄皆名黄牙","乃金石类也,可用以入药"。⑤ 据唐代梅彪考证,黄牙即锡精,又有黄精、元黄、飞精、金公华、伏

---

① (明)徐光启撰,石声汉校注,石定枎订补:《农政全书校注》卷三八《种植·木部·乌柏》,第1374页。

② (唐)张祜:《句》,(清)彭定求等编:《全唐诗》卷五一一,第5851页。

③ (唐)苏敬等:《新修本草》卷一四《木部下品》,日本森氏旧藏钞本。

④ (清)叶志诜:《神农本草经赞》卷三《下经》,清道光三十年粤东抚署刻本。

⑤ (清)黄本骥:《湖南方物志》卷六《辰州府》,清道光二十二至二十八年湘阴蒋璨刻三长物斋丛书本。

丹、制丹、黄轻等 20 余种名称。① 辰州上贡此品，说明此品在辰州较多，形成黄牙石开采与开发景观。

茶牙，即茶叶的一种，宋代沈括曰：

> 茶牙，古人谓之雀舌、麦颗，言其至嫩也。今茶之美者，其质素良，而所植之木又美，则新牙一发，便长寸余，其细如针，唯牙长为上品，以其质干土力皆有余故也。如雀舌、麦颗者，极下材耳，乃北人不识，误为品题。予山居有《茶论》。《尝茶诗》云："谁把嫩香名雀舌？定来北客未曾尝。不知灵草天然异，一夜风吹一寸长。"②

可见，茶牙被视为茶叶中的上品，而其来源之茶树亦被认为是一道亮丽的风景。溪州供茶牙，一方面说明其地所产茶叶质量较高，另一方面也说明地方存在着大片茶树所形成的景观。

而除以上作为贡赋的物产景观外，唐诗亦记载了部分黔中道较为常见的物产，为认识黔中物产提供了更为宽广的视角。如高力士在被贬黔中，行至巫州时所作《感巫州荠菜》一诗言：

> 力士谪黔中，道至巫州，地多荠而人不食，因感之，作诗寄意。
>
> 两京作斤卖，五溪无人采。
>
> 夷夏虽有殊，气味都不改。③

道出黔中道巫州境内荠菜较多，但地方民众无人采集食用的情形，反映出荠菜作为一种野菜景观的普遍。又明代朱橚言荠菜"生平泽中，今处处有之。苗搨地生，作锯齿叶，三四月出葶，分生茎叉，梢上开小白花，结实小似菥蓂子"④。更为形象地描绘了荠菜的生存环境（即周边景观）与自身作为

---

① （唐）梅彪：《石药尔雅》卷上《飞炼要诀》，清道光间海昌蒋氏别下斋刻咸丰六年续刻别下斋丛书本。

② （宋）沈括撰，胡静宜整理：《梦溪笔谈》卷二四《杂志一》，大象出版社 2019 年版，第 183 页。

③ （唐）高力士：《感巫州荠菜》，（清）彭定求等编：《全唐诗》卷七三二，第 8372 页。

④ （明）朱橚：《救荒本草》卷下《菜部》，明嘉靖四年毕昭蔡天祐刻本。

景观的特征。结合其描述,可想象三四月黔中道巫州荠菜花开时的景观。

综上所述,《元和郡县图志》与《新唐书·地理志》所载贡赋及部分唐诗涉及的物产,其所呈现的一方面是作为景观的物产本身,另一方面是作为其相关的生产或生长过程中的景观。这些景观虽未直接呈现在读者面前,但通过相关历史文献的记载,仍可见其作为景观所呈现出的画面。而其中一些至今仍存的物产,仍作为景观存在于各地。如黔州伏牛山左右盐泉之盐井,虽已不再产盐,但其制作工艺、盐井遗址等均成为地方重要的历史文化景观。

第三节 文化黔中:黔中的人文景观

人文景观,即经由人类活动改变以后的景观。其内涵十分广泛,与人类活动相关的景观均可纳入其中。据《元和郡县图志》《旧唐书》《新唐书》及唐诗等的记载,黔中道人文景观可分为城池(包括唐代存在的古城池、唐代在黔中道各州县所建城池)景观、地方风俗及语言文化景观、宗教文化景观等多种类型。

一、黔中城池景观

黔中自秦汉时期开始已有州县政区的建置,因而城池景观的建设与营造亦有较长的历史。至唐时期,一些以往修建的城池或州县衙署发展成为古迹,一些在原址修建、重建或新建的城池、衙署则成为当时新的景观,而这些建于唐时期的州县城池或衙署等遗址发展至唐以后的时期,则又成为后人眼中的古迹,成为历史文化景观。以下则分别以唐代《元和郡县图志》与宋代《舆地纪胜》为例,分别探讨唐时期已为古迹的唐以前黔中城池景观与宋时期已成为古迹的唐代黔中城池景观。

首先,梳理《元和郡县图志》,唐时期已为古迹的唐以前黔中城池景观及当时所建城池景观主要有黔州故州城、涪州州城、南州三溪县城、辰州秦黔中故郡城、车灵故城、五城山、锦州洛浦县石城、齐右城、陋城、三亭古城、龙标古城(见表5-6)。

表5-6 《元和郡县图志》所载唐及唐以前时期城池景观概况表

政区名称	城池名称	概况(文献原文)
黔州	故州城	(唐黔)州东九十里。
涪州	州城	本秦枳县城也,自李雄据蜀,此地积为战场,人众奔波,或上或下。桓温定蜀,以涪郡理枳县城。
南州	三溪县城	其县城甚高险。
辰州	秦黔中故郡城	在县西二十里。
	车灵故城	在(溆浦)县南一里。灵则吴之叛臣,入叙溪以自保,号车王,后为吴将钟离杀之。
	五城山	在(辰溪)县东南三百六十二里。《武陵记》云:"楚威王使将军庄蹻定黔中,因山造此城"。
锦州	洛浦县石城	(洛浦)县东西各有石城一,甚险固,仡僚反乱,居人皆保其土。
溪州	齐右城	在(大乡)县东二百一十二里。秦时武安君所筑。
	陋城	在县东南六十七里。汉横海将军韩说所筑。
	三亭古城	三亭县,因县西十五里有三亭古城为名。
	龙标古城	酉水南有龙标故城,蜀将马德信所筑。其城甚宽大,在龙标山。

资料来源:《元和郡县图志》卷三〇《江南道六》。

据表5-6可见,李吉甫所载黔中城池景观数量共有11处,较为有限。其中仅三处为当时所建城池景观,其余八处皆为唐以前时期所修建城池。三处唐代城池景观即涪州州城、三溪县城与洛浦县石城,涪州州城在原来枳县县城的基础上建成;三溪县城则以地理形势为基础新建;洛浦县石城稍有不同,并非州县城池,而是具有军事防御性质的城池。其余唐以前所建城池亦包括政区(州县)型城池与军事型城池两种。黔州故州城、秦黔中故郡城为典型的政区型城池景观,李吉甫仅言其在州、县的具体方位。车灵故城、五城山、齐右城、陋城、龙标古城的修建均与军事活动相关,对其在各州县的位置、修建人等均有较为详细的说明。

其次,梳理《舆地纪胜》所载唐代黔中道各州县古迹,可见唐时期所设部分州县大多被纳入其中,成为历史文化(古迹)景观。而其关于区域内古迹记载的数量,亦远多于《元和郡县图志》的记载(见表5-7)。

表5-7 《舆地纪胜》所载唐及唐以前古迹(城池)景观表

政区名称	古迹名称	概况(文献原文)	数量
黔州	废洪杜县	《元和郡县志》云:唐武德二年(619年),析彭水县置,因杜洪山(洪杜山)以为名。《广记》云:皇朝嘉祐八年(1063年),省入彭水。	4
	废洋水县	《元和郡县志》云:"武德二年,置盈隆县。先天十年(应为开元九年,721年),改为盈川。天宝元年(742年),改为洋水,以县有洋水,以为名。"《广记》云:"皇朝嘉祐八年,省入彭水。"	
	废信宁县	《元和郡县志》云:"隋大业十年(614年),置信安县。武德二年,改为信宁县,属义州。贞观十一年(637年),属黔州。"《广记》云:"皇朝嘉祐八年,省入彭水。"	
	废都濡县	《元和郡县志》云:"本贞观二十年(646年),析洋水县置,以县北有都濡水以为名也。"《广记》云:"皇朝嘉祐八年,省入彭水。"	
涪州	古涪陵郡城	《九域志》。(又)(据)《晋(太康)地(理志)(记)》云:"汉涪陵,在今涪州东南三百三十里,黔州是其故(里)(理)。"	4
	汉枳县城	见《九域志》。又《元和郡县志》云:州城,本秦枳县城也。李雄据蜀,此地积为战场。桓温定蜀,以涪陵(郡)理枳县城。《寰宇记》云:"有鸡鸣峡,上有枳城,即汉枳县也。桓玄子定蜀,别立枳县于今郡东北十里邻溪口。又置枳城郡,寻废。周保定中,于故枳城立涪陵镇。唐武德元年(618年),改镇为涪州。"	
	古宾化县	秦本为枳县地。后汉为巴县地。唐贞观置隆化县,先天改为宾化县。按《图经》:此县民并是夷僚,不识州县,与诸县户口不同,不务蚕桑,以茶、蜡以供输焉。	
	永安故城	武德元年,析涪陵、巴二县地,于今州西南一百五十里置,以县北永安山为名。开元二年(714年),民以为非便,遂废之。	
思州	思王县	《元和郡县志》及《唐志》并云:"唐武德三年置。"	2
	思邛县	《寰宇记》云:"唐开元四年(716年),招辑生夷所置"。按《县道四夷述》云:此邑最僻远,东至溪州三亭县四百五十里,东南至锦州常丰县二百里。《唐地(里)(理)志》:开元四年,开生僚置。	

续表

政区名称	古迹名称	概况（文献原文）	数量
沅州	故龙标县	《元和郡县志》云:本汉之武阳县地。旧《舆地志》云:"县本治在舞水之阴,后汉省入辰阳县。隋初于此置辰州,炀帝废州。唐武德七年(624年),置龙标县,贞观以为巫州。古龙标城在镇江寨南三十五里,即唐叙州所统龙标城。"	4
	龙门县	在麻阳。唐垂拱二年(686年)置,属辰州,寻省。熙宁七年(1074年),以其地置奖州铺,唐奖州地也。	
	巫阳故城	在辰溪县。	
	郎溪故城	在黔阳县。《元和郡县志》云:"大汉镡城县之地,晋安帝省。唐贞观八年(634年),析龙标县置,在郎溪之侧。"	
靖州	故恭水县	来威寨,本唐之恭水县,又改为遵义县,正隶播州。贞观十四年(640年),更恭水曰罗蒙,而唐之鸡翁县隶夷州,去罗蒙、鸡翁不数十里。元丰八年(1085年),为罗蒙寨。元祐省,崇宁二年(1103年)复置于罗蒙,而更其名曰来威。	1
辰州	酉阳县	《九域(志)》:在(巫)(酉)阳古城下。注曰"《汉书·地理志》:武陵郡有酉阳县。"	7
	古漏城	在沅陵县。《寰宇记》云:"汉横海将军韩说集兵于此。"	
	黔阳故城	在沅陵县乌速滩之东。晋武帝置黔阳县,即此地。	
	黔中故城	《元和郡县志》云:秦(黔中故郡城),在沅陵县西(二十)里。	
	平阿故城	在沅陵县。光武时,蛮反,宋均筑此城以拒之。	
	酉阳故城	《晏公类要》云:在沅陵县西。《汉书·地理志》:武陵郡有酉阳县。	
	车灵故城	在溆浦县南一里。灵则吴之叛臣,入叙溪以自保,后为吴将钟离牧杀之。见《元和郡县志》云。	
南平军（南州、溱州）	故怀化军	即南川镇。在唐为南州,本朝皇祐为怀化军。故旧寺院最多。见《南平志》。	4
	故瀛山县	唐贞观四年(630年),置瀛山县,属南平州,因山以名也。其后州废省,以南平县属渝州。	
	废丹山县	《寰宇记》:在南川县东南三十里。武德二年(619年),于丹溪水西置,因以为名。又有盈山,在废县东七十六里。	
	三溪县	《元和郡县志》云:西北至州二百四十里。贞观五年(631年),以县有輠溪、东溪、葛溪三溪合流,故(以)为名。(其)城甚高险。	

资料来源:《舆地纪胜》卷七一、七二、七五、一七四、一七六、一七八、一八〇。

据表 5-7 可见,王象之纳入黔中的古迹中,唐及唐以前的共有 26 处,较之李吉甫所言城池景观多一倍。且两者在具体描绘上表现出较大差异,一方面,李吉甫描述城池景观时较少引用其他文献进行深入阐述,而王象之则多引用《元和郡县图志》《元丰九域志》《舆地广记》《太平寰宇记》等文献对所言城池景观进行说明与描绘。另一方面,王象之在对部分废县遗址进行记载时,多未直接描绘废县的县城(城池)情况,仅以废县名称及建置反映其作为遗址(古迹)的特征,侧面反映城池景观的存在。正因如此,两者对黔中古迹景观的记载形成互补,为今日了解唐宋时期黔中城池景观提供了更多的参考与依据。

在黔州,除故州城外,因为唐代洪杜县、洋水县、信宁县、都濡县的设置,为唐代黔州各县的景观建设提供条件,丰富了地方景观种类,因而至宋时期虽然废除几县的建置,均省入彭水县,却留下了相关的城池景观,成为彭水县名胜古迹之一,延续至明清时期。①

在涪州,唐代所置州城,改称为汉枳县城,对其建置历史及相关景观进行了更为深入的描述。而同时又增加对古(汉)涪陵郡以及唐代所置隆化县、永安城的记载,一方面描述其大概位置,另一方面对其缘起及废置进行了说明。

在思州,李吉甫未言及境内古迹情况,王象之则指出唐代所设思王县、思邛县至宋代均成为古迹。

在沅州(涉及唐巫州、叙州、溪州、奖州),王象之一方面继承李吉甫关于龙标故城的记载,但在具体称呼上,与李吉甫有所不同,将龙标古城称为古龙标县,且主要言其建置沿革,未如李吉甫一样描绘其建设情形。另一方面,又对境内古迹进行了补充,言及唐代所设龙门县、郎溪故城。

在靖州,将唐朝所置恭水县纳入古迹。

在辰州,除叙及李吉甫所言秦黔中故郡城与车灵故城外,未言及五城山,

---

① 《大明一统志》《大清一统志》均将几县纳入"古迹"。

但增加了汉酉阳县、古漏城、平阿故城、酉阳古城、晋黔阳古城等古迹。

在南平军(涉及唐南州、溱州),除叙及李吉甫所言三溪县城外,增加了唐代所置县城景观故怀化军、故瀛山县、废丹山县为古迹。

此外,王象之未记载李吉甫所言溪州齐右城、陋城、三亭故城,使两者形成互补关系。综合以上分析,可以看到,唐代黔中道城池景观可以分为两个部分,一是唐时期已成为历史景观的、建于唐以前时期的城池;一是唐时期营造,在当时作为现存景观,至宋时期成为古迹文化景观的城池。虽然存在记载的差异,但经过唐宋及唐宋以后各个时期文人学者等的梳理与考古发现,这些景观日益完善、完整地呈现在后人面前。

以《大清一统志》所载酉阳直隶州古迹为例,在原黔州(即清代黔江、彭水二县)境内之唐及唐以前城池景观即有涪陵故城、丹兴废县、石城废县、汉葭废县、汉复废县、洪杜废县、都濡废县、洋水废县、信宁旧县等九处。[①] 仅一地所载城池景观数量即已接近李吉甫《元和郡县图志》所载城池景观总数,可见唐代黔中道城池景观实际总量较大,只是受到诸多因素的影响,在当时未被全面认知与记载。

二、黔中地区其他文化景观

此处所言其他文化景观包括民俗语言文化景观、宗教文化景观等多个方面。从前文唐代黔中道地域的人口构成可知,黔中地区"蛮夷"人口较多,因此,必然形成与其族群密切相关的,不同于汉文化的特殊民俗语言文化景观与宗教文化景观,呈现其所具有的区域特性。《黔州刺史薛舒神道碑》言黔中道"十郡土风,百域异俗,轻剽嚚窳,奸宄矫虔"[②]。高度概括出当时黔中文化景观的内部差异性与多样性。

---

① (清)穆彰阿等撰修:嘉庆《大清一统志》卷四一七《酉阳直隶州》,四部丛刊续编景旧钞本。

② 《黔州刺史薛舒神道碑》,大历十一年七月二十日。

同时,随着州县的建置与唐朝官员、文人等的进入,汉文化在黔中地区得到传播,在一定程度上改变了地方民俗与宗教文化景观,呈现出地方(本土)文化(少数民族文化)与外来(汉族)文化景观在黔中地区的相互联系、相互区别与相互融合。

首先,关于黔中道地方民俗文化景观,杜佑《通典》与李吉甫《元和郡县图志》虽言及所辖州(郡)县中黔州黔中郡、辰州卢溪郡、叙州潭阳郡、费州涪川郡、珍州夜郎郡、播州播川郡、夷州义泉郡、业州龙标郡、溱州溱溪郡等均曾为"蛮夷之地"[①],但他们对这些郡县的民俗文化记载极少。仅从李吉甫引《荆州记》言"舞溪僚、浒之类,其县人但羁縻而已。溪山阻绝,非人迹所履。又无阳乌浒万家,皆咬地鼠之肉,能鼻饮"[②]。可见其对黔中民俗文化的认识,一是其所居族群主要为僚、浒一类;二是提出因自然地理环境的阻隔,导致(外)人迹罕至,使地方文化出现差异;三是提出无(巫)阳生活的乌浒族类在饮食文化上有"咬地鼠之肉,能鼻饮"的习俗。

但是后晋刘昫在《旧唐书·南蛮西南蛮列传》中言及应州、庄州、明州、牂州及南平州等羁縻州具体情形时,较为详细地描述了各区域对应的民俗文化景观。如言及黔中"东谢蛮""西赵蛮""南谢蛮""牂柯蛮""南平僚"时,指出"东谢蛮"在农业文化方面的景观主要为"畲田";语言文字方面,没有形成自己的文字,但形成"刻木为契"的习惯与景观;房屋景观方面,多散居于山林之间,有在山洞居住者,也有以大树为倚靠,在树上修建房屋而居住者,呈现出东谢族群根据所处自然地理环境而修建房屋景观的地域特性;在饮食文化上,一方面因自然地理环境适宜五谷生长,因而以五谷为主;另一方面因在树上建屋居住,形成"汲流以饮"的饮食习惯。而西谢、西赵风俗均与东谢相同。[③] 牂柯

---

① 参见本书第二章第一节"多元融合:黔中地域的人口构成"。

② (唐)李吉甫:《元和郡县图志》卷三〇《江南道六》,第750页。

③ 参见(后晋)刘昫等:《旧唐书》卷一九七《南蛮西南蛮列传》,第5274—5275页。因前文已有原文引用,此处不再重复引用原文,仅根据原文进行分析。

与三者民俗文化稍有不同,在居住文化方面,言其所居之地"无城壁",分散在不同区域,形成"部落"居住模式;在饮食文化方面,与东谢大体相同,但因自然地理环境适宜稻粟生长,因而以稻粟为主要粮食;在语言文字方面,与东谢一样无文字,形成"刻木为契"的习惯;在法律实施方面,按照风俗规定"劫盗者二倍还赃;杀人者出牛马三十头,乃得赎死,以纳死家"①,与唐律存在较大差异。

对此,刘昫又在叙及刘禹锡时,言:

> 地居西南夷,土风僻陋,举目殊俗,无可与言者。禹锡在朗州十年,唯以文章吟咏,陶冶情性。蛮俗好巫,每淫祠鼓舞,必歌俚辞。禹锡或从事于其间,乃依骚人之作,为新辞以教巫祝。故武陵溪洞间夷歌,率多禹锡之辞也。②

将刘禹锡流贬的朗州人群归入"西南夷",对西南民俗文化景观进行总结。③ 一方面,以"土风僻陋,举目殊俗"描绘出西南风俗文化与其他区域之间的差异性与特殊性。另一方面,对其风俗文化展开描绘,指出其习俗中有偏好巫术的特点,且每次进行巫术活动时,均要"淫祠鼓舞",且"必歌俚辞",呈现其地域内巫术文化景观的兴盛与特点。而"武陵溪洞间夷歌,率多禹锡之辞也",既指出地方喜爱歌舞的特征,又通过刘禹锡所作之辞多成为"夷歌"来源,呈现出被流贬官员所带来的夷汉文化融合。

除"夷歌"外,黔中地区歌舞,还受到巴文化的影响,盛行"巴歌",如唐代诗人许棠《寄黔南李校书》一诗曰:

> 从戎巫峡外,吟兴更应多。
>
> 郡响蛮江涨,山昏蜀雨过。

---

① （后晋）刘昫等：《旧唐书》卷一九七《南蛮西南蛮列传》,第 5276 页。
② （后晋）刘昫等：《旧唐书》卷一六〇《刘禹锡列传》,第 4210 页。
③ 黔中道当时处于朗州之西南,更是"西南夷"之区,因而所言西南地区的民俗文化也适用于黔中道。

> 公筵饶越味,俗土尚巴歌。
>
> 中夜怀吴梦,知经滟溆波。①

许彬《黔中书事》一诗曰:

> 巴蜀水南偏,山穷塞垒宽。
>
> 岁时将近腊,草树未知寒。
>
> 独狄啼朝雨,群牛向暮滩。
>
> 更闻蛮俗近,烽火不艰难。②

反映唐代诗人从自然环境出发,所认知的黔中道"蛮(族风)俗"与汉族风俗间的差异。

而除风俗外,黔中道语言亦存在较大差异,如窦群任黔中观察使期间,作《黔中书事》一诗曰:

> 万事非京国,千山拥丽谯。
>
> 佩刀看日晒,赐马傍江调。
>
> 言语多重译,壶觞每独谣。
>
> 沿流如着翅,不敢问归桡。③

道出黔中道语言的多样性与差异性,让其不能很好地理解并融入地方,因而感受到语言差异所带来的孤独感。

其次,关于黔中道"夷汉"文化的联系与融合,除刘禹锡所作之辞融入"夷歌"外,其他不少在黔中任职的官员(包括选任与流贬两类官员)均以自己所受教育传播汉文化与知识,影响黔中道"蛮夷"人群,促进"夷汉"融合,充分展现出唐时期中央与地方在文化上的联系与发展。

如王才"四教率民,家知礼让;三巳其位,无愠厥心"④。崔志道"迨及下

---

① (唐)许棠:《寄黔南李校书》,(清)彭定求等编:《全唐诗》卷六〇三,第6965页。
② (唐)许彬:《野中书事》,(清)彭定求等编:《全唐诗》卷六七八,第7766页。
③ (唐)褚藏言编:《窦氏联珠集》,复旦大学图书馆古籍部藏(藏书号:001257514)。
④ 《唐故忠州垫江县令上护军王君(才)墓志铭并序》,《全唐文补遗》第3辑,第336页。

车,风政已行于畎俗。方谓鲁恭三异,弘盛烈於当年。何图随会九原,痛阅川于此日"①。赵某"聿副诚请,增修德化,乃邹鲁言教,而夷楚变风"②。李孟常在黔中地区"示之以敬让,导之以廉耻","遂使夜郎革面,朝飞重译"。③ 薛舒,"示之以威信,兴之以礼让",最终使得"华风变于夷裔,膏雨浃于殊壤"。④ 陈玄度,在辰州任职期间,亦实行惠政,传播汉文化,改变地方落后的风气,深得人心,因而有言"政敷百里,弦歌入听,讴颂外扬","政洽迁蝗,德高驯翟,移风靡化,易俗流恩",声名远扬,得到地方与统治者的认可。⑤ 显然,王才、崔志道、赵某、李孟常、薛舒、陈玄度等人在黔中地区任职时,以身作则,教导礼仪,改变地方原有的一些不良风气,使其理解并接纳"礼义廉耻"文化,为汉文化的传播作出了较大贡献。

　　而牛腾则以其自身信仰佛教,在至黔中后,仍"素秉诚信,笃敬佛道。虽已婚宦,如戒僧焉。口不妄谈,目不妄视。言无伪,行无颇",感化地方,得到地方"夷僚"的认可,"以是夷僚渐渍其化",于是"大布释教于牂牁",在黔中道所属牂牁等地区进行佛教传播、组织佛教活动,且"常摄郡长吏,置道场数处",⑥成为当时地方一个重要的文化景观。

---

① 《大唐故巫州龙标县令崔君墓志铭并序》,永淳元年十一月十七日。
② （唐）张九龄:《故辰州泸溪令赵公碣铭》,（清）董诰等编:《全唐文》卷二〇九二,第2963页。
③ 《大唐故右威卫大将军上柱国汉东郡开国公李公碑铭并序》,乾封元年十一月二十八日。
④ 《黔州刺史薛舒神道碑》,代宗大历十一年七月二十日。
⑤ 《大唐故鄂州永兴县令陈府君蒋夫人墓志铭并序》,开元七年三月一日。
⑥ （宋）李昉等编:《太平广记》卷第一一二《报应十一》,第778页。

结　　语

一、人口、经济、自然地理环境与黔中道区划的确定

史念海先生在唐代贞观十道与开元十五道的研究中指出,自然地理环境(山川形便)、人口与经济因素为唐代道级区划设置与调整的重要影响因素。[①]周振鹤从历史发展的整体对行政区划变迁进行思考与总结,在《中国行政区划通史》中指出,历史时期行政区划变迁的主要影响因素包括政治主导原则、自然环境基础、经济因素、文化因素。然而,这些因素在不同时期、不同区域的区划建置中,既存在普遍性,又存在差异性,尤其在非汉族群聚居区域,中央王朝所面临的实际情形较之汉族聚居区域更为复杂。因此,本书以黔中道的设置为例,沿着史念海先生关于唐代贞观十道与开元十五道的论述向前深入,展开对黔中道从江南道逐渐分离成为独立一道的影响因素研究,认为人口构成差异、社会经济发展水平差异、自然地理形势差异是影响唐代道级区划变迁的三个重要因素。

首先,就道的区划与人口关系而言,史念海先生指出开元十五道(含黔中道)是在唐代全国人口普遍增加过程中的重新调整和改革。笔者认为,黔中道的增置不仅有人口增加的影响,还受江南道不同区域之间户口总量差异明显、黔中地域"蛮"民众多的影响。即生活于黔中道地域上的人群在秦汉时期

---

① 以下所言史念海先生的观点均参见史念海:《唐代历史地理研究》,中国社会科学出版社 1998 年版。

多被纳入"西南夷"范畴,先后形成"澧中蛮""零阳蛮""溇中蛮""五里蛮""零陵蛮""江夏蛮""南郡蛮""漊山蛮""巫蛮""沔中蛮"等族群。① 至唐代,又有"荆蛮""牂牁蛮""黎州蛮""昆明蛮""乌蛮""西赵蛮""洱河蛮""凌蛮""西原蛮""桂州蛮""溪洞诸蛮""朗州蛮""武陵溪洞夷""播州蛮""邵州蛮""东谢蛮"等族群。可见黔中道是一个典型的"蛮"民聚居区域,且所属正州县政区卢溪郡、潭阳郡、涪川郡、夜郎郡、播川郡、义泉郡、龙标郡、溱溪郡均为"古蛮夷"之地②,羁縻应州、庄州、明州、牂州等地至唐时期仍为"东谢蛮""西赵蛮""南谢蛮""牂牁蛮"等聚居地,户口较繁,仅"西赵蛮"即"有户万余"③。人口数量较多,但又多未纳入统计,最终使得黔中道见于《旧唐书·地理志》记载的户口数量仅 32646 户,122550 人。较之江南东道少 187074 户,999276人;较之江南西道少 183065 户,589585 人。一方面,反映出江南东道、江南西道与黔中道之间人口密度的巨大差异。另一方面,也反映出黔中道存在大量"蛮"民未纳入户口统计的客观情况。而随着唐朝治理的深入,黔中道"蛮"民与唐朝之间的矛盾逐渐凸显,出现较大规模的动乱事件。于是,在深入认识江南东道、江南西道、黔中道人口构成与分布差异的基础上,将黔中地区从江南西道剥离出来,单独设置为道,以便与江南东道、江南西道区分,根据具体形势"因地制宜",深入对区域内"蛮"民的治理与管理。

其次,就道的区划与经济的关系而言,史念海先生指出经济是基础,因而各道的区划自然需要从经济考虑,认为道的设置与一地经济发展状况密切相关,但黔中道的设置与其地经济发展水平并无太多联系。笔者认为,黔中道区域经济的发展虽未对其道的设置起直接作用,但其与江南东道、江南西道之间经济发展水平的差异,却为黔中道最后区划范围的确定提供了一定参考。即江南东道经过唐以前各时期的开发,社会经济得到飞跃性发展,已成为唐朝最

---

① (南朝宋)范晔:《后汉书》卷八六《南蛮西南夷列传》,第 2830、2831 页。
② 参见本书第二章第一节。
③ (后晋)刘昫等:《旧唐书》卷一九七《南蛮西南蛮列传》,第 5275 页。

富庶的区域,呈现出前所未有的繁荣景象。且在原江南道区域,江南东道与江南西道经济发展相当好,唐后期,唐朝廷所需粮食多取于两道。而黔中道在唐时期却仍是一个自然环境恶劣,不宜人居的"不毛之乡"①,社会经济发展水平较之江南东道与江南西道存在巨大差异。伴随江南东道、江南西道经济的进一步发展,两道所在区域的政治地位得到提升,朝廷对其区域管理与治理的需求也进一步提高,派遣到地方进行经济开发与管理的官员也日益增多,调整区划,进行更有针对性的治理与管理成为适应并更进一步促进地方发展的重要方面。

而唐代区划无论是贞观十道还是开元十五道均遵循山川形便原则,因此黔中道与江南东道、江南西道之间自然地理形势存在的差异,无疑也是黔中道区划范围最终得以确定的重要影响因素。从《元和郡县图志》所载"三道"山川数量、名称与分布可见,江南东道多滨海区域,地势较为平坦,因此多平面水体大海与湖的记载;江南西道地势亦较为平坦,亦多有湖泊类平面水体景观的记载;至黔中道却再无关于湖泊类平面水体景观的记载,仅有涪陵江、沅江等线性水体景观。呈现出黔中道与江南东道、江南西道之间在自然地理形势上存在的明显差异。

因此,在黔中道"蛮夷"人口众多,有"因地制宜"治理需求的背景下②,其与江南东道、江南西道之间存在的社会经济发展水平差异、自然地理形势差异均成为其从江南道剥离并单独成为一道的重要影响因素,为黔中道区划范围的最终确定提供了参考。与唐代其他区划既存在相似性,又存在差异性,反映出唐代区划在当时边远"蛮夷"聚居区治理中所具有的灵活性与针对性。也正是因为黔中道与江南东道、江南西道所存在的人口构成差异、社会经济发展水平差异与自然地理形势差异,黔中道在唐时期最终发展成为特征明显的、连

---

①　(后晋)刘昫等:《旧唐书》卷一六〇《刘禹锡列传》,第 4211 页。

②　史念海先生在《论唐代贞观十道和开元十五道》一文中指出"(黔中道)作为治理各民族杂居的地区,单独成为一道,也是有其必要的"。

接西南地区与长江中下游地区的中间过渡地带,成为各民族交往交流交融最为频繁的区域之一。

二、黔中道:连接西南地区与长江中下游地区的过渡地带

黔中作为政区与区域名称,由来已久,但唐代以前其所指代区域处于不断调整与变化之中,并无明确的界限。至唐时期,伴随黔中道的设置,其所指代区域范围达到最大,已有较为明显的界限。笔者通过对唐代黔中道设置缘起的考证发现,唐时期,黔中道先后从江南道、江南西道分离出来自成一道,其背后有着对自然地理形势差异、经济发展差异、人口构成差异等多方面因素的考量。但这些差异并非唐代才形成,而是经唐以前各时期的开发逐渐形成,至唐时期凸显并稳定,发展成为西南地区与长江中下游地区之间特征明显的过渡地带,直至元明清时期。

首先,在自然地理形势方面,唐代黔中道与江南西道、江南东道之间存在明显差异。根据李吉甫《元和郡县图志》对以上三道山体、水体的记载可以看到,过渡地带(黔中道)以东,紧邻大海的江南东道,因靠近大海,与海平面接近,总体地势较低,因而山体较少,平面湖泊较多。江南西道靠近江南东道,地势亦相对平坦,亦有大量湖泊存在。而作为过渡地带的黔中道因山体较多,此起彼伏,较为破碎,未见有面积较大的湖泊平面水体。按照现代地理认知,则过渡地带及其以西为云贵高原,多高山峡谷,箐林密布,属于我国地势三阶梯的"第二阶梯";以东则为长江中下游平原与江南低山丘陵区,地势平坦,属于我国地势三阶梯的"第三阶梯"。因此,唐黔中道正为我国地势"第二阶梯"到"第三阶梯"的过渡地带,东、西地形地貌差异明显。

其次,西南地区与长江中下游地区以唐代黔中道为过渡地带,过渡地带以西、以南区域自秦汉时期开始即为少数民族聚居地,分布着苗、瑶、土家、彝、壮等众多少数民族。据杜佑《通典》记载,作为过渡地带的黔中道所属郡县,在

历史时期即多为"蛮夷"聚居之地；以东则如笔者前期研究①所言，自秦汉开始即多为汉族人口聚居地。又以《旧唐书·地理志》所载黔中道、江南西道、江南东道户口数量②可见，江南东道户口总量明显多于江南西道与黔中道，而黔中道户口数量尤少。反映出黔中道作为过渡地带在人口构成与数量分布等方面与江南东道、江南西道（长江中下游地区）之间存在的明显差异。

再次，黔中道与江南东道、江南西道之间的经济发展存在明显差异。据李吉甫《通典》关于以上三道赋税缴纳种类与数量的记载可以看到，江南东道所缴纳赋税名目种类与数量较之江南西道与黔中道均更为丰富，而黔中道最少。且至唐时期江南东道成为"江南"的核心区域，经济呈现出前所未有的繁荣景象，而黔中道却是官员及文人学士眼中的"荒远落后之地"。

最后，在政区设置方面，江南道最初有"州五十一，县二百四十七"③，所言五十一州均为羁縻州，"隶黔州都督府"④。自分江南道为江南东道、江南西道、黔中道后，羁縻州均属黔中道管辖，江南东道、江南西道所属均为正州县，无羁縻州。因此，江南西道与黔中道交界地域成为当时经制州县区域与羁縻州区域间的分界与过渡地带，过渡地带以西的黔中道因此逐渐发展成为稳定的少数民族聚居区。可见历史时期政区设置已表现出对西南民族地区与长江中下游地区的区分。

因此，黔中道作为连接西南地区与长江中下游地区的过渡地带在唐时期即已具有以下四个明显特征：第一，过渡地带与过渡地带以东（长江中下游地区）自然地理形势存在明显差异，即以过渡地带为分水岭，呈现出西部多高山峡谷，东部多低地平原的态势。第二，作为过渡地带的黔中道，自历史时期即

---

① 参见周妮：《明清湖广"苗疆"政区与军事地理问题研究》，复旦大学博士学位论文，2019 年。

② 结合前文对黔中历史时期人口构成的研究，认为此处户口数量主要是纳入户籍管理的经制州县人口。

③ （宋）欧阳修、宋祁：《新唐书》卷四一《地理五》，第 1046 页。

④ （宋）欧阳修、宋祁：《新唐书》卷四三《地理七》，第 1119、1143 页。

为"蛮夷"聚居地,发展至今,已成为土家族、苗族、瑶族等多民族聚居地。过渡地带(黔中道)以东的江南西道、江南东道则较早发展成为汉族聚居区,至唐时期其境内户口数量明显多于黔中道,明显可见过渡地带及其以东区域民族人口构成的差异。第三,过渡地带与过渡地带以东(长江中下游地区)经济发展存在明显差异,作为过渡地带的黔中道至唐时期仍为"荒远的瘴疠之地",而江南东道、江南西道已成为经济富庶之地,差距明显。第四,过渡地带的形成是历史发展的结果,从政区建置的发展过程看,黔中道是经制州县制度实施区域向羁縻州制度实施区域过渡的中间地带。

唐以后,虽然伴随中央政权治理的深入,地方行政区划建置日益细化,使原本属于黔中道的区域分属于不同政区管辖,但自唐时期形成的"过渡地带"性质与特征却并未消失。如笔者在研究宋至清时期湘鄂山区政区与军事地理的过程中,通过对湘鄂山区政区、民族人口与自然地理形势的详细分析发现,自北而南,巴东、长阳、长乐、石门、慈利、桃源、溆浦、安化、邵阳、零陵、祁阳、永兴等地处湘鄂山区边缘的州县,在历史时期政区建置、人口构成及数量与分布、自然地理形势等方面均与湘鄂山区以东府州县存在较大差异,具有明显的过渡地带性质:一是过渡地带本身地形地貌存在明显差异与分化,多呈现为西高东低;而过渡地带内外,即东、西两面区域之地形地貌,以过渡地带为分水岭,呈现出西部多高山峡谷,东部多低地平原的态势,差异明显。二是过渡地带民族人口组成较为简单,靠近湘鄂山区的区域在历史时期有少量"土、苗、瑶"居住,靠近湘鄂平原区所居者则多为汉人,明显可见过渡地带民族人口东西部差异。而过渡地带内外,内则为湘鄂山区,人口以"土、苗、瑶"为主;外则为湘鄂平原区,基本为汉人聚居。三是过渡地带的形成是历史发展的结果,从政区建置的发展过程看,湘鄂山区与湘鄂平原区之过渡地带自宋时期开始便多处于两个或两个以上府(或州,或路)一级政区交界区域。① 将之与唐时期

---

① 参见周妮:《山川纵横:宋至清时期湘鄂山区政区与军事地理研究》,人民出版社 2024 年版。

黔中道所构成的过渡地带特征进行比较,虽然伴随治理的深入,其过渡地带特征发生了部分变化,但仍可见两者之间存在的历史延续性。

而作为连接西南地区与长江中下游地区的过渡地带,其并未阻隔西南与中央朝廷及中原地区、长江中下游地区间的交流与往来,相反,作为连接沟通西南与中央朝廷及中原地区、长江中下游地区等区域的桥梁,其在边疆治理及民族交往交流交融中发挥了重大作用,成为西南地区与长江中下游地区各民族交往交流交融的前沿区域。因此,西南民族历史文化研究不能忽视黔中道在其中的角色与地位,应从"全域性"的整体视角,利用多学科方法,从多角度理解历史时期西南地区发展与变迁的整体性,看到区域之间的互动与联系,重视如黔中道一样具有明显过渡地带特征的区域在历史时期的发展变迁与作用,关注这类区域治理与王朝国家治理间的关系。

三、历史时期中国景观的认知与发展

景观研究是现代地理学研究最重要的主体对象之一,地理学家施吕特尔、帕萨格(德国)、索尔(美国)、阿努钦(苏联)、达比、霍斯金斯(英国)等均展开过深入研究。① 然而,在现代地理学景观研究出现以前,历史时期的中国早已形成关于景观的认知,留存至今的历史文献也记载了众多关于历史时期景观的信息,为当今中国景观研究创造了十分有利的条件,也为认知历史时期中国景观的发展历程提供了参考。但是,景观作为现代地理学的专有名词,其在历史文献中并未直接出现。以唐代黔中道景观的研究为例,我们可以看到,唐时期,虽然有对于景观的描述,但并未直言其所载山川、历史古迹等为景观,到宋及以后时期,才出现直言山川、古迹等为景物、名胜等的记载。可见,唐宋时期关于景观的分类认知与书写存在明显的转折,而整个历史时期中国景观的认知必然经历了一定的发展历程。

---

① 安介生、周妮:《江南景观史》,江西教育出版社 2020 年版,第 3—14 页。

战国末期,《荀子》言"故浊明外景,清明内景",此时所言"景",据卢文弨校正,为"光色"之意。且较多地将其用以作为"影"的通假字,如《荀子》曰"水动而景摇"①。可见早期文献对于"景"的理解与今指代景观不同,并未将景作为景观进行看待与书写。

东汉时期,班固《汉书》有"著见景象"②之句见于记载。但此处景象,仍未出现景观之意,指当时汉武帝所见迹象。许慎《说文解字》亦言"景"为"光也。从日,京声"③。说明至东汉时期,"景"所指仍为光与影,曰为"光景"④"倒景"⑤,含义与现代意义上的景观仍无关联。

汉末曹魏时期,《三辅黄图》言及骀荡宫名称来源时,认为其是以"春时景物骀荡满宫中"得名。⑥ 所言"景物"根据前后文义可见,已包含有现代景观之意,是对骀荡宫内所有景物的概称。而释义中"春时"一词对"景物"的修饰,又特别突出与强调了春季的景物情形,反映出当时作者对不同时节景物的认知。⑦

东晋时期,"景物"一词的景观含义在习凿齿、陶渊明、虞预等的作品中得以延续使用。如习凿齿《襄阳耆旧记》序中描述襄阳境内山川时,即曰"山川如旧,景物宛然"⑧。陶渊明在其《时运》诗中言"时运,游暮春也。春服既成,

---

① (战国)荀况:《荀子》卷一五,清抱经堂丛书本。

② (东汉)班固:《汉书》卷六《武帝本纪》,第191页。

③ (东汉)许慎:《说文解字》,中华书局2020年点校本,第212页。

④ (东汉)班固:《汉书》卷六《武帝本纪》,第211页。

⑤ (东汉)班固:《汉书》卷五七《司马相如传》,第25981页。

⑥ 佚名撰,何清谷校注:《三辅黄图校注》卷三《建章宫·骀荡宫》,三秦出版社2006年版,第211页。

⑦ 何清谷:《〈三辅黄图〉的成书及其版本》,《文博》1990年第2期。因《三辅黄图》撰者不详,其成书时间亦不详,后之学者考证其成书时间,有言为汉末者,有言为梁陈者,有言为汉魏之间者。何清谷先生在校注《三辅黄图》过程中,认为陈直先生所言东汉末曹魏初较为合理。此处时间以此为参照。

⑧ (东晋)习凿齿:《襄阳耆旧记》序,清乾隆任氏敏家塾刻心斋十种本。

景物斯和。偶景独游,欣慨交心"①。虞预《会稽典录》序中曰"叔宁之作,其谈山川景物、朝章国故,更有其綮然者"。一方面,将景物与山川并列,反映出景物与山川之间的关系。另一方面,也呈现出景物内涵之广大。

南北朝时期,又出现"风景"一词,指代"景物"与景观。如南朝刘义庆在《世说新语》中引州侯之言曰"风景不殊,正自有山河之异"②。但总体而言,使用并不广泛。

至唐时期,"风景""景色""景致"作为景观的代名词广泛出现于唐诗之中。白居易《忆江南》,李百药《雨后》,宋之问《始安秋日》,杜审言《登襄阳城》,崔融《吴中好风景》,张说《出湖寄赵冬曦》,王维《座上走笔赠薛璩慕容损》《赠裴十迪》《林园即事寄舍弟紞》,刘长卿《送裴使君赴荆南充行军司马》《晦日陪辛大夫宴南亭》,李白《金陵新亭》,杜甫《江南逢李龟年》等百余首诗均在诗中直接使用"风景"一词,将风景作为正文的重要部分。根据各诗对不同风景的描述可见,唐诗中的风景一词根据所描绘对象、所表达情感的不同,既可以概括性地指代一地或一季的景观,又可以具体地指代某一实质性景观;既可以指代美好的事物,借以表达愉悦情感,又可以指代不好的事物,借以表达忧愁,没有固定的含义与感情色彩。

将"景色"一词作为诗词的重要部分直接使用的唐诗相对较少,仅宋之问《夜饮东亭》,韦元旦《奉和圣制春日幸望春宫应制》,张说《遥同蔡起居偃松篇》,贾至《对酒曲二首》,钱起《送冷朝阳擢第后归金陵觐省》,元稹《重夸州宅旦暮景色兼酬前篇末句》,喻凫《元日即事》,韩偓《永明禅师房》《荐福寺讲筵偶见又别》等十余首诗直言为景色。与"风景"一词相同的是,其既可以指代概括性的景观,又可以指代具体的景观。不同的是,"景色"一词具有明显

---

① （东晋）陶渊明:《时运一首》,袁行霈笺注:《陶渊明集笺注》卷一,中华书局2003年版,第8页。

② （南朝）刘义庆著,徐震堮校笺:《世说新语》卷上《言语第二》,中华书局1984年版,第50页。

的褒义色彩，通过其呈现的更多是风景美好的一面。

"景致"一词与"景色"一词在唐诗中的使用一样，亦较为少见，仅白居易《题周皓大夫新亭子二十二韵》《杭州景致》，高骈《途次内黄马病寄僧舍呈诸友人》，张祜《春游东林寺》，钱昱《涵虚沼留题》直接使用"景致"一词。但从各具体语境可见，其与景色一样多呈现的是风景美好的一面，有明显的褒义色彩。

然而作为唐代地理学专著的《元和郡县图志》却并未言及景观相关的"风景""景色""景物""景致"等词汇。《通典》也仅在言及"五声八音名义"时曰"离之音丝，其风景"，所言风景与唐诗中"风景"一词不同，风与音同，与"八音"对应，称为"八风"。指出"景者，大也"，"风景"为风养万物之意。① 因此，此处所指之景，定义非常宽泛。可见，虽然唐时期对"风景""景色"等的认识有了进一步深入，较为广泛地将其作为借以表达情感的载体，但并未出现对景观具体分类的认知与书写，使得自然景观、人文景观等仍与政区沿革一起置于一处书写。

一直到宋代王象之撰写《舆地纪胜》，才在州一级政区之下，分"州沿革""县沿革""风俗形胜""景物上""景物下""古迹""官吏""人物""仙释""碑记""诗""四六"等12个专栏对州域的历史、自然、人文进行专门介绍，将"景物""古迹"作为单独的门类进行记载。根据其对景物的具体记载可见，其首次将各地景物分为自然景物与历史人文景物两大类进行客观记载，将《元和郡县图志》所载各州郡自然山川、人文古迹等均纳入其中，并做了较大增补，更为全面地对各州郡内重要景物进行了梳理与分类，使人们关于地方景物的认知具体化。

在宋代关于景物分类具体化的基础上，元明清时期文人学士进一步深化关于各地景物的认知与书写，相继出现《大元混一方舆胜览》《大明一统名胜

---

① （唐）杜佑：《通典》卷一四三《乐三》，第3636页。

志》《岭海名胜记》《蜀中名胜记》《四川名胜记》《桂胜》《关中胜迹图志》《扬州名胜录》《惠阳山水纪胜》等专门记录全国及不同区域较为突出的景观著作。使得各地在编写地方志时，均将景物书写作为一个重要方面，以图文并茂的形式呈现各区域"胜景"，在全国范围内形成"八景"文化。

因此，历史文献虽未直接言及"景观"一词，但是自春秋战国时期开始，"景"字即已作为常用字出现。至汉末曹魏时期开始，与"物"相连，形成"景物"一词，开始指代景观，具有景观的含义，在历史时期延续使用。至唐时期，又出现与之同义的"风景""景色""景致"等代指景观的词汇，在诗词中广泛使用，以表达不同的情感。但大多为泛指，缺乏具体指向，且未形成规模性的认知。直到宋时期，《舆地纪胜》按照地域对景物进行分类书写，使人们对于景物的认知进一步加深，在元明清时期相继产生诸多关于全国及各地景物书写的专门性著作，为中国景观史的研究创造了便利的条件。呈现出"景"逐渐由其本义延伸出景观的含义，经不同历史时期的发展，出现"景象""景色""风景""景致""景物"等多个与"景观"同义的词汇，并成为地理总志、地方志书写中一个重要分类的历史演变过程。

而作为景观，不仅其词义、词汇在历史时期经历着发展变化，其本身也是不断变化的，尤其是人文景观，因受人的因素影响，在不同时期、不同政权、不同人群等的作用下，一方面会促使景观的外观或内涵等发生变化，另一方面也可能会创造出新的景观。如从唐宋时期地理总志关于黔中道自然与人文景观的记载可以看到，宋时期所记载景观数量明显多于唐时期，而唐时期所设州县治所，在宋时期撤销建置后，其原来的治所衙署等均成为宋时期古迹（历史人文景观）。即伴随景观认知的深入与历史的积累，历史文献所记载景观数量与种类日益增多。而黔中道以外"内地"选任官员与流贬官员在地方任职与生活期间，通过地方治理等，将汉文化融入地方，改变地方"蛮夷"原有的生活方式、礼仪方式等，使地方人文景观发生改变，呈现不同的文化特征，使文化景观成为当时融合不同区域文化的载体，反映着不同人群之间的交往交流交融进程。因此,景观在历史时期的发展变化过程,不仅承载着人们对于景观本身的认知,还承载着历史时期自然与人文社会的变迁历史。而少数民族聚居地区及少数民族聚居地区与汉族聚居地区之过渡地带的景观,从某种意义上言,具有更加重要的价值,不仅包含了民族文化,还见证了历史时期各民族交往交流交融历史,对深化中华民族共同体、各民族交往交流交融研究具有重要价值与意义。

参 考 文 献

一、古籍

[1](战国)荀况:《荀子》,清抱经堂丛书本。

[2](周)屈原撰,(清)蒋骥注:《山带阁注楚辞》,清雍正五年蒋氏山带阁刻本。

[3](西汉)司马迁:《史记》,中华书局 1959 年版。

[4](西汉)刘向撰,何建章注释:《战国策》,中华书局 1990 年版。

[5](西汉)桓宽撰,王利器校注:《盐铁论校注》,中华书局 1992 年版。

[6](东汉)班固:《汉书》,中华书局 1962 年版。

[7](东汉)许慎:《说文解字》,中华书局 2020 年点校本。

[8]佚名撰,何清谷校注:《三辅黄图校注》,三秦出版社 2006 年版。

[9](晋)常璩撰,任乃强点校:《华阳国志》,上海古籍出版社 1987 年版。

[10](晋)陈寿著,(南朝宋)裴松之注:《三国志》,中华书局 1982 年点校本。

[11](东晋)陶渊明著,逯钦立校注:《陶渊明集》,中华书局 1979 年版。

[12](东晋)陶渊明著,袁行霈笺注:《陶渊明集笺注》,中华书局 2003 年版。

[13](东晋)习凿齿:《襄阳耆旧记》,清乾隆任氏敏家塾刻心斋十种本。

[14](蜀)韦縠辑,(清)殷元勋注,宋邦绥补注:《才调集补注》,清乾隆五

十八年宋思仁刻本。

[15](南朝)刘义庆著,徐震堮校笺:《世说新语》,中华书局 1984 年版。

[16](南朝宋)范晔:《后汉书》,中华书局 1965 年版。

[17](南朝梁)萧子显:《南齐书》,中华书局 1972 年点校本。

[18](南朝梁)沈约:《宋书》,中华书局 1974 年标点本。

[19](南朝梁)陶弘景:《古今刀剑录》,民国十六年至十九年武进陶氏景宋咸淳百川学海本。

[20](魏)曹植:《曹子建集》,民国八年上海商务印书馆四部丛刊景明活字本。

[21](魏)吴普述,(清)孙星衍辑:《神农本草经》,清嘉庆间承德孙氏刻问经堂丛书本。

[22](北魏)郦道元撰,陈桥驿校证:《水经注》,中华书局 2007 年版。

[23](北魏)郦道元撰,(清)赵一清注:《水经注释》,清乾隆五十九年刻本。

[24](北周)庾信撰,(清)倪璠注,许逸民点校:《庾子山集注》,中华书局 1980 年版。

[25](唐)房玄龄等:《晋书》,中华书局 1974 年点校本。

[26](唐)李延寿:《南史》,中华书局 1975 年点校本。

[27](唐)令狐德棻:《周书》,中华书局 1974 年点校本。

[28](唐)魏徵、令狐德棻等:《隋书》,中华书局 1973 年版。

[29](唐)官修:《唐六典》,中华书局 1992 年版。

[30](唐)长孙无忌等撰,刘俊文笺解:《唐律疏议笺解》,中华书局 1996 年版。

[31](唐)杜佑:《通典》,中华书局 1988 年点校本。

[32](唐)李吉甫:《元和郡县图志》,中华书局 1983 年点校本。

[33](唐)樊绰:《蛮书》,中华书局 1985 年点校本。

［34］（唐）樊绰撰，向达校注：《蛮书校注》，中华书局 2018 年版。

［35］（唐）杜甫撰，（清）仇兆鳌注：《杜诗详注》，中华书局 1979 年版。

［36］（唐）白居易撰，顾学颉校点：《白居易集》，中华书局 1979 年版。

［37］（唐）刘禹锡撰，《刘禹锡集》整理组点校，卞孝萱校订：《刘禹锡集》，中华书局 1990 年点校本。

［38］（唐）徐坚：《初学记》，中华书局 1962 年点校本。

［39］（唐）韩愈撰，（宋）魏仲举集注：《五百家注韩昌黎集》，中华书局 2019 年点校本。

［40］（唐）杜牧：《樊川文集》，巴蜀书社 2007 年版。

［41］（唐）刘肃撰，许德楠、李鼎霞点校：《大唐新语》，中华书局 1984 年点校本。

［42］（唐）张鷟撰，赵守俨点校：《朝野佥载》，中华书局 1979 年点校本。

［43］（唐）梅彪：《石药尔雅》，清道光间海昌蒋氏别下斋刻咸丰六年续刻别下斋丛书本。

［44］（唐）褚藏言编：《窦氏联珠集》，复旦大学图书馆古籍部藏（藏书号：001257514）。

［45］（后晋）刘昫等：《旧唐书》，中华书局 1975 年点校本。

［46］（前蜀）杜光庭撰，罗争鸣辑校：《录异记》，中华书局 2013 年版。

［47］（南唐）刘崇远撰，夏婧点校：《金华子杂编》，中华书局 2014 年版。

［48］（宋）欧阳修、宋祁：《新唐书》，中华书局 1975 年点校本。

［49］（宋）王溥：《唐会要》，中华书局 1960 年点校本。

［50］（宋）宋敏求编：《唐大诏令集》，中华书局 2008 年版。

［51］（宋）乐史：《太平寰宇记》，中华书局 2007 年点校本。

［52］（北宋）王存：《元丰九域志》，中华书局 1984 年点校本。

［53］（北宋）欧阳忞：《舆地广记》，士礼居丛书景宋本。

［54］（南宋）王象之：《舆地纪胜》，浙江古籍出版社 2013 年版。

[55](南宋)祝穆撰,施和金点校:《方舆胜览》,中华书局2003年版。

[56](宋)司马光编著,(元)胡三省音注:《资治通鉴》,中华书局1956年点校本。

[57](宋)袁枢:《通鉴纪事本末》,中华书局2015年点校本。

[58](宋)李焘:《续资治通鉴长编》,中华书局2004年版。

[59](宋)李昉等编:《太平广记》,中华书局1961年点校本。

[60](宋)陈师道撰,任渊注,冒广生补笺,冒怀辛整理:《后山诗注补笺》,中华书局1995年版。

[61](宋)黄庭坚,(宋)任渊、史容、史季温注,刘尚荣点校:《黄庭坚诗集注》,中华书局2003年版。

[62](宋)惠洪撰,陈新点校:《冷斋夜话》,中华书局1988年版。

[63](宋)高斯得:《耻堂存稿》,清武英殿聚珍版丛书本。

[64](宋)袁说友等编,赵晓兰整理:《成都文类》,中华书局2011年版。

[65](宋)王钦若等编纂:《册府元龟》,凤凰出版社2006年版。

[66](宋)计有功撰,王仲镛校笺:《唐诗纪事校笺》,中华书局2007年点校本。

[67](宋)沈括撰,胡静宜整理:《梦溪笔谈》,大象出版社2019年版。

[68](宋)张君房:《云笈七签》,民国十二至十五年上海商务印书馆景明正统刻道藏本。

[69](宋)金履祥:《书经注》,清光绪归安陆氏刻十万卷楼丛书本。

[70](元)刘实:《敏求机要》,清乾隆知不足斋钞本。

[71](元)黄溍著,王颋点校:《黄溍集》,浙江古籍出版社2013年版。

[72](元)辛文房:《唐才子传校笺》,中华书局1995年点校本。

[73](元)刘应李编:《大元混一方舆胜览》,明刻新编事文类聚翰墨大全本。

[74](元)胡古愚:《树艺篇》,明纯白斋抄本。

［75］（元）吴瑞：《家传日用本草》，明嘉靖四年刻本。

［76］（明）陈子龙撰，孙启治校点：《安雅堂稿》，辽宁教育出版社 2003
年版。

［77］（明）官修：《明实录》，上海书店出版社 2015 年版。

［78］（明）薛瑄著，孙玄常等点校：《文清公薛先生文集》，三晋出版社
2015 年版。

［79］（明）蔡献臣著，陈炜点校：《清白堂稿》，商务印书馆 2019 年版。

［80］（明）徐光启撰，石声汉校注，石定枎订补：《农政全书校注》，中华书
局 2020 年版。

［81］（明）洪价修，钟添纂，田秋删补：嘉靖《思南府志》，载黄家服、段志
洪：《中国地方志集成·贵州府县志辑》第 43 册，巴蜀书社 2006 年版。

［82］（明）李时珍：《本草纲目》，文渊阁四库全书本。

［83］（明）朱橚：《救荒本草》，明嘉靖四年毕昭蔡天祐刻本。

［84］（明）谢东山修，张道撰：嘉靖《贵州通志》，明嘉靖刻本。

［85］（明）王耒贤修，许一德纂：万历《贵州通志》，明万历二十五年刻本。

［86］（明）林富修，黄佐纂：嘉靖《广西通志》，明嘉靖十年刻本。

［87］（明）刘文征纂修：天启《滇志》，清抄本。

［88］（明）宋奎光纂修：崇祯《宁海县志》，明崇祯五年刻本。

［89］（明）毕自严：《石隐园藏稿》，明崇祯刻本。

［90］（明）敖文桢：《薛荔山房藏稿》，明万历牛应元刻本。

［91］（明）邓原岳：《西楼全集》，明崇祯元年邓庆寀刻本。

［92］（明）曹学佺：《大明一统名胜志》，明崇祯三年刻本。

［93］（明）程百二：《方舆胜略》，明万历三十八年刻本。

［94］（明）曹学佺：《蜀中名胜记》，清道光二十九年至光绪十一年南海伍
氏刻光绪十一年汇印粤雅堂丛书本。

［95］（明）沈庠修，赵瓒纂：弘治《贵州图经新志》，明弘治间刻本。

[96]（清）官修:《清实录》,中华书局 1985 年影印本。

[97]（清）彭定求等编:《全唐诗》,中华书局 1960 年版。

[98]（清）董诰等编:《全唐文》,中华书局 1983 年版。

[99]（清）莫友芝编纂,张剑、张燕婴整理:《黔诗纪略》,中华书局 2017 年点校本。

[100]（清）吴之振等选,管庭芬、蒋光煦补:《宋诗钞》,中华书局 1986 年版。

[101]（清）鄂尔泰等修,靖道谟、杜诠纂:乾隆《贵州通志》,载黄家服、段志洪:《中国地方志集成·贵州府县志辑》第 4 册,巴蜀书社 2006 年版。

[102]（清）黄培杰纂修:道光《永宁州志》,载黄家服、段志洪:《中国地方志集成·贵州府县志辑》第 40 册,巴蜀书社 2006 年版。

[103]（清）邵陆等编纂:《酉阳州志》,巴蜀书社 2010 年版。

[104]（清）庄定域修,支承祜纂:光绪《彭水县志》,巴蜀书社 1992 年版。

[105]（清）和珅等:乾隆《大清一统志》,清文渊阁四库全书本。

[106]（清）穆彰阿等撰修:嘉庆《大清一统志》,四部丛刊续编景旧钞本。

[107]（清）丁立钧:《东藩事略》,清光绪内府钞本。

[108]（清）王之枢:《历代纪事年表》,清康熙五十四年内府刻后印本。

[109]（清）黄廷桂纂修,张晋生编纂:雍正《四川通志》,清文渊阁四库全书本。

[110]（清）陈汝咸修,林登虎纂:康熙《漳浦县志》,民国十七年翻印本。

[111]（清）罗纶修、李文渊纂:康熙《永昌府志》,清康熙刻本。

[112]（清）毕沅修,傅应奎纂:乾隆《韩城县志》,清乾隆四十九年刻本。

[113]（清）管学宣纂修:乾隆《石屏州志》,清乾隆二十四年刊本。

[114]（清）陈宏谟、范咸纂修:乾隆《湖南通志》,清乾隆二十二年刻本。

[115]（清）黄恺修,陈时纂:乾隆《广济县志》,清乾隆五十八年刻本。

[116]（清）李其昌纂修:乾隆《南笼府志》,清乾隆二十九年刻本。

［117］（清）林翼池修,蒲又洪纂:乾隆《来凤县志》,清乾隆二十一年刻本。

［118］（清）令狐亦岱修,沈鹿鸣纂:乾隆《缙云县志》,清乾隆三十二年刊本。

［119］（清）刘岱修,艾茂等纂:乾隆《独山州志》,清乾隆三十四年刻本。

［120］（清）卢建其修,张君宾纂:乾隆《宁德县志》,清乾隆四十六年刻本。

［121］（清）李云龙修,刘再向纂:乾隆《平远州志》,清乾隆二十一年刻本。

［122］（清）阿史当阿修,姚文田纂:嘉庆《扬州府志》,清嘉庆十五年刊本。

［123］（清）陈永图修,龚立海纂:嘉庆《宜章县志》,清嘉庆刻本。

［124］（清）黄乐之修,郑珍纂:道光《遵义府志》,清道光刻本。

［125］（清）陈熙晋纂修:道光《仁怀直隶厅志》,清道光二十一年刻本。

［126］（清）黄宅中修,邹汉勋纂:道光《大定府志》,清道光二十九年刻本。

［127］（清）黄本骥撰:《湖南方物志》,清道光二十二至二十八年湘阴蒋瑰刻,三长物斋丛书本。

［128］（清）陈志培修,王廷鉴纂:同治《鄱阳县志》,清同治十年刻本。

［129］（清）黄鸣珂修,石景芬纂:同治《南安府志》,清同治七年刊本。

［130］（清）李铭皖修,冯桂芬纂:同治《苏州府志》,清光绪九年刊本。

［131］（清）吕绍衣修,王应元纂:同治《重修涪州志》,清同治九年刻本。

［132］（清）郑燡林修,周葆恩纂:同治《远安县志》,清同治五年刊本。

［133］（清）黄云修,林之望等纂:光绪《续修庐州府志》,清光绪十一年刊本。

［134］（清）凌寿柏修,叶道源纂:光绪《新修菏泽县志》,清光绪十一年刻本。

［135］（清）崇俊修,王椿纂:光绪《增修仁怀厅志》,清光绪二十八年刻本。

［136］（清）彭钰纂:光绪《镇宁州志》,清光绪钞本。

［137］（清）戴纶喆纂修:光绪《四川綦江续志》,民国二十七年刊本。

［138］（清）饶应祺修,马先登纂:光绪《同州府续志》,清光绪七年刊本。

［139］（民国）刘显世修，杨恩元纂:民国《贵州通志》，民国三十七年铅印本。

［140］曾枣庄、刘琳主编:《全宋文》，上海辞书出版社、安徽教育出版社2006年版。

［141］李修生主编:《全元文》，凤凰出版社1998年版。

［142］杨镰主编:《全元诗》，中华书局2013年版。

［143］周祖譔主编:《历代文苑传笺证》，凤凰出版社2012年版。

［144］彭兴林主编:《唐代墓志铭（数据库）》，2019年。

［145］李时人:《全唐五代小说》，中华书局2014年点校本。

［146］吴钢主编:《全唐文补遗》，三秦出版社1996年版。

［147］胡元超:《昭陵墓志通释》，三秦出版社2010年版。

［148］莫伯骥著，曾贻芬整理:《五十万卷楼群书跋文》，中华书局2019年点校本。

二、现代文献及论著（先按调查资料、现代方志、地名录、专著、学位论文、期刊分类排序，再按出版时间排序）

［1］彭水县民宗委民族研究所编撰:《老郁山盐业遗址调查》（内部资料），2008年11月。

［2］贵州省地方志编纂委员会编:《贵州省志·地理志》，贵州人民出版社1985年版。

［3］彭水县地名领导小组编:《彭水县地名录》（内部资料），1984年。

［4］尤中:《中国西南的古代民族》，云南人民出版社1980年版。

［5］任乃强:《四川上古史新探》，四川人民出版社1986年版。

［6］张国刚:《唐代官制》，三秦出版社1987年版。

［7］李伯重:《唐代江南农业的发展》，农业出版社1990年版。

［8］史念海:《唐代历史地理研究》，中国社会科学出版社1998年版。

［9］吴必虎、刘筱娟：《中国景观史》，上海人民出版社2004年版。

［10］谭其骧：《长水集》，人民出版社2009年版。

［11］李德辉：《全唐文作者小传正补》，辽海出版社2011年版。

［12］周振鹤主编：《中国行政区划通史》，复旦大学出版社2012年版。

［13］李兴盛：《中国流人史》，黑龙江人民出版社2012年版。

［14］石泉：《古代荆楚地理新探（续集）》，武汉大学出版社2013年版。

［15］张伟然：《中古文学的地理意象》，中华书局2014年版。

［16］杜文玉主编：《寺庙道观》，西安出版社2018年版。

［17］张忱石：《唐尚书省右司郎官考》，中华书局2020年版。

［18］安介生、周妮：《江南景观史》，江西教育出版社2020年版。

［19］鲁西奇：《中国历史的空间结构》，广西师范大学出版社2021年版。

［20］韩鹤进：《唐代流人问题研究》，陕西师范大学硕士学位论文，2004年。

［21］付艳丽：《唐代黔中道的社会与经济状况及唐朝的政策》，中山大学硕士学位论文，2006年。

［22］张佑华：《唐诗中的湘西形象研究》，吉首大学硕士学位论文，2010年。

［23］梁瑞：《唐代流贬官研究》，浙江大学博士学位论文，2011年。

［24］赵仁龙：《唐代宦游文士之南方生态意象研究》，南开大学博士学位论文，2012年。

［25］熊昂琪：《唐代流贬官吏与南方社会经济研究》，陕西师范大学硕士学位论文，2012年。

［26］付艳丽：《唐代黔中道的开发与社会变迁研究》，中山大学博士学位论文，2013年。

［27］姜立刚：《唐代流贬官员分布研究》，西南大学博士学位论文，2013年。

[28]王娟:《唐五代黔中道客居文人及其文学创作研究》,厦门大学硕士学位论文,2019年。

[29]蒙文通:《巴蜀史的问题》,《四川大学学报(哲学社会科学版)》1959年第5期。

[30]徐中舒:《巴蜀文化续论》,《四川大学学报(哲学社会科学版)》1960年第1期。

[31]《中央研究院历史语言研究所集刊》,1979年。

[32]台湾《"中央研究院"历史语言研究所集刊》第五十二本第三分册,1981年。

[33]陈天俊:《唐代黔州"领""督"州县的民族状况与唐朝廷的"羁縻"政策》,《贵州民族研究》1984年第4期。

[34]胡克敏:《唐代黔中地区的罗殿国》,《贵州师范大学学报(社会科学版)》1987年第3期。

[35]何清谷:《〈三辅黄图〉的成书及其版本》,《文博》1990年第2期。

[36]龚胜生:《2000年来中国瘴病分布变迁的初步研究》,《地理学报》1993年第4期。

[37]胡克敏:《唐代中后期黔中地区诞生的罗殿国》,《贵州文史丛刊》1994年第4期。

[38]贺刚:《战国黔中三论》,《湖南考古辑刊》,1994年。

[39]田敏:《"楚子灭巴,巴子五人流入黔中"考——楚巴关系及廪君巴迁徒走向新认识》,《湖北民族学院学报(哲学社会科学版)》1997年第1期。

[40]张艳云:《唐代量移制度考述》,《中国史研究》2001年第4期。

[41]蔡盛炽:《解读黔中盐丹文化》,《重庆师院学报(哲学社会科学版)》2001年第4期。

[42]郑培凯主编:《九州学林》2005年第1期,复旦大学出版社2005年版。

［43］辛德勇：《秦始皇三十六郡新考（上）》，《文史》2006 年第 1 辑。

［44］《唐史论丛》第 9 辑，三秦出版社 2007 年版。

［45］《九州学林》2006 年第 4 期，复旦大学出版社 2007 年版。

［46］张景臣：《唐代员外官任用制度探析》，《商丘师范学院学报》2008 年第 2 期。

［47］颜建华：《夏至战国时期的黔中文化》，《毕节学院学报》2009 年第 5 期。

［48］颜建华：《秦汉时期的黔中文化》，《贵州民族研究》2009 年第 5 期。

［49］石恪：《魏晋南北朝时期黔中文化的发展状况》，《安顺学院学报》2009 年第 1 期。

［50］杨建猛：《隋唐五代宋元时期的黔中文化》，《安顺学院学报》2009 年第 2 期。

［51］蔡盛炽：《唐代黔中文化初探》，《西华大学学报（哲学社会科学版）》2010 年第 3 期。

［52］杨友维：《明清时期的黔中文化》，《安顺学院学报》2009 年第 3 期。

［53］文媛媛：《新旧〈唐书地理志〉各州领县户口系年考》，《中南大学学报（社会科学版）》2014 年第 3 期。

［54］牟发松：《从"火耕水耨"到"以沟为天"——汉唐间江南的稻作农业与水利工程考论》，《中华文史论丛》2014 年第 1 期。

［55］徐少华：《关于楚、秦黔中郡地望的思考》，《简帛文献与早期儒家学说探论》，商务印书馆 2015 年版。

［56］赵宜聪：《唐季黔中道管辖下的羁縻府州考》，《郧阳师范高等专科学校学报》2016 年第 1 期。

［57］付艳丽：《唐代"黔中道"设立论考》，《贵州大学学报（社会科学版）》2017 年第 5 期。

［58］刘枫林：《唐代黔中道建置初探》，《长江师范学院学报》2018 年第

5 期。

[59]马强:《关于黔中文化研究的几个历史地理问题》,《蜀道文化与历史人物研究》,黑龙江人民出版社 2019 年版。

[60]付艳丽:《唐朝大力经营开发黔中道》,《中国社会科学报》2019 年 2 月 18 日。

[61]付艳丽:《唐代罗殿国与"鬼主"问题考释》,《纪念岑仲勉先生诞辰 130 周年国际学术研讨会论文集》,中山大学出版社 2019 年版。

[62]李伟:《披图则思祖宗疆土:北宋的化外州与历史中国》,《中国边疆史地研究》2021 年第 2 期。

[63]熊中凯、严奇岩:《唐黔州都督府羁縻明州考》,《中华文化论坛》2022 年第 2 期。

后　记

此时此刻,虽已基本完成书稿收尾工作,但内心却没有想象的喜悦。或许因为涉及家乡的历史文化,自己过去又未涉足唐代历史地理研究,所以内心总有一些忐忑不安。

唐代历史地理研究非我所擅长的领域,之所以会比较莽撞地进入,是希望能够对十多年来家乡(重庆市彭水苗族土家族自治县)推崇的"黔中文化"作一些回应。第一次听说"黔中文化"是 2012 年 9 月研究生刚入学时,马强教授课堂上关于参加第一届"黔中文化论坛"的分享。因为跨专业,在那之前对于家乡的历史文化知之甚少,所以当马老师与我们分享和讲述"黔中文化"时,我对于家乡历史文化的兴趣油然而生,好像是打开了一个未知的世界,有了深入探索的好奇心。但剧情并未朝着想象中的方向发展,在学习与做项目的过程中,对家乡所在渝东南地区少数民族地名文化产生兴趣,虽于 2013 年以少数民族地名文化文章参加第二届"黔中文化论坛",却未完成过一篇真正与黔中文化研究相关的文章。硕士毕业后,继续深造,博士论文亦未涉及。

为何硕士、博士期间不曾开展黔中文化研究,到工作之后又将其提上日程,其实也是多方面因素的影响。第一,虽硕士、博士期间未曾开展黔中文化研究,但所研究区域均在唐代所置黔中道范围内,彼此存在非常紧密的联系,让我有了进一步将研究时段往前推的强烈欲望。同时,博士论文《明清湖广"苗疆"政区与军事地理问题研究》的完成,无论在研究思路还是史料搜集方面,均为本书的写作奠定了很好的基础。第二,硕士学习期间,与当时彭水县档案局局长任永松、彭水黔中文化研究专家蔡盛炽先生等人建立联系,在不知不觉中埋下了一粒种子。尤其读博期间,蔡盛炽先生因编写《黔中道志》,多次与我联系,让我帮其查找文献。他在资料有限、经费有限、身体欠佳的情况下,仍然执着于黔中文化研究的精神让我感触颇深。2018 年,当我在上海听闻他离世的消息时,内心十分悲痛,感觉自己应该要做些什么才好,而延续他关于黔中文化的研究应该是最好的答案。所以,本书的写作并非一时心血来潮,而是"早有预谋"。

家乡彭水之所以如此重视黔中文化,在于唐代所置黔州(治今彭水苗族土家族自治县)为黔中道中心,对于彭水历史文化发展具有重要价值与意义,所以本书最终将研究集中于唐代黔中道。梳理黔中文化研究现状,在史料搜集与整理的基础上,认为黔中文化研究虽积累了一定的成果,但却未对黔中在历史时期的范围进行界定,以致出现混淆使用。个人认为要研究黔中文化,应该首先对黔中的含义有清晰的认知,于是对整个历史时期黔中地域范围进行梳理,明确不同时期黔中所指代地域及唐代黔中地域范围,限定本研究的地域范围。

将研究对象确定为黔中道后,为什么会设置黔中道,并将其治所设于黔州,自然而然成为要明确的下一个问题。在史念海先生关于唐代政区研究的基础上,从"全域性"视角出发,对江南东道、江南西道、黔中道三个区域的自然地理环境、人口构成、经济状况进行全面分析,认为区域差异、非汉族群治理与管理(人口构成)的迫切现实需求,是促使黔中道成为独立道级区划的重要影响因素。设道后,以黔州经过历史时期的治理,政治、经济、社会发展较之所辖其他州郡均更为成熟,又有地利之便,是沟通南、北、东、西的重要交通枢纽,具备"天时、地利、人和"的优势,因而以其为治理黔中地域的中心,解决了以往我们只强调黔州重要却不知为何重要,为何会成为黔中道中心的问题。

明确为什么设置黔中道后,也就知道了地方治理的重要性。因此又从制度设置着手,分别对职官设置及官员(包括选任的与流贬的)履历等进行梳理与研究,总结与分析不同官员群体选任至黔中的制度规定、岗位安排及其在黔中的地方治理行为与成效,并以官员与地方的互动往来,呈现唐代黔中民族交往交流交融过程。同时,以流贬黔中官员的诗词为中心,回应以往关于黔中"流宦文化"的研究。

在对黔中道地方治理进行研究的过程中,又发现官员(包括选任的与流贬的)在黔中道任职与生活期间,与地方景观产生联系,或多或少地重塑了地方景观。加之近年在导师安介生教授的影响下,对景观研究关注较多,因此,深入分析与研究黔中道山水景观、物产景观与人文景观,认为唐朝廷黔中道治理,一定程度上影响与改变了地方文化景观,一方面,为宋代及以后区域古迹文化景观的形成奠定了基础。另一方面,呈现出唐时期开始,湘、鄂、渝、黔、桂5省、自治区、直辖市交界地区各民族交往交流交融在文化景观上的融合。

通过研究,对博士论文的结论有了更加深刻的认识,更加直观地看到这一区域在历史时期的延续性,也算是有所收获。虽有忐忑,终究还是要交出答卷,接受考验。将此书献给我的家乡,献给抚养我长大成人的外公向尚永先生、外婆彭永珍女士。

最后,要感谢一路走来帮助过我的每一个人。感谢学术道路上,指引我前进的导师安介生教授、罗群教授、蓝勇教授,感谢引我进入"黔中文化"研究大门的马强教授、蔡盛炽先生,感谢一直全力支持我从事学术研究的家人,感谢人民出版社吴明静编辑在本书出版过程中的辛苦付出。

2024 年 6 月 26 日

书于昆明